U0043043

舊社會新信仰

中國與羅馬的宗教轉化（西元一至六世紀）

OLD SOCIETY, NEW BELIEF:
Religious Transformation of China and Rome,
ca. 1st-6th Centuries

蒲慕州　德雷克　瑞麗
MU-CHOU POO　HAROLD A. DRAKE　LISA RAPHALS

編

序

蒲慕州

　　本書是一群學者長期合作的成果。2012年12月，一群學者聚集於加州大學洛杉磯分校的亞洲研究所（Asia Institute, UCLA），開了一個工作坊，名為「舊社會，新信仰：中古早期中國與歐洲的宗教相遇與文化認同」（Old Society, New Faith: Religious Encounter and Cultural Identity in Early Medieval China and Europe）。2014年6月，於香港中文大學召開了一個國際會議，名為「舊社會，新信仰：中國與羅馬的宗教轉化，西元一至六世紀」（Old Society, New Faith: Religious Transformation in China and Rome, 1-6 centuries CE）。本書中大部分的文章是由此次會議所發表的文章修改而成。這整個研究計畫是由當時香港中文大學人文學科研究所所長熊秉真教授所支持促成的。加州大學洛杉磯分校亞洲研究所王國斌教授亦提供支授。特別感謝 Robert Gurval, Carol Bakhos, Lothar von Falkenhausen, Richard von Glahn, John Lagerwey, Tamara Chin，以及許多其他參與了兩次會議的學者。會議經費由香港佛光山道場及蔣經國國際學術文流基金會贊助，

特此致謝。最後，牛津大學出版社資深編輯Stefan Vranka出力甚
多，於本書之出版有關鍵作用。

中譯本序

蒲慕州

　　一般而言，人們以為古代研究是很難比較，或者沒法比較的。的確，在歷史研究中，古代研究學者很少談比較，因為，要能夠真正深入研究一個古文明，已經是相當困難的事，遑論比較？研究古代文明的學者，窮一生的精力去研究一個或一段古代文明，自然也會覺得他們所研究的文明是獨特的，無法比較，無需比較。

　　但當然也有人覺得比較研究是了解古文明的重要方法。從理論上說，比較是獲得知識的基本方法。因為認知活動的本質，是由已知推未知；比較已知與未知，才能有新知。全球化的當代趨勢逼使歷史學者不但在看待當代歷史時將眼光放大至關照全球，也重新從比較的角度看過去的歷史。要了解一個社會有何特殊性，比較是不可少的方法。因而也可以說，在歷史或者文化研究中，比較的眼光不是點心，而是主食。任何有關社會文化或歷史的理論或者宏觀的視野，必定也是帶有比較的眼光的看法，因為只有比較才能提供足夠的資料來反思舊習，開拓視野。

許多時候，不同地區人類社會可能面臨相似的問題，各自產生了相似或不同的解決辦法。為什麼如此？這就是比較研究所可以著力的地方。經由比較，一個地區舊的問題可能因為有了其它地區的經驗和解決辦法，可以得到新的解釋，這也就是說，全球視野在邏輯上必然要指向比較研究。正如一位歷史學者所說，「歷史的比較不僅是一種方法或者程序，也是對付那隨著偏執一個國家的歷史而來的褊狹主義（parochialism）的良藥。」[1]但當然這不表示個別研究者可以沒有一個深入研究的範圍，因為沒有深入研究，沒有對複雜歷史現象的了解，比較的結果必然只能是表面的。

其實比較研究並非新的說法。社會學家及人類學家自從十九世紀末以來就已經實行比較研究。社會學及人類學的理論無一不需要比較的資料。因為所謂的理論，就是一套可以適用在不同社會中而可以提供某種解釋，或者了解那個社會的說法。

不過自1970年代以來，文化人類學者有一趨勢，認為每一個文化都是一個自滿自足的意義系統，只能就其自身來了解自身。但這當然是一個可以辯論的說法。就連什麼是文化這個問題，也必須經過比較不同的文化體系才能夠有所了解，因為文化不只是一個抽象的概念，而必須是體現在具體的文化載體之上，如宗教，文學，哲理，社會價值，社會組織，經濟結構，等等。從歷史學的角度看，文化在不同的歷史和地理環境中發展，因而必然有其特殊性。然而人類作為一個生物群體，亦有其共通的思維結構，物質需求，因而在人與環境，人與人的相互競爭中，必然有

1　Marshall G. S. Hodgson, *Rethinking World History, Essays on Europe, Islam, and World History* (Cambridge: Cambridge University Press, 1993), p. 268.

一些共同必須面對的問題。特殊性若沒有共同問題的凸顯，也就成不了其特殊之處。

如果我們同意比較是了解歷史文化的一種途徑，接下來的問題是，比較什麼，或什麼值得比較？又如何比較？

比較什麼？也就是說，如何選題？我有一些粗淺的看法：

選擇對不只一個文化都有意義，而且有重要性的問題，此問題在各自文化發展的脈絡和結構上都占有關鍵性的重要意義。必須考量的是，我們根據什麼判斷此問題有意義，在什麼文化環境中此問題有意義？對不同文化而言都有重要意義的問題，如果加以比較，應該會發現一些疑問：為何不同歷史文化情境有時可以產生相似的問題，相似的歷史情況又為何產生不同的問題？在回答這些疑問時，是否可以發現從前不曾注意到的新問題，或新的觀察角度？可以看出，什麼問題是值得比較的，取決於研究者本身對某些歷史時代的深入了解。一個問題是否在歷史文化的發展上占有關鍵地位，是靠研究者去琢磨出來的，而不是它自己跳出來的。

如何比較？可以大略分兩種來說。

一是在研究中帶入所謂比較的眼光。即研究者有一個主要的對象，但在考量其對象時，用其它文化中的例子來襯托出主要研究對象的一些特徵，或者指出主要研究對象與其它文化例子相似之處。在這種研究設計中，研究者需要廣泛閱讀其他文化中與自己研究相關的議題和研究成果，以找到有用的比較例證。這種比較的眼光，只要閱讀足夠深入，可以讓自己的研究提昇到一種新的境界，不再被自己原有的問題和討論方法所限制，因而有機會產生新的觀點，新的理解。

第二種是所謂全面的比較，指的是對比較各方都進行深度研

究，再加以比較。研究者必需熟悉所有打算比較的對象，能夠有從事一手研究的能力。因而沒有一個主要研究對象，而是有一些地位平等的對象，彼此相互對照，互為比較的例子。理想上，全面比較研究的目標是要對所有比較對象都可以產生新的了解。這不止是簡單的「甲方有abcde，乙方有abdef，所以有同有異」式的了解。我們希望達成的效果是對所有被比較的對象都能夠都得到新的理解，而這些是不比較就不容易得到的。這當然是相當具有挑戰性的。

　　比較，有的人認為，是建立理論，或者證明理論的一種途徑。這在進行比較之初也許很難預料。當然，歷史學者的目的不見得是要建立理論。認為理論有用，並且依賴理論來解釋材料，也可能代表一種思想上的怠惰。

　　如果我們同意比較研究是一個值得探索的方向，而且方法上也是可能的，我們要採取什麼樣的策略去進行？誰可以去進行比較研究？我認為這可以有二種選擇。一是個人研究，一是集體研究。由於每個個別的學者所有能力進行的研究總是有他的限制，不論是文學、哲學、歷史、藝術、宗教，要能夠有能力研究一個以上的文化，基本上是很不容易的，因此邏輯上而言，個人的研究，比較可能進行我所說的第一種比較，即具有比較眼光的研究。但近些年來，有愈來愈多的年輕學者開始走這條路，他們或由中國出發，學習西方古典文字，或由西方出發，學習中國文史，並且取得博士學位，開始在大學中教書、研究、出版。

　　集體研究，則比較可能進行第二種比較，因為不同專長的學者可以結合起來共同探討一個比較的課題。即全面的比較。或者說，比較雙方均有相當的深度和廣度。如果我們要做這種計畫，那麼它很容易就成為一個國際合作計畫。本書就是這樣的一個

例子。

西元二至七世紀間，中國的文化版圖隨著漢帝國的崩潰與佛教的傳入經歷了深刻的變遷。新的宗教不僅挑戰並改變了漢代知識份子遵循數世紀的宇宙觀與哲學思考，也逐漸滲透到整個社會，促成了一個新的群體的出現，即職業宗教從事者以及為他們提供物質支援與法律保障的追隨者。這種支援部分來自改信新宗教的統治階層，部分來自受其救贖觀念吸引的一般民眾。從長遠來看，佛教的觀念、術語以及傳統融入了中國人的心理、語言、文學、藝術中，成為文明整體的有機組成部分。

然而，佛教真的如一些學者宣稱的那樣征服了中國嗎？這是個值得思索的問題。我們該如何定義文化或宗教意義上的征服呢？一個宗教能否在自身不作出改變的情況下「征服」任何社會或民族，仍然存在疑問。在中國，長期以來，佛教——一種在異國土壤中萌發的宗教——的學說與實踐為包括知識分子和平民在內的大部分民眾所抵制，因其對他們文化認同立足點的否定。這些立足點包括天人相應的宇宙觀、對天地的崇拜、祖先崇拜、基於儒家理想的家庭與社會道德體系，以及帝國政府凌駕於民眾生活之上的絕對權威。摒棄這些觀念，無異於徹底摧毀他們自身存在的意義。這些抵制有時甚至會轉變成公然的迫害：佛寺被強行關閉，僧侶被迫還俗。某些這種對佛教的疑慮直到近代仍然存在。因此，這遠不是一個征服與接納的簡單問題。

約在同一時期，一個發源於近東，原本名不見經傳的教派─基督教，在日漸衰落的羅馬帝國中取得了一席之地。至西元四世紀初，君士坦丁大帝於313年發布米蘭敕令後，基督教成為了官方認可的宗教，其後更是成為帝國範圍內唯一的合法宗教。基督教對羅馬帝國這種表面上的「征服」當然並非一切的終結，相

反，它只是基督教與眾多本土傳統遷延日久的博弈之開始，尤其是精緻的希臘羅馬文化，其成熟的哲學思想與藝術表達形式、悠久的宗教傳統、自然形成的家庭與社會道德準則，數百年來支配著人們的生活實踐。基督教如何說服人們並改變了幅員遼闊的羅馬帝國中各個團體的人們，將他們凝聚成一個以希臘羅馬文化人群為核心，包括日爾曼人與猶太人的新社會？舊的社群又是如何從抵抗、協商，到重新闡釋基督教理念，而基督教信仰又是如何應對阻力，實現蛻變的呢？這個複雜的過程吸引了諸多近代西方學者的注意。

　　由此看來，中國與羅馬都曾在一個動盪的時期遭遇某種挑戰，也就是說，這兩種現象都代表著一種文化生態，包括新的種子試圖在異國土壤紮根，而舊的土壤嘗試抵抗、包容、接受且最終轉變入侵物種的各階段過程。儘管在此兩個領域中的研究成果頗豐，迄今為止仍很少有人嘗試將兩者相提並論，以比較的角度著手研究。例如，有何種精神或物質危機或機遇讓新的元素得以紮根？新與舊的文化價值觀之間有何相吸和相斥的地方？雖然佛教與基督教兩者都同時有著這樣的傾向，即一方面放棄現世、冀望天國或西方極樂世界，另一方面卻參與俗世事物，希望作出改變；但佛教與基督教在其早期發展階段，在一個新環境中的應對策略與應變能力有什麼不同呢？

　　考慮到佛教與基督教在中國與歐洲各自的歷史進程中所催生的複雜文化現象，我於2012和2014兩年組織了二次學術研討會，比較早期佛教在中國、基督教在歐洲的發展進程，希望由此獲得一些對兩種傳統的新感悟。鑒於此研究方向有多種可能的方法，我們在一開始就決點聚焦在一個特定主題：「宗教轉化與文化認同」。通過審視有關文化認同的問題，我們希望探討在新宗

教進入舊社會的過程中，不同的舊社會如何應對相似的問題。這些問題可能是政治性的，譬如新的宗教權威怎樣被舊的政治權威承認、容納或拒絕；也許是哲學性的，即新的世界觀如何在舊有哲學傳統中間占有一席之地；或是社會性的，即一套新的社會實踐與道德準則怎樣對舊的社會規範造成衝擊；而最後，這些問題還可能是物質上的，即一套新的信仰系統如何改變了舊有社會的物質生活，包括藝術與建築、以及日常生活，後者又是怎樣反作用於前者。

　　以上的考量，是本書中各個章節所企圖處理的。可以發現，這些問題很難說已經在本書中都得到完滿的答案，因為事實上作者們各有其專注，各有其發揮。我們雖在導言和結論中設法將各章作者的貢獻串成一個故事，仍然離理想甚遠。不過，我們其實早已在計畫之初就已經認識到，早期佛教在中國，早期基督教在歐洲，是影響現代世界發展的重要歷史現象，不可能因為一本文集就解決了所有的問題。本書提出的是一種探索歷史的方向，一些嚐試的例證。最重要的，是點出比較研究的益處及其帶來的挑戰。我們期待於未來。本書英文版為我及德雷克（Harold A. Drake）和瑞麗（Lisa Raphals）兩位教授共同編輯，而中譯本之出版，得到聯經出版事業公司林載爵發行人之支持及協助，特此致謝。

目次

導論

蒲慕州、德雷克

在歐亞大陸的兩端，兩個大帝國在大約相同的時間開始形成。在東方，秦始皇在西元前221年將「戰國七雄」征服，自稱「皇帝」。他短命的皇朝在西元前202年由漢取代，這個朝代在此後四百年統治著中國。同一年，西元前202年，羅馬城邦從與迦太基的戰爭中脫穎而出，成為地中海西部唯一的政權，五十年後更控制了地中海東部的諸希臘化王國。到了西元前146年，它已是地中海一帶唯一的超級大國。在這些征服之外，還有一連串西元前一世紀的內戰，最終帶來一個由凱撒的繼承人奧古斯都創造的王室系統。一系列的皇帝在以下五世紀統治西方，在地中海東方則再統治了一千年。

在時代上還有另一個巧合。西元一世紀，兩個帝國都受到新信仰系統的挑戰，這些信仰系統的形態和價值觀都與當地建立已久的社會和文化規範十分不同。在西方，宣教士開始傳播拿撒勒人耶穌的教導，教人放棄世俗的享樂，上帝所有子民基本上平等，以及在一個十分物質化、等級化和多神的社會中，拒絕敬拜

除了獨一真神以外任何神明。在中國，傳教士帶來佛陀的教誨。他是一位印度王子，透過專注於儀式和冥想而覺悟。如同西方的基督，佛陀帶來的觀念、實踐和價值觀似乎威脅到中國文化的基礎。例如：它們挑戰本地固有的文化，如天人感應的宇宙論，王室對天地的崇拜，拜祭祖先，儒家關於家庭和社會倫理的觀念和實踐，以及王室政府對百姓的至高權威。但在幾個世紀內，這兩個新信仰能夠穩穩地站住腳，以致它們的名字幾乎與它們以陌生人身分進入的政體等同。

　　隨著世界歷史作為一門學問的發展，不少著作將羅馬和中國加以比較，至於比較佛教和基督教作為宗教系統則更早就開始。但人們相對較少留意比較這些新宗教和他們所進入的地區固有的宗教和文化傳統如何互動。這就是本書的主題。這是一個很大的題目，而且很容易變得概括化。為了避免這個陷阱，我們要求研究這兩個傳統的歷史專家提供具體的例子，詳細顯示每個宗教面對的障礙，以及它們怎樣跨越這些障礙。藉著將這兩個故事的線索連繫起來，我們想顯示比較歷史可以怎樣讓我們對兩種經驗有更新和更深刻的了解。

　　這種思路是基於一個命題：當新宗教信仰、活動、機構或價值觀傳到一個已經有悠久的信仰、活動、機構和價值觀的社會時，便無可避免會出現衝突、交流和爭論等複雜的互動，令新來的宗教和新的宿主文化都發生改變。將基督教和佛教研究並列，可以發現這些過程的某些方面是人們在單研究其中一個宗教時往往忽略的。

　　例如：羅馬和中國一個很容易被忽略的共同特點是，古代國家是宗教機構；它們的領袖的一個主要責任是與神聖力量打交道。這些新宗教與其他宗教不同，兩者都帶來對政教關係的新理

解，有效地削弱了統治者的權威。但雖然有這些障礙，兩個宗教都在各自的帝國中說服和轉化不同群體的人，將他們交織到新的世界觀中。

為與世界史研究近來的趨勢同步，我們的方法既是主題性，又是比較性的。我們不宣稱就這些現象提供全面的研究，因為這即使可能，也超越了本書的範圍，而是提供一連串文章，集中在幾個主要問題上，是每個社會都表現出來的，如妥協、吸收和論辯等等非常複雜、多面的過程的某些特定方面。我們的目的不是提供最終的答案，而是刺激進一步的研究。這些文章也運用了多種分析方法。除了關注文本分析的歷史學者外，還有學者運用文學作品來剖析文化價值觀，另有一些文章則反映了經濟學家和宗教研究學者的方法。

歷史背景

在西元三至五世紀之間，隨著漢朝衰落（西元前202年至西元220年）和佛教的進入，中國的文化景觀經歷了基本的改變。這新宗教不單在思想層面挑戰漢朝知識分子運作了多個世紀的宇宙觀，和關於人性的哲學思想，也漸漸滲入整個社會，促成新的專業教士以及追隨者的產生，這些追隨者為他們提供物質支持和法律保障。這種支持來自各個社會階層的平信徒，由統治階層到平民都有，他們都被佛教救贖的信息和實踐方式所吸引，包括關於疾病和痛苦的來源的新觀點。

我們可以說，佛教到來的機運，是因為漢朝衰落引致的政治分裂和文化及宗教動盪，以及道教和懷疑主義的興起。政治分裂始於西元220至265年期間的三國分立，然後是晉朝短暫的統一

（265-420）。不過，因為來自北方的游牧民族，也就是所謂「五胡」的入侵，晉朝被迫退到長江以南，而胡人則在中國北方建立他們的政權。晉朝（現在稱為東晉，317-420）之後是南朝（420-589）。北方的游牧國家中，最成功的是北魏（386-534，由鮮卑族建立），之後是西魏（535-557）、東魏（534-550）和它們的繼承者北周（557-581）和北齊（550-577）。在整個北朝時代（386-581），外國文化，主要是來自北方和西北方，包括佛教，都深入中國社會，永遠改變了中國的文化面貌。這本書討論的很多佛教文獻都屬於這個時期。本文所謂的中國，主要是一個地理上的指稱，指東亞大陸上人群及文化在歷史發展中形成的一個內容不斷變化的地區。

　　大約同一時候，隨著三世紀奧古斯都的「鐵圈」防禦政策崩潰，羅馬帝國經歷了類似的災難。羅馬雖能重整，阻止了日耳曼入侵者，直到第五世紀，但代價是它的政治和軍事結構經歷了巨大改變。到了四世紀末期，基督教這個來自東方，本來不重要的信仰，成為國家唯一的官方宗教。君士坦丁大帝歸依基督教，傳統上被視為是他在西元312年奇蹟地看見十字架的異象的結果。長久以來，人們都視此為歸信過程中的關鍵事件。但對神蹟故事的著迷往往模糊了在這事件之前基督徒和「異教徒」之間超過兩世紀多方面的交流。

　　同樣地，佛教的觀念、用語和習俗在多個世紀中融入了中國的心理、語言、文學和藝術，成為整體的有機部分。但這個過程既不平順，也不一貫或者理所當然。來自印度的佛教源於非常不同的土壤，其很多重要特點都長期受到一些中國知識分子和普通人抗拒。一些佛教觀念、行為和價值觀甚至似乎威脅中國文化的基礎，例如挑戰本地一些已經相當成熟的觀念，如天人感應的宇

宙論、王室對天地的敬拜、拜祭祖先、以儒家理想為基礎的家庭和社會倫理的觀念和行為，以及王室政府作為掌控平民百姓生命的至高權威。放棄這些觀念似乎等於放棄身為中國人的本質的一些關鍵的部分。對佛教的抗拒有時甚至以迫害的形式出現，包括關閉寺院，迫使和尚及比丘尼還俗。關於佛教的某些誤解和抵制甚至持續到現代。因此，問題遠遠比簡單的「征服」和「接受」這些概括性詞彙顯示的要複雜得多。

在羅馬帝國之下，基督徒從西元64年的羅馬大火到君士坦丁大帝歸信前都忍受零星的迫害。這些迫害大部分都很集中，直到三世紀中葉，第一次出現了遍及整個帝國的迫害。雖然在這幾個世紀，基督徒和異教徒在知識和流行層面都走得更近，被迫害的經歷在基督徒身分的發展中扮演了重要的角色。君士坦丁之後的一世紀，這個新宗教建立得非常成功，以致羅馬帝國成了基督教帝國。但我們應該強調「基督教」還是強調「帝國」？長久以來，學者都認為基督徒之所以用越來越強的方法來壓抑其他宗教，以及後來針對猶太人和不順從國教人士的暴力，是基於推廣基督教的考量。但較新的研究則強調羅馬帝國更廣大的宗教市場的要求，以及帝國對統一和共識的要求。根據這較新的模式，傳統上以為是帝國基督教化的很多趨勢——例如關注來生，以及與神更緊密、更個人的關係——與其說是基督徒引進的，不如說是基督徒（和很多其他宗教一起）回應在社會整體中發展的更廣泛趨勢。

因此，在中國和羅馬，新宗教的故事都不能用「征服」或甚至「成功」這些簡單的語言來講述。佛教和基督教都面對來自精英和平民的抗拒；為了得到接納，兩個宗教都經過遷就和適應的過程，在新信仰改變舊文化之餘，新信仰也經歷改變。因此，在

兩個情況中，適應和吸納都必須被視為過程的一部分。一個古老的說法是「羅馬人成為基督徒，但基督徒也成為羅馬人」。這說法也同樣適用於中國的佛教徒。

主題部分

　　作為這研究的一個焦點，我們選擇了「宗教轉化」這個主題，在這個標題之下，我們要求作者考慮這兩個古老文化回應和應付新宗教的過程。兩個現象在結構上有什麼相似和不同？就轉折中的人類社會來說，這些相似和不同可以告訴我們什麼？我們可以怎樣藉著比較這兩個故事明白文化動力的原理？

　　本書的文章歸入三個主要標題之下。

　　第一部分，「開始的相遇和抵抗的原因」，其中的文章考慮新宗教遇到的障礙。兩個宗教都帶來一些全新的有關個人和社會角色的觀念。基督徒教導羅馬人謙卑、平等和來生的重要性，而羅馬人崇尚財富、地位和物質享受。佛教徒反對強而有力的家庭聯繫和拜祭祖先，甚至反對中國社會中典型的統治者權威。這部分探討這些衝突帶來的問題。它特別處理複雜的知識和社會政治情況，以及兩個宗教遇到的價值系統。

　　在第一章，康若柏為本書以下各章的分析建立一個框架，他質疑使用「征服」和「轉化」這些詞語來描述這些相遇，甚至於使用「宗教」這個詞語的本身。為了更好的進行比較研究，他提議我們考慮「來源不斷改變的曲目」這個概念。它的好處是考慮一個社群在回應新刺激時所可能產生的多種方式。敘事（故事）是辨別出這些改變的重要工具。

　　德雷克在第二章重拾這個主題，利用兩個著名的故事來分析

基督教在羅馬的經驗與佛教在中國的被接受的一些因素。尼祿在西元64年迫害基督徒的故事，在後來基督教世界是一件醜聞，但在當時羅馬精英眼中，這新教派被掛上惡名，並且被認為是不法分子和縱火者。第二個故事是君士坦丁在312年看見十字架的異象，這事給基督教信仰新的合法性，為基督徒日後利用權力壓迫敵人鋪路。雖然人們通常視此為基督徒「不寬容」的記號，但德雷克認為，最好是在權力關係這個概念下理解這些行動。

這部分下面四章討論基督徒和佛教徒在企圖讓主流文化接受他們的觀念時遇到的困難。在第三章，徐美羅深入研究羅馬精英接受基督教的一個主要障礙：關於物質享樂的重大分歧。基督徒教導信徒放棄世俗的財產，積財寶於天國；但典型的精英倚靠展示財富，來強調他們在道德和文化方面的優越。但帝國給商人機會累積大量財富，而這些暴發戶發覺自己受傳統的貴族鄙視，這些貴族看不起他們將財富置於文化成就之上。於是詩人斯塔提烏斯（Statius）（約45-96）進場。徐美羅指出，他給精英文學描述由這些富翁興建的豪宅的任務。因此他創造了一種全新的「房產詩學」，這種詩學與基督教強調累積來世的財寶有非常大的衝突。

金顯真在第四章指出這衝突到底有多嚴重。在第二世紀後期，基督徒作家塔提安（Tatian）斷然拒絕羅馬精英的價值觀，這些精英認為基督徒是野蠻人。正如金顯真清楚指出，在這樣做時，塔提安也拒絕了從柏拉圖和亞里斯多德以來的希臘哲學所主導的品味和德行的標準。但金顯真也認為，塔提安並不是唯一的聲音。在同一個世紀的較早時，他的老師殉道者游斯丁（Justin Martyr）也為信仰辯護，但他的做法也顯示新信仰的價值觀可以與古典文化的價值觀調和。

在第五章，呂宗力回到中國，看讖緯這個預言傳統如何在佛

教成長的時期中持續。讖緯之說，是一些對儒家經典的詮釋，其特色是這些詮釋都自稱神祕天啟，且往往帶有政治含義。這些詮釋在西漢後期（大約西元前一世紀）開始出現，在東漢的政治論述中變得十分有影響力，當時的統治者想利用讖緯來支持他們統治的合法性，而皇位潛在的競爭者則利用讖緯來推翻現時的統治者或取得利益。呂宗力指出，在三到五世紀，當佛教引入中國時，提倡者運用一種策略，將他們本身對法術、占卜和神祕主義的技巧和知識與當時涉及讖緯的對應概念整合起來。這可以說是成功的策略，正如呂宗力在這一章所呈現的，佛教將進口的教義和本地宗教論述整合起來，以政治權威認可的方式塑造它的正統地位。不過同時，佛教本身也因為與中國的讖緯傳統整合而被轉化，變成與印度的根源不同的東西。

　　陳懷宇在第六章提出一個特殊的個案研究，透過中國的像讚這個獨特傳統追溯佛教觀念的擴展。像讚是一種紀念死者的方法，將描述他的「真樣貌」和描述他的生平事蹟的讚詞結合起來。最初這是一種紀念高級政府官員的方式，漸漸擴展到家庭層面，佛教僧侶也將他們自己的價值觀和行為規範注入像讚。

　　第二部分「互動、影響和妥協」研究適應和異花授粉這個主題。在羅馬和中國都有跡象顯示，新信仰可以找到方法在這些舊社會中存活。在令他們的信仰讓潛在信徒接受的過程中，基督徒和佛教徒與精英和哲學家展開對話。雖然他們仍然有重大的反文化態度，兩個宗教都由於這對話而讓他們的教條適應主流的政治和文化規範。同時，精英也修改他們的思想，藉以在處理文化需要時與新信仰競爭。因此，這過程絕對不是一面倒的。

　　在第七章，李福回到第一章挑戰那個「征服」的概念，顯示佛教和道教的互動所呈現的一幅複雜的圖像，他們一方面排斥對

方的說法，但另一方又部分採納了對方被他們拒絕的說法。雖然道教宣稱佛教威脅家庭結構，而這結構是中國的社會和政治基礎，但他們也在自己的哲學中吸收了佛教的語言和觀念。精英文學造成的印象是雙方有巨大的分歧，但故事和銘文的證據顯示一個混合的「社會現實」，解釋了當時浮現的混雜身分。

　　為了說明基督教歷史中一個相似的過程，斯圖爾特在第八章轉向一個十分重要的問題：基督徒怎樣選擇他們的領袖，即神父和主教。這兩類領袖成為教會組織的支柱，令基督徒能在某程度上以古代宗教前所未有的方式聯合起來。耶穌自己挑選了十二門徒，並應許聖靈會在將來引導他們。他們當中第一個接替的人以抽籤的過程選出，這是猶太人在選擇祭司方面確立已久的習俗。但斯圖爾特指出，後世放棄這方法，因為它與羅馬特有的做法太相似，那做法是官僚多於靈性。相反，他們採納希臘羅馬多世紀以來採用的神選的說法，然後將之改變為結合普選和由其他主教「按手」。

　　有時，新宗教能夠藉著在舊觀念中注入新思維，或顯示他們的優越性而贏得普遍支持。溫司卡在第九章討論基督教如何繼承希臘原有的神靈（daimon）的觀念，將它變成惡魔（demon）這個現在更流行的觀念。Daimon原本是一種超自然存在，可以是好也可以是壞，但後來它成了demon，即惡魔，它唯一的作用是利用和扭曲人的弱點。接著基督徒便可以證明，他們的神如何可以最有效的保護人們對抗這些邪靈。因此，在羅馬，基督徒對付古老的神明的辦法是將他們惡魔化。

　　和羅馬的惡魔相似，鬼魂在中國思想中扮演一個曖昧的角色，雖然與西方的鬼不完全相同，中國的鬼魂可以是非人也可以是人的靈魂。在第十章，蒲慕州說明佛教徒怎樣利用一些本土觀

念來詮釋和解釋他們自己的典籍，從而進入精英階層。同時，鬼魂如何被佛教的法力征服的流行故事被用來教導受教育不多的中國人，令他們相信這新宗教在處理他們所懼怕的鬼這件事要比本土的道教更為有效。

在第十一章，顏娟英研究北朝涅槃形象的發展，顯示佛教的畫像擴展到中國時怎樣適應本地傳統。佛陀涅槃的形象一旦進入中國，便脫離了原來印度的處境，開始適應中國佛教傳播者和藝術家的需要，他們根據當時對佛院教導的強調而製造各種不同形象。因此，涅槃從四世紀時比較次要的地位，到了六世紀變成比較流行的主題，類似的情況，可見到《蓮華經》的重要性的提高，它在中國成了一本最受歡迎的佛教典籍。顏娟英說明佛教的觀念如何默默地透過佛陀涅槃等形象滲入中國社會，而中國人的心態和佛教本身都在這過程中被轉化。

從第二部分諸文中浮現的是一些線索，顯示這些新的宇宙觀怎樣在古老的信仰系統和哲學傳統中站穩。這幾章顯示基督徒和佛教徒如何處理廣泛的需要和追求，而且往往能夠提供更好的解決方法，在大眾和精英層面都有所表現。例如：兩個宗教都引入控制邪惡的超自然力量的方法，幫助它們在人口中廣泛的層面建立強大的基礎。

第三部分「綜合和吸收」，研究這個過程中進一步的階段，是這些新信仰系統不單改變舊社會的物質生活，也被舊社會的物質生活改變，其中包括藝術和建築以及日常生活。在本書所涵蓋的時期結束時，兩個新信仰都站穩了腳步，以致能夠克服了在以前的條件下會令他們的努力失敗的挑戰。但正如這部分各章顯示，此時開始出現了舊社會和新信仰的新綜合。

這部分的頭兩章透過物質文化來檢視這過程。基督教的擴展

往往被連繫到異教神殿和雕像的破壞，但在第十二章，查特吉顯示，在較後的世紀，君士坦丁堡這個都城的基督徒怎樣利用仍然在他們城市中的異教雕像，來為他們與前基督教時期的歷史提供連繫，並預示了未來的發展。

在第十三章中，周胤討論了中國歷史中一個類似的情況。西元一世紀開始，中國北部採納了印度佛寺建築，而一直到六世紀，它漸漸適應本地環境和建築風格，最後形成獨特的「中國佛教風格」，傳到後世。正如周胤指出，寺院建築風格的改變和適應有其特別的歷史和城市地理環境，不一定全都由佛教意識形態推動，也是出於實用，例如採用傳統中國住屋設計，將主要建築置於中軸等。

這部分的最後兩章檢視兩個新宗教怎樣挑戰傳統的公義觀念。傳統來說，中國人相信做壞事的人應該在在生時受到懲罰，要他們接受佛教所說的懲罰會透過輪迴的方式進行，而不會在個人今生中看到，是有困難的。

在第十四章，賀耐嫻利用六世紀一位重要的佛教徒顏之推的著作，顯示即使當中國的佛教徒在理論上接受來生有報應這個觀念，但在實踐上，他們也繼續期望做錯事的人在現時受到懲罰。賀耐嫻認為，在比較顏之推的理論著作和他講述的故事時，就可以看到兩者的分別。他講述的故事都有某種對不義的人的報應。這種混合了佛教和本土的報應觀念，帶來一種權宜之計，持續了好幾百年。

基督徒在宣講人死後會得報應時的困難少得多。但羅馬人相當有理由對他們在法理方面的貢獻感到自豪，而根據這些原則，基督教不是「宗教」而是「迷信」。由四世紀初的君士坦丁開始，基督徒皇帝如何開始重新定義什麼是迷信，是薩爾茨曼在第

十五章的主題。基督徒皇帝將他們的法律以羅馬的法律專家從沒
有採用的方式連繫到「神的旨意」，在他們的統治中加上神的許
可。因此，薩爾茨曼認為，羅馬公義的觀念最終幫助基督徒吸收
羅馬傳統的觀點，「那方式與佛教公平報應的觀念得到闡述的方
式十分不同。」

　　本書各章顯示，基督教和佛教在歐洲和中國建立的過程要比
征服或勝利這兩個語詞所暗示的要複雜得多。在中國和羅馬，新
宗教都沒有簡單地掃除舊社會的信仰和習俗；而是在多個世紀的
互動和對話中，舊社會改變新宗教，而新宗教也改變了舊社會。
但這些個案研究只能夠指出，尚有更多的問題有待進一步研究。
在最後一章，瑞麗為本書提供的個案提出一些初步的結論，也為
比較研究提出一個方法論，作為進一步研究的指引。

第一章

「佛教入中國」
於中古早期之中國

康若柏（Robert Ford Campany）

美國 Vanderbilt 大學東亞系教授

理論決定我們可以觀察到什麼。

——愛因斯坦（Albert Einstein）對海森堡（Werner Heisenberg）說的話[1]

中國佛教很大程度上仍然是未知的課題。

——司馬盧（Michel Strickmann）[2]

引言

究竟「宗教」是什麼？「文化」是什麼？上面第一段引文是要提醒我們，除非我們先停下來考慮我們用來描述「佛教怎樣進入中國」或「基督教怎樣傳遍羅馬帝國」這些過程的用語，否則我們在理解這兩件事方面不會有什麼成果。這些用語會模塑我們的問題，決定我們對歷史資料的選擇，並限制我們怎樣處理資料。

這些用語在性質上幾乎一定是比喻性的。[3]這不單表示它們不是字面的含義，也表示它們必然是不完全的。它們突出某些事情，又模糊了其他事情，沒有一個比喻可以聚集我們想考慮的事物的所有方面。例如：談及「佛教征服中國」，描述宗教像一支軍隊，像戰爭那樣擴展到新的文化區域。[4]這個比喻在令人留意衝突的方面、抵抗的力量、對抗的模式和使用的武器的性質等等要點上是好的；或許在刺激我們思考一個人們很少想到的問題上：在這場戰爭中，怎樣才算勝利？這個比喻也是好的。但對檢視佛

1　Heisenberg, 1971: 63.

2　Strickmann, 1990: 75.

3　正如在Campany, 2003中討論那樣。

4　Erik Zürcher在研究這個課題方面是先驅；參Zürcher, 2013: 279-294。

教如何吸收那些非競爭的方面，或者一瞥那些採納佛教觀念和實踐的媒介，或者他們如何或為何這樣做等等方面，這個比喻則是不好的。談及「中國對佛教的轉化」，必然拋出同一個比喻：那仍然是一場軍事征服，但現變成是被征服的土地來轉化進行征服的軍隊。想像佛教為一棵植物，它的「種子」播在中國土壤，這就會令人留意事情的其他方面，包括新環境怎樣對佛教友善（或不友善）這個問題，以及應否將佛教視為入侵的物種，擠掉本地的植物，在中國的生態圈中擴展時干擾食物鏈等這些問題。每一個這些比喻都模糊了一個極端複雜、糾結的情況的某些方面，更不用說實際涉及之多重中介，他們多樣化的興趣、以及他們從事的活動的範圍。任何以這種方式說話，而又沒有自覺的反思的行為，就是視這種說法為有點自然而然或無可避免。這同時也繞過了一個應該令歷史學家很感興趣的問題：當代中國作者以什麼話語來想像和描述我們用英語想像和描述的事件？

我在另文勾勒了中古早期中國一些用來描述我們稱為「宗教」的比喻。對我們所說的「宗教」，他們了解為很多路徑或道，或者法，或者教。我也提出兩個比喻——曲目（repertoire）和想像的社群——也就是說，我認為它們有效地凸顯了英語中稱為「宗教」的現象的一些重要方面。[5] 在我看來，宗教（還有文化）可以被視為

> 由各種想像的社群（不論是由身分、概念或習俗而造成的）中的參與者所創造和使用的不斷改變的資源曲目。這些曲目包括經過很多世代創造出來的多種資源（觀念、文字、

---

5 參 Campany, 2003。

價值觀、意象、行動模式、故事、原型、個人、文本、策略、目標、方法、集體記憶）。在任何時間，社群都選用傳統中的某些資源，但又忽略、敷衍或反對其他資源，同時又基於從眾多曲目元素中的選擇，建立一種特色風格或習語。由此看來，像佛教這樣龐大、複雜而不斷變動的傳統，無論我們是共時還是歷時地看它，它總是一種多元的現象，不是由某種共同的「本質」而結合，而是由一些曲目元素的聚合體所具有的某些相似性而結合，也包括由佛教作為想像的社群這個觀念所結合。[6]

我曾經舉出敘事文在中古早期中國怎樣成為這些曲目的重要元素。我認為很多中古早期宣揚佛教的奇蹟故事都可以理解為一些論述，這些論述的起因被認為是佛教教義的一些元素與本地傳統的一些元素有所衝突而產生的。[7]

在這一章，我以這些早先的研究為基礎，集中討論中古早期的敘事，這些敘事描述佛教進入中國，或者與佛教進入中國有連繫，或代表佛教進入中國的特定事物。這些過程在敘事中涉及什麼？重要的是什麼？進入的機制和後果是什麼？誰是造成改變的中介？誰受到影響？在看這些故事的例子前，我們需要先考慮幾個方法論的問題。

一般而言，敘事是宗教思想的重要平台。在此，宗教觀念可以得到測試；也可以在特定生命處境中很好地顯示教義的具體含義。敘事是宗教勸說的主要工具，因為各處的人都是講故事、消

6　Campany, 2012b: 30.

7　Campany, 2012a.

費故事的動物。敘事的力量深深植根在我們身體裡面，甚至在神經元的層面。近年的功能性磁振造影（FMRI）顯示，當一個人講故事時，他腦部某個地區會變得活躍，（例如：他講述奔跑時，他腦部的表現就好像他在奔跑）；更有趣的是，聽眾腦部的同樣地區也活躍起來——這個現象稱為神經耦合（neural coupling）。[8] 借用格爾茨（Clifford Geertz）著名的構想，[9] 敘事既是宗教的模型，也為宗教創造模型：是其模型，因為它們反映事情的狀況，以及在預設讀者的世界中已經盛行的宗教和宇宙論假設；創造模型，因為它們描述其創造者希望讀者會以什麼方式行動和思想。

宗教敘事是一種論證。特別是在抄本的文化中，即使製造一份文本的副本也是十分艱難的工作。人們將有重要宗教意義的故事寫下來，不是為了記錄已經有共識的事情。他們記錄和傳遞故事，藉以說服別人接受某些觀點、價值觀或態度。因此，故事總是以暗示其他事物為目的——其他社群、其他行為、其他觀點。它們是敘事形式的論證，而研究者的一個重要任務是辨別論證和相反觀點是什麼——如果它們不明顯的話。以下我們會看到一些敘事，可以理解為處理同樣的一般現象（我們會稱為佛教進入中國），但卻是要從不同的觀點提出不同的論證。

不過，這裡檢視的敘事是很多社會互動的產物。它們不是由單獨的作者孤立地生產，而是源自複雜的敘事交流網絡。它們流傳到今日，是經過多代的口頭聽眾、抄寫員、百科全書製作員、文本編纂人和很多其他有關團體的接受，需要有這些人的努力，

---

8 關於這個課題有很多文獻，其中一些由Stephens et al., 2010開展。

9 Geertz, 1973: 93.

才能確保抄本時代每件文本的存活。[10] 由於所有這些原因，這些文本構成寶貴的歷史窗口，讓我們看到很多人的世界觀和說服別人的努力：它們是集體記憶的產品。我將提出的每一個敘事在社會中都有**贊助人**；每一個敘事不致湮沒，是因為在有關的社群中得到接納。問這些敘事意圖為誰人而寫是錯失了重點，因為這樣是假設了在印刷文化時代那種將作者和讀者分開的情況。敘事的聽眾也參與製造、模塑和保存敘事到後世。敘事不是由單一作者在傳播過程開始時一次寫下，而是由無數抄寫員、編輯和書籍的製作者和提供者一再重寫（無疑也包括重述），這些人大部分都是我們不知道名字的。[11] 視它們為只是「文本」，脫離實際行為過程，也是錯誤的：這些敘事的形成、寫作、編纂、抄寫和傳播，全都是需要花費大量勞力的人際活動，是由宗教目的推動的。[12] 如果我們喜歡用這種說法，我們可以說這些故事是在複雜的社會脈絡中經過多個世代，而被演繹的結果。

　　以下對五個主題的分析肯定不是包羅一切，卻觸及我們總括地稱為「佛教入中國」的現象是如何在敘事方面進行的一些主要方式。

皇帝夢見金人

　　一個流行的故事涉及一位中國皇帝，他的一個充滿象徵的

---

10 這些是我在其他地方解釋過，對志怪、奇蹟故事和理想化傳記文類的立場。
　　進一步細節可以參 Campany, 2009（尤參 1-38, 130-185, 216-258）以及
　　Campany, 2012b., 尤參 17-30, 46-48. Dudbridge, 1995, 2001 也闡釋了類似觀點。
11 關於這些論點的闡述，參 Campany, 2012b: 17-30，以及那裡引述的著作。
12 我在 Campany, 1996a, 1996b, 1993 和 2005 中討論過部分這些關注和推動力。

夢，以及其後佛教的輸入。其中一個版本見於《冥祥記》，這本書收集了很多親佛教的奇蹟故事，由王琰在大約西元490年完成。[13]

> 漢明帝[14]夢見神人：形垂二丈，[15]身黃金色，項佩日光。以問羣臣。或對曰：「西方有神，其號曰佛，[16]形如陛下所夢，得無是乎？」於是發使天竺，寫致經像，表之中夏。自天子王侯，咸敬事之。聞人死精神不滅，莫不懼然自失。初使者蔡愔，將西域沙門迦葉摩騰等齎優填王畫釋迦佛像；帝重之，如夢所見也。乃遣畫工圖之數本，於南宮清涼台及高陽門、顯節壽陵上供養。又於白馬寺壁，畫千乘萬騎遶塔三匝之像，如諸傳備載。

許理和（Erik Zürcher）認為這個故事——它的不同版本在其他早期文本中出現，包括《牟子理惑論》和《四十二章經》——很可能是「偽托的」，其記錄不早於三世紀中期。[17]我的問題不是它是否忠實記錄第一世紀的事件，而是它告訴我們關於「佛教」和它來到中國的事情是怎樣被敘事建構的——幾乎無限多的具體現象怎樣被總括成類似「佛教入中國」這種句語的敘述，並透過這些

---

13 關於來源文本的曲目，故事細節額外的註釋和文本差異及進一步討論，參 Campany, 2012b: 68-71。

14 劉莊從西元58至75年在位，稱為明帝。

15 我以這個時期丈這個量度單位為2.45米，因此大約等於八英尺。一尺是丈的十分一。

16 佛（當時讀作 but，[Pulleyblank, 1991: 96]）是最常用來翻譯 Buddha 這個詞為中文的字，從安世高最早的翻譯開始。

17 Zürcher, 2007: 22. 關於《牟子理惑論》，參 Keenan, 1994。關於《四十二章經》，參 Sharf, 1996。

敘述使他們集合成為一個想像的統一體。這個故事起了什麼效用？

宗教歷史通常以教義歷史來被重述。在這敘事中，只提到一個教義，雖然它被描述為關於這個新引進的宗教最驚人的說法：「人死後其本質與精神不滅」。事實上，當時很少中國人會因為這個據稱的教義新聞而感震驚，因為除了少數學者精英之外，大多數人都認為人的某部分在身體死後仍留存是理所當然的。（另一方面，佛教徒所說的再生對很多人來說卻是新事物。）很大程度上，「佛教」來到的故事在這裡不是關乎觀念到來，而是關乎新的神聖文本、敬拜的形象和有法力的教士的到來。第二，重要的是，佛教的輸入是因為皇帝的命令而發生。皇帝和他們的朝廷視管理宗教為他們的管轄範圍。佛教的到來在這裡被想像為皇帝命令的結果，反映皇權和僧侶社群的特權之間的張力。這張力會在中國佛教歷史的很大部分中繼續，特別是在中世紀初期。[18]

奇怪的是，我們在這個故事中已經看到有關為優填王所塑造的佛像的情節。[19]基本的情節有很多版本，大致如下所述。

在覺悟後某個時間，佛陀升到三十三神的天上，向他們和他的母親傳道。為了安慰因佛陀暫時不在現世而生的憂傷，國王[20]委派人塑造這偉人的像。當佛陀透過天梯——這是藝術中常見的主題——回到地上時，國王讓他看那個像，要求他評價它。他稱讚設計和敬拜這種形像的德行。在一些版本中，佛像在佛陀回來時起來迎接他，而佛陀則預測在他進入涅槃後，這個特定佛像會

18 參 Harvitz, 1857; Ch'en, 1973: 68-124; Zürcher, 2007: 254-285; Wright, 1990: 112-123; Hureau, 2002; 和 Despeux, 2002。

19 以下總結引自 Soper, 1969: 259-265。也參 Skilling, 2008; Carter, 1990; 和 McCallum, 1996。

20 在某些版本，還有另一個波斯匿王參與其中。

有重要的角色。就我們的關注點而言，在故事中提到這個傳說是
重要的，原因有兩個。它不但顯示敬拜偶像在佛教實踐中是多麼
重要，也顯示佛教的提倡者在多大程度上不單關心將他們典籍的
文字追溯到印度的來源，也關心將他們的實踐模式和他們對佛像
的崇拜也追溯到印度的來源。優填王的佛像和其後其他模仿它的
佛像被視為是與佛陀的真實肉身形式的連繫。這連繫為中國和整
個亞洲佛教的視覺製作提供了權威的保證，[21] 正如典籍宣稱保留了
佛陀實際的話，證實這些文本傳達的教導是真實的，也正如宣稱
從印度原文翻譯過來的典籍證實它的內容是傳達佛陀在世時實際
說的話。這就是權威保證的主要模式，建基於訴諸地理的源頭和
時間的古早。但正如我們將會看到，還有其他模式。

　　最後，這整個佛教入中國的過程據說是始於一個夢。夢被廣
泛視為不單具有預言性，也是睡眠者的遊走的靈魂和其他存在之
間的真實相遇。正因為這樣，故事中所描述的漢朝皇帝認為其夢
境為真實現象的表徵，而不是他似睡非睡時的虛構，才具有說服
力。

　　這個故事流傳甚廣──甚至連道教徒也傳播它，不過他們將
它置於不同處境中。第五世紀的《三天內解經》以一個序言開
始，它的基本論點是，道為世上萬物確立了恰當的秩序，但人類
的俗務往往偏離它，變得混淆和混亂。接著是一個關於宇宙和人
類社會到現時的敘事。它以一個典型的道教宇宙起源論開始：道
之前什麼也沒有；是它產生出了一連串區分；在不同的歷史時
期，神聖的老君以不同的外貌在世界出現，直到在周朝末年，看
到那個朝代快要完結，他便去到西方，從那裡──道看見「西方

---

21 關於這個主題，參Choi, 2012。

的野蠻人十分頑固，很難令他們歸信」——於是他首先走向西，先去喀什米爾，創造了很多「佛教典籍」，令國王歸信；然後，他在那裡的使命完成，他便再向南去到印度。在那裡他進入摩耶皇后的身體，從她右邊無痛苦地出生，成為佛陀，「令佛陀的道再一次發揚。」這裡我們能看到的是著名的「化胡」敘事的一個版本，它在中世紀關於道還是佛優先的爭論中扮演重要的角色。22

在敘事較後期，我們讀到漢朝皇帝怎樣決定邀請這個似乎是外來的神——正如文本的讀者知道，但皇帝不知道，它是老子的化身——進入中國。這個決定只令人類偏離道的情況變得更糟，這種意向不恰當地將事情混淆：

> 光武之子漢明帝者，自言夢見大人，長一丈餘，體作金色。群臣解夢，言是佛真，而遣人入西國，寫取佛經，因作佛圖塔寺，遂布流中國。三道23交錯，於是人民雜亂，中外相混，各有攸尚。或信邪廢真，禱祠鬼神……24

藉著這樣重新包裝，著名的故事產生十分不同的效用：顯示佛教的進入怎樣從一開始便是錯誤，因為老君設計佛教是為非中國人服務。它來到中國只會令已經混亂和偏離的宗教情景變得更糟。

---

22 參Zürcher, 2007: 288-320和Raz, 2014。

23 三道，正如較早時在文本（3a）中解釋，都由老君發出，要區別出來，為不同的人群服務。它們是無為大道（為中國，那裡陽氣重）、佛道（為胡地，那裡陰氣上升）和文本所指的清約大道（為南方的楚粵各省，那裡陰陽氣皆弱）。

24《三天內解經》，5a-b（DZ, 1205）；譯文稍稍從Bokenkamp, 1997: 214-215修改過來。

僧人和寺院開始在中國景觀中占一席位

以下記載在《述異記》的故事，據說是發明羅盤的博學之士祖沖之（西元429-500年）講述的：

> 章安縣西有赤城，周三十里，一峰特高，可三百餘丈。[25]晉泰元中，有外國道人[26]白道猷居於此山，山神屢遣狼，怪形異聲往恐怖之，道猷自若。山神乃自詣之云：「法師威德嚴重，今推此山相與，弟子更卜[27]所托。」道猷曰：「君是何神？居此幾時？今若必去，當去何所？」答云：「弟子夏王之子，居此千餘年，寒石山是家舅所住，某且往寄憩，將來欲還會稽山廟。」臨去遺信，贈三奩香，又躬來別，執手恨然。鳴鞞響角，凌空而逝。[28]

很可能數以百計或數以千計這樣的故事，呈現出佛教來到中國的一個重要面向。佛教不是抽象的觀念，也不單是一個文字或觀念的系統：它由很多獨特的人和事物組成。它不單在靜態的景觀中「擴展」，好像液體流過桌面一樣。它的來到是一次到一個地點，各有其特定的人物、機構和物件。那景觀，從其本身來說，不是同質性的或在靈性上靜態的。在這故事裡，一座特定的山的神明

---

25 也就是圓周大約十里，2,500呎高。

26 跟隨漢籍電子文獻TPGJ的校訂，基於明代的文本見證，這裡恢復道這個字（因此形成道人這個詞）。

27 用占卜來為廟宇選新址在當時很可能十分流行。

28 LX, 168; TPGJ, 294.11. 關於這著作，參Li Jianguo, 1984: 390-395; Wang Guoliang, 1984: 327; 和Campany, 1996b: 83-84。

——古代夏朝一個王族的成員——首先嘗試嚇走一個外來的僧人。後來明白這是徒勞後，他仁慈地將那座山讓給新來者。這個關於爭奪地理場所的場景一再重演。在幾乎所有這種現存故事中，新來的佛教徒都勝出。（道教大師也講述相似的故事——這是對主題的跨曲目借用的一個例子。）但往往在較大、明顯是佛教神力的結構內，會為本地的神創造一個從屬的地盤，正如在中國和亞洲佛教其他地方的佛寺和廟宇顯示那樣。[29]

本地的神並非總是那麼輕易讓出控制權。有時爭奪甚至要付上性命作為代價，正如由隋朝（581-618）宮廷歷史學家侯白編寫的《旌異記》中所示：

> 晉揚州江畔有亭，[30]湖神嚴峻甚惡。於時有一客僧婆羅門名曰法藏，善能持咒，辟諸邪毒，並皆有驗。別有小僧，就藏學祝經，於數年學業成就，亦能降伏諸邪毒惡。故詣亭湖神廟止宿，誦祝，伏神，其夜見神，遂致殞命。藏師聞弟子誦祝致死，懷忿自來；夜到神廟，嗔意誦祝，神來出見，自亦致死。同寺有僧每恆受持般若，聞師徒並亡，遂來神所，於廟夜誦金剛般若。至夜半中，聞有風聲極大，迅速之間，見有一物，其形偉大，壅肆驚人，奇特可畏，口齒長利，眼光如電，種種神變，不可具述。經師端坐，正念誦經，剎那匪懈，情無怯怕，都不憂懼。神見形泰，攝諸威勢，來至師前，右膝著地，合掌恭敬聽經訖。師問神曰：「檀越是何神

---

29 關於對這現象一個很好的討論，參 Faure, 1987。

30 那房舍稱為亭，通常表示供旅客使用的小旅館，但後面的幾行清楚表明這裡指的是廟。旅客在這個時期的故事中往往被描述為在廟宇過夜。

靈？初來猛峻，後乃容豫。」神答云：「弟子惡業，報得如是，是此湖神，然甚敬信。」經師又問：「若神敬信，何意前二師並皆打死？」答云：「前二師死者，為不能，受持大乘經典，嗔心誦祝，見弟子來，逆前放罵，專誦惡語，欲降弟子；弟子不伏，於時二僧，見弟子形惡。自然怖死，亦非弟子故殺二僧。」左近道俗，見前二僧被殺，謂經師亦死，相率往看。且見平安，容儀歡泰，時人甚怪；競共問由，具答前意。實因般若威力，聖教不虛。諸人因此發心，受持般若者眾。[31]

我們在這裡看到另一個本地神明最終屈從於佛的力量——雖然是在兩個僧人死去之後。但這個故事也利用這種熟悉的衝突去模塑另一個在佛教之內的故事。故事簡述《金剛經》和冥想的力量——以及更概括的說，是大乘的力量——並提出驅邪咒語（即使由熟悉它們的僧人唸出）和主流佛教的效力較低。湖神不受普通的佛教咒語和僧人威嚇，雖然不清楚他有沒有能力殺死他們（故事努力解釋那神不想他們死，於是將責任歸給他們）；但那神屈從於運用般若之無名僧人這個更高的權威和他背誦的那受人崇敬的經文。

另一個故事來自五世紀的《搜神後記》，顯示本地鬼魂看到佛教僧人那靈性的力量：

晉淮南胡茂回，能見鬼。雖不喜見，而不可止。後行至揚

31 LX, 538-539；FYZL, 85.909b-c. 關於這作品，參Li Jianguo, 1984: 434-436; Wang Guoliang, 1984: 331; 和Campany, 1996b: 90。

州，還歷陽。城東有神祠，中正值民將巫祝祀之。至須臾頃，有群鬼相叱曰：「上官來！」各迸走出祠去。回顧，見二沙門來，入祠中。諸鬼兩兩三三相抱持，在祠邊草中伺望。望見沙門，皆有怖懼。須臾，二沙門去後，諸鬼皆還祠中。回於是信佛，遂精誠奉事。[32]

敘事設計主角有能力見鬼，容許讀者好像透過某種 X 光一樣，一瞥鬼魂怎樣被說服去回應僧人的能力。他們在掌控這場景的新參加者的面前畏縮不前。主角因而也受到感動而奉行佛教，故事隱然也促請讀者這樣做。

　　只有很少故事是本地的神至少一度勝出的。這些故事的稀少，肯定不單因為佛教在建立寺院和廟宇方面普遍成功，更是因為親佛教的敘事在中世紀初期比支持本地神明而犧牲佛教僧人或寺院的故事，有更多贊助人。這裡有一個例子：

　　安人[33]為吳興太守，郡有項羽神，[34]護郡廳事。太守到郡，

---

32 Li Jianguo, 1997: 495-496; FYZL, 46.639（轉引自 TPGJ, 319.4）；TPYL, 884.5b. 我從 TPYL 和 LI Jianguo 的文本中翻譯過來。FYZL 版本毫不令人意外地更有力地結束：「茂回開始信佛，熱誠地實踐這宗教。」《搜神後記》的文本歷史比較混亂，關於這本書，參 Li Jianguo, 1984: 343-356；Wang Guoliang, 1984: 320-321；Simmons, 1986；和 Campany, 1996b: 69-75. Li Jianguo（2007）產生了一個批判的版本，是建基於對《搜神後記》中哪些故事可信，哪些故事不可信的一套新決定的；將來任何關於這文本的著作都必須從這版本開始。

33 TPYL 的排印模式顯示安字前面有一個字。由於故事其他版本有異文（參以下註釋），以及安人不大可能是人名，這裡的文本很可能有錯。但這些並不影響故事與我們的目的相關的事情。

34 一位以勇敢著稱將軍，他參與大約西元前 209 年漢朝推翻秦朝的事件。好像

必須祠以輓下牛。安民奉佛法，不與神牛，著履上廳事，[35] 又
於上設八關齋。[36] 俄而牛死，安民尋卒。世以神為祟。[37]

這回合是本地神明勝出，強調它長期在獻祭方面的特權。但那勝
利是有代價的：人們因而視神為祟，這個字有邪惡的含義。

這裡有另一個本地神明（或者在這裡是一個重要人物的鬼
魂，他想被當為神）勝過佛教寺院：

符堅既為姚萇所殺，於新平佛寺中。後寺主摩訶蘭常夢堅
曰：「可為吾作宮。」既而寺左右民家死疫相繼，巫者常見堅
怒曰：「吾不宮，將盡殺新平民。」因共改寺為廟，遂無復災
疾。每年正月二日，民競祀以太牢。新平寺今符家神也。[38]

很多去世的將軍一樣，他在死後被提升到地區神明的地位。

35 含義是至少在最初進入大廳時，新的太守會因為敬神而脫鞋，視那地方為神
聖。

36 八關齋是虔誠的佛教平信徒在齋戒（據說天上的神靈到訪，監察人們的行為
的日子嚴格守齋的日子）期間特別的戒除行為。其中幾種——不殺生、戒
酒、午後不食、不歌舞——會影響祭祀神明。

37 TPYL, 882.1a引述《齊書》。這個故事以前在 Lévi, 1986: 92 中翻譯。較長的
《南齊書》似乎沒有這個故事。它一個十分不同的版本可以在蕭琛的傳記《梁
書》，26.397中找到。另一個則保存在《南書》，18.506-507中。《世說新語》
一本註釋中也引述另一個版本，也是關於提議的獻拉車的牛；關於《世說新
語》（而不是註釋）的翻譯，參 Mather, 2002: 17。

38 任昉（西元460-508年）的《述異記》，ZDHW ed., 2.8a. 不要將這書與祖沖之
同名的書混淆，關於這書，參 Li Jianguo, 1984: 396-405；Campany, 1996b: 84-
85. 關於這裡講述的事件，包括據稱是兒童的歌謠預言符堅在新平被殺，參
Rogers, 1968: 185-191 和 Graff, 2001: 63-73。

在這裡，佛寺反過來變成廟宇——這是這個故事唯一不尋常的地方——是當地人要平息一個憤怒、危險的鬼魂要付出的代價。鬼魂透過夢，透過靈媒的異象，以及透過本地人盛行的瘟疫來自怨鬼的詮釋，來傳達它的要求。

佛教經典在地底發現

或許敘述佛教來到中國最驚人的主張涉及為宣稱這事件不是近期的事。佛教似乎是在特定地點新建立的存在，實際上是重新發現古老得多、已經確立的存在。很多流傳的故事講述在古老的神聖地點發掘出佛陀的舍利。這怎麼可能？

這所以可能，是因為孔雀王朝的阿育王在神明的幫助下，在整個南贍部州大陸興建了84,000個舍利塔，每一個都包含佛祖釋迦牟尼的舍利。這個傳說被收入關於阿育王最早翻譯的文本，明顯是從四世紀初開始。[39]它不單為許理和所說的「最奇怪的一種考古田野工作」[40]提供敘事處境，也為歸於孔雀王朝統治者的結構的發現撰寫個案報告提供敘事處境。被視為釋迦牟尼的真正舍利的物體大部分在這些遺址中找到。

這類詳細報告數目驚人地多，特別是如果我們包括道宣在七世紀上半葉預備的曲目。[41]這裡舉一個例子已經足夠。那是慧皎在《高僧傳》中為僧人慧達寫的傳記中提到慧達的故事。慧達獲觀

39　參 Zürcher, 2007: 277；關於慎由六世紀初期的書目中列出那些與阿育王的文本（很多現在已經失傳），也參同上，423 n. 162，和 Strong, 1983. 歷史阿育王在西元前三世紀中統治。

40　Zürcher, 2007: 277.

41　我在 Campany, 1995 編寫了這些告示的曲目。

世音菩薩委派去為他早年作獵人時所做的事進行補贖。[42]

> 晉寧康中至京師。先是簡文皇帝於長干寺造三層塔。塔成
> 之後每夕放光。達上越城顧望見此剎杪獨有異色。便往拜敬
> 晨夕懸到。夜見剎下時有光出。乃告人共掘。掘入丈許得三
> 石碑。中央碑覆中有一鐵函。函中又有銀函。銀函裡金函。
> 金函裡有三舍利。又有一爪甲及一髮。髮申長數尺。卷則成
> 螺。光色炫燿。乃周敬王時阿育王起八萬四千塔。此其一
> 也。既道俗歎異。乃於舊塔之西更豎一剎。施安舍利。晉太
> 元十六年。孝武更加為三層。[43]

這些故事背後的觀念不如它們表面看來那麼簡單。一方面有阿育
王的宏大敘事解釋這些發掘恰當的意義。這些發現清楚表示，在
許多世紀以前，「佛教已經進入中國」，至少是以舍利塔和舍利子
的形式，但需要挖掘來提醒人們這點。正如宏大敘事提供一個詮
釋這些發現的框架，它們反過來也提供對宏大敘事可信的證明。
它們也是現成的來源——已經本地化的來源——是被視為佛祖釋
迦牟尼真正的舍利子。在首都挖掘建築地基，比到印度取得舍利
子回來危險性少得多。最後，需要一個有恰當的業的人作主角，
能夠看到舍利子在地底祕密存在的隱晦記號，指示工人具體在哪

---

42 這個關於業的背景故事出現在王琰的《冥祥記》（參Campany, 2012b: 148-
　152）.關於各種劉薩荷敘事的詳細分析，參Liu Yuanru, 2010: 129-194；關於
　對這個分析的評論，參Campany, 2012b: 153-154。

43 《高僧傳》（T2059）13: 409b；譯文修改自Soper, 1969: 8-9. 梁武帝後來贊助人
　們重新發掘這舍利塔，個人並參與這計畫：參《梁書》，54: 790-793，以及
　《南書》，78: 1954-1957的平行段落。

裡挖掘。慧達就是這樣的人，還有其他人，不過，無論主角是
誰，他的角色都是必不可少的。舍利塔、佛寺和舍利子在地底存
在並非任何人都可以察覺。

人們運用佛教曲目的元素帶來優越的效果

　　如果宗教是解決困難和應付生命的資源的曲目，當一個宗教
剛進入一種文化時，我們可以預期找到很多故事講述人們將新曲
目的元素付諸實踐。而由於宿主文化的人總是已經有其他資源的
曲目去應付他們的困難，故事往往描述或假設相互競爭的曲目元
素之間的對比。那些對比可能明確地描述出來，或者可能保持隱
晦。數以千計這種故事曾經在中古早期的中國流傳；有幾百個現
時仍然存在。

　　我以《齊諧記》一個比較簡單的例子開始，這本書由東陽無
疑在西元430年代或440年代寫成：

> 　　有范光祿者，得病，兩腳並腫，不能飲食。忽有一人，不
> 自通名，徑入齋中，坐於光祿之側。光祿謂曰：「先不識
> 君，那得見詣。」答曰：「佛使我來理君病也。」光祿遂廢衣
> 示之，因以刀針腫上，倏忽之間，頓針兩腳及膀胱百餘下，
> 出黃膿水三升許而去。至明日，並無針傷，而患漸愈。[44]

---

[44] LX, 234；TPYL, 743.6a；TPGJ, 218.5.基於TPGJ新漢籍全文版本（收錄明朝
異文和以其他方與TPYL稍為不同的，LX以之為基本文本）。關於這著作，
參Li Jianguo, 1984: 387-389；Campany, 1996b: 80-81；關於它的標題的意思，
參同上，頁151-152。

論證好像陌生人進入主角的齋中一樣直截了當：佛陀是十分有效的醫治者。雖然故事沒有提到本地醫生和治療師，但他們是無聲的競爭者，這個故事宣稱了與他們競爭的佛教醫藥的有效性。當代讀者會隱然明白這點。

　　這個時期記載了數百個類似故事，記錄了觀世音菩薩在拯救人們脫離好像沉船、火災、軍事襲擊、疾病或監禁等即時困境方面是有效的。[45]一個來自王琰的《冥祥記》的例子足以滿足我們的目的：[46]

　　　　宋玉球，字叔達，太原人也，為涪陵太守，以元嘉九年於郡失守，[47]係在刑獄，著一重鎖，釘鏷堅固。球先精進，既在囹圄，用心尤至。獄中百餘人，並多飢餓，球每食，皆分施之。日自持齋[48]至心念觀世音。夜夢升高座，見一沙門，以一卷經與之，題云「光明安行品並諸菩薩名」[49]球得而披讀，忘第一菩薩名，第二觀世音，第三大勢至，[50]又見一車輪沙門

---

45 關於這些事情，參Campany, 1993b, 1996a和2012b: 44-45, 49-51。

46 關於來源文本、額外註釋和評論，參Campany, 2012b: 205-206。

47 《宋書》，5.81明顯提到這件事。

48 持齋。在這裡，因為上下文，齋必須以「禁食」（不吃食物）這個較窄的意思來理解，而不是視之為顯示佛教定期較寬的齋（平信徒和僧侶），關於後者，參Campany, 2012b: 51-55。齋這個較寬的意思很大程度上被現代學者忽略，雖然它在中世紀初期中國平信徒和僧侶的實踐中占中心地位。

49 《光明安樂行品》，「光明安行品」是鳩摩羅什翻譯的《蓮華經》（《妙法蓮華經》[T262]，第十四章）那一章的名稱，它的用語與竺法護的翻譯（《正法華經》[T263]）相應的一章十分接近。

50 關於這菩薩和他在中國佛教敬拜中的角色，參Mochizuki, 1933-1936: 3294b-3297a。

曰：「此五道輪也。」[51] 既覺，鎖皆斷脫。球心知神力彌增專
到，[52] 因自釘治其鎖，經三日而被原宥。

在這裡，我們看到我在其他地方稱為觀世音敘事崇拜的所有基本
元素，正如在這些故事中描述和實行出來的一樣：一個已經確立
的習慣和敬拜方面關於業的紀錄（「球先精進」）；有堅定的決心
和持久的集中精神（「用心尤至，」「至心念，」「自持齋」）；一
個奇蹟（「既覺，鎖皆斷脫」）；神明賜下希望有的結果（「經三日
而被原宥」）。同樣，這裡沒有提到本地的其他選擇，但讀者會意
識到它們存在，也會在敬拜很多其他神明的背景下聽過和讀過這
個故事（和數百個其他相似故事）。關於敬拜這個菩薩的新的和
不同的事情是，他快速、生動地回應在困苦中求助的人，以及在
任何地方，任何時間，只需要集中精神或背誦他的名字或《蓮華
經》中獻給他的那一章，便可以求告他；我們不需要到廟宇或祭
壇獻上供品。[53]
　　很多宣揚佛教的故事不單努力證明它們本身的有效性，也提
出它們比本地的其他選擇更有效。考慮以下來自王琰的《冥祥
記》的例子：[54]

　　晉張應者，歷陽人。本事俗神，鼓舞淫祀。咸和八年，移
　　居蕪湖。妻得病。應請禱備至，財產略盡。妻，法家弟子

---

51 也就是重生的五道輪迴（有時是六道）。關於這文本和佛教來源和物質文化
　　的視覺主題，參 Teiser, 2004 和 2006。

52 也就是說，由於他知道他有神保護，最終會得自由。

53 我在 Campany, 1993b: 252-256 和 2012b: 50-51 更詳細討論這點。

54 關於來源文本、進一步註釋和評論，參 Campany, 2012b: 114-116。

也，謂曰：「今病日困，求鬼無益，乞作佛事。」應許之。往精舍中，見竺曇鎧。曇鎧曰：「佛如愈病之藥。見藥不服，雖視無益。」應許當事佛。曇鎧與期明日往齋。應歸，夜夢見一人，長丈餘，從南來。入門曰：「汝家狼藉，乃爾不淨。」見曇鎧隨後，曰：「始欲發意，未可責之。」應先巧眠覺，便炳火作高座，及鬼子母[55]座。曇鎧明往，應具說夢。遂受五戒。斥除神影，大設福供。妻病即閒，尋都除愈。咸康二年，應至馬溝糴鹽。還泊蕪湖浦宿。夢見三人，以鉤鉤之。應曰：「我佛弟子。」牽終不置，曰：「奴叛走多時。」應怖謂曰：「放我，當與君一升酒調。」乃放之。謂應，但畏後人復取汝耳。眠覺，腹痛泄痢；達家大困。應與曇鎧，問絕已久。病甚，遣呼之。適值不在。應尋氣絕。經日而穌活。說有數人以鉤鉤將北去。下一阪岸。岸下見有鑊湯刀劍，楚毒之具。應時悟是地獄。欲呼師名，忘曇鎧字，但喚「和上救我！」亦時喚佛。有頃，一人從西面來，形長丈餘，執金杵，欲撞此鉤人，曰：「佛弟子也，何入此中？」鉤人怖散。長人引應去，謂曰：「汝命已盡，不復久生。可蹔還家。頌唄三偈，並取和上名字，三日當復命過，即生天矣。」應既穌，即復忧然。既而三日，持齋頌唄，遣人疏取曇鎧名。至日中，食畢，禮佛讀唄，遍與家人辭別。澡洗著衣，如眠便盡。

55 鬼子母，鬼魔的母親，在印地來源稱為Hāritī，在很多從三世紀開始翻譯成中文的文本中都有提及。她本來是一個鬼魔，生了一千個鬼孩子，並偷和吃了其他人的後代，直到佛陀將她變成兒童和婦女的保護者，並給想生孩子的婦人孩子。文本來源的經典研究是Peri, 1917；也參Dhirasekera, 1976。

這個故事提出，當一個家人病了時，進行佛教的崇拜活動比向本地神明獻祭這種傳統做法能夠更有效地治病。正如在這裡，這種崇拜行動可能包括：向一個人物——鬼子母——興建一個壇，他好像家庭的保護者一樣，但不需要獻祭；與寺院的精神導師建立關係；主持稱為齋會的禮儀，邀請導師、其他僧人和性情相近的鄰居及朋友吃飯（在這些場合會誦經，高僧很可能也會有短講）；以及唱唄。這些行動明確棄絕舊時的做法（拋棄本地神明的像）並且正式順從新的一套規則（五戒——也就是立誓不殺生、不偷盜、不邪淫、不妄語、不飲酒）。這些新做法的實踐是作為重理心意的表示（因此有張應夢中曇鎧的話：「始欲發意，未可責之」），這是與本地家庭宗教不同的另一個標記，在那裡禮儀不謹本身可能自動會帶來神的懲罰，不論人的意圖如何。[56]

　　同一故事在死後世界的場景中，清楚表明了對獻祭的懲罰，驗證了佛教不殺生（因此不容許獻動物為祭）的教導。它也強調信佛的人和其他陰間的靈魂不同，是可以呼求精靈幫助的。那個以鉤驅走那些人，從地獄釋放張應的無名者在陰間的功用，與曇鎧在這個世界的功用平行。因此，不論身處任何危急情況——家庭疾病、令人困擾的夢或死後被囚禁——張應都得到非佛教徒所沒有的保護。於是他可以平靜地面對自己的死亡。垂死的一幕令人想起對淨土信徒的死亡的敘事，很多都收集在特別反映（並設計來推廣）中世紀時代以阿彌陀佛為焦點的禮拜實踐。[57]

56　關於在佛教信仰中個人意圖的重要性，參Campany, 2012b: 115, 124, 177, 179,
　　217。這個對意圖的強調與中國重視儀式純潔的觀念形成對比——這張力在好
　　些王琰記載的故事中都可以看到（參Campany, 2012b: 134-135和174-180）。

57　參Stevenson, 1995和Mai, 2009。

現在考慮另一則祖沖之《述異記》中的故事：[58]

宋時豫章胡庇之嘗為武昌郡丞，宋元嘉二十六年入廨中，便有鬼怪中宵籠月，戶牖少開，有人倚立戶外，狀似小兒，戶閉，便聞人行如著木屐聲，看則無所見，如此甚數。二十八年三月，舉家悉得時病，空中語擲瓦石或是乾土，夏中病者皆著，而語擲之勢更猛。乃請道人齋戒，竟夜轉經，倍來如雨，唯不著道人及經卷而已。秋冬漸有音聲，瓦石擲人，內皆青黶而不甚痛。庇之有一老你，好罵詈鬼，在邊大嚇。庇之迎祭酒上章，施符驅逐，[59] 漸復歇絕。至二十九年，鬼復來，劇於前。明年，丞廨火頻四發，狼狽澆沃，並得時死。案有訛字鬼每有聲如犬，家人每呼為吃嘬，後忽語，語似牛，三更叩戶，庇之問：「誰也？」答曰；「程邵陵。」把火出看，了無所見。數日、二更中，複戶外叩掌，便復罵之，答云：「君勿罵我，我是善神，[60] 非前後來者，陶御史見遣報君。」庇之云：「我不識陶御史。」鬼云：「陶敬玄君昔與之周旋。」庇之云：「吾與之在京日，伏事衡陽，又不嘗作御史。」鬼云：「陶令處福地，[61] 作天上御史；前後相侵，是沈公所為。此廨本是沈宅，因來看宅，聊複語擲狡獪；忽君攘卻太過，乃至罵詈，令婢使無禮向之，復令祭酒上章苦罪狀

---

58 LX, 181-182，但我的翻譯是基於FYZL, 46.639c-640a和它在TPGJ, 324.15的引文。TPYL, 767.3b總結了部分故事。《異苑》的一項（XJTY編，6.9a）也保存了同一敘事的一部分。

59 這是標準的道教行為。

60 關於這些鬼魂，參Campany, 2012b: 54, 161-162, 187-188, 210, 220。

61 參Campany, 2012b: 182。

之，事徹天曹。沈今上天言：君是佛三歸弟子，那不從佛家
請福，乃使祭酒上章？自今唯願專意奉法，不須興惡，鬼當
相困。」當下疑奪不字庇之請諸尼讀經，仍齋訖，經一宿
後，復聞戶外御史相聞白胡：「丞見沈相訟甚苦，如其所
言，君頗無禮，若能歸誠正覺，習經持戒，則群邪屏絕。依
依襄情，故相白也。」

　　這是一個複雜的故事。從結構上說，它屬於熟悉的本土故事
類型，是關於鬼魂騷擾的。這種故事通常集中在鬼魂怎樣現身，
以及騷擾怎樣解決。但在此這個故事類型被用來推展佛教信仰。
主角胡庇之嘗試利用佛教和道教的資源來應付他家裡鬼魂的入
侵。曾經住在胡庇之現居處（胡庇之似乎用那裡作為辦公室和居
所）的沈姓鬼魂為此責備他。文中雖然沒有直接提到，但沈姓的
鬼魂製造麻煩，似乎是為了要得到為他舉行佛教儀式而有的福
報。（在過程中他也接受食物的貢獻，這是本地回應鬼魂的敲詐
的流行方式。）但他不滿，首先因為褓母粗魯的咒詛，然後更嚴
重的是庇之委託一個道士去祈求將鬼魂趕走。於是沈姓鬼魂提出
自己的訴文——不是正常的道教祈禱文，卻是向天提出的法律訴
訟，如同歷來的冤魂一樣。[62] 這一切都由一個「善靈」向庇之解
釋，它是以上其他故事中都可以看見的，佛教的保護神靈，而他
只是作為庇之一個死去的朋友陶敬玄的信使。陶敬玄可以看到整
件事的發展，正確地明白它，並且由於他在死後身處「福地」，
可以警告自己仍然在生的朋友。
　　對我們而言饒富興趣的是沈姓鬼魂訴文的性質，以及陶敬玄

62　關於六世紀這個主題的故事集一個很好的研究，參Cohen, 1982。

提出的相似建議。故事描述兩個應付麻煩的鬼魂的獨特方式，或者三個，如果我們將家人餵食鬼魂當為代表在道教和佛教進入之前本土所認可的方法。涉及的各方都知道庇之是佛教徒（「君是佛三歸弟子」），他因為援用了非佛教的方法而受到怪責。沈姓鬼、死去的朋友陶敬玄和無名提善神靈都一起促請庇之只依從佛教的方法。或許這是因為作者宣稱佛教的方法在此情況下更優越，或者只是因為它們是庇之應該用的方法，因為他是佛教徒。這種跨界使用佛道多重曲目的情況一定經常發生（今天仍然是這樣），但這個故事反對這種策略的正當性。

佛經由啟示而來

佛經的進口和翻譯──據稱傳遞佛陀的話的那些經典，通常附上經這個字──是佛教來到中國一個主要的現象。佛經翻譯的歷史在中世紀初期小心地被編年。[63] 目錄學家漸漸擴展在中文可以當為佛陀言語的範圍，接受越來越多作品歸入正典，這些作品有跡象顯示實際上原本是用中文寫成，而不是由印度語言翻譯過來。[64] 中國佛教很多現代史學在這方面都與中世紀早期的對應相似。現代學者也往往根據某佛經何時和由誰翻譯或評論，來重述佛教在中國的早期歷史──正如斯特里克曼（Michel Strickmann）說：「偉大的譯者和正統教導由一位著名的大師有秩序地傳給另

---

63 最早的現存產物是僧祐的目錄《出三藏記集》。研究越來越顯示我們「翻譯」這個詞在這些初期世紀佛教典籍翻成中文時涵蓋的過程多麼複雜，涉及的活動多麼多。

64 參 Tokuno, 1990 和 Storch, 2014。

一位大師。」[65]

　　不過，同時，也出現了一種沒有那麼普遍，卻很驚人的故事類型，對「佛教」被想像地建構為什麼東西有十分不同的含義，我在他處已經有專文討論。因此在這裡只舉這種故事的一個例子已經足夠，這個例子同樣是來自王琰的《冥祥記》：[66]

　　　　晉濟陰丁承，字德慎。建安中，為凝陰令。時北界居民婦，詣外井汲水。有胡人長鼻深目，左過井上，從婦人乞飲。飲訖，忽然不見。婦則腹痛，遂加轉劇。啼呼有頃，卒然起坐，胡語指麾。邑中有數十家，悉共觀視。婦呼索紙筆來，欲作書。得筆，便作胡書，橫行，或如乙，或如己。滿五紙。投著地，教人讀此書。邑中無能讀者。有一小兒，十餘歲，婦即指此小兒能讀。小兒得書，便胡語讀之，觀者驚愕，不知何謂。婦叫小兒起。小兒既起，翹足，以手弄相和。須臾各休。即以白德慎。德慎召見婦及兒，問之，云：「當時忽忽不自覺知。」德慎欲驗其事，即遣史齎書詣許下寺，以示舊胡。胡大驚，言佛經中闕，亡失道遠，憂不能得。雖口誦，不具足。此乃本書，遂留寫之。

正如這個和類似故事清楚表明，佛經的傳播可能透過靈媒書寫發生。克服地理距離，將文本跨越喜馬拉雅山和中亞洲沙漠帶到中國，並克服兩種十分不同的語言之間的語言距離，在這裡被壓縮

65　Strickmann, 1990: 75.

66　關於來源文本、額外註釋和進一步討論，參Campany, 2012b: 71-73。我在　Campany, 1991: 44-46討論那故事。

成單一簡單的事件。因此,直接啟示取代或補充學術翻譯和艱苦的旅行——正如發掘「阿育王的舍利塔」,這能提供快得多和更有效率的方式取得佛陀的舍利子。這些敘事暗示,佛法不單是人的傳統,依靠人去傳播。它也是超文化然的現實,可以在任何地方,以類似此種的神祕機制冒起。那個著魔的抄寫員作為「普通人」和女人的身分(加上「胡人」的回應),證明啟示真的是啟示:它不是任意的靈界噪音,或有學識、有利益關係的人聰明的偽冒,而是一篇印度佛經,在中國一直失傳,直到藉啟示送到。[67]

結語

佛教傳入中國的最初幾世紀中,它的到來及其所產生的影響是如何被敘述的?一個總結性回答會是這樣:它們不是一件大事;而是很多小事件——很多不同種類的小事件。

現在我們具體化為「佛教」的東西,在以十分概括和總結性用語談及時,古代中國作者很偶然地也會具體化。[68]就像我們具體化「中國」這個詞一樣。因此不是中世紀初期中國的人不能夠具體化——即使是將與我們稱之為「宗教」的可作類比的東西具體化——它也不是西方獨有的,這與近年西方一些理論所說的不同。但他們感興趣的故事在更細緻的層面運作。這些故事講述一個皇帝的怪夢怎樣促使他派人遠赴外地,其後引入一些實踐者、佛像和佛經;或者講述僧人首先在山上居住,面對本地長久在那

---

67 關於進一步例子和「思想」這個主題對佛教徒對「佛教」性質的理解的重要性,參Campany, 1993a。

68 參Campany, 2003: 299-310。

裡的神時有什麼事情發生；或者講述在中國土地重新發現古代已經存在的舍利塔和舍利子；或者講述有些人怎樣利用佛教曲目的元素帶來驚人的效果；或者講述佛經有時不是翻譯過來，而是直接向中國人啟示。我們總結的和比喻性地稱為「佛教進入中國」的宏觀歷史事件，就中世紀初期在中國流傳的敘事來說，是關乎所有這些和更多特定種類的事件。一些人得到對這些事件的深刻的印象，以致記錄下它們對個人、家庭和社群的影響。

　　從這些和相似敘事的角度看，佛教的流入似乎不是整體的碰撞，而是幾乎無數個別行動和事件的碰撞，個別事件的點畫組合。但這組合雖然龐大，卻不是無限地差異。它有有限的故事類型，也就是說，某些行為的模式，以及扮演有限角色的中介者。這不應令我們驚訝，因為故事類型、主要場景和社會角色存在於各處的文化和宗教中。[69] 我不能說在本文中已窮盡地分析了這些曲目元素，我只是提出一些最重要的代表。但如果我們想知道在當時人眼中「佛教怎樣進入中國」，我認為我們可以在類似這樣的組合中找到答案。可以肯定，我們怎樣描述複雜的歷史過程，很大程度上關乎我們想做什麼，以及我們有多少時間和空間。例如：藉著說「佛教征服中國，但在過程中中國也轉化佛教」而作總結時是有背景語境的，這或許就是我們最多可能做到的或需要的。這種比喻的建構無關真或假；它們只是就個人目標來說較無用或較有用。但它們強力地將歷史學家應該嘗試明白的那些複雜、規模較小的過程過分簡化，而它們也可取得自己的生命。我相信事實上沒有這種整體性的歷史過程。以為它們確實存在的幻

---

69 關於這點的進一步闡釋，參Campany, 2009: 39-61和2012b: 44-48。關於「主要場景」，參Ortner, 1990。

象只是語言的附帶現象，以及比喻的副產品，藉由這些比喻，我
們掙扎著去為非常複雜、多面、細緻得多的過程，以及屬於主體
和中介的那些零散的客體命名。我相信我們應該嘗試看見和理解
的正是那些過程、客體和中介。看到當代人怎樣描述它們並非這
努力的全部，[70] 但這種努力卻能構成重要的一步。

---

70 換句話說，我並不主張描述其他宗教和文化或歷史唯一合法的方法是「以他
　們自己的方式」代表他們。我想提出的是，留意「他們自己的話」是表達我
　們自己的論述十分有用的步驟。參 Campany, 2003: 289-291。

第二章

基督教和羅馬

權力關係的研究

德雷克（Harold A. Drake）

美國加州大學聖塔巴巴拉分校歷史系榮休教授

　　大約在漢明帝（58-73年在位）夢見佛陀的時候，羅馬皇帝尼祿（圖2.1）（約54-68年在位）則在應付一場惡夢。尼祿在西元64年7月在昂提烏姆（Antium），現在的安濟奧（Anzio）度假，期間得知首都發生火災，大火燒遍羅馬搖搖欲墜的街道和偷工減料地建成的房屋。尼祿趕回羅馬，指揮人們做他們能夠做的事情。結果大火在一星期後才熄滅。那時，羅馬十四個區有十個都燒成廢墟。城市的大部分居民——大約介乎五十萬到一百萬人之間——失去一切。尼祿安排緊急收容所，並供應食物和飲品，甚至開放自己的皇宮和花園供人們棲息。謠言說在這悲劇的某個時候，皇帝拿起七弦琴「歌唱特洛伊的毀滅，將現時的不幸與古時的災難相比」。這一刻成了不負責任的行為的象徵，但這主題實際上是恰當的。羅馬人相信他們源自一群難民，與英雄埃涅阿斯（Aeneas）一起逃出大火中的特洛伊城。因此，不難想像一個認為自己是藝術家的人會從這個主題中得到安慰。而且，以前也有先例。兩個世紀前，消滅迦太基的小西庇阿（Scipio Aemelianus）在凝視羅馬古代的敵人的廢墟時，也想到特洛伊。[1]

圖2.1　羅馬皇帝尼祿（54-68在位）頭像。出處：Wikimedia commons。

1　根據小西庇阿的老師，就是在西元前146年隨他出戰的歷史學家波利比烏斯（Polybius），小西庇阿在看見迦太基發生大火時哭起來，並引述《伊利亞德》

但羅馬歷史學家塔西陀（Tacitus）在大約五十年後於《編年史》（*Annals*）中記載了尼祿的行動，他說皇帝被普遍懷疑要為大火負責，於是決定將責任轉移集中到猶大這個荒僻地區一個無名的教派。他們是

> 一個因為他們的惡行而受到憎恨的階級，大眾稱他們為基督徒。這個名字源自基督（Christus），他在台比利斯（Tiberius）統治期間在總督彼拉多（Pontius Pilatus）手下受到極刑，而一個最邪惡的迷信雖然暫時被遏止，卻不單在猶大這個邪惡的起源地爆發，甚至傳到羅馬，全世界一切可憎和可恥行為的中心，並且流行開來。……很多人被定罪，不是因為放火燒城的罪行，而是因為憎恨人類。各種嘲弄戲虐被加在他們的死亡上。他們披上野獸的皮，被狗撕裂而亡，或者被釘十字架，或者被焚燒致死，在夜晚提供照明。[2]

因此我們看到兩個十分不同的故事開啟了佛教與中國文化的相遇和基督教與羅馬文化的相遇。一方面，明帝的夢促使他贊助佛教的引入；另一方面，尼祿使新教派在羅馬人眼中顯得可疑，在基督徒身分上播下迫害情結的種子。

另一個故事可能是更好的比較。大火後大約兩個半世紀，一位基督徒作家拉克坦提烏斯（Lactantius）報告說新皇帝君士坦丁也作了一個夢，發生於312年一場決定性戰役的前夕。拉克坦提

（6.448-9）預言特洛伊陷落的話。阿庇安（Appian），*Roman History*, 8.19（132）。關於明帝夢見「巨大金像」的記述，參本書前一章。

2　Tacitus, *Annals*, 15.38-44（引述的段落在15.44）。

烏斯寫道，在夢中，有人勸君士坦丁

> 在士兵的盾牌上刻上在天上的神的記號，然後去作戰。他照指示刻了一個頂部彎過來的傾斜字母 X，他在士兵們的盾牌上刻上基督。裝備著這個記號，軍隊準備作戰。[3]

拉克坦提烏斯接著描述君士坦丁的巨大勝利，他消滅了對手，成了羅馬帝國西半部的主人，這也令他歸信新信仰。因此，好像漢朝的皇帝一樣，君士坦丁在夢中認識了基督教的神——毫不令人驚訝的是，在這兩個文化中，夢都被視為一種存在的中介狀態，在其中神可以與凡人接觸。[4]

這戰役也在另一個當代對君士坦丁歸信的論述中出現，而此論述將故事由可靠變得虛無飄渺。該撒利亞的優西比烏主教（Bishop Eusebius of Caesarea）寫了相當具影響力的《君士坦丁生平》（*Life of Constantine*），這本書在皇帝在337年去世後幾年出版。根據這位主教的描述，在這場戰役發生之前的行軍途中，君士坦丁行走在部隊的前頭，

> 大約在正午，白天剛開始時，他說他親眼看見，在天上，在太陽上面，由光形成一個十字形的東西，並附上一段文字說：「藉此征服」。他和整隊士兵都對這情景感到驚訝，那時他們正和他一起去作戰，見證了這奇蹟。[5]

3　Lactantius, *On the Deaths of the Persecutors*, 44.5.

4　Benchman, 1998; Shulman and Stroumsa, 1999.

5　*Life of Constantine*,（此後稱為 VC). 參 VC, 1.28。

優西比烏說他親耳聽到君士坦丁說到此事，然後他接著報告一個夢，是與拉克坦提烏斯的版本平行的，只是優西比烏繼續說，皇帝並不確定異象的意思，所以徵求隨從祭司的意見，他們認為那記號象徵獨一真神的獨子，並開始教導他關於他們宗教的事。[6]

君士坦丁的故事提供一個與明帝的故事接近得多的平行事例。正如在明帝的情況中，君士坦丁的夢注入對新宗教一個正面的印象；也好像明帝，君士坦丁委派藝術家為他夢中的信息創造一個實物代表，雖然在君士坦丁的情況，那不是一個塑像，而是著名的拉布蘭（Labarum），一個嵌有珠寶的標杆，具有神聖的特質，後來被放在他軍隊的前頭。[7]這軍事主題以另一種方式將兩位皇帝區別出來：明帝回應他的夢的方式是派使者去取神聖文本的抄本；君士坦丁則先在重要的戰役中試驗他的新神。[8]還有更深刻的不同。明帝與官員討論他的夢；而君士坦丁則從新宗教的祭司們那裡尋求理解。這個似乎不重要的差別，指出兩個宗教與各自政府的關係的最重要差別。明帝將他的贊助限於佛教徒的宗教需要，興建了一間重要的寺院；但君士坦丁則向基督徒大開皇室權力的大門。佛教徒從沒有壟斷中國人接觸神聖；但基督徒卻能夠有效鞏固他們的權力，在相對較短的時間內，令羅馬帝國成為基督教帝國，並運用國家的威權機制來壓抑其他崇拜方式，迫使人們配合正統的基督信仰。正如布朗（Peter Brown）在一本極有啟發性的書中曾經寫道：「如果神幫助那些幫助自己的人，便沒有

6　Eusebius, VC, 1.29, 32.

7　Eusebius, VC, 1.31. 關於它在戰爭中的角色，參 VC, 2.9, 和 Williams, 2008: 41.

8　君士坦丁在事業稍後也採取相似的行動，命令人們在新首都君士坦丁堡預備五十份聖經的抄本：Eus., VC, 4.36.

群體比基督徒更配得到君士坦丁在312年歸信這奇蹟。」[9]

尼祿和君士坦丁的兩個故事之間的差別是驚人的。雖然君士坦丁在很多方面提供了與中國皇帝贊助佛教的平行事例，但用他的統治來開啟基督教與羅馬的關係的故事卻並不可取。那會好像只看電影最後五分鐘而去嘗試明白其情節。這個結果對其後的歐洲歷史產生那麼深遠的影響，要揭示這個結果的原因，故事必定不能從君士坦丁開始，而需要從尼祿開始。

正如康若柏在前一章指出，敘事遠遠不單提供娛樂；它們在模塑我們對一個課題或事件的理解上扮演重要的角色。例如一個現代小說家和劇院都喜歡的流行敘事，根據這個敘事，像尼祿這樣的羅馬精英在道德和性方面都那麼墮落，以致他們討厭基督徒的良善，並找方法消滅他們，但由於平民百姓的支持，以及神報復的手，這些邪惡的計畫受到挫敗，保證正義的成功。（這個故事在《你往何處去》（*Quo Vadis*）這部1951年的經典電影中講述得最好，而且還有年輕的彼得‧尤斯汀諾夫（Peter Ustinov）主演尼祿這個賣座表演。）

君士坦丁的故事與這敘事大綱有很多相似的情節。他興起之前，皇帝戴克里先（Diocletian）對基督徒進行大迫害，持續了整整十年才逆轉過來，（根據這個故事情節）很大程度上是因為君士坦丁自己的歸信。對當代人來說，後來基督徒命運戲劇性的逆轉似乎是神蹟。這個故事也解釋了為什麼基督徒反過來熱烈迫害以前壓迫他們的人，而且很好地配合了其後多世紀歐洲歷史特有的那種壓迫和宗教戰爭，並且仍然流行於現在的解釋。正如吉朋（Edward Gibbon）在超過兩世紀前在經典著作《羅馬帝國衰亡史》

9　Brown, 1971: 86.

（*Decline and Fall of the Roman Empire*）中指出，身為一神論者，基督徒是不寬容的；他們甚至拒絕承認有其他神存在；另一方面，多神論者可以與任何數目的神自在地共存；與基督徒相比，他們是寬容的，對眾生充滿和平及愛。[10]因此，佛教徒沒有在中國壟斷崇拜，但基督徒卻很快消滅其他接觸神聖領域的方法，也就不足為怪了。

君士坦丁的夢和異象的記述，藉著以衝突來描繪基督教成功的故事來迎合這個詮釋。那衝突不是其他任何衝突，而是由神發動的。因為如果君士坦丁是屬神的人，由神揀選來保證基督徒的命運，他的對手便一定與魔鬼結盟，展開在天上進行的宇宙戰爭的地上版本，正如優西比烏當面向君士坦丁發表的一場演說中所示。[11]這樣，那奇蹟故事便完全取消了基督教信息的一個主要部分。誠然，基督徒拒絕敬拜其他神，但耶穌一個最激進的教導是以愛報恨（太五43-44）。基督教這和平主義的一面在君士坦丁歸信的故事中沒有任何地位，令始於君士坦丁的現代研究更容易忽視它。因此，有一個重要的問題從未被提出：為什麼一旦基督徒取得權力，愛仇敵的誥示那麼快被推到一旁？

不寬容肯定在基督徒運用權力中扮演一個角色，但一旦他們這樣做，不寬容本身便不是一個充分的闡釋。它本質上是一個神學闡釋，而一旦基督徒開始運用國家的威權機制去強迫別人配合，故事便不再是關乎宗教，而是關乎權力，而權力不能用神學標尺來量度。當我們從君士坦丁開始敘事，基督徒的命運便太容

---

10 例如：參 Gibbon, 1909-1914, 1: 33：「這就是古代溫和的精神，列國不大注意他們宗教崇拜的不同，而更注意其相似。」

11 參 Eusebius, *In Praise of Constantine* 2。關於天人相應的重要性，參 Nuffelen, 2011, 尤參107-114。

易落入宗教勝利主義的理路，創造一條故事弧線，忽略了多世紀的遷就和衝突。要更完整理解這現象，我們需要回到塔西陀對尼祿和大火的記述。

基督教與古代國家

塔西陀不單是歷史學家，也是羅馬元老院成員，這群人在一個很陡峭的階級制度中處於頂峰，在帝國或許多達五千萬的人口中，他們占了百分之一人口中不多於十分之二的部分。因此，毫不令人驚訝的是，他個人視基督教為「最胡鬧的迷信」（*exitabilis superstitio*），是污水從帝國的沉渣中流入他所愛的羅馬的一個例子。[12] 更令人不安的是，他聲稱基督徒展示一種「對人類的憎恨」（*odio humanis generis*）。這是一句令人困惑的話，因為在我們流行的想像中，基督徒是好人，他們的罪只是嘗試過正當、有道德的生活。為什麼他們被描述為憎恨所有其他人？

答案在於古代國家和古代宗教的本質。猶太─基督教的傳統十分強調個人責任。因此耶穌在談及審判日時宣告說：「那時，兩個人在田裡，取去一個，撇下一個。兩個女人推磨，取去一個，撇下一個。」（太二十四39-41）但在古代地中海，宗教是以群體為基礎。每一個政體都有一個或多個神，這些神是與那個政體有特殊關係的，當這些神不高興時，他們的審判不是向個人發出，而是針對整個群體。我們視為「自然災害」的事件——火災、地震、洪水——在古人看來是神不喜悅的記號；這些事件會

12　Juvenal 在著名的 *Third Satire* 中有相似的立場，這著作大約在同一時期寫下。
　　參 Reekmans, 1971。

令人尋找原因，而一個就近的原因是有基督徒存在，他們拒絕參與傳統的禮儀，否定其他人尊崇的神存在。尼祿選擇以基督徒為大火的代罪羔羊，無論有什麼動機，都不是獨一無二的，正如大約西元200年的基督徒特土良（Tertullian）一個經常被人引述的抱怨說：「如果台伯河氾濫，或尼羅河沒有氾濫；如果沒有下雨或地震，如果有饑荒或瘟疫，他們便開始呼喊：『送基督徒去餵獅子！』」[13]

由於大火，尼祿稱基督徒為縱火者，他們拒絕尊崇本地的神令他們在塔西陀這類人的眼中成了「最胡鬧的迷信」。但令羅馬官員注意他們的是，他們反對另一個獨特的羅馬制度。那就是一種或許太鬆散的名為「皇帝崇拜」的儀式。為了避免錯誤詮釋這個問題，我們需要謹記現代和古代國家的一個分別。每一個古代國家，由羅馬到中國，都同時是宗教機構，意思是領袖的主要責任是維持與神聖力量的良好關係，這些力量在人類事務的結果中扮演積極的角色。[14]由於我們視為世俗的官員行使著我們認為是宗教的功能，我們在這些活動之間很清楚的觀念區分——包含在「教會」和「國家」之間的區分——可能妨礙我們分析新宗教引入舊政體這樣的問題，因為在那時這種觀念區分並不存在。

在羅馬帝國的情況，問題進一步複雜化，因為有將基督教對崇拜統治者的詮釋投射到君士坦丁以前的羅馬皇帝的行為的問題，以及將好像「凱撒教宗」（Caesaropapism）（世俗統治者「凱撒」主張自己有好像教宗的宗教權威這樣的情況）這種現代新詞

13　Tertullian, *Apology* 40（我的翻譯）。

14　關於宗教在中國的角色，參Campany, 2011。

投射到君士坦丁之後的皇帝身上的問題。[15] 例如：主張羅馬皇帝要求人們將他們當為神一樣來敬拜是常見的，因為這樣，基督徒違反羅馬法律。然而，除了卡里古拉（Caligula）或尼祿外，沒有羅馬皇帝這樣看自己。但成功執行自己任務的皇帝通常在死時會受到崇拜和得到神一般的榮耀——這對我們來說是可笑甚至可恥的自大，但這是因為我們以為神是全能、獨一的。在古代的多神系統中，人和他們的神之間的距離短得多，而無數半神的人物——好像海克力斯（Hercules）這樣的英雄——取得神的地位，因而令死去的皇帝獲得神的榮耀是一種合理的提升。或許我們可以將他們想為「聖人」。

羅馬皇帝是最高祭司（pontifex maximus），這個稱號現在用來指羅馬主教，這樣也是羅馬國家宗教的領袖。因此他不單是最高的立法者和最高指揮官，也是大祭司，宗教和世俗事務的最終權威。而且，這個稱號給予第一位羅馬皇帝「奧古斯都」（Augustus）——無法翻譯，但代表類似「值得尊敬」或「諸神所喜愛的」的含義——其後每一位繼承人，都被賦予一種神性，令這位繼承人比我們其他人更神聖——「諸神之中最小的，眾人之中最大的」，正如伊希斯（Isis）女神在一個神諭中說；在這個意義下，我們可以稱羅馬皇帝為「半神」。[16]「皇帝崇拜」的禮儀包含在祭壇上撒一些香粉，並向他的「精靈」為他的健康和安全而祈禱。這精靈有似個人的保護聖者，這儀式其實並不複雜，且在危機時甚至可能被視為一種忠誠的誓言。但對基督徒來說，它成了向偽神禱告的行為，這會危害他們不朽的靈魂。他們就是不能這

---

15 關於「凱撒教宗」這個詞，參 Dagron, 2003: 283-87。

16 *Corp. Herm.* 24.3.

樣做。難怪羅馬當局對他們產生懷疑。

因此塔西陀的論述顯示基督徒面對很多和佛教徒將佛教帶到中國時遇到的相同障礙。和佛教徒類似，基督徒挑戰現存的秩序和現存的價值，向一個重視財富和地位的世界宣告耶穌的信息：「在最後的將會是第一」，以及一個人不能事奉兩個主——上帝和瑪門（財富人格化的神）（太六24，二十16）。事實上，基督徒還在另一個缺陷下努力：羅馬官員不認為他們的創立者是如佛陀般的智者，而是罪犯，以只留給社會中出生最卑微的人的方式來被處決。因此，難怪塔西陀稱這新宗教為「胡鬧的迷信」（*exitabilis superstitio*），或者他說基督徒「因為他們可惡的行為而受到憎恨」（*per flagitia invisos*），進行「可憎和可恥的」（*atrocia aut pudenda*）的作為，並顯示「對人類的憎恨」（*odio humani generis*）。

像塔西陀這樣的精英，在耶穌出生前幾個世紀以來都從柏拉圖和亞里斯多德等人處學習哲學的原理，他們絕對不認為基督徒在道德上比較優越，而認為自己才是優越的群體。獨一、至高的神這個觀念也不令他們困擾。古典哲學早已得出單一、看不見的神這個觀念，祂創造和控制這個可見的宇宙。至少在流行層面，更容易接受的是神取了人的模樣，或者與凡人交配，產生神聖的後代。古典作品中一些人們最喜愛的故事也講述這些神明的調戲和歷險。但基督徒宣稱他們的人—神耶穌也是像哲學家那種超越的神，是獨一無二的；認為這個神經過人類出生那種血腥的考驗，成為卑微的木匠的兒子，而後死於人手中，這種宣稱對塔西陀和他同輩來說，是令人厭惡和愚蠢的。除了這些疑問外，還有犯罪的污點，以及對耶穌死去的方式和基督徒與大火的連繫的憎恨，我們很容易明白為什麼精英與基督徒保持距離。

基督徒的敘事

　　與佛教徒相似，基督徒雖然有敵對的環境，但仍能發展，是因為他們施行醫治的奇蹟，贏得普遍的跟從。[17]甚至比佛教徒更甚，基督徒也開發隱修的熱情，推動隱修生活，產生他們版本的「聖徒」。聖徒被視為受神影響的個人，他們的遺體和其他基督徒英雄的遺體被認為有神奇的力量——正如在中國的經驗，這種特點給那些發現和控制它們的人在競爭神聖資源時一種優勢力量。[18]愛仇敵這主要的基督徒誡命也扮演一個角色，因為它鼓勵成員實行 caritas（「慈善」或「愛」）的行動。在瘟疫和軍事動盪的時候，例如在三世紀，基督徒冒著生命危險提供即使是最起碼的照顧，也有助令歸信的人數大增，和殉道者的激勵效果不相上下。根據一個估計，簡單的慈善行為，加上了傳統社會網絡的破壞，已經可以說明基督徒在那個時期人數的增長狀況。[19]

　　以上問題的重要性是，基督徒怎樣像佛教徒一樣，發展敘事策略，藉以對抗和對付敵對的環境，並以自己的方式講述自己的故事。這些是護教、殉道學，以及或許最重要的是講道。

護教

　　基督徒幾乎從一開始便發覺需要面對對耶穌神性的反對。使

17　MacMullen, 1984: 28-9.

18　關於早期基督教發展的介紹，參 Harvey and Hunter, 2008, Humphreys, 2006, Clark, 2005。

19　Stark, 1993. 關於基督徒在瘟疫中照顧別人，參 Eusebius, *Church History*, 7.22. "Letter of Dionysius of Alexandria"。

徒保羅藉著提出一個悖論來回應：這世界的教導不能與基督賜下的智慧相比；因此，基督徒需要忘卻這世界的優先次序，要學會「為基督成為愚人」。但在第二世紀，其他基督徒開始藉著宣稱基督教和古典教導之間沒有真正區別來回應。這些是護教者，這個詞來自希臘的法律程序，在那裡 *apologia* 是針對指控的「辯護」。柏拉圖在西元前399年為他敬愛的老師蘇格拉底的審訊寫了一篇最著名的辯護，正如任何讀過這辯護的人都知道，辯護完全不是表示「對不起」。辯護是論證，是活潑的論證，而且往往是寫給統治的皇帝，但實際上是要給更廣大的人群，包括基督徒和非基督徒的精英。我們很難將「護教」界定為一個範疇：它不是一個文類，而是「一種寫作方式」，用卡梅倫（Averil Cameron）的話說，「代表一種論證，可以在多種文學作品中找到。」[20] 一般來說，護教者的目標是以精英能夠明白的用語，解釋他們的信仰，並為他們的行為提供理由。

這個目標創造一種動力，是帝國最終接納基督教的一個重要部分。因為要這樣做，護教者需要熟習形成精英教育基礎的古典哲學原理，然後顯示他們的宗教怎樣配合這些原理。在這樣做時，他們也使基督教配合那些原理，給予基督教抽象和理論的面向，使它成為不只是一種地區現象。[21] 與猶太人和基督徒所主張的一樣，古典哲學向來主張只有一位至高存有，而在這完美的不動的推動者（Unmoved Mover）和它所負責的創造物之間，需要一位中介。這中介是洛各斯（*Logos*），這個希臘詞語基本上指「理性思想」。（由於思想透過言語表達，它也可以指「言語」。）相

20　Cameron, 2002: 220-1. 進一步，參 Edwards, Goodman, Price, 1999。

21　Hefner, 1993.

應地，為了用古典精英可以理解的用語來解釋耶穌，護教者開始指向約翰福音開頭的話。（「太初有道〔希臘文本是 *Logos*〕，道與神同在，道就是神。」）利用這些詞組，護教者可以說，約翰顯示的基督教的洛各斯與他們的哲學描述的是同一個人。這只是多個世紀中長期對話的一個例子，這對話令基督教對古代精英來說沒有那麼不受歡迎，但在過程中也修改了基督教思想。正如瓊斯（Christopher Jones）指出：「雖然異教徒和基督徒之間的辯論以基督徒勝利結束，但那勝利是吸收多於征服。」[22]

我們不清楚這些護教者有沒有任何即時影響，但如果我們將他們設想為一個觀念的範疇，即基督教宣教動力的體現，他們可以代表某程度的彈性和適應性，有助解釋基督教在君士坦丁未出現前已有的擴展。他們的影響是重大的，首先，由於他們努力對外接觸，令基督教不致好像死海古卷的群體那樣，從敵對的世界撤退，而且更因為進入這些論證的那些精細的思想，有助基督徒鍛鍊出成為普世宗教所需要的基礎，向自己闡釋自己的信仰。[23]基督教變得更靈活，因此更能夠適應上層羅馬人的需要，這在很大程度上應該歸功於護教者。正如一位學者說：「如果基督教沒有遷就異教環境而能成功，這肯定是不能想像的。」[24]

同樣重要的是，不單基督徒在這幾個世紀中演化；異教徒（由於它有貶低的含義，我之前一直避免使用這個詞語）[25]也改變了，

---

22 Jones, 2014: 89.

23 關於「以智力建構教義」，藉以創造一個世界宗教的重要性，參 Hefner, 1993: 17。

24 Bremmer, 2010: 42.

25 Cameron, 2011: 14-32, 提出一個新穎的論證，認為基督徒開始使用 *paganus* 作為稱呼別人的有禮貌方式，但也參 Jones, 2014: 5-6 的保留。

變得越來越願意從古典哲學中汲取養分（所謂的融合syncretism），並對柏拉圖哲學中更神祕，被忽略了多個世紀的部分表現出更大的興趣。這思想最終圍繞在三世紀哲學家普羅提諾（Plotinus）的教導上，他現在被視為新柏拉圖主義的創立人，但尋找個人與全能的神的連繫，在阿普留斯（Apuleius）二世紀的小說《變形記：金驢傳奇》（*The Golden Ass*）中已經明顯可見，在這本小說中，主角最終經歷了伊希斯神的顯靈。[26]

　　傳統觀念認為基督教迷信瓦解了理性世界，而這些改變則指向了比這種傳統觀念更富有動力的過程。學者現在更傾向視宗教動盪為這些改變的推動力，動盪創造了一個宗教「市場」，基督教在其中只是諸多回應並創造此市場氛圍的一種教義。在這個世界，更重要的是謹記護教者扮演的角色。他們努力尋找共同的基礎，藉以與非基督徒對話，使他們歸信。這段由尼祿到君士坦丁之間的兩個半世紀的動態對話，取代了吉朋所提出的靜態圖像。[27]

殉道學

　　護教的衝動帶來的一個危險是基督教能夠自在地與古代思想配合，以致與眾多在古代宗教市場中競爭的其他宗教無所分別。[28]

---

26 關於Apuleius的歸信，參Nock, 1933: 138-155。關於新柏拉圖主義，參Armstrong, 1970和Lloyd, 1970。關於新柏拉圖主義和基督教，參Finan and Twomey, 1992。關於新柏拉圖主義者的政治目的，參O'Meara, 2003, Digeser, 2012。

27 Dodds, 1965，雖然染有心理歷史的色彩，卻是革命性的。關於最近一個更平衡的處理，參Jones, 2014。

28 關於宗教市場的概念，參North, 1992。

圖 2.2　安提奧主教伊格那修斯（Ignatius）殉道圖，事件約在紀元110年，圖像年代約為西元 1000 年。出處：Wikimedia commons。

另一個群體，以及一個新的文類，令這情況不致發生。這些就是殉道者，這個詞也來自希臘法律程序，*martus* 是「見證人」。（圖2.2）這些是不時發生的大屠殺中被送到獅子口中的基督徒，這些大屠殺引發特土良鄙視的嘲諷 （他在著名的句語後加上一個觀察：「那麼多基督徒，那麼少的獅子。」[29]）。在他們的同伴眼中，願意忍受這麼可怕的懲罰的基督徒在重演耶穌的受苦，從而見證他們相信復活的真理。反過來說，殉道者的死被當成他們的「生日」來慶祝，在那天人們會在教會高聲讀出殉道者英勇的死，藉以令忠心的人興奮，給他們啟發。

　　這些記述後來稱為殉道學，它們主導了基督徒的想像，甚至

---

29 Tertullian, *Apology* 40.

完全掩蓋了護教者的努力，可能危險地扭曲我們對基督徒與羅馬之間互動的理解。[30] 事實上，直到三世紀中期，這種迫害的發生，包括尼祿的迫害，都是對特殊環境一些局部的回應（正如特土良的抱怨也暗示那樣）。類似特土良的基督徒誇口說殉道者令異教徒歸信（「殉道者的血是種子！」），雖然現代學者傾向有點懷疑這些宣稱，但這些人的勇氣至少會在一些觀察者的心中播下懷疑的種子，因為他們知道，要免除這種折磨，只需要否棄基督：如果基督徒真的是他們聞名的墮落腐朽分子，為什麼他們選擇忍受那無比的痛苦？羅馬人長久以來都將這種自我犧牲連繫到他們半傳說性質的歷史上的那些英雄，好像科克萊斯（Horatius Cocles）、斯凱沃拉（Mucius Scaevola）和畝斯（Decius Mus）等。現在殉道者可以被描述成為配得上這種德行的繼承者。[31]

我們不應該將殉道者和護教者想為對立的人；事實上，一些護教者也成了殉道者。我們應該視他們為代表基督教經驗的兩極──排他主義者和包容主義者的傾向，是貫穿這個宗教的歷史的特點。兩者都是新宗教擴展所需要的。如果殉道者代表那種對掙扎和衝突的獻身是基督徒在最初的幾世紀給主流文化的唯一回應，那麼這個信仰可能只代表一小群蒙受揀選的人，使他們自己與死海古卷的排他群體一樣，脫離出這個墮落腐朽的世界。護教

30　Moss, 2013完全拒絕殉道傳統。關於對這範疇的考察，參Price, 2008和Okure, 2003中的文章。

31　在共和國的頭一年，Horatius獨力抵抗入侵的Etruscan軍隊，而Mucius藉著主動將右手放入火中，顯示羅馬的勇敢，令國王敬畏。在西元前295年，Decius在Battle of Sentinum將自己的生命獻給諸神，換取羅馬勝利。參Livy的 *History of Rome*, 2.10.12-13, 10.28. Lactantius在他的 *Divine Institutes*, 5.13.13中利用了這相似之處。

者代表了一種令基督教與文化環境發生交往的衝動力，實現耶穌「去使萬民作門徒」（太二十八19）的最後命令。護教者聽從這命令，而殉道者則作為一種邊防警察，劃出一條界線，幫助基督徒明白他們對信仰的區分和要求。如果沒有他們，基督徒可能很容易被吸收到主流文化中，這種主流文化對人們的參與定下的要求是比較低的。

很多現存的殉道紀錄都是後期寫成的且可疑的，平心而論，殉道者對基督徒的影響比對非基督徒的影響更大，即使在信徒中，他們樹立的榜樣是欣賞多於跟從。不過，他們對基督徒心理的影響，以及他們在界定基督徒身分中扮演的角色不應被低估。在這個意義上，他們為護教者提供了一個平衡的力量，因為這些護教者在為了贏得更大的社會接受度之時，可能在理論上就已經放棄了那種身分。

佛教徒也有他們的殉道者，但他們大多數沒有名字或已經被遺忘，除了在類型敘事中以外。對比起來，基督徒紀念和接受他們的殉道者，他們每年在殉道者的節期在教會聆聽殉道者的痛苦，相信他們模範的獻身給他們特別的能力，能夠幫助祈求他們支持的罪人。這些信仰為基督徒將自己和別人區分出來的一個重要方法，但對於現實性的目的來說，重要的是他們受苦的記述如何形成為基督徒禮拜日禮儀之主要內容。

在第四世紀，記載殉道者最後時日的殉道史內容上有很大的增長。從本質上說，這些故事涉及殉道者和政權之間的強烈對抗，描述中涉及的折磨場景有時近乎色情。後來，這些故事變得更誇張而虛幻，運用制式的描繪，往往涉及聖徒和由異教徒派來對付他們的術士之間的衝突。

講道

　　殉道學演變成獨特的基督教論述：講道。從最早的時代開始，基督徒便每星期（有時每天）聚集在一起，在聚餐中更新大家的連繫，在那時他們閱讀神聖經典或殉道者生平，加上由主教或祭司提供的解釋或勸勉。我們不應低估這些講道的角色：布倫特蕭（Brent Shaw）認為奧古斯丁在職業生涯中就發表了大約6,000篇講道，而在四世紀，在整個北非發表的講道大約有五百萬篇。正如他寫道：「在傳達好些新觀念方面，基督徒的講道沒有先例，也沒有什麼可以和它相比。以前沒有像它一樣的東西存在。它需要被創造出來。」[32]

　　講道有特別重要的功能，因為在這最初的幾個世紀，教會的增長相對比較快。沒有人能肯定，但估計在大迫害於303年出現時，基督徒人口大約占百分之五到百分之十五，大部分集中在東部的省份。即使這樣，這個增長的數目表示，在任何一代，教會大部分人（雖然不一定是每個群體）都需要由成年歸信者組成。君士坦丁之後，歸信的速度似乎加快了，特別是在尋求升任為贊助人的精英階層中。當時基督徒預備加入教會需要很多功夫，特別是以古代的標準來說，涉及長時間的初學訓練，在那時新人學習信仰所必須的規條，並加入這個信仰群體。不過，沒有預備工夫可以取代在教會中度過一生這種經歷。因此，這樣新人的湧入本身會帶來不穩定。成年歸信者必然會帶給新人各種先入之見，影響他們理解這新信仰的方式，從而增加已有的對異端和忠誠的焦慮。

32　Shaw, 2011: 409, 412.

　　不穩定在宿主群體和新成員中帶來不安，而不安全感令社群對差異變得不寬容：害怕「他者」給侵略性的信息提供養料。因此，這種群體的特點在基督徒運用威權手段中扮演的角色和任何「固有的不寬容」一樣大。

　　更重要的是，由於聖經的抄本相當昂貴，幾乎所有的教導都是口頭的，而講道則是這方面的主要工具。[33]令講道特別重要的是它的詮釋功用。基督徒的神聖文本包括好些混合的信息。例如：不單有以愛回報憎恨這革命性的誡命，也有抵抗撒旦和他的所有行為的責任。兩個信息對教義擴散的運動之成長都是重要的。「愛仇敵」的信息具有啟發性，但在有入侵行為或恐怖襲擊時不再會有廣泛吸引力；在這樣的時候，人們只會回應號角而不是催眠曲。我們幾乎可以肯定，君士坦丁在戰爭前夕遇到基督教神父時，神父不是教導他將另一邊臉轉過來讓人打的那種容忍態度，或以愛征服敵人的行為。

　　這些是十分清楚的。但每天出現的那些更普通的事件又怎樣呢？軍人帶來皇帝的命令，人們應該服從還是抗拒呢？應該容許基督徒依從傳統的做法，在祖先的墳墓前跳舞和吃蜜糖餅嗎？人們抬偽神的像在街上走過時，他們無所事事地站在旁邊可以嗎？聖經經文中有表示同意或反對的答案，而決定選擇哪一個答案，然後在講道中就此答案加以闡釋的神父是有很大的影響力的。1997年的一位聖公會神父提供了一個很值得注意的例子，他在講道中告訴倫敦的會友，支持由本地人擁有的生意，所以從大型連

---

[33] 先不論識字率的問題，單單書寫材料的成本已經令口頭宣講成為必須。Brown, 2012: 275 估計一本福音書的抄本的價值等於一具大理石棺。進一步參Dekkers, 1990。

鎖店中偷竊的行為是被容許的，因為「耶穌說要愛你的仇敵；但祂沒有說要愛馬莎百貨（Marks & Spencer）」。[34]

選擇向會眾發表什麼信息，以及怎樣詮釋信息的人，對基督徒怎樣回應當下以及教義的問題有巨大影響。重要的是，這個人不是會友中任何想發言的人。在新宗教傳播的初期，這個任務就交給了宗教專家。這些專家則發展出與彼此溝通和做決定的方法，並且創造一個被認可的等級制度，有如影子政府的組織。這對古代宗教來說是一種新的發展。因此，關於這一章特別尋求處理的問題——剛得到力量的基督徒準備使用國家的威權機制對付內部和外部的對手——基督徒每星期，或甚至每天聚會的儀式，指向另一個重要的區別。

基督教組織

根據一個難得的統計數字，在251年，羅馬的教會除了主教外，有46個神父、14個執事和副執事、42個助祭、53個驅鬼者、讀經者和監督，照顧1,500個寡婦和乞丐。[35]這些數字見證另一個發展，因為它們來自一封由羅馬主教哥尼流（Cornelius）寫給東方大約2,900公里（1,800英里）外的安提阿主教法比尤斯（Fabius）的信。個別社群的主教早期建立了一種互相溝通的習慣，最終並一起參加省級會議，解決彼此關心的問題。結果到了君士坦丁歸信時，基督徒建立了一種階層和網絡，是古代世界未曾有過的非政府組織。

---

34 *Los Angeles Times*（March, 16, 1997）, A6.

35 Eusebius *Church History*, 6.43.1.

　　吉朋在他關於新宗教擴展的五條著名理由中提到組織的重要性，雖然他將它放在最後（不寬容的這個特點放在最前）。[36]吉朋寫道，這個組織「團結他們的勇氣，指揮他們的武器，給他們的努力以無比的威力，這威力能被一小隊受到良好訓練，勇敢的志願者所擁有，而沒有紀律，對問題無知，對戰爭的事件不在意的群眾是往往沒有的」。[37]吉朋選擇以軍事模型來解釋基督教組織的重要性，是研究基督教在羅馬帝國的發展時，長久居主導地位的衝突模式的一個例子，但他決定在五條理由中包括這種發展模式，是相當敏銳的。這表示基督徒在建立與君士坦丁的關係時已經有發展成熟的集體身分認同和有經驗的領導者。

　　基督教的教導由猶大地區迅速擴展，同時要讓歸信的人對他們新宗教的要求有正確的想法，都有助解釋為什麼這個組織會出現。類似保羅這樣的巡迴教師不能長期停留在任何地方。因此，基督社群自然地轉向他們中間的長老尋求引導。這些長老成了神父（源自希臘語的 *presbuteros*，或 *presbyter*，意思是較年長的人），而隨著神父的數目增多，他們當中一個會獲選為主教（源自希臘語 *episkopos*，監督）。

　　其餘則由迫害完成。尼祿的迫害是短時間的，也只限於羅馬城本身，而在整個帝國出現的迫害也是地區性，而且是間歇性的，直到三世紀中期，那時嚴重的邊界戰爭、日耳曼人入侵，以及軍事叛變，都破壞了第一個皇帝奧古斯都建立的皇室系統。第一次由上而下遍及整個帝國的迫害由皇帝德西烏斯（Decuis）在西元250年開始。德西烏斯的迫害在他一年後死於戰場時突然終

36　Gibbon, 1909-1914, 2: 3. Gibbon的第一冊原來在1776年出現。

37　Gibbon, 1909-1914, 2: 57.

止，但在257年皇帝瓦勒良（Valerian）再次開始迫害，這次特別以基督教神職人員為對象。瓦勒良的兒子和繼承人加里恩勞斯（Gallienus）終止這事，給予基督徒社群擁有產業以進行宗教崇拜的合法權利。這「教會的小小和平」維持到四世紀初，那時皇帝戴克里先（Diocletian）在303年開始全帝國性的迫害中最後和最嚴重的一次，命令人們拆毀教堂，毀壞基督徒的神聖書籍，並將神職人員囚禁。再一次，基督徒被命令實行傳統禮儀，否則會被處死。經過整整十年，最後一個迫害他們的皇帝才倒台。

這種外部壓力有穩定和不穩的作用，兩者都增強主教對會眾的控制。一方面，共同的敵人令會眾更堅強，也令其成員身分得以統一。正如一位現代作者說：「有敵人令人團結。事實上，如沒有敵人帶來足夠的恐懼，以消弭次要問題之分歧，很難令聯盟保持團結。」[38]另一方面，很明顯大批基督徒都夠不上殉道者定下的標準，因而有多方的妥協。當這些動搖的成員後來尋求重新加入教會時，那些在社群中想饒恕他們的人，以及那些視這種妥協會造成污染的人之間往往產生衝突。在這些環境下，主教的聲音可以變得具決定性，特別是如果它得到所有主教在地區會議決定的支持。因此，皇帝本身也參與建立基督教組織。正如吉朋精明地指出：「世俗權力的反對或鄙視鞏固了早期教會的紀律。」[39]

皇室的意識形態

基督教威權性的疑難還有最後一塊拼圖，在某意義上，它與

38　Posner, 1999: 211.
39　Gibbon, 1909-1914, 2: 334.

宗教本身無關，但在另一個意義上，卻將我們到目前為止考慮過的一切連結起來。要找到它，我們必須回到君士坦丁歸信的敘事。夢的敘事和異象的記述的一個突出部分是它們在皇帝和他的新神之間建立的緊密關係。隨著時間過去，這關係的故事變成皇帝個人故事中越來越重要的部分。在他死時，君士坦丁被埋葬在所有使徒的遺體之中，被稱為 *Isapostolos*（與使徒平等）。雖然基督徒的記述（以及由君士坦丁歸信開始的歷史）令人們很容易假設這個地位是基督教帝國的又一創新，但它在每一個細節上（除了神的揀選外）都與晚期羅馬政治意識形態的規定一致。

由第一位皇帝奧古斯都在他於西元前 31 年結束與安東尼（Mark Antony）的內戰後建立的系統本身是不穩固的。對一個在西方維持了五百年，在東方維持了 1,500 年的制度，這樣說似乎有點奇怪，但至少在理論上是真實的。奧古斯都敏銳的察覺了共和政體害怕一人統治的想法，他將自己的統治隱藏在由元老院給他的一系列權力背後。因此，沒有「皇帝」的職位（反映他真實權力的軍事稱號）；從官方來說，奧古斯都和他的繼任人都只是組織的特別代表，幾百年來都是羅馬共和的指導者。因此，元老院為皇帝提供他需要的合法性外衣。但元老院作為獨立群體而能夠限制皇帝權威的特權漸漸被蠶食，雖然它的成員仍然是帝國中最富有和最有權勢的階級，它作為可以威懾軍隊的機構的能力在三世紀，在北方野蠻人入侵，以及東方波斯帝國復甦的威脅下崩塌。

在同一時期，對個人與其保護神的關係的興趣似乎正在增加，特別是可以應許來生作為獎賞的神。[40] 因此，毫不偶然的是，

---

40 較早期的學者假設基督教引致這發展，但學者現在認為基督教是宗教「市場」中的一個宗教，這些宗教都回應這發展，並從中得益。參 North, 1992。

那世紀的皇帝開始更強調他們與神聖力量的親密性，並越來越主張與神聖力量有親密、個人的關係，一種合法性的*comes*（「朋友」或「同伴」），是元老院不再能夠提供的。[41]

這裡與中國皇帝統治的天命明顯的相似。在兩個帝國，神的支持都在地上的成功——和平、繁榮和戰勝敵人——中顯明出來。在兩者中，普遍的認可也被視為是神祝福的結果，雖然羅馬人似乎更強調這規定的重要性，而他們對法律的重視也可以至少提供一些基礎給皇帝德西烏斯要求所有公民證明他們實行了向皇帝獻祭的行為，因為這引致西元250年第一次在整個帝國迫害基督徒。[42]皇帝與這神聖*comes*的連繫這個想法，需要在帝國中由每一個人承認，才會有效，它在理論上的根源在希臘化時代就開始發展，它不單認為只有真正的國王才能夠產生這種神聖關係，還認定他的真正統治也會由他所有臣民對他的愛反映出來。[43]

雖然君士坦丁歸信基督教改變了神，卻沒有改變這種意識形態。但有一個重要分別，足以解釋基督教為什麼那麼輕易控制整個羅馬帝國。在君士坦丁與基督教建立關係之前，帝國沒有宗教團體能夠提供這種認可，就好像以前羅馬元老院的一個投票能夠做到的那樣。羅馬宗教以實行現在我們稱為世俗責任的公民權威

41　正如Nock, 1947: 104恢諧地解釋說：「神格是一；有很多電話線，它們經過一些小一點但可用的不同的接線總機。你根據對某特定目的和地方合適的情況來使用其中一條線路；comes等於給你一條私人線路。」

42　Rives, 1999提請人們留意帝國宗教的增長。

43　一份歸於Ecphantus的託名畢達哥拉斯的作品簡潔地說：「沒有蒙神愛的人會被人憎恨。」Thesleff, 1965: 81. Plato, *Statesman*（*Politikos*），276e有類似的思想：真正的國王與暴君不同，因為他的臣民主動服從他的統治。中國的孟子有類似立場。

來進行，皇帝身為最高祭司並不能自我認證。但在他們在曠野的多個世紀，基督徒建立了一個組織，是遍及整個帝國，完全獨立於政府控制的。他們的組織鬆散，沒有好像中世紀的教宗那樣獲承認的中央權威，但在帝國其他宗教中卻沒有任何相似的組織。

這是理解君士坦丁在他司法權下設立由所有主教組成的會議這種創新規則的一種方法，在其中314年的阿爾勒會議（Council of Arles）和325年劃時代的尼西亞會議（Council of Nicaea）是最著名的。這也可以解釋為什麼他與基督徒領袖一起時稱自己為「同儕主教」——自覺或不自覺地，他尋求與主教建立皇帝與元老院享有的那種關係，在那裡他們以自己只是眾多平等的人中的第一個而自豪。

身為皇權的新法源，主教要求並得到評斷皇帝的權力。那分別從沒有那麼清楚地被描述，雙方都有很多來往，但從這個角度看，如果將基督教轉向威權分析為權力關係的產物，比分析為固有不寬容的產物更好。

結語

正如布雷默（Jan Bremmer）有力地指出，不寬容的論證能夠存在那麼久的重要原因是，運用它的學者很少甚至沒有在歐洲以外尋找可做比較的證據。他寫道：「但任何人只消看一看東南亞和東亞，就會看到一個多神的世界，從前如此，現在亦如此，而它正如現代歐洲一樣暴力。因此我的第一個命題是：**研究宗教暴力的根源，應該從全球角度來進行。**」[44] 本文探究基督教傳入羅馬

44　Bremmer, 2011: 73（強調為原文所有）。

和佛教傳入中國的差別揭示了在羅馬使用威權的一個原因是來自
帝國而不是宗教意識形態。在兩個國家，神的支持都被視為帝國
的合法性所必須的。但羅馬的帝國意識形態要求公眾展示一致同
意（consensus omnium），給基督教領袖一種制衡力量，這是在中
國的佛教所沒有的。間歇性的迫害在基督徒心理中種下的不確
定，加上更廣泛的不安全感，增強了神的支持的重要性，以及第
四世紀那種新的好鬥領導，這足以解釋基督教轉向威權制，而不
需要假設不寬容扮演了重要的角色。[45]

45　Galvão-Sobrinho, 2113視領導方法改變為阿利安（Arian）爭論的產物。Gaddis,
2005和Grig, 2005都認為在這個世紀中出現了更加激烈的對殉道者的描述。

第三章

啟蒙的美學
羅馬建築詩學中的哲學延續和修辭創新

徐美羅（J. Mira Seo）

新加坡國立大學耶魯聯合書院（Yale-NUS）人文學副教授

　　在這本討論中國和羅馬宗教轉變的書中，我的主題展示了一個羅馬世界中轉化倫理論述的非基督教例子：羅馬精英將取自希臘哲學伊壁鳩魯主義同化之事例。正如佛教與中國道教制度的最初相遇，希臘哲學思想的引入在開始時激起羅馬保守派的反應，他們在西元前155年策劃驅逐一位希臘哲學家的使者。這戲劇性的政治姿態顯示，希臘哲學家似乎對傳統羅馬價值觀構成了威脅；此事成為一種象徵，因為後來希臘哲學最終主宰了羅馬的知識生活。雖然公共的羅馬宗教機構沒有改變，但希臘哲學為受過教育的羅馬人提供了一種倫理系統，這種系統倚靠另類的天體和末世論。哲學與傳統宗教信仰的潛在衝突，最好用詩的證據形式來說明：在《物性論》（*De Rerum Natura*）（？-前49）中，羅馬詩人盧克萊修（Lucretius）持續地讚美希臘哲學家伊壁鳩魯是物質主義的先知，認為他的原子論可以拯救人類脫離關於諸神以及地獄裡永恆折磨的愚昧「迷信」。[1]類似地，伊壁鳩魯主義的寂靜主義拒絕政治活動，令它與一般所期望於羅馬精英的那種充滿野心的軍事和政治追求產生了矛盾；在西塞羅（Cicero）的著作《論責任》（*De Officiis*）（前44）中傳達出的帕奈提奧斯（Panaetius）之斯多葛主義（Stoicism）證實了這種更能與傳統式的羅馬活動和期望相容的混合。[2]

　　幾乎一世紀之後，基督教仍未深入羅馬知識分子和文學精英之中。帕奈提奧斯和塞內加（Seneca）的羅馬斯多葛主義仍然主

1　Hutchinson（2001）. 本文所引古代文獻之縮寫跟從牛津古典學辭典 *Oxford Classical Dictionary*, 4th ed. http://www.oxfordreference.com.libproxy1.nus.edu. sg/view/10.1093/acref/9780199545568.001.0001/acref- 9780199545568- div1- 7210.

2　Gill, 1988.

宰著帝國首都的倫理論述系統，而在內奧波利斯（Neopolis）（今那不勒斯，或譯拿坡里）這個希臘城市和周圍的坎帕尼亞（Campania），精英社會維持著前一世紀希臘教師、詩人兼哲學家菲洛德穆（Philodemus）那種溫雅的伊壁鳩魯主義，他是由羅馬的贊助人盧修斯・卡爾普爾尼烏斯・皮索・凱索尼努斯（Lucius Calpurnius Piso Caesoninus）（西元前58年的執政官）在這地區所扶植的哲學家。我的分析探討斯塔提烏斯（Statius）的建築詩《林業》（Silvae）中那種那不勒斯灣的創新性地區詩學和獨特的希臘—羅馬混合哲學。這些偶然寫成，獻給本地贊助人的詩，內容是關於紀念詩人到訪他們富麗堂皇的建築房產的描述，詩文中有很多建築細節，在學術界中所吸引的考古學界的興趣遠比文學的為多。斯塔提烏斯了不起的詩學創新採用了一種新的修辭進路，以展示物質財富和它們的社會意義。所創造出的「房產詩歌」這種有影響力的新文類，在古代後期直到十六世紀羅馬和十七世紀英國都受到模仿，斯塔提烏斯將較早時存於哲學和詩學論述中對奢華建築和對之比喻的那些譴責轉化成對財富的倫理性頌詞。作為羅馬文學中關於金錢修辭學的一個更大的計畫的一部分，這一章將斯塔提烏斯的建築詩學視為對階級、財富和社會身分的哲學和文學進路的一個轉折點。

　　古羅馬和當代美國一樣，對生活方式的論述和對財富的獲得方式都是相當地區性的。在曼哈頓，各種收入的人都公開討論租金和房地產價格，而國家其他地區的讀者則視《紐約時報》（New York Times）的地產專欄為一種科學小說。關於地產的社會論述能表明經濟倫理價值觀，因為房產無可避免地反映著擁有者的地位和他們對自己的看法。對公共生活著迷的羅馬人很能感覺到這認同，正如西塞羅在《論責任》中對公共生活中的人恰當的居所提

出的詳細建議可證（1.138-40）。在一世紀八〇年代某個時候，斯塔提烏斯發現一種詩學的方式用以呈現房屋建築和物質財富，這是與羅馬文學和哲學中主導的道德傳統十分不同的。[3] 在早期的文學和倫理處理中會傳統化地使用鋪張這一特性來作為比喻，用以譴責道德的放縱，但斯塔提烏斯的詩學方法在轉向伊壁鳩魯學派的框架中後，會明確講述甚至讚揚他的贊助人的財富。現代學界對此曾做出評論，但沒有提供充分的解釋；我會勾畫內奧波利斯的斯塔提烏斯的一些詩學和哲學策略，由於羅馬人以前認為房屋反映出了擁有人的道德性，而斯塔提烏斯用這些策略來合法化他用以徹底改變古羅馬人的這種熟悉而固有想法的行為。斯塔提烏斯的倫理和詩學方法的創新，會被用來與另外兩位羅馬房產詩人做比較來分析：他的先輩，傳統的伊壁鳩魯詩人賀拉斯（Horace）和與斯塔提烏斯同代的諷刺詩人馬夏爾（Martial）。[4]

我檢視了斯塔提烏斯的《林業》中兩首「別墅詩」；在每一首詩中，詩人都描述了在一個豪華居所中令人屏息的清晰遊覽。第一首（1.3）是魯斯迪卡別墅（*villa rustica*），或者羅馬東面蒂布爾（Tibur）（現今蒂伏里〔Tivoli〕）的孟尼里烏斯·沃皮斯求斯（Manilius Vopiscus）的鄉村大宅。第二首（2.2）是關於那不勒斯南部的蘇蓮托（Surrentum）（今蘇連多〔Sorrento〕）的普勒斯·腓力斯（Pollius Felix）的馬里蒂馬別墅（*villa maritima*），

---

3 Statius *Silvae* 的書 1-3 在西元 90-93 年出版。本訊息來自非常大的書目：D'Arms, 1970, Pavlovskis, 1973, Purcell, 1987, Bergmann, 1991, Edwards, 1993, Bodel, 1997, Wallace-Hadrill, 1998, Myers, 2000.

4 關於別墅作為擁有者的象徵或甚至替身，參 Bodel, 1997 和 Henderson, 2004，以下會進一步討論。

即海邊居所。[5]我們的詩人清楚表明，這些詩記載了真實的探訪；正如他在卷一的序言中謙虛地指出，沃皮斯求斯，那學者（vir eruditissimus）本身，為人所知的是代表斯塔提烏斯吹噓「他描述的蒂布爾別墅是在一天內寫成」（villam Triburtinam suam descriptam a nobis uno die: 1. Praef. 23-26）。[6]第二首別墅詩是寫給斯塔提烏斯的好友，也是內奧波利斯人普勒斯‧腓力斯的，這首詩展示了對1.3的主題中那種更親密關係的發展，這可以由他將《林業》卷三獻給普勒斯看出。這首詩講述詩人斯塔提烏斯在西元90年從內奧波利斯的奧古斯塔里（Augustalia）（今西巴斯替〔Sebasta〕）回到羅馬時，普勒斯在蘇蓮托接待他。在第二卷的序言中，斯塔提烏斯再次暗示他在詩方面的靈巧，要求他的朋友普勒斯不要理會他對普勒斯的別墅那「匆忙」的書寫（2. Praef. 12-14）。斯塔提烏斯似乎從多種詩的文類和修辭方法（史詩和修辭紀實、警句、修辭地理學和華麗的讚詞anathematika）來創造這種相對新的建築詩形式。[7]

　　除了偶然的背景和共同的文類來源外，這兩首詩都有一種獨特的詩的結構：

　　a. 斯塔提烏斯到訪，別墅的地理，擁有權（1.3.1-14; 2.2.1-12）
　　b. 描述外圍、地形（1.3.15-33阿尼奧〔Anio〕河岸；2.2.13-35有陽台的沿岸懸崖）

5　關於近年對Pollius Felix的別墅和它很可能的位置的考古學討論，參Russo, 2004。

6　關於斯塔提烏斯的散文序言的功用，參Newlands, 2009。關於celeritas在斯塔提烏斯的詩中作為一個主題，參Vessey, 1986: 2761-2765。

7　關於斯塔提烏斯的建築詩，參Hardie, 1983, Van Dam, 1984, Myers, 2000: 103。

c. 建築結構、內部裝飾和物品、雜項資產（1.3.34-63 供水；
2.2.36-106 葡萄園）

d. 對擁有人的倫理性讚美（1.3.90-110；2.2.107-55）。

斯塔提烏斯的詩學結合了建築、經濟和倫理讚美，海因茲
（Stephen Hinds）稱為「房產的詩學」，它代表了後世詩人最為喜
愛的模型，包括六世紀高盧著名的福圖納（Venantius Fortunatus）、
羅馬義大利院士布洛肖‧帕拉迪奧（Blosius Palladius）和班‧強
森（Ben Jonson）。[8] 這個基本結構和房地產經紀人在詩中的行程相
似。首先是清單：確立地址和擁有人，作為敘事的「框架」，講
述斯塔提烏斯到訪的場合。參觀由外圍到內部，詩人提供不斷的
讚賞：「有多麼多東西！我應該先讚嘆這個地方，還是主人的創
造力？」（[…] *quae rerum turba! Locine / ingeniium an domini
mirer prius? 2.2.44-45*）。[9] 詩人一再的感歎和提問，表達出驚嘆和
欣賞，令人想起歌功頌德的文學以及畫讚的傳統，正如邁爾斯
（Sara Myers）指出的那樣。[10] 她提出，斯塔提烏斯使用自相矛盾式
的文體促進他對私人的頌詞，如同用於皇帝多密先（Domitian）
一樣。斯塔提烏斯欣賞別墅主人實行那些對自然的奇妙操控，那
種具羅馬帝國式工藝水準的工程，但他也仔細欣賞華麗的傢俱和
藝術品：一片馬賽克地板，它超越了著名的位於蒂沃利的馬賽克
「宴會殘渣」（圖3.1）（1.3.53-57），以及一間位於蘇蓮托藏有豐

8　關於布洛肖，參 Quinlan-McGrath, 1990; 關於 Venantius，參 Dewar, 1996; 關於
　　瓊森的 *To Penshurst*, 參 Newlands, 1988; 其他模仿見 Pavlovskis, 1973: 33-53。

9　《林業》的文本和翻譯來自 Shackleton Bailey, 2003，修改處用敘體。比較
　　1.1.13-14.

10　Myers, 2000: 116-117.

圖3.1　宴會地板殘渣，羅馬鑲嵌畫。出處：Wikimedia Commons）。

富希臘文物的畫廊，他鑑賞阿佩萊斯（Apelles）所繪的壁畫、菲迪阿斯（Phidias）、邁倫（Myron）和波利克里托斯（Polyclitus）雕刻的象牙和大理石的雕塑（2.2.63-68）。[11]

　　現代學者以各種方式來分析《林業》中經常描述的物質財富，例如作為對贊助人鑑賞力和品味的讚美，是表達布迪厄（Bourdieu）關於凸顯地位和文化資產的觀念。[12]其他解讀則強調這些財產所具有的羅馬帝國式及其鍾愛的希臘藝術品的性質，以及將別墅視為私人的領土，一個具有華麗大理石拼出的彩色地圖的小型羅馬。[13]甚至原本採取文化—物質主義路線的海因茲

11　關於拉丁處境中希臘讀畫描述的文學意義，參Dufallo, 2013 *passim*。

12　Zeiner, 2005.

13　Newlands, 2002; Dufallo, 2013, 第六章關於斯塔提烏斯和馬夏爾。

（Stephen Hinds），大膽指出2.2中的凝視具有的占有權性質，最終也產生了了不起的文學歷史解讀，在其中普勒斯·腓力斯扮演伊壁鳩魯，但斯塔提烏斯代表坎帕尼亞的維吉爾（Vergil）。[14] 不過，在嘗試恢復斯塔提烏斯作為詩人時，所有這些解讀似乎都謹慎地再神祕化了斯塔提烏斯所驕傲地詳述的物質財富。當代學者似乎強調斯塔提烏斯的詩不可能只是庸俗的展示，這一切物質應該要象徵或做一些其他事。

維西（David Vessey）幾乎是唯一在斯塔提烏斯近年變得流行前，就關心這位邊緣化詩人的英語學者，甚至連他也發表了以下對別墅詩的譴責：

> 無論斯塔提烏斯在《林業》的很多頁上如何將富豪的懶散和自大呈現為文明的追求和哲學的光輝所調和的產物，有大量證據可供艾米斯（Kingsley Amis）[…]稱為富豪人類學的研究所用。[…]1.5關注克勞迪烏斯·伊特魯里亞（Claudius Etruscus）（一個有奴隸背景的富人）興建的浴室。一首關於「歐納西斯（Aristotle Onassis）」的「純金按摩浴池」的詩，除非是寫來抗議，否則今天聽起來會沒那麼有吸引力。斯塔提烏斯不會明白我們的保留。[15]

至少維西——他在其他時候似乎欣賞斯塔提烏斯的詩——在這裡願意承認，斯塔提烏斯有一種很極端的性質，他會與那些家世不出眾卻有揮霍行為的人往來：沃皮斯求斯的名字不為人所知，雖

14　Hinds, 2001: 249-254.

15　Vessey, 1986: 2791-2792.

然他的兒子在西元114年取得執政官的身分（*CIL* XIV, 4242）。[16]
類似地，普勒斯・腓力斯雖然是本地波佐利（Puteoli）的活躍公
民，卻沒有留下多少關於他事業的紀錄，斯塔提烏斯也技巧地沒
有怎樣提到兩人的先祖（D'Arms, 1979: 220-222）。當然，這些超
級富有的暴發戶的家在詩歌中被公開是十分不同的；他們沒有好
像普林尼這樣活躍的（雖然是第一代）元老院成員和作家的選
擇，用以與可能想到訪的朋友分享對自己家的愉快描述。[17]沃皮斯
求斯、普勒斯和克勞迪烏斯・伊特魯里亞——這些有「純金按摩
浴池」的人——能從這些詩中得到什麼，是他們自己的財富不能
提供的？正如策澤（Jim Zetzel）指出，一個幕主有很多食客，但
只有一個維吉爾或賀拉斯。[18]斯塔提烏斯的聲音是有聲譽的公共表
達（透過表演和出版），讓本來在公共生活中不為人所知的人可
以擁有這種表達：沒有家譜，沒有晉升體系來區分他們，誰會讀
他們的書信？[19]而假設這些財主得到滿意的結果，斯塔提烏斯會
向閱讀的公眾傳達關於豪宅和擁有人怎樣的圖畫？

賀拉斯式的開始和金錢的力量

　　兩首詩都有計畫地以愉快的賀拉斯式調子開始，卻製造了一
些本身有問題的期望。對於他所擁有在薩賓（Sabine）的農莊來

16　Vollmer, 1898: 265.

17　普林尼在2.17（the Laurentine）和5.6（the Tuscan/Umbrian N. of Perugia, 今
　　Città di Castello）描述他六間別墅的其中兩間。

18　Zetzel, 1982: 101.

19　關於出版前和呈獻，參White, 1974。關於在弗拉維安時代調和物質支助和對
　　友情的論述，尤參Nauta, 2002。

說，賀拉斯是一個自豪的主人，他當然是好的詩歌模範，但薩賓物業和斯塔提烏斯的庇護人的物業之間的物質差別可能帶來一些困難。在 1.3 中，斯塔提烏斯以一套有潛在矛盾的觀念開始（1.3.1-4）：

> 有機會參觀善辯的沃皮斯求斯寒冷的蒂沃利住宅，和由阿尼奧連接的兩棟房子，或者有機會熟悉兩岸和豪宅的交易的人，各自為自己爭奪主人［…］

似乎很可能的是，博學的沃皮斯求斯以他的文藝悟性，會在賀拉斯的農莊附近選一個好地點：例如賀拉斯的詩歌中的安寧的蒂沃利，以及如田園詩《頌歌》（*Odes*）1.17 中所說的由城市的煩囂中退隱。[20] 賀拉斯薩賓的莊園在他的詩中通常是他偏愛的比較點：《諷刺》（*Satire*）2.6，他最先提到這莊園，將之與賀拉斯討厭的羅馬作比較，這將內容引到了鄉下老鼠和城市老鼠的故事。同樣，《書信》（*Epistle*）1.10 對比賀拉斯在鄉郊的自由和他的朋友福克斯（Fuscus）在城內的責任，這個主題在給昆克蒂烏斯（Quinctius）的《書信》1.16 中繼續。[21] 一旦考慮到賀拉斯的優雅的蒂沃利和他在《書信》1.16 中提及的低調及非常有生產力的農莊，沃皮斯求斯炫耀的建築計畫比起來就顯得不足。他在阿尼奧建的那極具特色的雙體建築與瓦羅（Varro）在蒙地卡西諾（Monte Cassino）花俏的別墅有更多共通點，這別墅也橫跨一條

---

20 *velox amoenum saepe Lucretilem / mutat Lycaeo Faunus*: Faunus 經常以（mutat, 2）Arcadia（Lyaeo, 3）交換 Mt. Lucretilis，表達一種隱然的偏好；關於 Tibur 作為賀拉斯詩歌靈感的來源，*C.* 4.2, 4.3。

21 關於賀拉斯的文學作品，參 Thomas, 1982: 8-34 和 Leach, 1993。

河的兩岸，並飾有十分華麗的鳥籠，這是炫耀型消費的一個明顯例子（Varro *Rust.* 2.5.9-10）。賀拉斯自己在《頌歌》2.18中針對建設者（*aedificatores*）嚴厲批評，特別指出那些僭越豪華的建築工程，形容在巴亞（Baiae）海岸的那些張狂的建築者為「不恰當地擁有連續而又設限的海岸線」（*parum locuples continente ripa, Carm.* 2.18.22）。[22]墮落的巴亞那些貪心的建築者，羅馬富人的海濱遊樂場，都配得上富有（*locuples*）這個金融形容詞，強調他們在將建築物伸展到水中時表現出的對自然資源的不滿足。賀拉斯使用的詞語，*ripa*（河岸）更自然地適用於河岸，正如在斯塔提烏斯的詩中那樣，在那裡，沃皮斯求斯的房子任意地（或者蠻橫地）擴展到阿尼奧的兩岸（*ripae*）。[23]

　　這種賀拉斯式的道德地形學意味著對財富持有一種若非完全敵視，也是相當懷疑的態度，因此，在這個處境下，斯塔提烏斯選擇以*sociae commercia...ripae*（兩岸貿易夥伴）這個大膽的商業比喻來描述兩個河岸之間的建築連繫，這似乎是不尋常的。[24]這富有暗示意味的財務語言在對房屋中財寶的描述中找到了對應：不單是傢俱，甚至是珠寶（*gemmas*），它們通常不會在裝飾中出現（*dignas digitis contingere gemmas,* 1.3.49），但在C. 2.18和其他地方，往往作為賀拉斯式愚昧的護身符（*Carm.* 3.24.48以*aurum*; *Epist.* 2.2.180以*ebur*）。《林業》1.3以宣告不尋常的祝福（*makarismos*）作結（1.3.105-110）：

22　關於那雙關語，參Nisbet和Hubbard, 1978: 304。

23　Henderson提醒讀者留意另一個雙關語：“Vopiscus”表示「攣生嬰孩生存」（2004: 156n26）。

24　這個翻譯的改善得益於Jim Zetzel：雖然*commercia*確實包含一些財務的意涵（*OLD* 1），Zetzel認為它隱射歷史上的拉丁聯盟，因此可以了解為「條約」。

啊，配得上邁達斯（Midas）和克羅伊斯（Croesus）的財富和波斯的寶物，讚美你思想上的天賦！愛馬仕（Hermus）應該橫越你的農田並使之充斥著他黃色的水流，並用他閃耀的淤泥來淹沒太加斯河。因此，我祈求，願你培養有學養的閒暇，超越內斯托（Nestor）（譯註：希臘神話中一位年長的智者）年齡的界限，每一片陰影都從你心中抹去。

正面提到邁達斯、克羅伊斯和波斯的財富，在羅馬文學和哲學語境中似乎有違直覺。邁達斯和克羅伊斯是神話—歷史中貪婪的代表，對財富過分信任，而突出地使用外來語 *gaza*（1.3.105），它是賀拉斯在《頌歌》2.16.9 中提到的伊壁鳩魯所謂物質財富的虛榮的象徵。斯塔提烏斯認為，他的贊助人沃皮斯求斯可以變得更富有，而不會有道德方面的缺失，即使他自比於惡名昭彰的邁達斯和克羅伊斯的傳說中的財富，以及其他東方君主產黃金的河流。斯塔提烏斯將沃皮斯求斯「有學養的閒暇」（*docta...otia*, 1.3.108-109）與暗示性的經濟語言並置，在 105-106 行玩弄 *bona* 的雙重意思：作為 105 行的「財富」和 *bonis animi* 中的「性質」（*OLD sv. Bonum* 8：我以雙關語翻譯為「天賦」）。如果正如紐蘭斯（Newlands）提出的那樣，斯塔提烏斯嘗試呈現沃皮斯求斯為伊壁鳩魯式哲學家—詩人，他似乎給自己製造了難題。[25]

斯塔提烏斯給普勒斯‧腓力斯的詩 2.2 在描述蘇蓮托別墅的位置時，一點兒也不羞於使用有關賀拉斯式的開頭或炫耀財富，「在那裡，土地是布洛彌俄斯（譯註：Bromius 即酒神戴奧尼索斯）的最愛，而在山頭成熟的葡萄也不輸費勒年（Falernian）的

25　Newlands, 2002: 119-138.

酒莊」（*qua Bromio dilectus ager collesque per altos / uritur et prelis ##non invidet uva Falernis##*, 2.2.4-5）。這個開頭的描述明確模仿賀拉斯的《頌歌》2.6，在那裡，賀拉斯拒絕與塞維魯（Septimius）去西班牙作戰，而寧願在蒂沃利或塔倫特姆（Tarentum）過悠閒日子（*Carm. 2.6.19-21*［…］*et amicus Aulon / fertile Baccho ##minimum Falernis / invidet uvis##*）。在詩的結束，斯塔提烏斯以幾乎是公式的準確重複邁達斯和邁達斯利地亞（Lydian）黃金的比喻，雖然斯塔提烏斯在這裡更明確地談論普勒斯「財富」的哲學性，而非在1.3（2.121-127）的含混參照：

　　願你長壽，比邁達斯的財寶和利地亞的黃金更富有，幸運超越特洛伊（Troy）和幼發拉底（Euphrates）的榮耀。你不會被不確定的棍棒、無常的百姓、法律、軍隊損傷；

賀拉斯式的風格，與非常非賀拉斯式對腓力斯的財富的讚美，被不協調的放在一起，腓力斯的財富甚至誇張地超越了邁達斯的財富。腓力斯（Felix）這普通的姓氏提供了一個整齊的雙關語來讚美普勒斯的缺乏公眾聲望：他的財富比滅亡的特洛伊人更「幸運」（felix），普勒斯識趣地避免羅馬公共生活中政治、法律或軍事上的困難和動盪（比較賀拉斯 *Carm. 1.1.7: Hunc, si mobilium turba Quiritium / certat tergeminis tollere honoribus*）。賀拉斯《頌歌》1.1中拒絕無知地追求財富、權力和榮譽的行為，是為了支持一種詩歌的簡單生活，斯塔提烏斯將需求變成一種德行，讚美他的贊助人的缺乏公共成就是一種減少風險的聰明策略。斯塔提烏斯也以類似的用語讚美普勒斯的妻子普拉（Polla），弔詭地將她的伊壁鳩魯式個性和她的理財方式放在一起。普拉的理財策略避免極端：

她既不積存財富，也不放高利貸藉以增加財富（2.2.147-154）：

> 　　而你，〈拉丁婦女中〉最有成就，〈智慧可與你丈夫相
> 比〉，沒有憂慮改變了你的胸懷，沒有威脅改變了你的眼
> 眉；明亮的喜悅總掛在你臉上，還有無憂無慮的快樂。對你
> 來說，沒有無聊的保險箱保護著儲起的財富，也沒有爭奪高
> 利貸而來的對靈魂的折磨：你的財富公然可見，而你以有教
> 養的節制享受它。

普拉走的是中庸之道，坦白地展示她的財富（*expositi census*，2.2.153），透過她謹慎和適度的花費讓所有人看見，對此他們豪華的家是一個意想之外的例子。普拉的經濟行為是用明確的倫理用語表現出來，以反對缺乏生機的儲蓄（*infelix strangulate arca*，2.2.151）和干擾心靈和平的高利貸。這種將炫耀消費連繫到伊壁鳩魯的智慧和平靜的奇特說法，與斯塔提烏斯的賀拉斯式模型中所發現的那些傳統的伊壁鳩魯式節制理想完全對立。

　　不過，正如尼斯比（Robin Nisbet）指出，斯塔提烏斯對普勒斯·腓力斯的讚美強調了他的財主擁有的伊壁鳩魯主義，也表現在對他的豪宅描述中（2.26-29）：[26]

> 　　大海的平靜是美好的；在這裡疲累的眾水將憤怒放在一
> 旁，而狂野的南風更溫柔地呼吸。在這裡迅猛的暴風雨抑制
> 它的莽撞；水塘安靜而不受干擾地躺臥，模仿它主人的態
> 度。

26　Nisbet, 1978.

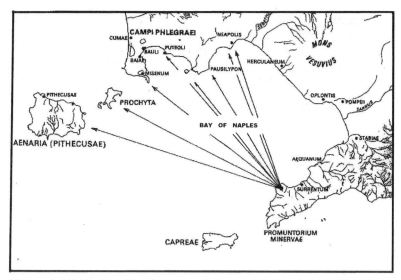

圖3.2 由普勒斯·腓力斯位於Punta della Calcarella的豪宅向拿坡里灣眺望所見各景點示意圖。出處：Russo 2004: 56。

海的 *quies*（平靜）與風暴對比，呼應伊壁鳩魯那些常用的 *ataraxia*——

「安寧」——象徵，斯塔提烏斯描述寧靜的潮汐水池為「模仿」他們主人的態度，將這種可悲的謬誤明確地表達出來。同樣，居高而上的別墅和它壯觀的景色（*celsa Dicarchei speculatrix villa profundi* 2.2.3）在伊壁鳩魯式的意象中清楚等同普勒斯自己。我們看見一個「伊壁鳩魯觀點」的模式，在其中普勒斯的哲學研究總是連繫到從上面觀看，正如在69-74中，從設備完善放滿哲學家胸像的圖書館，轉移到對那不勒斯和家鄉波特奧利（Puteoli）那美景的欣賞（2.2.69-85）：[27]

---

27 請留意在 Villa dei Papiri 找到的人像頭像：Epicurus, Hermarchos 和 Zeno of Sidon, Philodemus 的老師（D'Arms, 1970: 173）。關於將 Villa dei Papiri 等同

　　船長詩人的臉容，老智者的臉容，你學習的對向，你全心感覺到的人──好像你一樣沒有掛慮，思想在平靜的德行中沉著，永遠是你自己的主人？何必重述那一千個屋頂和變換的風景？每個房間都有它自己的優點，每個都有它獨特的海；在尼利亞（Nereus）的廣闊以外，每個分開的窗都擁有本身的風景。［……］但一個房間這為突出，一個房間從其他一切區別出來，在海的對面直接向你呈獻帕泰諾佩（Parthenope 譯註：即那不勒斯）。

從別墅看到的兩個城市的風景被美麗地嵌在窗內，因此能配合普勒斯的退隱觀點。從上俯視的角度也提示與盧克萊修（Lucretius）的《物性論》（2.2.124-133）相似的視角：[28]

　　你偉大的靈魂駕馭希望和恐懼，比任何欲望更崇高，不會受命運女神（Fates）的擺弄且拒絕激憤的財富女神（Fortune）。在你最後的日子不會捲入瑣事的漩渦，而會充滿生命，準備出行。我們這些卑微的船員，隨時預備好為短暫的祝福效力，被散發到時運的風中；而你從你心靈的高塔，俯視我們的飄蕩，嘲笑人類的歡樂。［……］但現在俗物的濃霧被搖散開，你見到了真理。其他人則被拋到那海洋上，但你的帆船進入安全的港口和平靜的休息，不受動搖。因此，繼續，不要派你的船到我們的風暴中；她的航程已經結束。

L. Calpurnius Piso Caesoninius（cos. 西元前58年），賀拉斯的庇護人Piso的父親和凱撒的岳父，參Bloch, 1940和Gigante, 1995。

28 關於斯塔提烏斯在2.2中對風景的描述和羅馬風景畫的比較，參Bergmann, 1991。

斯塔提烏斯模仿盧克萊修卷二的開頭，其中最大的快樂（*voluptas*, 2.3）被描述為從安全處向外看海中的掙扎，或者從智者高高的住處向下看（*despicere*, 2.9）下面徒勞的政治搏鬥。這段文字展示驚人的伊壁鳩魯意象，由好像一個飽足了生命的過客般離開（Lucr. 3.938, Epicurus fr. 499, Hor. *Sat.* 1.1.118），到安全的港灣（140, Epicurus fr. 544），以及從影子而來的光，這熟悉的盧克萊修意象。斯塔提烏斯的盧克萊修語言將普勒斯的建築呈現為一種適合哲思的伊壁鳩魯式場景。

斯塔提烏斯像他矯情的贊助人的豪宅那樣，小心地建構他自己的詩學建築，但他怎能用伊壁鳩魯式詩句來讚美炫耀的消費，明確引用盧克萊修和賀拉斯作為模範？斯塔提烏斯引用一些本地知識來實現這種違反直覺的詩學任務：伊壁鳩魯派哲學家菲洛德穆（Philodemus）的經濟哲學。他將沃皮斯求斯和普勒斯描述為追隨來自格瑞土司（Gargettus）區的人，也就是伊壁鳩魯，明確提到他們與伊壁鳩魯的連繫（1.3.94-95; 2.2.112-115）。而且，他讚美兩位贊助人為多才多藝的業餘詩人，就普勒斯來說，斯塔提烏斯將伊壁鳩魯學與他的詩作連繫了起來，導致一些人以為普勒斯也好像斯塔提烏斯的榜樣盧克萊修一樣，寫了伊壁鳩魯式的哲詩（2.2.112-115）。[29] 這樣將詩和哲學結合，令人想起那地區另一個著名的伊壁鳩魯派哲學家兼詩人菲洛德穆，他在前個世紀居住在赫庫蘭尼姆（Herculaneum），在海灣的另一邊。菲洛德穆在赫庫蘭尼姆的活動對該地區的希臘知識生活十分重要，斯塔提烏斯的父親，那不勒斯一位希臘語法學家，一定熟悉這種生活。[30] 斯塔

29　由 Nisbdt, 1978 提出；也參 Newlands, 2011 ad loc。

30　McNelis, 2002: 119-138.

提烏斯本人是否是伊壁鳩魯主義者，不是一個需要確立的重要事實：斯塔提烏斯肯定熟悉菲洛德穆關於財富的獨特觀念，他用這種概念很好服務了他的贊助人。這些超級富豪希望人們將他們呈現為開明的哲學家，而本地的伊壁鳩魯主義對調和財富及哲學有一些有用的觀念。紐蘭斯說得很好，斯塔提烏斯的別墅詩是富挑釁性的，因為他「讚賞奢侈，不是道德敗壞的記號，而是作為道德和哲學價值必不可少的部分。」[31]

　　從這些詩中，似乎可以明顯看到，斯塔提烏斯知道菲洛德穆關於財富的著作「論家庭經濟」，*Peri oikonomias*，或者他至少知道那不勒斯灣富家主怎樣利用菲洛德穆經濟管理的理論來為自己的炫耀性消費辯護。正如阿斯米斯（Elizabeth Asmis）在一篇出色的文章中表示，在 *Peri oikonomias* 中，菲洛德穆建立了非常獨特的羅馬式關於金錢的思想，似乎很大程度上背離了伊壁鳩魯的門徒密邱多羅斯（Metrodorus）的關於財富（*Peri ploutou*）那更正統的著作。[32]伊壁鳩魯原來宣稱大財富不能與自由相比，因為更多財富帶來更大的焦慮，這會損害個人整體的持久快樂。[33]這個來自伊壁鳩魯的 *Sententiae Vaticanae*（67）的觀念經常在賀拉斯的詩中出現——因此他在《頌歌》1.1中譴責商人的生活方式。菲洛德穆自己的著作，是關於「過哲學生活的人會怎樣管理收入」的專著，這很可能可以吸引他自己富有的贊助人皮索（L. Calpurnius Piso Caesoninus）。可惜阿斯米斯沒有把眼光放到西元前一世紀以前，因為斯塔提烏斯展示了一個菲洛德穆被接受的有趣的例子。

31　Newlands, 2002: 125.

32　Asmis, 2004.

33　Ibid., 143-145.

普拉值得稱讚的家居經濟，即前面討論的那條介於囤積和高利貸之間的中間路線（2.2.151-154），似乎採用菲洛德穆對財富的態度：「失去它時，人沒有必要沮喪，或者不顧一切追求它。人不應積累金錢，或盡可能尋求更多金錢。」（col. 14.23-46）[34]

菲洛德穆也提出，賺錢是可以接受的，但不是作為「專家或商人」（col. 17.2-6）——例如作為職業投資者或高利貸者（*faenerator*）（2.2.153）。[35]斯塔提烏斯似乎重複了我們在菲洛德穆中看到的選擇，用來建構他對普拉那種既不積儲也不放高利貸的讚美，這是有提示作用的。在另一節，菲洛德穆提供了職業建議，特別提到兩種生活方式是最好的：第一是作哲學教師，第二是作紳士農夫（col. 23.7-11）。[36]當然，不是從事體力勞動的農夫，而是依靠物業的收入生活的人，因為這樣給他閒暇成為「地主和主人」，在鄉間與思想相近的朋友分享聚會。因此，雖然沃皮斯求斯和普勒斯的閒暇生活方式模仿伊壁鳩魯在花園中的沉思，他們的賦詩和財務活動更像是複製了菲洛德穆（特別是在蘇蓮托附近的普勒斯）。或許斯塔提烏斯用菲洛德穆的觀念來讚美他們慷慨的主人，正如在 2.2 開頭那樣，在那裡斯塔提烏斯從那不勒斯越海來到，本要匆匆回到羅馬，但發覺值得繞路，花一些時間和普勒斯以及普拉一起（*sed iuvere morae*, 2.2.13）。

因此，菲洛德穆式的經濟令人可以有效地將財政節制從傳統溫和的伊壁鳩魯主義中分離，雖然這可能顯得弔詭。菲洛德穆主

34　Ibid., 157.

35　斯塔提烏斯將這語言應用到普拉，可能不是巧合；沒有人可以肯定普勒斯怎樣賺得他的財富，D'Arms, 1970 懷疑他可能是特立馬喬（Trimalchio）類的人或許甚至是高利貸者。

36　Asmis, 2004: 169-170.

張不需要有大量金錢，但有大量金錢也同樣可以是可取的，甚至有利退隱鄉間的哲思生活。因此沃皮斯求斯和普勒斯便不會因為像邁達斯或克羅伊斯那樣有過量財富而遭非議，因為他們對財富的哲學態度得到菲洛德穆經濟學很好的支持。而這似乎是從西元前一世紀中期在那不勒斯灣（西塞羅所說的「那精緻的海灣」）（*Att.* 2.8.2）本地就有的那種自我辯解的言談。在菲洛德穆之後一世紀，這百萬富翁式的伊壁鳩魯主義的自利版本明顯在那地區持續著：斯多葛派哲學家塞內加（Seneca）在書信55中似乎批評這種富豪伊壁鳩魯主義的另一個例子，即位於灣區屬於一位無名人士魏蒂亞（Vitia）的別墅。[37] 在塞內加的書信中，建築的題畫詩乃是關於房產擁有者的道德教訓：他在書信12中對自己的鄉郊住宅進行自省（論老年）；魏蒂亞，虛偽的伊壁鳩魯主義者，在書信55中被批評；而大西庇阿（Scipio）模範型的浴室在書信86中教導人們羅馬傳統的樸素精神。魏蒂亞似乎在巴亞附近的別墅中很「安全」地度過了一些危險的台比利亞（Tiberian）皇帝統治年代。雖然人們通常說：「噢，魏蒂亞，只有你知道怎樣生活。」但塞內加尖銳地說：「他知道怎樣躲藏，不是怎樣生活。你的生命是閒適（*otiosa*）還是無聊（*ignava*），兩者之間有著很大的分別。」（55.4）亨德遜（Henderson）就另一個塞內加的妙語提出了一個聰明的翻譯：塞內加說，每當他路經魏蒂亞的房子時，就會說：「這裡躺著魏蒂亞。」[38] 這句話的表面意思看來是一句反諷的墓誌銘，但亨德遜解開了塞內加複雜的譴責批評，是針對那些躲藏在自己空洞的炫耀行為中的富有蠢人：

37　Henderson, 2004: 76.

38　同上。

Vatia hic situs est

魏蒂亞死了，現在「魏蒂亞」是死亡，

魏蒂亞是此地，此地是「魏蒂亞」，

現在魏蒂亞是［文學］中心

這是［教誨性的］　主題「魏蒂亞」。

　　亨德遜的引文讓我們看到，這些富豪伊壁鳩魯主義的姿態在海灣一帶是多麼熟悉。「魏蒂亞」成了極端虛榮建築的代稱，斯多葛主義者塞內加將魏蒂亞等同於他那像陵墓的家，定義為那地區所有虛偽伊壁鳩魯主義者的範例。塞內加的書信55顯示斯多葛學派對斯塔提烏斯在幾十年後所提出的觀念的批評；藉著應用菲洛德穆的經濟觀，斯塔提烏斯將贊助人那種炫耀性消費合法化。

　　不過，把賀拉斯作為詩學和哲學的模範是有困難的，因為他從沒有認可菲洛德穆的新經濟觀。他的詩歌描述保守的伊壁鳩魯態度而非對奢侈榮華的讚賞，雖然他明顯熟悉菲洛德穆的詩，正如我們從他寫給米西奈斯（Maecenas）的《頌歌》1.20（*vile potabis*）類似的例子中可以看到那樣，這首詩改寫菲洛德穆給皮索的邀請，慶祝伊壁鳩魯生日的節日，稱為 *eikas*，或者「第二十」（*Anth. Pal.* 11.44）。[39]賀拉斯不大可能不熟悉菲洛德穆的哲學教導，因為他與 L. Calpurnius Piso（大祭司）有交往，他是《詩藝》題獻的對象，也是菲洛德穆的朋友皮索的兒子。特別是，賀

---

[39]「這是西塞羅時代最重要的伊壁鳩魯派詩人菲洛德穆的詩，他寫了一些受欣賞的諷刺詩，保存在希臘文集（*Greek Anthology*）中，還有很多從赫庫蘭尼姆（Herculaneum）找到的冗長哲學作品。」（Nisbet and Hubbard, 1970: 244-245）也見Gigante, 1995: 87-90。菲洛德穆生日的日子，20日，可能是賀拉斯將模仿放在卷1的第20首詩的原因。

拉斯關於奢侈生活和鄉郊簡樸之樂的道德教化信息似乎削弱了斯塔提烏斯在詩學上借用他的嘗試。也就是，除非福雷維安王朝（Flavians）可以找另一種賀拉斯來幫助他們。

馬夏爾的賀拉斯

斯塔提烏斯的同代人馬夏爾，作為沒有多少個人財富或地位的專業詩人，很可能爭取同樣的文學贊助人。他們有一些共同的贊助人和題獻對象，雖然他們從沒有在自己的詩中提到對方的名字。[40]雖然他們在專業上相似，但他們的詩歌策略和面貌卻往往截然相反：斯塔提烏斯自詡為史詩詩人，用輕鬆的韻文和詩歌討與他思想相近、愛好希臘的朋友歡心；而馬夏爾則在諷刺的短箋中抨擊羅馬社會的虛偽，胡亂地將自己的詩提供給書商。[41]在他大量的諷刺詩文集中，馬夏爾有效地將前人作品提煉為基本的大綱。[42]像斯塔提烏斯一樣，馬夏爾也寫「別墅詩」，包括一首寫給他朋友馬夏理斯（Iulius Martialis）[43]（沒有親屬關係）的，講述馬夏理斯在羅馬賈尼科洛山（Janiculum hill）的房子的詩（*Epigrams* 4.64），但馬夏爾較少強調建築的材質或設施。[44]馬夏爾讚美那宏偉的景觀，寧靜而遠離城市的噪音，這對睡眠尤其好──那是完

40　關於共有贊助人和羅馬專業詩人的活動，參 White, 1975, 1978 和 1993。

41　我在其他地方提出斯塔提烏斯模仿馬夏爾的貪財面貌，以及馬夏爾的自我商品化：Seo, 2009a 和 2009b。

42　他是 Stephen Hinds 認為的文學史中理想的「本質化者」，正如在 "Martial's Ovid"（Hinds, 2007）一文中充分的證明。

43　關於人物研究，參 Sullivan, 1991: 17-18。

44　關於詩學和十一音節的詩句，參 Moreno Soldevila, 2006: 435-449。

美的城市中的鄉村（*rus in urbe*）。雖然它占地不大（4.64.1和4.64.36），但馬夏爾令人意外地喜歡它多於更華麗的鄉郊別墅：蒂沃利、帕萊耐斯特（Praeneste）、塞提雅（Setia）。[45] 馬夏爾的詩將典型賀拉斯式對鄉郊的偏好逆轉過來；賀拉斯在鄉間和城市之間的二元論總是涉及比較，正如馬夏爾結束那首詩時說：「我認為，馬夏理斯那小片土地是可取的。」（4.64.34-35）。馬夏理斯接受其他對他生活方式的賀拉斯式致意，例如5.20，優雅地邀請人們及時行樂，而不是在城市客戶的業務和法庭中浪費生命：[46]

> 在那刻，我們都不是為自己而活，每個人都感到自己健康的日子在後退和消失，所失去並且虧欠的日子。真的有人知道怎樣推遲它來生活？[47]

正如我們在他與老朋友馬夏理斯的親密言詞中看到，馬夏爾的賀拉斯代表了鄉郊的伊壁鳩魯派，用第一人稱寫作六韻步體《諷刺詩》（*Satires*）和鄉郊愛好者的賀拉斯。同樣，10.47對馬夏理斯來說，是伊壁鳩魯式的勸勉，讀起來幾乎像賀拉斯「式」的集成曲──所有對樂趣的規勸，但沒有令人厭煩的道德說教：

---

45 Blosius Palladius 在關於新伊壁鳩魯主義者Agostino Chigi在Transtevere的新別墅的詩中，將馬夏爾4.64和斯塔提烏斯1.3結合起來。「在Trastevere，在Janiculum山腳，在Porta Septimiana附近，一邊是台伯河，另一邊是通往梵蒂岡的路。這些方向會滿足一個羅馬的車伕。」Quinlan-McGrath, 1990: 101-103。

46 文本來自Shackleton Bailey, 1993，翻譯是我自己的。

47 比較 Hor. *Ep.* 118.107-108：*sit mihi quod nunc est, etiam minus, et mihi vivam / quid superset aevi, siquid superesse volunt di.*

　　最親愛的馬夏理斯，令生命更快樂的東西是這些：不是努力，而是從繼承得到的財富；令人享受的房產，一個可靠的壁爐；從沒有訴訟，很少有公職，心情平靜。自然的活力，健康的身體；謹慎的開明，和朋輩交往；舒適的聚會，桌子上沒有無用的裝飾；傍晚時不被焦慮困擾。有舒服的臥室，但仍然相當體面；熟睡令夜晚似乎很短；成為你自己想做的人，一點也不多；既不懼怕你在世上最後的一天，也不想那日子來到。

　　第二人稱的使用和所聲稱的親密，加強了這伊壁鳩魯式勸勉的賀拉斯語調。[48]在這諷刺詩中，馬夏爾好像斯塔提烏斯的別墅詩一樣運用菲洛德穆的假設，特別是開頭出現的財務勸告：繼承的財富（10.47.3）和經濟保障被視為在鄉郊過平靜及開悟的生活理所當然的基礎，這與城市的勞動形成了對比。正如馬里（Elena Merli）提出，對馬夏爾來說，特別是在卷10，城市客戶和鄉郊自主兩極之間有賀拉斯式的說教作框架。[49]馬夏爾的悠閒鄉郊，特別是他想到自己在西元95年退休到西班牙時，代表著逃出羅馬和對它的責任；[50]他經常扮演《諷刺詩》中受干擾的城居的賀拉斯。馬夏爾不擔心馬里蒂馬別墅建築的奢華，只要它在城外！馬夏爾從賀拉斯的更偏伊壁鳩魯式的詩句中採用了勸勉的聲音，他似乎比斯塔提烏斯更追隨賀拉斯那種簡單的鄉郊樂趣的理想。

　　另一首別墅詩描述亞博理那瑞斯（Apollinaris）在福爾米亞

---

48 賀拉斯的《頌歌》探討好些主題和模式，但並非全都是伊壁鳩魯式的。
　　Rolando Ferri, 1993認為賀拉斯的 *Epistles* 有清楚的伊壁鳩魯式的批判。

49 Merli, 2006.

50 卷10在皇帝多米田在西元96年被行刺後在西元98年修訂和再出版。

（Formiae）的別墅。這首詩似乎顯示馬夏爾運用賀拉斯的鄉郊主題，卻沒有我們以為對這奢華的住宅會有的說教：

噢，宜人的福爾米亞愉快的海岸，你是亞博理那瑞斯（Apollinaris）筋疲力盡逃離羅馬後，拋棄焦慮干擾時最喜愛的地點。他高貴的妻子所愛的蒂沃利不是那麼可取，還有圖斯庫蘭（Tusculan）和阿基多斯（Algidus）的退隱地，還有帕萊斯特里納和安提姆（Antium）。富誘惑力的瑟西（Circe）或達爾達尼亞‧加埃塔（Dardanian Caieta）也不夠有吸引力，還有馬里卡（Marica）、利拉斯（Liris）、沐浴在魯克連支流（Lucrine tributary）的薩耳瑪西斯（Salmacis）。在這裡，特蒂斯（Thetis）的表面被微風吹拂；但海面並不呆滯，充滿活力的平靜承載著塗了鮮豔色彩的帆船在微風幫助下滑行，如同適時的涼風輕拂著受一抹夏日餘暉所炙熱的女孩。那光線也不追蹤海中深處的礦石，但在你睡房的小床拋下一條繩後，一條魚從上面偷偷一看並飛快離去。如果海神尼瑞厄斯（Nereus）受到風神埃俄羅斯（Aeolus）的力量影響，你的餐桌仍然由風暴中攫取，得到它的供應：一個水池培養庸鰈和鱸魚，一條悅目的鰻魚游向照顧牠的人，一個侍者給每條緋鯉名字，而年長的紅緋鯉在被點名時跳躍向前。但是，噢羅馬，你什麼時候能容許你的公民享受這些設施？一個人被阻在城市永不終止的折磨時，一年中放棄了多少天在福爾米亞的享受？你們這些幸運的門房和管家！全都為主人預備好，卻為你服務。

馬夏爾重複賀拉斯在城市和鄉郊，工作和閒暇之間作的對

比，以及如5.20般嘆息光陰的浪費。馬夏爾的詩的對象是房屋本身，卻是作為缺席的主人的替身，並似乎結合了《書信》1.10（給福克斯）和1.14那種對鄉郊生活的書信勸勉。[51] 不過，在他對鄉郊的半賀拉斯式的讚美中，馬夏爾甚至欣賞那房間裡荒謬的釣魚洞，和那呼喚魚兒的侍從，因為他幽默地代表了真正的鄉野別墅的自給自足，正如賀拉斯在《書信》1.16中向昆克蒂烏斯描述他的農田。在這裡，馬夏爾呈現一個鄉郊的賀拉斯，對羅馬別墅文化那種建築上的奢侈沒有持道德教化態度。這是羅馬精英在他們在福爾米亞、齊爾切或蘇蓮托，遠離城市的辦事處的鄉郊家裡會歡迎的逃避主義的賀拉斯；《書信》中那個持批判態度的賀拉斯很難會受到歡迎。馬夏爾的賀拉斯展示了伊壁鳩魯式《書信》中那親密的稱呼和逃避主義傾向，特別是在卷10的詩中，馬夏爾也想退到老家西班牙去過較簡單的生活。不過，馬夏爾的賀拉斯並不如他本人那樣是嚴格的道德主義者，他甚至讚美亞博理那瑞斯在建築中那奢侈的過度，而這種過度肯定會是賀拉斯在《頌歌》2.18對奢侈進行批評的對象，或是斯多葛派的塞內加對房產的道德評判的對象。[52]

結語

斯塔提烏斯大量引用歌謠式賀拉斯，以配合他的高尚的田園詩；不過，好像馬夏爾，斯塔提烏斯的別墅詩呈現一個經選擇和

51　Harrison, 2009: 284.

52　馬夏爾10.30甚至可能可以被了解為對賀拉斯作大幅重寫以反對賀拉斯，採用道德教化的別墅詩的形式，但將批評轉化為反諷的讚美。

編輯的賀拉斯，並連繫著伊壁鳩魯式的田園詩。對這些福雷維安時代（Flavian 朝代, 69-96）的詩人來說，賀拉斯可以被轉化為豐富的鄉野之樂的典範；賀拉斯的標籤和主題不需要包含對過分和不自然的建築計畫，以及物質財富所呈現的虛榮，以及其他保守的伊壁鳩魯式主題的道德譴責。斯塔提烏斯那伊壁鳩魯式的賀拉斯，如果與馬夏爾對賀拉斯的鄉郊的處理一起考量，似乎也完全可以與菲洛德穆的自由化、贊同財富的經濟學相容。斯塔提烏斯代表了關於財富的文藝傳統和哲學論述中的一個重要的轉捩點。他找到一個方法公開讚美財富，藉著奉承他贊助人的地方哲學意識形態，並重塑文學傳統，以配合他們的興趣和環境。斯塔提烏斯結合菲洛德穆的經濟觀，並選擇性地使用更質樸的賀拉斯，這在他的同代人馬夏爾的逃避主義諷刺詩中找到共鳴。在他的別墅詩中，斯塔提烏斯為房產作奢華的描繪發展出了一條高度成功的公式。斯塔提烏斯的「啟蒙美學」可以輕易翻譯成令人讚嘆的《建築文摘》（*Architectural Digest*）宣傳，有關某位億萬富翁最新的「綠色」豪宅，棲息在加州北部海岸──或許是新紀元的環境主義和艾茵・蘭德的利己主義（Ayn Rand）巧妙的結合。正如斯塔提烏斯和馬夏爾的房產物質主義詩學顯示，羅馬精英對財富的態度運用了複雜的哲學理據，正好與西元一世紀晚期激進的基督教價值觀相反；基督教在精英中興起時，會在多大程度上要求對物質主義的倫理和文化態度做出重大轉化？[53]

---

53 關於基督徒和異教徒在四世紀的道德轉化和衝突，參Brown, 2012。

第四章

殉道者游斯丁和塔提安

基督徒對與希羅文化和對帝國政府迫害的反應

金顯真（Hyun Jin Kim）

澳洲墨爾本大學古典學高級講師

當一般大眾想到古代基督教時，往往透過中世紀天主教會的鏡頭看古代基督教會，並設想有權力和全能的教宗主宰了大部分基督教世界中（或中世紀歐洲）幾乎所有的宗教和知識論述，這種說法並不算誇張。然而即使在在西元四世紀初君士坦丁歸信之後終止了基督徒被羅馬當局長時間的迫害，[1]並開始了緩慢但可見地將「異教」羅馬帝國轉化為「基督教」帝國的過程，基督教仍然只算是稍具它後來在中世紀時期所據有的地位。有很長一段時間，基督教都被希臘—羅馬的知識和政治精英視為「低下和中間那種」宗教，羅馬世界中未受教育和粗俗的社會階層的信仰。[2]這種看法助長了許多希臘—羅馬精英對猶太人和低下的窮人那種「野蠻的迷信」的文化沙文主義和社會偏見。在西元一和二世紀，這種看法是阻止這個新的近東宗教在希臘—羅馬精英階層中快速擴展的眾多障礙之一。

在這一章，我將十分簡短地討論三份早期基督教護教文獻的文本，它們是公開挑戰希羅知識和政治精英這種文化沙文主義的：據說是由殉道者游斯丁撰寫的簡短的《致希臘人書》（*Discourse to the Greeks*）（但由於它依據的是游斯丁的學生塔提安較後期的作品，它很可能是另一個作者的著作，日期大約是西元二世紀後期或三世紀初期）；托名游斯丁的《致希臘人的忠告》（*Hortatory Address to the Greeks*）（西元四世紀前〔？〕不知名作者的作品，歸於殉道者游斯丁，[3]與塔提安的著作十分相似）；塔提安

---

1 關於初期基督教會被羅馬官方迫害的文獻證據，參 Coleman-Norton, 1966, 1-18.

2 關於西元四世紀基督教會的社會面貌，參 Brown, 2012, 31 ff.

3 Hardwick, 1996, 379; Buitenberf, 2003, 78.

圖4.1　尤斯丁（Justin Martyr）殉道圖。出處：Wikimedia Commons。

的《對希臘人的演說》（*Oratio ad Graecos*）（二世紀後期）。我們會將這些文本對帝國主流希羅文化的譴責，放在基督徒對主導的希臘文化的「文化帝國主義」和「種族中心主義」以及羅馬國家對基督教的政治迫害這兩方面的回應這脈絡中來了解。（見圖4.1）

　　在他的《第一護教書》（*First Apology*）中，游斯丁向皇帝提出懇切的呼籲，要求皇帝停止迫害他的信仰。為了令他的宗教贏得接納，或至少是得到容忍，他是基督徒作家中第一個認真將基督教「哲學化」的人，將這信仰呈現為哲學真理和論證真正的表現。[4]在這個過程中，他可以說搭建了舞台，讓希羅哲學漸漸被挪

――――――――

4　Droge, 1987, 303-19.

用和整合到基督教中，主張由蘇格拉底、柏拉圖和其他人提倡的希羅哲學的元素與基督教信仰相容。（例如將基督等同哲學論證（邏各斯），並論證說任何以理性說話的人，即是生活在基督以前的希臘哲學家，都可以算是基督徒〔第46章〕）。

　　《護教書》中那熱切，但仍相當妥協的語調，希望促進希羅哲學傳統和基督宗教的合作，被游斯丁的學生塔提安徹底改變。在《演說》開頭那章，塔提安（很可能模仿他老師游斯丁的內容和風格，但語調卻似乎不是）進行似乎對希臘人的自大和自以為有文明的說法的前所未有的惡罵。整篇演說的語調那種令人驚訝的極大敵意已經有學者指出。[5]塔提安徹底反希臘嗎？如果是的話，為什麼這樣？他宣告說：「因此，在告別羅馬人的自大和雅典人的空談，以及他們所有前後矛盾的意見時，我擁抱我們野蠻的哲學。」（第35章）據說由游斯丁撰寫，但依據塔提安的《致希臘人書》也同樣的挑釁：「你們希臘人，不要以為我與你們的習俗分離是不合理和沒有想法的；因為我在它們裡面找不到任何神聖或能為神接受的東西。」（第1章）因此，《對希臘人的演說》是向希羅文明告別的演說，[6]是責備和鄙視的論辯，它與典型的希臘演說，例如讚美希臘文明的美德的墓碑文（*epitaphioi*）那種過分讚美的修辭十分不同。

野蠻人的形成

　　如果在那篇演說中隱然有對希臘人的敵意，那麼這種情緒來

5　Hawthorne, 1964, 162.

6　Grant, 1988, 115.

自哪裡？羅馬當局粗暴地拒絕他老師游斯丁向羅馬和它的希羅知識精英伸出的橄欖枝，殘忍地將游斯丁處死，很可能觸發了塔提安和其他受游斯丁和塔提安影響的基督徒知識分子在語調上的徹底改變。遷就和適應希羅文化和知識規範的態度，被全面拒絕希臘文化，宣告分離和抵抗所取代。但要完全明白塔提安對希臘人的激烈演說，只留意到羅馬的迫害所導致經歷過這種壓迫的基督徒感受到的疏離感的現象，並不足夠。我們首先需要詳細觀察希臘和後來羅馬對「野蠻人」的形象在古典文學中的發揮，即塔提安所反對的。在西元前四世紀，據說是由非雅典人、在外國出生的阿斯帕西亞（Aspasia）寫成，因而或許有一點反諷意味的文本《門內克西納斯》（Menexenus）[7]有力地主張：「我們城市那高貴和自由的性格是那麼穩固和健全，也那麼痛恨野蠻人，因為我們是血統純正的希臘人，不受野蠻人的血統摻雜。因為與我們一起生活的不是珀羅普斯（Pelops）或卡德摩斯（Cadmus）或埃及（Aegyptus）或達俄納斯（Danaus）和無數其他這類人，他們雖然名義上是希臘人，但本質上是野蠻人；但我們的人是血統純正的，沒有混雜野蠻的因子；因此我們的城市充滿對外族的全心憎恨。」[8]

這種比所有野蠻人，甚至其他希臘人——他們因為與非希臘人通婚而受到「污染」，也就是底比斯人（Thebans）透過卡德摩斯，伯羅奔尼撒人（Peloponnesians）透過珀羅普斯、達俄納斯和埃及，希臘主要次種族的「外國祖先」（很可能在古拙時代（Archaic period，西元前八至六世紀）時所發明出來的祖先，那

7　Engels, 2012, 13-30.

8　245c-d, Loeb. 也參 *Laws* 693d.

時以某種方式與有文化的腓尼基和埃及人有關係實際上是自豪的標記）——在種族（或者或許是原種族）上優越的情緒，在西元前四世紀的雅典論辯中十分普遍。除了法律（*nomoi*），也就是希臘種族群體成員的界定準則，是希羅多德（Herodotus）在西元前五世紀早期就十分強調的外，[9] 還加上雅典的 *eugeneia*（世系）這個要求。[10]

不單習俗和制度，出身或體質（*phusis*）（雅典男性公民體質、從基因繼承的個性和德性／卓越（*arete*）），在雅典論辯中都決定著人類的等級。[11] 雅典人這種公民自豪和榮耀的修辭在墓碑文中表達出來，這種文類由雅典演說家模塑，主要用來讚美他們城市的軍事成就（包括神話中和歷史中），在西元前五到四世紀進一步演變成包括讚美雅典人的其他德行，例如 *eleutheria*（自由）、*tolma*（勇氣）、*eunoia*（仁慈）和 *eukleia*（榮耀）。[12] 猶有甚者，著名的修辭學家伊索克拉底（Isocrates）在無數親希臘的宣言中提出，在對抗波斯君王的邪惡獨裁的「聖戰」中，所有希臘人都要臣服於雅典的領導。他主張，雅典人是「比其餘世界都優

9　尤參 *Hdt*, 8.144.2，在那裡希羅多德在敘事中用雅典人來界定「希臘性」。Konstan, 2001, 45 認為，希臘—野蠻人的對立和這段文字中表達的親希臘主義，應該理解為對雅典人聲稱他們對其他希臘人有領導權的回應，這種聲稱是基於雅典人所謂的古老的起源，令他們自然地比所有其他人優越（包括其他希臘人和野蠻人）。他認為，希羅多德的目的是促成一種新的泛希臘的統一，並剝弱這種雅典的「帝國主義」計畫。

10　Isaac, 2004, 124.

11　關於雅典民主中表現出的雅典男性的優越和在文學中將所有負面方面（不穩定、情感過度、懦弱、不公義等）歸給一連串「他者」，參 McNiven, 2000, 71-97, 尤參 88 ff。

12　Morris, 1992, 364.

越的——就像人的體質（*phusis*）超越其他動物，希臘人的種族
（*genos*）超越野蠻人的品質，也就是他們在實踐智慧（*phronesis*）
和理性言語（*logoi*）中受到其他人受不到的教育。」[13]

　　不單雅典人被描述為在智力和身體上都比所有人類優越，雅
典本身也在伊索克拉底和柏拉圖的論述中成了世界上最古老的城
市（不單是希羅多德所說的在希臘最古老的城市）。它將文明本
身給予世界，並發明包括耕種在內的多種事情。[14]正是這說法觸發
了塔提安和托名游斯丁猛烈譴責希臘比「野蠻人」（這當然包括
猶太人和早期的基督徒）優越的這種宣稱。

　　有趣的是，這些古典希臘人對非希臘人的態度完全不能代表
較早的希臘人的態度和他們對外國鄰居的表述。前面提到，古拙
時代的主要希臘城邦都設法證明他們是由外來的英雄和祖先所創
建的。實際上，在波斯人征服中東之前幾世紀，希臘可說只是更
廣闊的近東和東地中海文明中一個邊緣的分支，不是孤立且同質
的實體。[15]非希臘對希臘文明的影響有多大一直是十分富爭議的問
題。現代學者曾經提出關於希臘文明根源的極端觀點，由埃及和
腓尼基源起說，以及埃及和腓尼基在古拙時代之前殖民說等等觀
點[16]，到更遠為荒謬的觀念，認為希臘人是無可比擬和獨特的超級

13　*Antidosis*, 293-294. 也參 *Antidosis*, 302。

14　*Panegyricus*, 33 ff. 雅典人宣稱最先種植穀物（Plat. Men. 237e-238a 和 Isocrates,
　　4.28-29），最先學習科技（*Men*. 238b），並發明了公民機構（Isocrates,
　　12.124）。

15　參 Burkert, 2004, 11，在那裡他說希臘的地理位置在近東帝國世界的邊緣，無
　　疑刺激了它的發展，還有 p. 124，在那裡他提出希臘文明是「東地中海世界
　　持續互動和對話」的產物。

16　Bernal, 1987. 也參 Astour, 1967 年開始的一章。

種族（在二次大戰結束前的德國和英國，這是一個很流行的觀念。）[17]

非希臘影響

可以肯定的是，古拙時代和很大程度上的古典時期，希臘十分受非希臘，主要是近東的影響。[18]希臘人充分意識到那些古老而光輝的精緻東方文化。在整個古拙時代，以法老王和巴比倫王的軍隊中出現愛奧尼（Ionian）和卡里亞（Carian）僱傭兵為例證，[19]希臘人經常接觸這些更先進的文明中心，有很多機會從他們那裡學習和吸收新觀念。甚至在古拙時代之前，東地中海大量的貿易和軍事活動，也是近東文化傳播到希臘的一個主要因素。[20]事實上，由東地中海岸地區城邦主導的愛琴海和近東之間的貿易網絡是公認的事實，即使我們堅決反對腓尼基人曾經在愛琴海地區定居的可能性。[21]

---

17 Starr, 1961的觀點可以視為比這個較早觀點更可取的闡述。

18 West, 1997. 也參Burkert, 2004, 8，在那裡他說在古拙時代，近東貿易商和亞述難民的擴展帶給希臘「東方文明的堅實精細化，例如青銅器和大規模的建築、象牙雕刻和模製赤陶」。

19 Dandamaev and Lukonin, 1989, 184；Boardman, 1980；Cook, 1962, 65-6；Kearsley, 1999, 118-119, 121.

20 關於詳細闡釋希臘和它的「東方」文化，參Morris, 1992, 101 ff.關於很大程度上透過近東（地中海岸）經濟擴展建立一個複雜的地中海貿易系統的資料，也參Sherratt and Sherratt, 1993, 374 ff。

21 關於腓尼基探索Boeotia和Euboea的證據，參Morris, 1992, 124 ff；也參Cline, 1994, 48 ff.和Van De Mieroop, 2005, 139。Cline拒絕Bernal, p. 38ff斷定的埃及人支配愛琴海這個可能性。這本書整體提供很好的目錄，記錄愛琴海和近東之間貿易的項目。

　　很明顯，埃及人和腓尼基人受到高度重視，甚至被視為建立了希臘文化和希臘城邦。[22]達俄納斯（Danaus）很可能本來是希臘本土的英雄，[23]可能曾被視為使希臘人得名的祖先，正如荷馬史詩中稱呼在特洛伊的希臘人為達納安人 （Danaans）那樣，他在古拙時代有時變成埃及人，是埃古普托斯（即埃及）的兄弟，被認為是埃及人的祖先君王。正如阿斯圖爾（Astour）指出，達俄納斯的神話主要的特點和西閃族神話中達內爾（Danel）的神話有驚人的相似性，似乎有理由相信較後的達俄納斯神話可能從近東達內爾神話中抽取一些元素。[24]尤有甚者，很可能關於埃俄（Io）受苦的神話，[25]腓尼基人卡德摩斯（Cademus）的命運和卡德摩斯人以及柏勒洛豐（Bellerophon）的故事，全都顯示了大量借用的事實，並構成了希臘人對閃族和近東神話系統的改編。[26]

---

22 據說達俄納斯將耕種和Demeter的禮儀帶到Argos（*Hes. fr.* 128 Merkelbach/West, Hdt. 2.171.3），卡德摩斯則將字母帶到Thebes（Hecataeus *FGrH* I fr. 20, Hdt. 5.58），而珀羅普斯則帶來奧林匹克運動會（Paus. 5.8.2）。在較後期的文學，達俄納斯也是希臘槳船的發明者（Apollod. 2.1.4）。

23 關於達俄納斯這個名字和閃族Danel之間的連繫，暗示它是閃族名字這個富爭議的詞源學連繫，參Astour, 1967, 69 ff。

24 關於徹底分析Danel的烏加里特（Ugaritic）神話和它與達俄納斯神話的共通特點，參Astour, 1967, 73 ff. Auffarth, 1999, 39-48提出，達俄納斯的神話是腓尼基宇宙觀的一個希臘版本，在其中兩兄弟之間的爭吵迫使失敗一方發明第一條船逃跑。不過，這個腓尼基神話的來源是斐羅（Philo），而且似乎太遲，不大可信。Belos假設是達俄納斯的父親，這個名字的來源肯定是閃族，意思是「（X城）的主」。

25 參Davison, 1989, 61-74, 尤參68ff。有人考慮關於Hathor/Isis與Io的神話中語音的相似和希臘可能採納埃及的儀式。

26 這些神話的具體細節和借用的來源不需要在這裡討論。這文章的興趣主要在於辨別這些有外國族群的傳說祖先。關於透徹分析Io和Cadmids的神話中的

　　希臘人採納近東神話，並宣稱有近東、腓尼基或埃及祖先是有重要意義的，因為在任何文化中，奠基神話或傳統總被視為那獨特種族群體或文化合法性的基礎，以及起源的決定因素（當然，在大部分情況中是虛構的）。[27] 希臘宣稱它們建立的英雄有近東來源，實際上等於承認希臘得益於近東，[28] 並反映希臘人（至少當中一部分人）渴望承認自己是那文明世界的一部分。

　　不單希臘人的祖先達俄納斯以他是埃及王子而聞名，阿特雷狄（Atreidae）王朝（亞加門農〔Agamemnon〕和梅涅勞斯〔Menelaus〕）的祖先珀羅普斯（Pelops）[29] 也被塑造為弗里吉亞人（Phrygian）（可能是在古拙時代早期，那時弗里吉亞人的權力和財富在希臘想像中達到極致，如邁達斯王的故事顯示）。[30] 提庇斯

近東元素，參 Astour, p. 80 ff., p. 113ff。關於 Bellerophon, 參 p. 225ff. Astour 對卡德摩斯神話的分析受到 Edwards, 1979, 141 ff. 嚴厲批評，Edwards 提出類比和證據並不如 Astour 提出那樣具說服力。Vian, 1963, 51-69 否定卡德摩斯實際上是腓尼基人。正如稍後會顯示，有理由相信在原本的神話中，卡德摩斯實際上被視為東方的建立者。不過，是不是真的有一個腓尼基移民叫卡德摩斯，或者他曾否存在，都並不重要。重要的是希臘人選擇視他為 Thebes 的腓尼基建立者。Hall, 2002, 144 提出，Thebans 和 Peloponnesians 這些野蠻人祖先的神話是雅典人針對敵人的宣傳。不過，這些建立者的外國、野蠻人起源似乎沒有受到 Thebans 或 Peloponnesians 強烈反對，表示這外國系譜的有效性在希臘人中廣受接納（例如 Pindar 視珀羅普斯為 Lydian〔O. 1.23-24〕並將達俄納斯連繫到 Io 的兒子和埃及很多城市的建立者，從而看到達俄納斯與埃及的連繫〔Nem. 10.1ff〕）。也參 Bacchylides Ode 8.31，在那裡珀羅普斯叫 Phrygian。

27　例如：West, 1985, 157-159 頗可信地提出，珀羅普斯原本是希臘人，後來變成 Phrygian 或 Lydian。關於對珀羅普斯的更多討論，也參 Lacroix, 1976, 327-341。

28　關於總結兩河流域對早期希臘文學、哲學和科學的影響，參 Burkert, 2004, 66。

29　關於更多細節，參 Hall, 1997, 91。

30　在 Hecataeus *FGrHist* I, 1 fr. 119 和 Bacchylides epinician for Liparion of Ceos（?）（8.31）中，珀羅普斯被等同 Phrygia。在後期的處境下，例如：Pindar（Ol.

英雄卡德摩斯成了腓尼基人以及傳說中帶來文明的英雄（屠龍者，帶來字母，以及提庇斯城的建立者）。[31] 最後，強大的珀修斯（Perseus），後來被視為赫拉克勒斯（Heracles）的祖先，也成了埃及人，與被認為是衣索比亞人的安德羅米達（Andromeda）結婚。[32]

1.23-24, 36-38; Ol. 9.9）中他也稱為 Lydian。

31　Miller, 2005, 68-89 基於來自希臘瓶繪畫中關於三個外國建立者的描繪，提出由於希臘人在古拙時代在繪畫中對種族區分缺乏興趣（p. 69），給好像珀羅普斯和達俄納斯這樣的英雄東方來源，很可能是後期古典發明在五世紀中期雅典人宣傳的結果（p. 71 ff.）。不過，正如 Tsiafakis, 2000, 369 提出，將外國人表現為波斯人、色雷斯人（Thracians）和西徐亞人（Scythians）已經強烈顯示，即使在六世紀中期和後期的希臘藝術中，已經有種族差別。尤有甚者，視覺表現並不總是顯示實際的種族起源，正如卡德摩斯在藝術中總是被表現為希臘人，雖然五世紀文學都強調他的腓尼基來源。我們從古拙時代得到的零碎和有限證據並不特別指明卡德摩斯是腓尼基人（例如 Od. 5.333-335），但有強烈理由視他的腓尼基或東方來源的故事是他的傳說最古老的一層的一部分，正如 Edwards 提出那樣。在荷馬（Il. 14.321）和 Hesiod（. 141 M-W）中，Europa 連繫到 Phoinix，他在 Catalogue of Women（fr. 139 M-W）中是 Adonis 的父親，並連繫到 Arabos（frs. 137, 138），兩人都肯定是東方人。而且，Pherecydes（西元前六世紀）和 Bacchylides（西元前五世紀初）都比愛奧尼的希臘歷史家較不傾向將卡德摩斯和 Europa 連繫到 Phoinix（*FGrH* I A, 3 frs. 21 和 86），並顯示知道將卡德摩斯置於東方的傳說（Bacchylides Ode 19）。這顯示他們外國來源的傳說在西元前六世紀後期前已經成立，不是古典的發明。參 Edwards, 1979, 65-73。達俄納斯的埃及來源已經在 Hecataeus *FGrH* fr. 19 中提到，因此不是古典的發明。

32　Hdt. 2.91 和 6.53-54. M. West, 1985 指出，在世界各地的奠基神話中，建基者往往被表現為來自外國，p. 27。如他指出的，族系的發展是倒著來的。Io 的個案是一個好例子。有關在西元前六世紀形成的希臘族系的多元本質，結合了各種相互沒有連繫的族系，例如 Inachids 以及海倫的兒子，見 Finkelburg, 2005, 30 ff。

因此，我們在四世紀雅典文學中所見對外來創建者的敵意，以及雅典人宣稱的優越和文明，事實上是徹底修改和否定過去希臘人的態度。近東諸國在雅典論辯中從那種作為給予希臘人文明、宗教和高等文化的崇高地位被推倒了。他們的地位現在被雅典人襲用，而那些由非希臘人所建立的希臘城邦國家，如斯巴達（Sparta）和底比斯（Thebes），他們的建立者（珀羅普斯和卡德摩斯）則被用來作為貶低和詆毀這些國家的一種藉口，認為他們是不純粹的希臘人，而非所謂沒有污點的雅典人。埃及人和腓尼基人現在不再被視為優越智慧的來源。柏拉圖在《法律篇》（*Laws*）中形容他們和其他非希臘人對財富和生命持心胸狹窄的看法（*Laws*, 747）。

野蠻人的智慧

不過，正如塔提安的演說向我們清楚表明那樣，這種修正主義即使是在希臘人自己中間也並沒有普遍被接受。塔提安宣稱野蠻人的發明者早於希臘人，實際上，正如亞歷山大的克利門（Clement of Alexandria）所指出，是建基於亞里斯多德（Aristotle）、逍遙學派（Peripatetics）、泰奧弗拉斯托斯（Theophrastus）和斯特拉波（Strabo）等希臘來源之上。[33] 古典時期的希臘人肯定留意到他們得益於近東文明，[34] 他們準備接受一個可能，那就是野蠻人

---

33 Grant, 1988, 119; Clement Stromata, 1.74.1-77.2.

34 例如在Hippias Minor, 368C，我們知道詭辯家Hippias戴了一條自製的波斯腰帶，宣稱從根本不同的來源（詩和散文作品）收集材料，應該是包括希臘和野蠻人。伊索克拉底說畢達哥拉斯在埃及學習，將哲學帶到希臘（*Busiris*, 28-29），而第歐根尼‧拉爾修（Diogenes Laertius）將泰利斯（Thales）的學

可能擁有智慧，是預期並在某程度上超越希臘人的智慧。由梭倫（Solon）到柏拉圖的所有希臘知識分子都以到過埃及，跟隨祭司學習過而聞名，而柏拉圖自己說，埃及擁有自從最古老的時期以來最完整而沒有間斷的歷史紀錄（*Timaeus*, 22D-23B）。[35]

甚至在亞歷山大的征服以及所謂「希臘主義」戰勝了「野蠻主義」後，野蠻人的智慧（希臘智慧著名的來源，例如《亞爾西比亞德斯》（*Alcibiades*）1.122A 中提到的查拉圖斯特拉宗師〔Magus Zarathustra〕[36]）的古老和甚至更優越的價值繼續得到承認，而有時甚至被視為理所當然。在歷史和地理這些學科中，如赫卡泰奧斯（Hecataeus）和希羅多德（Herodotus）這些最早的歷史學家，喜歡援引所謂的埃及祭司擁有的較優越的知識去反駁希臘神話的荒謬，從而某程度上證實塔提安的宣稱：希臘人從埃及人那裡學習歷史（《對希臘人的演說》第一章）。

因此，難怪甚至亞里斯多德這位最排外的希臘作者，也承認亞洲野蠻人的智力。在他的《政治學》（*Politics*）中，這位哲學家宣告說：「另一方面，亞西亞的人在氣質上是聰明和有技巧的，但缺乏精神，因此他們持續受支配和奴役。」（*Politics*, 1327b. 27-29）當然，亞里斯多德這裡的評語的主要目的不是承認亞西亞人的聰明，而只是證明希臘人比所有甚他野蠻人都優越。

亞里斯多德也宣稱，歐洲的野蠻人雖然好像希臘人一樣擁有

問歸功於埃及人（*Lives of the Philosophers*, 1, 22-28, 33-40）。

35 柏拉圖也想到在非希臘人中（他無疑想到近東社會）可能存在值得羨慕的教育和正確的哲學觀點，可能引發哲學君王的出現（*Republic*, 499 C）。

36 查拉圖斯特拉（Zarathustra）後來被視為柏拉圖智慧的來源，而畢達哥拉斯的教義則在亞里士多塞諾斯（Aristoxenus）中（保存在 Hippolytus 的 *Refutation of All Heresies*）。

自由，卻完全缺乏智慧：「居住在寒冷地區和歐洲的列國，他們精力充沛，卻缺乏智慧和技巧，因此他們繼續比較自由，卻缺乏政治組織和統治鄰居的能力」（*Politics*, 1327b, 23-26）。作為結論，他說希臘人剛好位於世界（*oikoumene*）的中間，同時有適合統治所有人類的智慧和勇氣：「但希臘種族具有兩種品格，正如它在地理上占據中間位置，因為它同時充滿精力和保有智慧；因此它繼續自由，有很好的政治制度，如果實現制度的統一，便能夠統治所有人類。」（*Politics*, 1327b, 29-33）

　　有趣的是，甚至亞里斯多德也不能說近東的居民無知。當我們考慮希臘很多技術工匠都是來自近東和安納托利亞（Anatolia）的奴隸或外邦人時，[37] 難怪亞里斯多德說他們在技術上卓越。至於智力（*dianoetikon*），希臘人被視為和亞西亞的居民一樣都擁有。事實上，整個古典時期的希臘人都繼續大量從近東借用他們的智慧。正如米勒（Margaret Miller）指出，近東對希臘物質文化的影響一直持續到五世紀中。[38] 有人提出，西元前五世紀雅典建築設計的某些方面從波斯圖像和建築中汲取靈感。[39] 近東衣服、珠寶、家具、建築和其他外國物品在古典時期仍然被希臘人視為適合模仿的對象，仍然是希臘上層階級那種有教養和高級生活的榜樣。[40]

　　我們也可以指出，希波克拉底（Hippocrates）的著作中也包

---

37 根據 Fisher，受僱興建 Erechtheion 的工匠（石匠、木匠、雕刻工等）中，有超過 70% 是奴隸或外邦人。參 Fisher, 1993, 52。

38 也考慮品達（Pindar）對腓尼基商品表達的欣賞（*Pythian*, 2.67）。

39 Miller, 1997, 218 ff. 和 Morris, 1992, 307 ff。

40 在五世紀雅典，雅典的貴族流行穿著不同種類的外來服飾。參 Cohen, 2001, 251；Boardman, 2000, 210，評論說近東總是希臘上層階級使用的最好紡織品的來源。

括埃及醫生的醫學觀察。我們也知道，巴比倫的天文學著作被翻譯成希臘語，在希臘草紙文獻中也有證據支持巴比倫算術方法的發展。[41]因此，塔提安宣稱希臘人的幾何學和天文學都得益於埃及人或迦勒底人，是有點根據的。

東地中海世界在文化和知識上普遍的統一性，在西元前五和四世紀一些稱為文化相對主義的詭辯文學中可以看到。安提豐（Antiphon）說所有人類都有共同的本性，也就是有相同的身體和智力構成，而德謨克利特（Democritus）的世界主義（cosmopolitanism）[42]可能反映希臘知識分子們意識到的希臘─野蠻人的區分的暫時性，特別是如果與其他東地中海區的族群相比較的話。

希臘人確實考慮一個觀念，將那種較單純的西歐或北歐人民的典型，頗為不一致地應用到所有野蠻人中，從而認為野蠻人代表人類存在的原始階段，是希臘曾經經過的（例如修昔底德（Thucydides, 1.6.1, 5-6））。所謂野蠻人的暴力和殘忍有時也被視為他們落後的證明，[43]而且外國人被視為沒有法律和伊索克拉底所說的雅典式教育的那種適度的影響。[44]不過，甚至最排外的雅典作者都不能稱近東或埃及為原始行為的家鄉，除了在純粹神話的脈

---

41 關於近東對 Hippocatics 的影響，參 Dandamaev and Lukonin, 1989, 288，和 Scurlock, 2005, 312。也參 Burkert, 2004, 65。

42 DK 87B44A（7.B col. 2）; DK 68B 247，也參 Cartledge, 1993, 42。

43 Aeschylus 的 *Suppliant Women* 中的埃及人訴諸武力和暴力，而希臘人則尊重法律和秩序。Euripides 的 Medea 的一個人物也說，希臘人以法律而不是武力生活（536ff.）。Medea 對她的困境的野性和暴力反應被視為特別非希臘（1339）。在 *Heracleidae*，野蠻人被認為隨意瀆聖（130ff.）。

44 參 *Panegyricus* 和 *Antidosis*。

絡中。[45]

當代的脈絡

　　如果一般來說，希臘人願意承認他們得益於野蠻人，那麼為什麼塔提安對他們的自大那麼失望？再一次，要了解為何塔提安要頗為不成功地嘗試否定希臘的知識，明白當時的時代脈絡是十分重要的。希臘化時代諸王國的世界主義，和羅馬人包容一切的帝國意識形態，應該可以讓某些古典時代雅典論辯家和理論家沉迷其中的那些令人不安的種族和文化觀念變得完全不相干。不過，在西元二世紀，希臘人發展一種新雅典主義（neo-Atticism），在風格和精神上都被塔提安嘲笑。所謂第二詭辯運動快速接受了希臘「民族主義」的裝飾，在文化沙文主義和敵視「野蠻人」中表現出來。

　　因此，在《阿波羅尼爾斯傳》（ *Life of Apollonius of Tyana* ）中，到印度的聰明訪客發現，似乎源自波斯的東西原來是希臘的。在這希臘優越性的論辯中，對那聰明人來說，一切都是希臘的。於是作者藉著一個公認特別有學識，又不會與羅馬帝國中的希臘人有競爭的印度婆羅門（Brahman）之口，來確定希臘人的智慧比非希臘人優勝。[46]這種排外觀就是為何普魯塔克（Plutarch）會寫了一本《希羅多德的惡意》（ *Malice of Herodotus* ），因為他認為這個歷史學家犯了偏好野蠻人多於希臘人，將希臘文化的來

45　例如Busiris的神話。東方君王在處決敵人或臣民時的殘忍很少被用來證明野
　　蠻人的落後。

46　 *Life of Apollonius of Tyana*, Philostratus 3.32, Goldhill, 2001, 5.

源歸於非希臘人的罪行。在這種氣氛下，甚至如荷馬這樣的古典希臘文學也被用來支持希臘先於非希臘人的論調。[47]

因此，毫不意外的是，塔提安特別反對這兩個主張，也就是宣稱希臘人有智慧及荷馬的時代最早。相反，他拒絕這些聲稱，給摩西——即「野蠻人」智慧的來源——一個更早的時代。這個說法經由塔提安頗為詳細地發揮，迅速得到其他基督徒知識分子的採納，正如可以從托名游斯丁的《致希臘人的忠告》中看到，他們主張摩西比所有希臘詩人和哲學家都更早（9至12章），[48]藉以肯定猶太基督教的知識和文化傳統比希臘─羅馬更早，甚至更優秀。雖然包括殉道者游斯丁在內的早期教父總是小心地希望得到羅馬的喜愛，塔提安的拒絕希臘文化以及羅馬帝國，也可以在羅馬人接收和挪用希臘對東方的歧視的脈絡中來理解。而這種歧視也被希臘人熱切地同意和積極地鼓勵。

在雅典論述中，東方被賦予各種負面特質，薩依德（Edward Said）稱之為「東方主義」。[49]早在悲劇作家埃斯庫羅斯的作品《波斯人》中，亞洲人（編者註：即今西亞人）便被一些希臘人視為懦弱、柔軟、柔弱、奢侈、邪惡和殘忍，也就是充滿罪惡的。[50]在醫學作品希波克拉底的論著（Hipocratic Treatise）《空氣、水、地域》（*Airs, Waters, Places*）中，亞洲人，甚至是愛奧

47　Whitmarsh, 2001, 204.

48　例如參第33章，在那裡托名游斯丁宣稱柏拉圖關於時間開始的觀念來自摩西的教導。藉著主張摩西比較早，基督徒作者可以將希臘人的文化成就挪用為自己的，反諷地，以同樣方式，古典希臘作者也藉著描繪他們（即所謂原生雅典人）文化超級古老，從而挪用近東文明的成就。

49　Said, 1979. 關於對Said的思路的批評，參Irwin, 2006。

50　關於希臘悲劇中對所謂野蠻人形象的「發明」，參Hall, 1989。

尼人，在體格上都不如愛琴海歐洲那邊的希臘人。這種扭曲的形像被羅馬精英分子所採納，特別用來界定帝國對羅馬人唯一的帝國競爭者帕提阿（Parthian）帝國的意識形態立場。波斯—帕提阿專制政治、財富、奢侈、柔弱和性貪婪，很大程度上是希臘建構出的，卻有效地被採納為羅馬帝國所了解的東方。[51]

這種對東方人的「東方主義」，加上羅馬精英公開迫害他們的宗教，有些羅馬精英更視基督教為一種危險、東方的「猶太迷信」，[52]一定影響了塔提安對羅馬當局的態度。且因為他來自一個羅馬人和帕提阿人都有爭議的地區這個事實，也是應該加以考慮的。他的背景令他突出於希臘—羅馬的環境，成為外來者。

結語

塔提安對迫害和偏見的反應與那個時代大致來自敘利亞同一地區的另一個出色的知識分子十分不同。盧西恩（Lucian）完全採納了希臘文化，徹底沉浸在他同代的希臘人流行的雅典主義中。盧西恩因為順從希臘文化支配而贏得持久聲譽。相反，塔提安卻不單被希臘—羅馬世界拒絕，也被他要保護的群體（「野蠻」的基督徒）拒絕。他的異端[53]令他很大程度上成為在基督教主宰的歐洲、中世紀文學中被避開的人。他的反希臘主義雖然不如人們往往假設那樣激進，卻保證令他被排除在世俗、人文主義的學術以外。對這學術傳統而言，親希臘主義（Philhellenism）在以

51 Schneider, 2008, 286.

52 以Tacitus在Histories, 5.1-13和Annals, 15.44中對猶太人和基督徒的態度作為例子。

53 Barnard, 1968, 1-10; Gant, 1954.

前和現在都仍然在某程度上是一種口號，對古典文明的「精神和藝術」遺產幾乎帶有宗教信仰一般的崇拜。

但塔提安和托名游斯丁作者的遺產仍然留存下來。他們提倡的那聖經文化和歷史傳統的古老和優越性容許基督教會闡述一個平行、不同的歷史和文化傳統，從那裡宣稱歷史的合法性和文化權威。游斯丁、塔提安和其他早期基督徒護教者的著作令基督徒可以藉著運用希羅文化的修辭和傳統，針對它本身帶有的文化假設，對抗這文化的知識和文化沙文主義。隨著基督宗教的力量增強，由塔提安提倡那種對歷史和文化的不同看法的重要性也提高。它為希臘文明的卓越這個敘事提供一個難以應付的挑戰，並讓羅馬精英第一次在兩個互相競爭的世界觀之間有名副其實的選擇。在游斯丁和塔提安以後，希羅精英不再可能只是將基督徒群體視為貧窮、「沒有受過教育」和「迷信」的東方人。一場知識、文化和歷史的比賽已經開始，令每一個人驚訝的是，受迫害的信仰戰勝主導的希羅文化，令它歸信，並挪用它的文化及政治遺產。

有趣的是，正如本書第五章中呂宗力所指出，在中國，佛教引入的處境有頗為相似的過程發生，只是迅速得多，並且沒有暴力。佛教當然從沒有在中國遇到基督教在羅馬世界中遇到的那種迫害。但兩個宗教所採取的贏得信徒的策略都十分相似。佛教在中國的傳教士好像西方的基督教傳教士一樣，將中國本地的占卜、法術、預言和天啟融入他們的信息，作為贏得中國人歸信的策略的一部分，這個策略可以在好像殉道者游斯丁和使徒保羅（更不要提諾斯底基督徒）等人的初期基督教中找到平行，他們運用希臘哲學、占卜和預言的元素來贏得希臘─羅馬的歸信者。不過，在兩個處境下，挪用本地文化模範與引入不同世界觀一起

進行。向希臘—羅馬和中國精英提出一種新且不同的知識世界和歷史傳統，透過「本地化」的過程，以及由每個宗教所採納的宿主文化的修辭實踐而變得更加可以被接受。

最終，兩個宗教的最終成功都在於它們有能力成功地適應新環境。不過，佛教沒有激進地與本地傳統和王室權威進行爭辯，但基督教雖然努力遷就和適應本地的希臘—羅馬傳統，卻被迫忍受多年的迫害，引發好像塔提安這樣的作者起來，他們不是尋求遷就，而是譴責宿主文化，以全面的知識戰爭與它爭辯。雖然它們採用相似的宣傳方法，但即時結果的差別仍然需要一個解釋。答案需要一整章而不是這個簡短的總結，它很可能在於基督教的特定宗教教義，這教義挑戰了皇帝權威（在羅馬精英看來），這個困難也因為將希羅沙文主義對近東的態度（「東方主義」）應用到新宗教而加劇。新的印度宗教，也就是佛教，在進入中國時，在中國人中沒有面對可作比擬的「西方主義」，因此在中國傳播它的信仰時遇到較少障礙。

第五章

當佛教遇上讖緯
中古早期中國的一次宗教邂逅

呂宗力

香港科技大學人文學部榮休教授

在漢學界一個廣泛認可的看法是，西元一世紀傳入漢朝的佛教是一個自生自足的系統，是獨立發展的結果。要研究和理解佛教在中國的早期發展，則必須密切關注相關的歷史文化語境以及當時中國的主流世界觀。[1]由於中古早期的中國（約200-600）佛教深深植根和滲透在中國文化和社會之中，一些漢學家和佛教研究者稱這時期為「佛教征服中國」。

但佛教作為一種域外新宗教傳入一個陌生的（中國）社會和文化，佛教教義及其宗教和哲學觀念當然需要透過當時在地的語言、概念和比喻等論述來翻譯和傳遞。在這片陌生土地上新宗教的大部分追隨者和潛在追隨者自然要從當時當地的流行信仰、文化傳統和由此養成的思維習慣去接受和理解這一套新的宗教觀念。許多中國佛教史學者指出，佛教在中古早期中國的傳播和文化調適過程中，儒家、道教、玄學和其他本地文化傳統對之有很大影響。本章則提出一個較少受到關注的命題，即讖緯論述在中古早期佛教經典和觀念在中國的翻譯、傳播過程中也曾扮演值得注意的角色。

「外國」僧侶和譯者受到讖緯論述的吸引

在中古早期中國思想史、文化史史研究中，一個相當普遍的觀點是，那一時期文化和知識發展主要體現在佛教和道教的興起和主導，以及玄學和清談的流行。而東漢三國非常流行的讖緯論述則不值一提，部分原因是魏晉以來屢遭禁絕，部分原因是當時文化精英興趣的轉移。

---

1 Zürcher, 2007: 1.

　　對此筆者持不同看法。在一系列連串研究中，筆者發現讖緯的觀念和話語在中古早期中國的政治、文化和社會論述中仍然相當有影響力。在本章中，筆者將展示讖緯的觀念和話語如何在佛教在中古早期中國文化適應過程中扮演重要的角色。

　　從三世紀中期至七世紀初期，歷代皇朝一再頒布不許保存和學習讖緯的嚴厲禁令，因為讖緯在政治上的雙刃劍效應：有利的讖語可能對在上位者人有好處，但不利的讖語卻很容易為「邪惡的」宗教人士利用，或煽惑篡位等權力惡鬥。弔詭的是，雖然讖緯屢遭皇朝禁絕，不少皇帝、士族、經學大師、著名的歷史學家和文學家仍然保存和學習讖緯。在當時，「通緯」被視為在政治、社會和文化精英中十分值得羨慕的博學質素。[2]

　　讖緯屢禁而不絕，一方面是因為它對東漢、三國以後的社會政治論述和實踐仍然維持重大影響，特別是在朝代更替的合法化論證過程中。另一方面，神祕的讖緯觀念和話語，包括天人感應式的宇宙觀、天啟預言與人類命運的互動關係以至整套意象符號和比喻，都是中國多個世紀宗教和知識傳統中令人著迷和不可或缺的元素。那些話語和觀念早已滲透到中國人的日常信仰和常識中。那時的人們已習慣在讖緯論述的框架中和影響下思維及表達自己。

　　早期在中國傳教的佛教僧侶和譯經者幾乎都不是中國人，而是從印度或西域[3]來的移民或旅行者。因為從東漢到西晉（西元一至四世紀），官方不准漢人成為佛教僧侶或出家。[4]不過，很多從

2　參Lu, 2002, 2003, 2008a, 2008b, 2008c。

3　西域是早期中國和中古初期中國史料中指玉門關以西地區的地理用語，常指中亞，有時也指該地區最東面的部分。

4　Hou, 1998: 25.

印度或西域移居中國的佛教僧侶和譯經者都出生於中國，在雙語或多語環境中成長。因此，這些「外國」僧侶受到良好的中國語言和文化訓練，熟悉中國文化傳統，包括儒家等不同的哲學流派，占星術、占卜、法術和其他本地流行數術傳統。他們受到讖緯論述的吸引，熟習這些話語和觀念，完全不足為奇。[5]

例如支謙，三世紀著名的佛經譯者，是月支人的後裔，卻在中國出生。[6]在他翻譯的一部本生故事[7]《佛說太子瑞應本起經》中，從標題到文本內容都包含有明顯的讖緯論述色彩。「瑞應」這個詞本身就是一個讖緯中常見的關鍵詞。

三世紀另一位著名的佛教僧侶和譯經者康僧會（？-280）來自一個粟特商人家庭。他們移居到交趾，也就是中國帝國最南的邊界地區，現代的越南北部。康僧會年少時獻身於佛教的僧侶生活。根據在六世紀前半期編寫的僧侶傳記，他不但精通佛教和儒家經典，[8]「天文圖緯，多所貫涉」。[9]

竺法護（Dharmaraksa，約233）[10]是西晉時期極具影響力的譯經者。他來自一個印度—斯基泰的移民家庭，他的家庭世代在中國西北部的敦煌定居。他從八歲開始便獻身僧侶生活。他深研梵文和巴利文經典，以及各種中國著作，包括緯書。[11]

---

5 Yasui and Nakamura, 1966: 266, 268.

6 他的祖父於東漢靈帝（168-190）時在中國定居。參僧佑，《出三藏記集》，卷13，頁516。

7 本生故事指描述佛陀前世種種經歷和事蹟的一類原始佛教文獻。很多早期佛經都收集這些故事，其中往往包含佛陀的神奇誕生和生命奇蹟。

8 佛教正典的全面結集。

9 僧佑，《出三藏記集》，卷13，頁512。

10 Boucher, 1996: 4.

11 慧皎，《高僧傳》，卷1，頁33；Taira, 1954: 130.

　　對於四世紀至六世紀間活躍在中國北部的佛教僧侶，湯用彤（1893-1964）曾評論說，他們頗為熟習中國占卜和神祕主義，包括著名的龜茲僧人如佛圖澄（約232-348）和鳩摩羅什（Kumārajīva, 334-413），以及來自中印度的曇無讖（Dharmaksema, 385-433）。[12]他們也都對讖緯之學極感興趣。

中古早期政治中的「預言僧」

　　讖緯之學在一世紀初被東漢開國皇帝光武帝宣布為官方正典，並由統治者指定學者精心篩選和編輯後，頒發了讖緯的欽准版本。在第一和第三世紀之間，朝廷和學界流傳、教學所用的讖緯之學主要採用這一版本，儘管有時為了因應不同歷史處境中的政治需要，對收錄的讖言會做少許修改和補充，但讖緯文本基本維持著一個穩定和固化的欽准狀態。

　　但到中古早期，讖緯之學喪失其正典地位和官方保護的同時，朝廷也失去了對這批文本的控制。諷刺的是，讖緯之學正典地位的衰敗成為它向社會各階層更廣泛擴散的轉捩點。讖緯被排斥在主流意識形態之外後，讖言在民間獲得了創作、詮釋、傳播的更大空間。中古早期的中國社會政治動盪，恐懼和焦慮成為人們日常生活中揮之不去的感受，對適時的政治改變或「天命轉移」的渴望和期盼預知未來政治風向的心理需求有龐大的市場。但傳統欽准讖緯文本所收錄的讖言，往往承載過時的預言信息，難以回應和解釋中古早期的社會政治處境。自然而然地，因應當時人們切身困境和心理期盼的大批新讖言應運而生。這些新讖言

12　Tang, 1983: 380, 381.

也不再依附緯書，自行結集，盛行一時。

　　兩漢讖言的原創者或宣示者多半匿名，有時也偽託堯、孔子等儒家認可的聖人。中古早期流行的新讖言也有偽託孔子、老子、劉向的，但更普遍的情形，卻是明確標示其當代作者，造就出一群公眾人物型的預言家。這些預言家多有道術宗教的背景，尤以道教人物為眾。[13] 在這一波新讖言創作的流行趨勢中，佛教僧侶絕對沒有缺席。

　　三至五世紀來中國傳揚佛教的印度和西域僧侶運用了一個聰明的策略，將他們母國法術、占卜和神祕主義的技巧和知識，與中國的讖緯之學及其他相應的數術整合在一起。有記載說，成功的佛教僧侶往往運用他們的法術和占卜技巧令本地居民印象深刻，並向那些當權者宣示有關政治和戰爭的驚人讖言（很多後來都成真）。因此他們在南方和北方的皇帝、國王和軍閥之中都深受敬重。[14] 當時最有魅力的佛教預言家是北方的龜茲僧人佛圖澄，[15] 和南

---

13 例如郭璞、陶弘景和王嘉。

14 這群僧侶可以列一張很長的清單，包括安世高（Perthian）、曇柯迦羅（Dharmakṣla, 印度）、康僧會（粟特）、鳩摩羅什（龜茲）、曇無讖（印度）和求那跋陀羅（Gunabhadra, 印度）。

15 石勒（274-333），一位羯族的「胡人」酋長，319年在河北南部建立他的後趙國，330年稱帝。佛圖澄長達數十年都是石勒最敬重的顧問，在一些歷史關鍵時刻經常向皇帝發出預言。石勒稱帝時，佛圖澄警告這位新皇帝「今年蔥中有蟲，食必害人，可令百姓無食蔥也」。不久，石勒一名將軍石蔥背叛石勒。一次石勒作白日夢，醒來告訴佛圖澄，在夢中他看見「群羊負魚從東北來」。佛圖澄預言這是不祥之兆，表示鮮卑會戰勝中國的中土。（參晉書，北京：中華書局，1974，卷95，頁2489）。鮮卑以前居住在中國東北，從一世紀後期到二世紀後期移居到中土，在中國北方、東北和西北方相繼成立六個王國，至386年，建立北魏帝國，統一和統治整個中國北部達一個半世紀。漢字鮮由「魚」和「羊」結合而成。佛圖澄為石勒所發的預言是典型的

方的漢僧釋寶志。[16]關於這些預言家就天命轉移和朝代改變而宣示的謎語式讖言是多麼不可思議地有效驗，後來的史書有不少記載。

　　一些不那麼著名的佛教預言家也在不同社會群體中，積極發表讖言，由預言個人的壽命或其他事件，到預言王朝的統治年限或誰是權力鬥爭的勝利者。[17]

　　與傳統的讖言相比較，這些新讖言更有活力、動力和時代相關性，在群眾中很快變得受歡迎和廣泛流傳，而傳統的讖緯文本則隨著時間的流逝逐漸散佚。

漢譯佛典中所見讖緯印記

　　引入中國的佛經原本是用梵文或巴利文寫成。在佛經翻譯成漢文時，印度、西域和中國不同語言、文化和宗教之間的相互交流和相互影響是無可避免的。中古早期讖緯之學仍然盛行，三到六世紀的佛經中文版無可否認從讖緯論述中借用很多話語和概念。語言學家朱慶之研究發現，外來的佛教對中古早期漢語詞彙的發展有重要影響。[18]但他同時也發現，早期譯者在翻譯佛經時往往使用道教用語。[19]如果檢視讖緯論述對當時漢譯佛經和漢文佛教

讖語字謎。

16　寶志寫了好些預言，預言齊和梁這兩個南方朝代的政治局勢變化，以及當時在南方有權勢的人物的命運。參Yan, 2000: 15。

17　涉公、邵碩、法稱、靈遠、阿禿師和陸法和。

18　Zhu, 2003: 1-41.

19　Zhu, 1992: 29.

論述的影響，我們可以觀察到類似的現象。[20]

　　根據平秀道的考察，一些漢譯佛經不單從讖緯論述借用話語，也在讖緯的概念框架中詮釋佛經。例如：佛經的某些句子被解讀為讖言，而本生經中佛陀奇蹟誕生的故事被納入感生帝論述的框架，從而豐富了故事的戲劇性，加強了對佛陀天賜神性的正當性論述。[21]

　　正如之前的討論，在漢代以來中國社會─政治文化中流行的讖緯合法性論述中，奇蹟誕生被視為真命天子天賜神性的質素之一。其他神性質素還包括特異相貌、讖言和祥瑞。這些神性象徵在當時被視為天命在握的神聖證據，更是爭奪天子名號者的必備門票。

　　原始佛教中的佛本生故事本就包含佛、菩薩前世的各種神祕故事，包括預言、神奇外表和奇蹟誕生等元素。不過，在中古早期漢譯本生經和討論佛法的漢文論述中，佛陀和菩薩的奇蹟出生往往被稱為「透過凡人女子和天上神祇（可以是神祕的動物或天體）之間的接觸互動而出生」。他們的神奇外表也往往可以與讖緯所載聖人的特異相貌相媲美，[22]而佛經所記錄的預言被譯作「祕讖」和「圖籙」。自然的預兆，例如地震、海嘯、地獄火災、日星燦爛、天不降雨、地湧甘泉等，在原始佛經中往往伴隨著佛陀

---

20 關於對這個現象的詳細討論，參 Lu, 2010: 109-122。

21 Taira, 1954: 123, 125, 128, 129, 138, 139. 讖緯五德終始論中的感生帝論述，聲稱所有皇朝的開國皇帝都必須由人類女性「感」（有性或無性的接觸互動）五天帝之一而生。五天帝分別代表金、水、木、火、土五德。這樣，朝代的更替和天命的轉變在五個象徵權力之間運轉便可以合法化。

22 例如：在讖緯論述中，黃帝龍顏、倉頡四目、伏羲牛首、女媧蛇軀、堯眉八彩、舜目重瞳、文王四乳。孔子長十尺，大九圍，坐如蹲龍，立如牽牛。

的出生。而在漢譯佛經中，這些預兆被很自然地由讖緯論述中的相應話語和意象所取代，例如瑞應、符瑞、景雲、赤烏、醴泉、嘉禾和木連理。

　　讖緯合法性論述的另一個必備元素是五德終始，即五德行序和期運輪替。在中國有一個悠久的政治文化傳統，即天賜皇權。在西元前三世紀和西元一世紀之間，這個觀念逐漸發展為五德依序循環、輪流坐莊的皇權更替論述，在長達十一世紀中，對中國宗教和社會—政治文化傳統都有著深刻影響。這一論述主張，所有皇朝的建立者都是五位天帝（分別代表金、水、木、火、土五種力量和德運）在人世的代表。五位天帝依照規定的順序，在人世留下子嗣，委託他們的子嗣及其家族代表上天，統治世俗帝國。這一論述的一個重要歷史觀是天命必須在五種德運之間依序轉移，每一期德運都有其命定的時限或任期。換句話說，沒有「千年王國」，沒有永恆的神權或皇權，每一個皇朝和皇室都有命定的興衰期運。這一論述在中古早期深入人心，持續成為皇朝更替的合法性依據，因此在漢譯佛經和佛學論述中也常被採納。

　　例如：據六世紀佛教傳記集《高僧傳》，鳩摩羅什的弟子慧嚴（363-443）與著名天文學家何承天（370-447）曾經討論比較中國和印度的曆法實踐。慧嚴嘗試讓何承天明白印度曆法中夏至的觀念，解釋說：「天竺夏至之日，方中無影，所謂天中於五行土德，色尚黃。」[23] 在這個解釋採納了典型的讖緯話語和觀念，將一年分為五個季節，每個季節代表五行五德之一，有其特定的力量屬性與顏色。

23　慧皎，《高僧傳》，卷7，頁262。

疑偽經所見讖緯影響

佛經原典，本該以古印度文或西域文撰成，經天竺、西域僧侶傳入漢地，再譯成漢文。但中古早期中國出現了不少由漢人僧侶撰述卻託名佛陀的「佛經」，或漢人僧侶編撰、選抄的佛經文獻。傳統佛教目錄學，將這些文本「偽經」，將難以判斷其原著者、譯者或原典源頭的本文稱為「疑經」，統稱為「疑偽經」。此類文本的出現，標誌著佛教在中國在地化的一個重要階段：漢人僧侶確信，除了直接翻譯梵文或巴利文文本外，在地化的「經典」以本地人熟悉的意識形態和心理框架來傳遞佛經教義，可以更容易贏得信眾的接納和欣賞，更好地回應當前的社會、政治和宗教焦慮，因此更成功地實現在古老和文化成熟的社會傳揚外來新宗教這樣的使命。在這些在地化的「佛經」和佛學文本中，通過這些本土的編纂者，佛教論述與道教、讖緯和術數等中國傳統宗教論述雜糅整合在一起。讖緯話語、意象和觀念因而在這些疑偽經中留下了深刻的印記。六世紀後期由法經編輯的佛教書目《眾經目錄》評論疑偽經往往「首掠金言，而末申謠讖；或論世術，後托法詞；或引陰陽吉凶，或明神鬼禍福」。[24]湯用彤評論說，「偽經常取材於圖讖方術」。[25]任繼愈也認為陰陽、五行理論和讖緯之學對疑偽經有明顯影響。[26]

例如，疑偽經中有關彌勒救世、世界末日和末法的論述中，從讖緯借來的吉兆或凶兆意象和比喻占了中心地位。一些佛教史

---

24 大正新脩大藏經，T2146。

25 Tang, 1983: 428.

26 Ren, 1981: 556-560.

學者家也發現，疑偽經中收集的佛教讖言（例如月光王子等）與當時道教流傳的讖言差可比擬。而這些道教和佛教讖言所採用的謎語式表述、末日意象及其對現實政治的關注，顯然都以讖緯為範本。

疑偽經中屢見的善惡有報、增壽減算論述，也與讖緯有密切關係。[27]

結語

「佛教征服中國」某意義上是由新宗教系統在舊社會中通過在地化來實現的。一開始，來中國傳教的外來僧侶無論自覺或不自覺，必然嘗試過按字面意思將佛教經典譯為漢文。但他們很快便認識到，想在本土文化積澱豐厚、宗教資源殷實、文明程度較高的漢地社會引介傳揚外來的佛教，令本地人欣然接受認同，佛經翻譯就不能不充分借助在地的文化資源，包括話語體系、意象思維、宗教傳統和信仰心態。讖緯即屬於此類宗教傳統和信仰心態的組成部分之一。

屢遭皇權禁絕的讖緯在中古早期仍然維繫其影響力，部分原因是它在社會政治實踐中扮演的重要角色，特別是它關於皇朝更替的合法性論述。但更重要的，是內嵌於讖緯論述中的神祕主義觀念，例如天人感應宇宙觀、天命啟示與人世命運的關係及其一整套的象徵意象，在多個世紀以來都是中國宗教和知識傳統中不可或缺的元素。讖緯的觀念和話語久已成為所有社會階層日常信

---

27 有關討論，詳見筆者另文：〈從比較視角看先秦至南北朝神靈監督下的善惡報應信仰〉（待刊）。

仰和常識的一部分，融入中國人的思維和表達習慣。在這樣的歷史文化語境中，佛教僧侶和佛學人士在翻譯、傳播和詮釋外來宗教教義時，大概無法擺脫讖緯的影響。

更重要的是，自漢代以來，讖緯逐漸形成包羅萬象的綜合性百科式知識體系，其內容涉及經學、哲學、倫理、政治、歷史、文學、神話、民俗等人文知識，天文、地理、科技、醫學等自然科技領域，乃至超自然、超世俗的種種神祕思維。這樣的知識體系和觀念形態，吸引著那個時代的人們，引起他們對特殊現象的興趣，擴大思維想像的空間，豐富文學創作和宗教傳道的主題和意象。

正如我較早時在一篇文章指出：

> 事豐奇偉，辭富膏腴，意象奇詭，想像多彩，讖緯學確實是一個文學創作的寶庫和靈感的泉源，尤其是在一個宗教和神祕論述盛行、對藝術和文學的美學品味不斷提升的時代。[28]

所以中古早期的佛教僧侶和佛學人士在翻譯和傳播佛教教義時，如果拒絕運用這寶庫中華美的修辭、神祕的敘事、豐富多彩的意象，那才是不切實際和不合理呢！

中古早期中國佛教僧侶在地化的策略極其成功，有效地整合了外來宗教教義與本土宗教論述，在分裂的南方和北方，同時贏得當地政治權力的歡心，為佛教爭取到正統地位。與此同時，作為外來宗教的佛教也經歷了一個文化適應的過程，轉化成「漢傳佛教」，在很多方面漸漸演化出自己的特點。例如：王大為

28　Lu, 2008c: 101.

（David Ownby）指中古早期為：

> 　　中國千禧年傳統形成的時期，也很可能是我們在中華帝國
> 晚期和現代千禧年運動中看到的很多元素的來源。中古早
> 期……是一個富有天啟氣息的時代，充斥戰爭、外族入侵、
> 饑荒、瘟疫和——毫不令人驚訝的——天啟讖言和叛亂，由
> 當時的宗教革命形塑和推動，包括道教和佛教。[29]

道教和佛教在千禧年運動中的天啟讖言和信仰都深受讖緯五德循
環轉移的合法性論述啟發。這可以解釋為什麼中古早期的不少佛
教派別都似乎在政治上表現得極端和急躁。

29　Ownby, 1999.

第六章

尊崇死者

佛教在中古早期中國重新發明紀念文學、儀式和物質文化

陳懷宇

美國亞歷桑那州立大學宗教學副教授

引言

很多中國傳統都維持很長時間，然後消失，再以新的形式出現。過去幾十年，學者特別留意中國喪禮、葬禮和哀禮傳統的延續和演變。除了與相關的宇宙觀和宗教觀念及實踐相關之事外，當代學者也從多個角度研究很多文體、儀式和物質文化。這篇文章集中討論像讚的初期發展，這是在中古早期中國發展的一個相當有趣的文體。作為一種問題，像讚的重要性在於，它涉及中國中古早期歷史、文化和宗教語境中的禮儀與物質文化的複雜演化過程，這段時期對應漢（前206-220）和唐（618-907）這兩個統一帝國之間的時期。

在這段時期，佛教漸漸在中國社會生根。從一世紀到六世紀，中國經歷了巨大的政治、社會和文化轉變。其中一個最重要的轉變是佛教在全國擴展，以及中國社會採納佛教文化。[1]中國佛教徒為他們的宗教生活翻譯、重新詮釋和產生了無數文本。很多這些文本都是為特定的禮儀實踐而創造出來。無數佛教造像、雕刻和建築也是圍繞這些文本創造和建成。隨著文本、物質和禮儀的引入和發展，佛教也引入它的寺院制度，在中國重塑它的寺院主義傳統。[2]例如：無數石窟在中國北部被開鑿，並建造了很多佛陀和菩薩的造像和雕刻。這些雕像上的銘文給我們留下很豐富的歷史、文化和宗教資料。今天，傳世佛典中的佛教文本和非傳世佛典中的佛教寫本以及銘文一起呈現中國中古早期複雜的佛教面貌。佛教其中一個最驚人的特點是它對中國喪禮和殯葬文化及實

---

1 Zürcher, 2007.

2 Kieschnick, 2003.

踐的影響。[3]

　　就由佛教帶來的社會和文化轉變而言，像讚和與其相關的禮儀實踐由本地傳統轉化為混合傳統。雖然死後的畫像和像讚都在佛教前的中國歷史中早已出現，但因為僧人和文人的努力，它們進入傳統喪禮，最終成了佛教再發明的產物。一般來說，在三到六世紀期間，中國社會的像讚經歷了雙重轉化，由政治和社會價值系統的修辭工具，變為社會和家庭紀念的文化和宗教工具；也由政府主導的政治實踐之一部分，變為私人和個人禮儀實踐的一部分。

　　在當代學術中，來自不同學科的學者對畫像、頌、禮儀甚至製造畫像和實行禮儀的材料都進行了很多討論，富有成果。這些學者分別來自文學、藝術史、歷史、宗教研究和考古學。[4]學者由於他們的專長和訓練，以及他們的學術興趣，集中在文體、畫像和儀式的來源上，他們也往往各自提出他們的發現。重要的是將所有這些進路結合起來，更全面地理解在長遠歷史發展中發生了什麼事。我們將所有元素結合起來時，往往需要修訂我們對特定文體的定義，重訪我們對畫像本質的理解，並再思影像和書寫之間，觀念和儀式之間那複雜的關係。

　　在以下討論中，我最關心的是像讚性質的改變，它在政治和宗教禮儀實踐中的角色變化，以及佛教怎樣影響這些發展。書寫和供奉像讚這種實踐應該在圖像、禮儀、德行和身體這個相互交錯的網絡中來檢視。從這個角度，可以提出很多問題。畫像對政

3　Teiser, 1988; 1994。關於佛教前古代中國對死亡和來生的觀念和實踐，參Poo, 1998。

4　Seckel, 1993; Ebrey, 1997; Spiro, 1990; Foulk and Sharf, 1994: Zheng, 2010; Chen, 2012.

治權威來說有什麼意義？它在漢朝怎樣為政府和家庭服務？連繫到畫像的贊有什麼功用？佛教群體採納了這個傳統後有什麼事情發生？佛教轉化了這實踐後有什麼文化和宗教含義？書寫和影像之間，文學和儀式之間，影像和身體或儀態之間，以及身體和儀式之間那些交錯的關係是怎樣的？影像、文學和儀式反映政府和社會之間，公眾和私人之間有什麼轉變？

像讚的興起

像讚是一個概括用語，用來指一系列結合贊文以及人物畫像的文學書寫，它們一起在傳統中國出現。這些畫作從早期的畫讚和圖讚發展到後來的像讚、真讚（真容讚的簡稱）和邈真讚。像讚很可能是這種類型的最流行名稱。它在高僧的傳記中出現，也可以在官修史書中找到一些紀錄。但真讚和邈真讚似乎反映在藝術表達中向追求真實這方面轉化，應該小心處理，因為這涉及佛教在其中扮演重要角色的歷史和文化語境。在中古佛教，真容首先出現為再現佛陀的形像，後來進入非佛教的紀念文化。

作為獨特的文體，像讚往往被視為在早期中國發展出來的幾種形式的讚中的一種。涉及影像的讚在漢朝出現，這些早期影像的讚文和它們的圖像很少流傳下來。當時的文人很少討論這些像讚的發展特色。

大約在五和六世紀，讚清楚被文學批評家劉勰（？465-？520）視為一種獨立文體。《文心雕龍》這本書討論了當時已經存在的很多文體並進行了分類。對劉勰來說，讚這個中文字字面意思是稱頌和襄贊。因此這個字本來的意思是表達讚美或警告，「必結言於四字之句，盤桓乎數韻之詞。約舉以盡情，昭灼以送

文，此其體也。發源雖遠，而致用蓋寡，大抵所歸，其頌家之細條乎！」最終他總結說：「容體底頌，勳業垂贊。」[5]在他那個時候，似乎清楚的是，「讚」文使用四字句，在儀式中使用。雖然佛教影響劉勰的文學思想，但他在討論讚文時沒有特別涉及佛教觀念。

在中古中國，像讚和墓誌銘以及佛教塔銘相似，構成喪禮和殯葬文化的一部分，為不同社會群體和團體的需要服務。二十世紀初，在敦煌發現了許多邈真讚和墓誌銘寫本。[6]其中一件寫本將邈真讚列為敦煌地區出殯禮儀中使用的一系列物品中的一種。[7]這份寫本是敦煌地區僧統出殯行列的營葬榜文。該榜文在895年4月9日由一群負責僧團事務的僧人發出。它說出殯行列有很多禮儀車輛，例如靈車（運送靈牌）、香車、畫車、鐘車和鼓車。其他物品也包括靈位。畫車由死者的後人和兩名當地熟悉戒律的僧人負責。

正如當代學者指出的，真像有以下功用：首先，它們用來供死者的下屬和信徒禮拜；第二，它們用來供親戚和弟子禮拜；第三，它們用來進行拜祭儀式和喪禮儀式。在喪禮和殯葬儀式中，畫像會有裝飾。第四，畫像用來供親戚思念。很多真像都供奉在佛教寺院的真堂或家庭祭壇。圓寂僧人的僧俗家弟子會在佛寺中禮拜畫像。有時，像讚本身會很清楚地說，死者畫像保存下來供孝子賢孫永久供奉。[8]有些掛在佛寺的畫像肯定是向公眾開放的。

5　劉勰，《文心雕龍》，頁51-52；Shih分別將「歌」和「讚」翻譯為ode和 pronouncement。

6　中國學者編寫了兩部邈真讚的文集：Xiang, Jiang and Rong, 1994；Zheng, 1992.

7　這是巴黎Pelliot collection的寫本p. 2856.

8　Zheng, 2006; Zhang, 2006; Sha, 2006.

　　敦煌寫本中有無數邈真讚，很多都屬於佛教僧人或當地官員，有些也有相應的墓誌銘寫本留下。結合所有這些來自敦煌的材料，我在這裡提出一些看法。首先，它明確顯示死者邈真讚的畫像是出殯行列的一部分，還有其他物件，例如靈牌、鐘、鼓、橫額和香。所有這些物品都是用來記念當地佛教社區中的死者。第二，佛寺中有專門的建築物用作供奉之地，展示反映死者真正樣貌的畫像，像上也有讚文。當地僧尼會來禮敬這些畫像。第三，雖然前文所說的榜文沒有提到墓誌銘，但有一些墓誌銘實際上與像讚一起保存下來了。換言之，一位死者同時有像讚和墓誌銘。如果他是佛教僧人，他的像讚可能在向佛教徒開放的真堂展示，但他的墓誌銘則可能更私人。不過，墓誌銘和像讚都由同一個僧團的其他僧人預備，這顯示一種更地方社會和私人的性質，與像讚剛出現時往往由政府製造和供奉不同。

　　敦煌的大部分像讚都不屬於著名人物。這些人物在傳統國史，由政府贊助的官修史書中，或高僧傳記中都找不到。這些像讚似乎主要為本地佛教社區服務。這些讚文大多來自九、十世紀，即歸義軍統治敦煌時期。我們將注意力轉向唐帝國和較早時期的中原時，會發現唐朝皇帝實際上下令為很多著名人物製作像讚，包括非佛教徒和佛教徒，歷史上的和當代的人物。這些人物大部分是先賢、先聖、名人、歷代統治者和高僧。很多畫讚都為歷史上佛教、道教和儒家智者或英雄製作，例如佛祖、老子、孔子和他們主要的弟子。例如：唐德宗慶祝生日時，太子將一位佛陀的畫像獻給他。德宗很高興地接受，並下令韋執誼寫一篇讚來尊崇它。[9]

---

9 《舊唐書》，卷135，頁3732。

　　一些高僧也得到在畫像中加上讚文的榮譽，在像讚中因為德行而受到稱讚。682年，窺基（632-682）大師在皇室支持的慈恩寺譯經院圓寂，唐高宗（628-683，649-683在位）下令將他安葬在其師父玄奘之側，為他製造一幅像讚。窺基的畫像和像讚都被分發到全國其他寺院，接受供奉。[10]其他早期的唐朝皇帝也為高僧製作像讚。唐中宗（656-710）為道岸和法藏製作像讚。道岸是律師，為皇帝和他的妃嬪們授菩薩戒。道岸的畫像在林光宮受供奉，上面有中宗撰寫的像讚。[11]

　　唐朝皇帝有時也尊崇歷代帝王，替他們製作像讚。唐睿宗（李旦，662-716）為孔子、老子、漢高祖、晉宣王和梁武帝撰寫過像讚。睿宗為孔子寫的讚文是這樣的：

　　　狰獰夫子，實有聖德。其道可尊，其儀不忒。刪《詩》定《禮》，百王取則。吾豈匏瓜，東西南北。[12]

它讚美孔子的德行和儀態。儀態可能指外表和姿態，但沒有詳細指身體任何部分。它表明孔子的德行連繫到他的儀態。周遊列國去教導和改變別人，描述孔子的實踐活動。

　　睿宗給老子寫的讚文也顯示它附有畫像，因為讚文提到老子的容貌，描述老子的身體特徵。讚文這樣寫道：

10　T. 49, No. 2035: 295b；《佛祖統記》，卷29。窺基在皇帝命令下成為法師，跟隨玄奘學習。他實際上是皇室的僧人，為唐朝皇室的佛教實踐服務。

11　T. 49, No. 2035, p. 467b10-11，《佛祖統記》，卷53；該讚保存在祖琇編的《隆興佛教編年通論》中，參X. 75, No. 1512: 181a18-20。關於法藏的像讚，參X. 58 No. 1015: 555c5-17。

12　參董誥，《全唐書》，卷19，頁232b。

爰有上德，生而長年。白髮遺象，紫氣浮天。函關之右，經留五千。道非常道，元之又元。[13]

有趣的是，這讚也稱讚德行和外表，它也提到老子的白髮，在這裡當然是象徵老子的長壽，正如他的名稱「老子」顯示那樣。因此這讚明顯指出老子身體特徵的一方面——他的白頭髮。原來的畫像，如果有的話，應該會顯示老子這一身體特點。在741年5月，依從傳統，宣宗命令人製作老子的真像，分派到全國。[14]

諷刺的是，睿宗對漢高祖（劉邦，西元前247-195年）、晉宣王（司馬懿，西元179-251年）和梁武帝（蕭衍，西元464-569年）的頌則沒有提到任何與他們外表有關的事情。劉邦的頌只稱讚他在秦朝衰落中興起，建立漢朝的成就。司馬懿和蕭衍的頌頗為不同，顯示這些頌不總是稱讚他們的德行。給司馬懿的頌表明他多疑和猶疑的性格，並以他在魏國做官最終沒有自己稱帝的命運作結。這頌更像講述關於這個政治人物的歷史教訓。對蕭衍的所謂頌，實際上表達對蕭衍命運的同情，他身為佛教徒，承受叛變和戰爭的摧殘。這反映唐人對蕭衍的文化和政治歷史之回顧。因此，這些頌似乎也是紀念的作品，紀念那些去世多年的人。它們不是為了即時紀念而寫成。由於這些很久以前的統治者可能有以前朝代的人為他們寫的頌，睿宗可能只是延續傳統。

13　參董誥，《全唐書》，卷19，頁233a。
14　王溥，《唐會要》，卷50，頁865。

從政治轉化到私人紀念

當遺像和像讚在漢朝被連在一起時，是想要用主流政治和社會價值系統，特別是忠孝思想來教導公眾。[15] 很多遺像和像讚都由各地政府製作，展示在官衙之內。但在南北朝時期發生了一個戲劇性轉變。個人和家庭紀念越來越將製造遺像和像讚帶到家庭和個人層面。而且，一些藝術家將焦點轉向製造反映真實樣貌的影像上。同時，佛教漸漸在中國社會生根。它接受了傳統的遺像和像讚，將它們編排進其本身的喪禮和殯葬禮儀實踐中。佛教僧人和文人交流思想、書寫和社會規範。所有這些元素都促使真讚的出現。

新的社會觀念、規範和實踐啟發新文體的興起。在漢朝，圖像和書寫的關係變得親密，發展出了像讚，這是因為在社會轉變，在社會和文化紀念中，由公眾轉向私人，由政府轉向家庭。正如巫鴻提出的，由東周到漢朝，「社會和政治轉變伴隨著宗教轉變，最明顯是祖先崇拜的中心由集體的祠堂向家庭和個人的墳墓轉移。」[16] 饒宗頤提出，在西漢，賦是流行的文體，但在東漢，讚卻成了流行的文體。他提出傳記源自圖畫，而讚的興起也倚靠圖畫。傳記和讚往往與圖畫連繫起來。對他來說，在東漢朝代，畫像列出和展示，以致這些人的傳記被寫成，藉以依附在這些圖像上。這些傳記可以屬於很多神仙、先賢和烈女。他指出，在漢朝，很多政治事件都在明光殿的官署中討論，那裡排列出古代先賢的形像，並附有相關的讚文。他也指出，在東漢，人們似乎往

---

15 Martin Powers, 1984; Csikszentmihalyi and Nylan 2003.

16 Wu, 1995: 78.

往為去世的官員製作畫像，為他們建立祭壇。一個名叫延篤的官員在300年去世，他家鄉的村民製造他的畫像，豎立在屈子祠中。在東漢，古代傑出人士的畫像和讚文都放在本地政府官衙的牆上。蔡邕死後，兗州和陳留的人製造他的畫像，並為他寫頌。[17]

　　像和像讚在東漢變得流行，大部分都受政府重視和贊助。這些漢朝的畫像大多是作為官員的示範性榜樣出現。它們似乎不是聚焦在身體相貌上的相似，而是展示官員的政治理想。[18]官員的畫像往往用來掛在官衙的牆上向公眾展示。雖然這些畫像沒有流傳下來，但它們似乎與較後期一些皇帝的現存畫像，以及佛陀的雕塑相似，描述一些特別的姿勢，反映其政治地位和職業特徵，而不是他們日常生活中的真實樣貌。佛陀的雕塑往往描述其宗教生涯中的八個轉捩點，例如奇蹟般的出生、踰城出家、菩提樹下成道、鹿野苑轉法輪、涅槃等。

　　去世官員的畫像有時描述他們在擔任政府職位時的姿勢，讓觀看的人透過觀看他們的官方畫像而接受這些人的政治德行。讚文也用來展示他們的政治德行。他們的傳記依從一個模式，即主要表現他們的政治生涯。他們的傳記和畫像都有政治和社會道德教化的功能。在這個意義上，這些在本縣和州政府官府展示的畫像不單紀念死去的官員，也是政治和社會轉化及教育的工具。這些畫像排列和展示的地方是正用於政治活動的場所。它們以本地官員為目標，這些官員代表帝國的政治、文化和道德理想。人們期望這些觀眾追隨這些死去官員的政治道路，藉著榮耀他們的政治生涯，成為新一代畫像的主人。

17　Jao, 2003.

18　Spiro, 1990: 23-32.

　　我們應該簡短描述像讚作為獨特文體的早期歷史。早至三國的魏國時期（220-265），像讚便在中國文本分類中被視為獨立的文體。例如：荀勗（？-289）被委任為祕書監時，他將皇室藏書分為四部。根據他的分類，像讚屬於丁部（主要是文學文本），與詩、賦和其他文學文本一起。[19]在629-636年編寫的《隋書》中，我們找到好些像讚文集的書名，例如由陳英宗編的《陳留先賢像讚》和由不知名學者編的《會稽先賢像讚》。這些像讚的畫像和文字都沒有流傳下來，因此我們不大可能找出這些先賢究竟是誰。

　　有幸獲得早期像讚的人可以分為兩類，一是政府官員，特別是地方一些州的高級官員，二是佛教高僧。政府官員的像讚已經很難找到，但在佛教文獻中保存了少數高僧的像讚。在研究這些現存的像讚時，我們可以找出這些早期讚文的基本信息，例如作者、讀者、內容、結構、風格和辭彙以及修辭。

　　東漢時期，各地已經開始收集高級官員的像讚。當時已經出現圖讚和像讚。圖讚可能出現得稍微早一點，至少在一世紀初。根據《歷代名畫記》，漢明帝（28-75）培養了繪畫的習慣。他設立一個官職，委派畫家，要求他們在歷史著作中加上敘事性人物畫。然後他要求班固（32-92）和賈逵（30-101）為這些圖畫撰寫讚文。這些人物圖像可能是敘事性圖像，集中在歷史上的著名人物，但我們沒有明確證據到底是哪些人。關於像讚的最早證據可以在《後漢書》應劭（活躍於153-196）的傳記中找到。文中說：「初，父奉為司隸時，並下諸官府郡國，各上前人像贊，劭

19《隋書》，卷32；經籍志，頁906。

乃連綴其名，錄為狀人紀。」[20] 應奉被任命為司隸校尉，他的責任是在地方行政中查察貪污，監察官員的政治能力。他到訪地方當局時，有人將當地前人的讚文拿給他看。這些讚文證明當地政府官員的政治成就。很明顯，為官員繪畫像和寫讚是地方當局慣常的做法。這些讚被提供給來自中央政府的司隸校尉閱讀，作為參考性的政治文件。與墓誌銘不同，它們不是用來編寫傳記。應劭明顯用這些讚文來給這些人物編寫狀人紀，但這些讚文本身並沒有流傳下來。

在西晉時期，前代官員的畫像也掛在訊堂。根據晉朝皇室的起居注，廷尉監陸鸞呈交一份呈交給皇帝，要求擴展官衙的訊堂，掛起以前出色的官員的畫像。他的要求得到批准。[21] 這個傳統也可以在五世紀的邊界地區找到。李暠（351-417）統治敦煌時，在宮中建立畫像和像讚。在402年，他在敦煌城的南門興建靖恭堂，用來討論國家和軍機大事。在這堂裡，先賢先聖、忠臣、孝子、烈士、貞女的畫像和讚文都一起掛起來。李暠為這些像撰寫序文和讚詩。[22]

雖然大部分像和像讚都似乎服務於政府的統治，但在三世紀似乎出現了一些供私人紀念的新元素。首先，在西漢已經出現已故父母的畫像，雖然沒有讚文伴隨它們。第二，似乎由統治者和

---

20 《後漢書》，卷48，傳38，頁1614。

21 劉道薈，《晉起居注》，收錄在李昉等編，《太平御覽》，卷231。但《太平御覽》沒有提供這來源的日期。前一項提到諸葛恢（283-345）成了吏部的官員，後來提到桓石綏（？-405）獲委派校對書籍。陸鸞似乎在五世紀後期提出那要求。但從這段關於陸鸞的簡短紀錄中，我們不清楚讚是否和畫像一起撰寫。

22 《太平御覽》，卷124。

官員製作的畫像偶爾同時為政府和家庭服務。在蕭繹（508-555年）的《金樓子》（卷4，第9）的立言篇，介紹很多藉著製作死去父母的畫像而紀念他們的故事。它提出的第一個例子是金日磾（前134-86）的母親。她去世時，漢武帝下令繪製她的畫像，掛在甘泉宮。每次金日磾看見她的畫像時，他都跪下拜它，獻祭和哭泣。受到這個榜樣感動，蕭繹也製作自己已故父母（梁武帝和阮修容）的畫像。接著他在傅咸（239-294）的文集中引述一份像讚，說傅咸懷著尊敬製作了一幅畫像。曹休（？-228）也在他祖父曹操所治之地的司隸客房中看到曹操的畫像時哭泣。[23]

如果統治者和官員為了家庭紀念而製作父母的畫像，其樣貌跟本人相似便會變得重要。為家庭紀念製作這些畫像的技巧會和製作聖賢和名人的模範畫像不同。這些紀念父母的畫像會用作喪禮和殯葬禮儀之用。正如鄭岩指出的，墓主像早在戰國時代已經出現。據他說，長沙出土兩幅絹畫上的個人畫像顯示，在楚地，死者的畫像在喪禮中使用。但在東漢，死者的畫像似乎出現得更多。有些在地下墓室中找到，有些則在地上的祠堂中找到。他提出死者的畫像往往供奉在祠堂中以便公開展示，這顯示出其紀念功用。在戰國時期，死人的畫像被視死人靈魂的象徵。他也指出，在漢朝，皇帝往往下令在官衙掛起一些著名官員的畫像，藉以紀念他們的政治德行，維持他們的政治聲譽，幫助將皇室教化轉達給別人。他指出，在東漢後期，墓主像更常以正面而不是側面出現。對鄭岩來說，自從漢朝開始，獻祭禮儀的焦點便由遠祖轉移到近親，以致活人和死者之間的溝通變得更親密。因此，正面的畫像變得更流行。值得注意的是，真容像在魏晉時期開始出

---

23 蕭繹，《金樓子》，頁749-750。

現。[24]例如：王羲之曾經利用鏡子製作自己的畫像。這個故事顯示王羲之在製作真正樣貌的畫像時嘗試集中在相似上。

我們很難確定這些像讚在中古中國喪禮和殯葬禮儀中怎樣實際進行放置或安排。北魏一個故事似乎暗示像讚在佛寺中被人禮拜。王慧龍的家人在江南受到政治迫害後，他在佛教僧人僧彬幫助下逃到中原。王慧龍死後，他的朋友和下屬在他的墳墓旁興建一座佛寺，為他和僧彬製作像讚。[25]他們的一個朋友呂宣寶後來居住在佛寺中，照顧他們的墳墓和寺院。喪禮在寺院舉行時，畫像和讚似乎令人們記起這些關於死者王慧龍和僧彬的事。

文人和佛教僧人之間的文學交流，在四世紀撰寫像讚中變得更常見。很多佛教像讚都在中古中國傳統文人或僧人的傳記中保存下來，雖然沒有畫像存留。藉著看文人和佛教僧人之間的連繫來了解這些讚文出現的語境，會幫助我們更了解這些讚文的製作。支遁（支道林，314-366）似乎是初期佛教像讚的主要製作人。在他的名字以下，在佛教文獻中保存了三份竺法護和于法蘭的像讚，特別是在《高僧傳》中。他為竺法護寫的像讚是一首四言詩，其文云：

> 護公澄寂。道德淵美。微吟窮谷。枯泉漱水。邈矣護公。
> 天挺弘懿。濯足流沙。領拔玄致。[26]

這頌並沒有提到竺法護任何身體特點或儀態。它集中在竺法護的

---

24 Zheng, 2010.
25 《魏書》，卷28，頁875，王慧龍的傳記。
26 T. 50, No. 2059: 326c21-23.

道德、德行以及他來自中亞。

　　他也為于法蘭寫了像讚，其文如下：

　　　于氏超世，綜體玄旨。嘉遁山澤。馴洽虎兕。27

　　這讚也沒有提到于法蘭的身體外表或儀態，而是集中在于法蘭的德行，特別是他回到自然來馴服野獸的能力。

　　他給于道邃的像讚是這樣的：

　　　英英上人。識通理清。朗質玉瑩。德音蘭馨。28

　　這讚不單提到于道邃的意識和理念，顯示他對佛教教義的理解，也觸及他的外表和聲音。這肯定十分有趣，于道邃的身體和感官在這篇讚文中出現，因為這可能顯示那些看到于道邃畫像的人對其樣貌觀察的個人體驗。

　　除了需要紀念死去的親人，製作畫像強調真正的容貌，也可能受到佛教文化影響，這文化表現在，中古時期觀察佛陀的端容十分重要。一個例子是來自日益流行的淨土傳統。筱原亨一指出，中古中國的佛教徒分享一套關於佛陀身體本質，或佛陀的現實的一般觀念。對這些佛教徒來說，真實的形像代表的佛陀身體是與終極現實等同的。淨土傳統的《觀無量壽佛經》解釋一連串十六種觀。第八觀是觀想佛陀的形像以及協侍菩薩。淨土傳統其中一個主要祖師善導描述「第八觀」的「像觀」為享受身體的

27　T. 50, No. 2059: 350a8-9.

28　T. 50, No. 2059, Vol. 50: 350b.

「假正報」。「故使假立真像以住心想，同彼佛以證境，故言假正報也。言真正報者。即第九真身觀是也。」[29]這樣強調佛陀的真身可能影響像讚的焦點轉向真實容貌的發展。

　　而且，于道邃是一個重要人物，他的人際網絡顯示，在南朝時期佛教和文人之間有緊密的關係。佛教僧人和文人都認識對方，認識他們的學問、宗教觀念和在文學創作、書法及繪畫方面的技巧。于道邃原本來自敦煌，是于法蘭的弟子。他死後，郗超（336-378）為他畫了一幅畫像，之後由支遁寫一篇像讚。郗超來自東晉一個士族家庭。他祖父是郗鑑（269-339），父親是郗愔（313-384）。郗愔的姊姊嫁給著名書法家王羲之（303-361），郗愔和他弟弟郗曇（？-361）都奉行天師道，但也跟隨支遁學習佛學。郗曇的女兒郗道茂嫁給王羲之七子王獻之（344-386）。支遁學習佛學和道教學問，花了一些時間在洛陽的白馬寺。後來他到江南與當地的士族文人交往，這在《世說新語》中經常提及。

　　驟眼看來，我們不可能說出這些由支遁寫的文章究竟是完整的讚文還是只是長篇讚文的節錄。不過，還有由俗家人士為高僧寫的其他像讚。寫這些像讚最重要的人物是作家兼書法家孫綽（314-371年）。他也是支遁的好朋友。他寫了大量關於佛教題材的作品，特別是佛教傳記和論作，包括《名德法門論》、《正像論》、《喻道論》和《道賢論》。只有《喻道論》保存在《弘明集》中。他很熟悉那個時代士人的掌故，在《道賢論》中，他將竹林七賢和七位高僧相提並論。[30]孫綽為高僧撰寫了很多像讚，包括道壹、釋道安、康僧會、康法朗和竺法汰。

29　T. 37, No. 1753: 246c-247a; Shinohara, 2001.

30　T. 50, No. 2059: 326c-328.

　　在孫綽的無數著作中，最豐富的文學作品是像讚，但沒有學者留意過他這方面的作品或進行過任何研究。孫綽留下很多讚文，但只有兩篇有像讚的標題，包括〈賀司空修像讚〉[31]和〈孔松陽像讚〉，兩者都和序文及讚文保存在一起。賀修的讚序很長，但敘事部分沒有提供讚主的詳細傳記資料。賀修的讚文稱讚他在禮樂以及閱讀詩書方面的成就。孔松陽則因為有德行的政治成就而得到稱讚。賀修和孔松陽都來自士族家庭，在政府任職。他們的讚文似乎繼承了漢朝後期為地方官員製作像讚的遺產，重視德行，正如我在較早時指出那樣。

　　孫綽也為老子、商丘子和原憲（孔子的弟子子思）寫讚文。不過，由於像讚沒有在這些讚文的標題中出現，我們不能確定它們的性質和文體。我會假設它們也是像讚，因為這些讚文的結構和風格都和有像讚標題的讚文完全相同。

　　除了孫綽和支遁外，在高僧的傳記中也可以找到其他像讚。曇鑑是鳩摩羅什（344-413）門下的一個僧人，後來去到江陵。他去世後，吳郡的張辯為他寫傳記和讚文。[32]讚文沒有表明是否是一篇像讚，但結構和風格，例如八句四字句，都顯示它是像讚。張辯也為僧瑜寫了四篇讚，每篇都包含八個句子。[33]

　　總括來說，大部分由在俗信徒孫綽和僧人支遁寫的像讚都包含八句四字句，或四組對句。所有像讚都為名人而寫，例如先賢、皇帝、官員、本地賢人和高僧。這些讚文都是伴隨畫像而寫，但這些畫像沒有流傳下來。沒有像讚提供每個人物的簡短個

31　歐陽詢，《藝文類聚》，頁840；在徐堅的《初學記》，賀修名叫賀循，參卷10。

32　T. 50, No. 2059: 70a；張辯擔任豫章太守，大力支持當地的佛教；也參比丘尼法盛的傳記，T. 50, No. 2063: 937c22。

33　T. 50, No. 2059: 405b-405c。

人傳記。這些讚文也沒有提到學術或政治生涯。用詞是典雅的，只稱讚德行，沒有記載他們過去做了什麼。讚文不足以作為後來撰寫傳記的主要來源。

結語

　　總結以上的討論，像讚在漢朝出現，往往在政府辦事處展示，作為勸告人們要有政治德行的工具。在那時，像讚並不作為私人紀念，所以沒有在喪禮和殯葬儀式中使用。很多像讚都為歷史人物或文化英雄製作，特別是先王、先聖、先賢。畫像作為模範的形像，並不反映人物的身體特徵。漢朝之後，由於很多原因，像和像讚漸漸轉化。首先，私人和家庭需要紀念死去的家人，特別是父母，這變得很重要。第二，北朝和南朝的藝術家發展了繪畫人像的新技巧，可以描繪人物的真實樣貌，這讓觀看的人可以回憶死者的儀態、動作和聲音，變得十分重要。第三，佛教引入一種新文化，描述真像變得重要，特別是集中在觀想佛陀和菩薩的容貌上。這種觀想實踐對在中古製作畫像紀念死去的父母有影響。第四，在唐朝，像和像讚進入私人喪禮和殯葬禮儀，經過改變，成了私人和家庭死亡文化的一部分，與靈位和墓碑等其他物質一起建構喪禮和殯葬禮儀的新模式。

第七章

佛教被挑戰、接納和偽裝
道教和佛教在中古中國的互動

李福〔Gil Raz〕

美國達特矛茲學院宗教學副教授

　　佛教在西元最初幾世紀在中國的整合引致中國宗教景觀基本和永久的改變。佛教當然源自印度，而實際上，中國最早的佛教徒都是外國僧人和商人，大部分來自中亞。雖然源自外國，但佛教很快便在中國找到追隨者，到了五世紀在中國所有社會階層都廣泛傳播，受到歡迎，由王室到貴族到平民。這個過程往往被人們用許理和（Erik Zürcher）的權威著作《佛教征服中國》來總結。[1]

　　不過，許理和這本書的標題可能有點言過其實，特別是關於將佛教轉化為中國宗教的複雜改變而言。我們也必須記得，很多中國人視佛教的流行為挑戰中國的社會和文化結構。拒絕佛教的中國人強調佛教是胡人的宗教，由古代的道教聖賢老子創立，藉以化胡。因此這個宗教不適合中國。[2]與化胡這個觀念相連繫的作品很流行，這些觀念也在這個時期編寫的很多道教經典中找到。佛教徒以自己的護教著作回應化胡的作品，也在宮廷的辯論，以及提出相反主張的作品中回應化胡，甚至主張孔子是佛陀的學生。[3]

　　佛教所帶來的影響中，最吸引人的包括「宗教」作為自主的組織這個觀念的發展。[4]在中古時期宗教對抗的處境下，傳統上含糊不清的中國宗教活動和傳統被建構為有特定名稱的社會組織。當中最重要的是我們稱為道教的傳統。[5]事實上，一些學者解釋道

1　Zürcher, 1959.

2　Zürcher, 1959用了第六章仔細研究化胡殘本和辯論；Kohn, 1995；Liu Yi, 1998。

3　《清淨法行經》，佛教五或六世紀的外典，在日本名古屋的七寺中被發現。有關經文和初步研究，參Ochiai, 1991; Makita and Ochiai, 1994。

4　Campany, 2003; Campany, 2012; Barrett, 2009.

5　在當代來源中，有幾個不同的中文詞語可以歸入英語Daoism之下。有關這個

教在中古中國出現，作為社群的宗教，是對佛教的回應。雖然這個主張可能言過其實，但沒有什麼疑問的是，道教的發展和形成，就組織、文本形式、神學和科儀觀念以及宗教活動來說，都大大得益於佛教。[6]重要的是，要留意即使是明確拒絕佛教的作品，例如我們以下會檢視的化胡材料，都大大得益於佛教。另一方面，我們需要記得，佛教的影響在不同道教典籍中有很大差異，我們應該視之為代表不同派別的道教社群。[7]

在這一章，我檢視中古中國道教對佛教的三種回應，集中在五和六世紀。首先，我討論「化胡」論述的發展，這論述在五世紀有新的迫切性。第二，我檢視靈寶經文，這是一種道教的經典和科儀傳統，在五世紀出現。這些作品因為完全採納佛教的意識形態、用語和實踐而著名。不過，這種採納不應該被視為接納佛教，而是嘗試在道教的宇宙論中收買和操控某些觀念，卻拒絕佛教本身。最後，我檢視北朝（480到580年代）一些饒有興趣的石碑，這些石碑呈現一種特別、地域的佛道混合。

道教的簡史

道教的核心是古代關於道的觀念，道是存在的基本過程。人類作為個人和社會，應該與道聯合，藉以與宇宙的模式和諧相處，實現生命的圓滿。[8]追求實現道不單是抽象的觀念，也是不同的社會、文化和政治實踐，以及很多技術和神祕傳統，例如醫

問題的簡短討論，參 Raz, 2012: 6-14。

6　Zürcher, 1980; Bokenkamp, 1983; Hsieh, 2013.

7　Raz, 2012: 4-6.

8　以下是 Raz, 2012: 1-5 的總結。

藥、煉金術、占卜和衛生、體操及冥想等心理—生理實踐背後的基本前提，藉著這些實踐，我們可以接近、操控、管理和體現宇宙隱藏的潛能。在西元二世紀開始，並延續到其後的世紀，這些觀念和實踐以複雜的方式整合，形成新的宗教融合。與漢朝的衰落密切相關，新宗教運動在二世紀出現。這些運動中最著名的是四川地區的天師道和東部各省的太平運動。雖然太平叛變是漢朝衰落的一個直接原因，但運動本身並不比漢朝維持更久。天師道是一個有組織的團體，根據它本身的來源來看，它是由張道陵在得到老君——也就是神化的老子——啟示後，在142年成立的。這社團在太平叛變後的政治和社會大災難，以及其後的分裂時期仍然存在。在社會及政治危機中，中國北部在317年被非漢人征服，削弱後的中國王朝仍然繼續在南方持續。這些政治和宗教大災難事件引致新的經典出現。這些文本全都在南方沿岸地區一群關係密切的家族中出現。上清經在364至370年之間向由許家聘請的靈媒楊羲啟示。一代之後，大約在四、五世紀之交，出現了靈寶經。[9]五和六世紀的特點是，道教徒中以道教作為獨特的宗教運動來提高這種身分和自我意識，這從在之前幾世紀出現的不同經典和儀式節目一再嘗試的正典化、法典編纂和系統化中可以清楚看到。

　　從社會上看，道教的世系以師父和弟子的世系等級化的傳授來界定自己。因此，文本譜系的標籤不一定與具體的社會實體對應，因為弟子可以也確實接觸幾個師父。這些譜系——我們對之

9　這些據說是由葛巢甫撰寫，他是著名的葛洪（283-343年）的姪孫。陶弘景（456-536年）在《真誥》DZ 1016: 19.11b5中這樣主張。這主張首先由Chen, 1989, 67注意，道教學者對它進行辯論。

只有很少，甚至完全沒有資料——是以與特定師父或教導來被我們辨別的。這些譜系不是學派，而應該理解為狹窄地界定師父和弟子之間的連繫。這時候也活躍的是幾個很少為人所知的社群，它們往往將自己的定位根據其他更著名的團體來界定。這些不同團體和譜系之間的區分，最好從實踐的層面來看，我們可能最好將這些不同的社會團體描述為「實踐的群體」。我們往往很難具體說出特定的道教典籍代表哪一個社會實體。因此我們對以下檢視的作品的社會連繫需要小心處理。我們應該視這些作品為表達道教徒和佛教徒，以及道教徒之間複雜的辯論。當然，其他傳統也受到道教徒的批評和指摘，特別是地方信仰，但這些辯論超越了這篇文章的範圍。

佛教受到挑戰：化胡的論述

幾乎從佛教徒最初進入中國開始，中國作者便挑戰和批評他們。一些批評集中在佛教徒提倡的刻苦出家的生活方式，這種生活威脅了家庭結構，這結構不單是中國的社會和政治基礎，也是儒家宇宙觀背後的前提條件。另一個對佛教的批評是它是外國教義，不適合中國。這論述往往稱為「化胡」，它在中古道教典籍和其他著作中頗為普遍。

最早提到這個觀念的是由官員襄楷在166年呈給漢桓帝的呈文，在其中他批評皇帝同時敬拜黃老和佛陀。襄楷提到「或言：老子入夷狄為浮屠」。[10]襄楷的呈文提到一連串由桓帝敬奉老子的

---

10 《後漢書》30B，頁1082。這呈文在 Csikszentmihàlyi, 2006: 112-115 中翻譯 ; de Crespigny, 1976。關於對這呈文真實性的懷疑，參 Petersen, 1989。

活動，例如在老子傳統出生的地方，以及他母親的墳墓和皇宮獻祭之處豎立石碑。這一連串事件反映出，人們以為神化的老子等同於道，這個看法不限於如天師道之類的道教徒之間，也傳到了皇宮。[11] 襄楷兩次引述《四十二章經》，這是在中國最早寫成的佛經之一，顯示他對佛教也有一點認識。[12] 將老子與佛陀一同敬拜，顯示佛陀和顯然不大為人明白的佛教教義，在這時都被等同為道教的一面。[13]

有關佛陀其實是老子出關，感化胡人的故事，是基於司馬遷在西元前104年完成的《史記》中老子的傳記裡一段明顯的缺文。故事說老子在周朝末年離開中國，在他到了通向異域的路時，守關的尹喜認出他，要求他教導。老子於是寫了《道德經》「而去，莫知其所終。」[14]

這敘事中這種突然和不確定的結局容許人們對這故事加以發揮，解釋佛教的來源。襄楷的呈文中簡短的提及，很可能暗示一個更詳細和相對著名的敘事。在幾部較後的作品中提到，老子西行成為佛陀。[15] 其中最重要的是成書於西元255年的天師道作品《大道家令戒》。[16] 這個以第三代天師張魯的聲音發出的天啟作品既是道教的歷史，又號召人們恢復教會的活力。其歷史敘事從宇宙論開始，講述「玄氣」從原始、沒有區分的道發出。之後是人類

11　Seidel, 1969; Kohn, 1998; Raz, 2012: 86-89.

12　關於翻譯，參Sharf, 1996.

13　Zürcher, 2006: 6-38, 291-293.

14　Csikszentmihalyi, 2006: 181-183.

15　Zürcher, 2006: 291-293列出幾個來自三世紀的引文；Liu Yi, 1998: 91-92.

16　《大道家令戒》DZ 789.12a-19b；全面翻譯見Bokenkamp, 1997: 149-185。關於歸於張魯的日期和歸因，參Bokenkamp, 1997: 150。

衰敗的歷史，中間有五個以人身顯現的道，提供適合他們啟示的特定時地的教導。這些化身中的第三個是佛陀。[17]

　　早期提到佛教源自於道教的說法似乎是善意的，或許甚至得到佛教徒支持，因為他們想要和中國人所尊重的古代有所關聯。但到了四世紀，這敘事變成批評佛教，因為它是老子為了教導頑固和無知的胡人而發明的宗教，不適合中國。佛教將這論述的轉捩點歸於一個名叫王浮的道士，他在朝廷的辯論中一再被佛教僧人帛遠擊敗後，寫了《化胡經》。雖然這歸因和王浮本人都可能是佛教辯護者虛構的，[18]但沒有多大疑問的是，在四世紀時已有稱為《化胡經》的作品，流傳到了唐朝（618-907）初期，原來只有一卷的文本擴展到十卷，包含不同的新神話敘事，反映更複雜的宗教背景。經文的語調極具爭辯性，以致《化胡經》很快便受到佛教徒批評和挑戰，包括在宮廷的辯論和五世紀時其他著作中的論述。在之後多個世紀中，接納佛教徒的批評的皇帝下令，銷毀這作品，而它最終在十三世紀被銷毀了。這銷毀是那麼徹底，以致直到二十世紀在敦煌發現的一些殘卷中才發現一些零星的痕跡，殘存於少數道教彙編中，以及一些佛教駁斥道教的作品中。這作品的影響是廣泛的，我們從五世紀開始的道教著作中可以找到大量引述它的地方。

　　進一步發展的化胡敘事包括兩個基本變異：（1）老子成了佛陀，不是通過在離開中國後教導胡人，就是通過重新出生為歷史上的佛陀來達成；（2）老子派尹喜進入摩耶皇后的子宮，出生成

17　Bokenkamp, 1997: 169-170.

18　關於來源透徹的討論，參Zürcher, 2006: 93-97; 關於對它們可靠性的懷疑，參Liu Yi, 1998: 93。

為佛陀。第一類的一個好例子是來自四世紀一本只有殘篇引文流傳下來的道教經書《玄妙內篇》中的一段。[19]這段文字最早的引述出現在顧歡（420-483）在467年寫的《夷夏論》。[20]同一段文字較長的版本保存在佛教的護教作品，明僧紹為了回應顧歡而寫的《爭二教論》中：[21]

> 老子入關之天竺維衛國，國王夫人名曰淨妙，老子因其畫寢，乘日精入淨妙口中，後年四月八日夜半時，剖右腋而生。墜地即行七步，舉右手住而言：『天上天下，唯我為尊。三界皆苦，何可樂者？』於是佛道興焉。

重要的是，這段道教文字十分接近關於佛陀的傳記在中國最早撰寫的版本，支謙（約222-252）的《佛說太子瑞應本起經》。[22]佛教的敘事基於佛陀選擇他出生的時間和地點的業力，始於描述釋迦牟尼王子出生的奇蹟：

> 菩薩初下，化乘白象，冠日之精。因母畫寢，而示夢焉，從右脅入……到四月八日夜明星出時，化從右脅生墜地，即行七步，舉右手住而言：『天上天下，唯我為尊。三界皆苦，何可樂者？』[23]

---

19 關於對這文本的研究，參Liu Yi, 2001。

20 這文本可以在《南史》，75: 1875-1877和《南齊書》，54: 931-932中顧歡的傳記找到，有細微修改。

21 關於這文本的簡介，參Kohn, 1995, 167。

22 關於不同的佛教「誕生」的傳統和敘事的研究，參Karetzky, 1992: 9-31。

23 T. 185: 3.473b21-473c3.

很明顯，道教作者重塑佛教文本，建構一個敘事，將佛陀從屬於老子。在道教敘事較後期的版本，母親的懷孕期擴展到72年和81年，而嬰孩出生的位置則轉到左邊。這轉移配合一套宇宙論的二分法，在其中老子和道教連繫到陽和生命，而佛陀則連繫到陰和死亡。關於宇宙論區分最清楚的闡述，並證明佛教不適合中國的，是天師道經典，在420年後不久寫成的《三天內解經》。[24] 這文本的第一章是道教的詳細歷史，以宇宙從原始的合一中產生開始。敘事進而描述人類的出現，經文加入了一個複雜的化胡敘事。重要的是，即使在早期的宇宙起源階段，我們也看到對佛陀出生敘事的操控。

> 道源本起，出於無先，淇津鴻濛，無有所因，虛生自然，變化生成。道德丈人者，生於元氣之先，是道中之尊，故為道德丈人也。因此而有太清玄元無上三天無極大道、太上老君、太上丈人、天帝君、九老仙都君、九氣丈人等，百千萬重道氣，千二百官君，太清玉陛下。今世人上章書太清，正謂此諸天真也。從此之後，幽冥之中，生乎空洞。空洞之中，生乎太無。太無變化玄氣、元氣、始氣，三氣混沌相因，而化生玄妙玉女。玉女生後，混氣凝結，化生老子，從玄妙玉女左腋而生，生而白首，故號為老子。[25]

老子的出生被描述為一連串宇宙起源的轉化，在其中原始、不可言喻的虛空轉化成道德上人、無極大道、太上老君等等，然

24《三天內解經》，DZ 1205; 文本的第一章在Bokenkamp, 1997: 186-229中翻譯。
25　DZ 1205: 1.2a-2b; 我依從Bokenkamp的翻譯，稍做修改。

後經過另外一連串的轉化，化成三原氣，在不區分的混沌中合生，形成玄妙玉女。然後再經過同樣的氣的另一個轉化，老子在她子宮中產生。這宇宙起源的轉化預示了老子在李母子宮中的「歷史」出生和佛陀從摩耶皇后的出生，這在文本較後中有所描述。強調老子從玄妙玉女和李母的左邊出生，對比從摩耶皇后右邊出生。

在出生後，老子開始創造人類，然後進而「因出三道，以教天民」。這三道與在他們地方的人的宇宙質素有關。因此，「中國陽氣純正，使奉無為大道。」在這領域以外，「胡國八十一域，陰氣強盛，使奉佛道，禁誡甚嚴，以抑陰氣。楚越陰陽氣薄，使奉清約大道。此時六天治興，三道教行。」[26] 我們也應該留意，雖然文本提到三道，但實際上只有兩道，無為大道和清約大道都是道教的形式。[27] 正如我們在文本結束時看到，真正的對比是道教和佛教，化身為老子和釋迦牟尼。

這個理想的時代，「六天治興」的特色是中國人和胡人之間的恰當的區分，這種區分就是他們各自有不同的、適合其宇宙觀的宗教。文本繼續歷史敘事，列出古代神祕統治者的統治，他們全都有老子的化身作為顧問。文本接著描述「歷史」的老子在李母懷孕81年後的出生。文本強調老子「反胎於李母者，自以空虛身化作李母之形，還以自胞，非實有李母也」。[28]

文本進一步敘述周朝在幽王統治時的衰落，老子離開中國，與尹喜相遇，並傳授《道德經》。「道眼見西國胡人強梁難化，因

---

26 DZ 1205: 1.3a2-6, Bokenkamp, 1997: 209.

27 Schipper, 2000.

28 DZ 1205: 1.3b; Bokenkamp, 1997: 210-211.

與尹喜共西入罽賓國。」感化了國王和他全國的人後，老子和尹喜繼續去印度（天竺國）。文本接著描述佛陀的出生：

> 國王妃名清妙，晝寢，老子遂令尹喜乘白象化為黃雀，飛入清妙口中，狀如流星。後年四月八日，剖右脅而生，墮地行七步，舉右手指天而吟：天上天下，唯我為尊。三界皆苦，何可樂焉。生便精苦，即為佛身。佛道於此而更興焉。29

重要的是，在這裡佛陀不是老子的轉化，而是老子弟子尹喜的再生。這個敘事的轉折進一步貶低佛陀和他的教義的地位。敘事進而描述這理想化宗教國度的傾覆，那時「妖惡轉興」，人們「酌祭巫鬼，真偽不分」。情況惡化，在漢朝「群邪滋盛，六天氣勃，三道交錯，癘氣縱橫」。這種混雜的宗教引致謬誤的宗教活動，不單令人的生命因為死於暴力而縮短，也令漢朝本身傾覆。這傾覆的病徵包括人們透過通婚而混合以及中國接受佛教的科儀：

> 〔佛教教導〕遂布流中國。三道交錯，於是人民雜亂，中外相混……30

文本恢復對三道的討論，顯示對比實際上是在佛教和道教之間。

> 蓋三道同根而異支者，無為大道、清約大道、佛道，此三

29　DZ 1205: 1.4b, Bokenkamp, 1997: 212.

30　DZ 1205: 1.5a-5b, Bokenkamp, 1997: 214-215.

> 道同是太上老君之法，而教化不同，大歸於真道。老子主生
> 化，釋迦主死化。[31]

文本繼續將老子從母親左邊出生連繫到陽，因此主生命。對比起來，釋迦牟尼從右邊出生，因此連繫到陰，主死亡。道教和佛教的宇宙論二分法在《三天內解經》中詳細推進，很明顯是非要證明佛教絕對不適合中國。《三天內解經》第一章的宇宙論闡明道教的優越性，特別是天師道。

在第二章，經文轉向批評特定的宗教行為。再次借用佛教的語言，文本稱它本身的教導為大乘，而它的對手所使用的教導則是小乘。對佛教最明確的批評包括批評冥想的做法，將之與道教存思的技巧對比。諷刺的是，佛教對大乘和小乘的論述在這裡被用來對付佛教徒，他們冥想的功夫被道教作者化約為只是計數呼吸：

> 夫沙門道人，小乘學者則靜坐而自數其氣，滿十更始，從
> 年竟歲，不暫時忘之。佛法不使存思身神，故數氣為務，以
> 斷外想。道士大乘學者，則常思身中真神形象，衣服綵色，
> 導引往來，如對神君。[32]

這段文字表現了道教對佛教冥想功夫的諷刺，[33] 強調道教徒存思真

---

31 DZ 1205: 1.9b; Bokenkamp, 1997: 222.

32 DZ 1205: 2.4b3-7. Shamen 是 Śramana 的音譯，是中國用來指佛教徒的其中一個得到證明的最早詞語。

33 例如：《安般守意經》T. 602，由安世高翻譯（fl. 148-180），他是中國其中一位最早的佛教作者和翻譯者。

神，也就是身體裡的眾神，這種做法與佛教的功課之間的分別。正如我在其他地方討論，這文本中反佛教的論辯也可以在道教內的爭論中看出。[34]

偽裝的佛教：《靈寶經》

化胡的論述表達對佛教的完全拒絕，卻吸收了很多佛教用語和修辭；但其他道教論述則採取不同的路徑。道教對佛教最詳細的回應是在大約西元400年撰寫的《靈寶經》。這部經很大程度上繼續引導現代道教的禮儀系統，因為吸收了佛教的宇宙觀、用語、觀念和儀式而著名。[35]伯夷（Stephen Bokenkamp）認為《靈寶經》對佛教材料那些複雜的文本和意識形態的操控不單是模仿或抄襲。相反，《靈寶經》的撰寫是作者富創意性和複雜的加工的結果，他們看見佛教觀念在中國的成功，因此尋求建構一個綜合的宗教系統，吸收某些佛教元素，藉以在道教框架中採納和操控它們。這就可以取消了中國對真正的佛教徒的需要。[36]

以類似的方式，呂鵬志探討《靈寶經》的科儀架構，特別是十日齋，對佛教齋戒科儀的倚賴。佛教的儀式在每個月的六天中舉行（第8、14、15、23、29和30日），包括由僧人和比丘尼誦讀比丘戒律（波羅提木叉），然後接著是個人告解。[37]靈寶經以官僚用語重塑佛教的悔罪科儀，並加上四天（第1、18、24和28

34　Raz, 2012: 232-245.

35　Zürcher, 1980; Bokenkamp, 1983; Wang, 2002; Hsieh, 2013.

36　Bokenkamp, 2004.

37　Soymié, 1977; Lü Pengzhi, 2008; Lü Pengzhi, 2010: 1284-1301; Hureau, 2010: 1213-1227.

天），變成合共十天。根據《靈寶經》其中一篇核心文本〈赤書五篇〉，在這十天的每一天，相應的指導神祇都會檢視在他們管理下的凡人和鬼魂的善行和錯誤。在每一個關鍵時刻，負責儀式的人都會奉齋朝天文。[38] 正如我在其他地方討論過，仔細閱讀《靈寶經》，可以發現齋這個詞的發展，由較古老、一般的「禁食、戒除、禮儀」的意思變為更專門的「正式齋戒儀式」。[39]

由於在初唐時期，《靈寶經》經大幅修訂，藉以除去明顯的佛教用語，我們可以猜測原本的《靈寶經》比現在更像佛教的經典。在這裡，我集中討論《五稱符》，它是原來的《靈寶經》之一，我們有幸有兩個版本。第一個版本名叫《太上無極大道自然真一五稱符上經》，匯集在《道藏》（DZ 671）內。另一個五稱符的版本保存在敦煌手稿中，名叫《靈寶真一五稱經》。現在《道藏》的《五稱符》版本包含兩卷，而敦煌的版本只有一卷，[40] 因此現存文本的區分也是後來的修訂。

道教手冊《無上祕要》（DZ 1138）大量引用《五稱符》，它在西元583年在北周武帝支持下完成。仔細檢查這些引文可以發現，《無上祕要》與敦煌手稿P. 2440比與正典版本DZ 671接近得多。敦煌文本、道藏本以及《無上祕要》中的引文的文本差異，顯示了P. 2440比DZ 671早，更接近原來的文本。文本的改變很可能可以追溯到唐初，但具體日期難以確定。

檢視《五稱符》的兩個版本顯示，在寫成後大約兩個世紀，這文本看起來十分像佛教典籍。不單顯示佛教的影響，重要的是

---

38 元始五老赤書玉篇真文天書經DZ 22: 3.1a。

39 關於這過程的詳細討論，參Raz, 2012: 247-255。

40 DZ 671卷1=P. 2440: 第1-204行；卷2=P. 2440: 205-482。

留意到《靈寶經》的作者使用的具體佛教資料。《靈寶經》的道教作者使用由支謙（fl. 220-252）翻譯的兩本典籍：[41]（1）以下檢視的科儀很大部分是基於《佛說菩薩本業經》T. 281；（2）文本的最後一行是：「火中生蓮荷，是可謂希有。」這一行直接引自《維摩詰所說經》，它在《靈寶經》文本出現時已經被翻譯過兩次：（一）《維摩詰經》，T. 474，支謙在吳黃武時期（222-229）寫成；（二）T.477，竺法護在西魏永嘉二年（308）寫成。《五稱符》那行經文出現在支謙的文本中（T. 474.14.530c3），但在竺法護的翻譯中卻找不到。這行經文在鳩摩羅什的翻譯（T. 475.14.550b4）中再次出現，這翻譯是在406年編寫的。由於支謙在江南地區，他的文本很可能成為其來源。因此，似乎這《靈寶經》文本的作者很熟悉支謙的翻譯，盡可能都選擇他的翻譯。

　　這文本中一個最明顯的佛教影響是將佛教的十方宇宙觀吸收到建基於傳統中國八方宇宙觀的古老的儀式架構。這宇宙觀的重整支持著《五稱符》中的一個核心儀式程序，是涉及在空間的十方放下符咒的程序。儀式指引較早的那部分只涉及八史的八個符，是古代中國八卦的宇宙觀的人格化。[42]為了包括頂點和天底這兩個佛教方位，道教作者加上華蓋和水府這兩個詞。很明顯，道教科儀的作者在此將佛教宇宙論嫁接到古代的儀式上，雖然不太成功。每個方位的神都獲給予一個天上的居所，一個佛的名稱，和一個菩薩的名稱。這些名字和稱號在《五稱符》中是逐字從支謙的《佛說菩薩本業經》借用的。[43]這些在經文的《道藏》版本

41　關於支謙的生平和工作，參Nattier, 2006: 116-148; T. 281在p. 138中的討論，T. 474在139-140中的討論。

42　關於八史和五稱符的禮儀處境的細節，參Raz, 2005: Andersen, 1994。

43　T. 281, 10.446c17-447a6.

（DZ 671）都顯示了出來。

　　我提供《五稱符》相關段落的全譯，根據敦煌手稿P. 2440翻譯，藉以顯示原本對五或六世紀的讀者的影響會是怎樣的。我們應該記得，在DZ 671文本的正典版本中的這段是頗為不同的，因為它經過重大的編輯，以道教用語取代了佛教用語。因此，在以下段落，佛一致地改為「教」、「眾」或「真人」。在方位神祇的清單中，在P. 2440中神祇名字前面的佛和菩薩這個詞在DZ 671的修訂版本中被真人這個詞取代。因此《道藏》的版本將這些方位的神祇統一成為人格化的靈寶的一方面。P. 2440中剎（ksetra）這個詞，表示特定佛的領域，在DZ 671中被「館」取代。另一個重要的改變，舍利（sarira）這個詞，表示佛被火化後結晶的遺體，在《道藏》版本中由神光這個道教詞語取代，代表在冥想時從身體產生的光芒。因而修道的成就從死後的神聖舍利轉化為在生時身體產生的精芒。[44]我在翻譯的註腳中進一步指出改變。

　　　　（行298/5b.5）[45]老君曰：太上靈寶，生乎天地萬物之先，乘於無象空洞大道之常。天地人所由也。[46]能通大道至靈，使役萬神。[47]

　　　　靈寶在東面製造香林剎，它的佛的名稱是精進[48]，它的菩薩

44　也參Bokenkamp, 1983: 468-469。

45　行數指P. 2440, 頁和行指DZ 671。

46　DZ 671: 25b6在這裡插入：「運乎無極無為而混成自然。貴不可稱，尊無有上，曰太上。大無不包，細無不經，理妙叵尋，天地人所由也。」教導是其中一個取代佛陀的用語。

47　DZ 671: 2.5b7有真人。

48　精進是佛教對Virya, 活力或熱心的用語，六波羅蜜的第四個。

的名稱是尊首，[49] 它的領域是震卦，它的靈名是建剛。

靈寶在南方製造樂林剎，它的佛的名稱是不捨，它的菩薩的名稱是覺首，它的領域是離卦，它的靈名是月精。

靈寶在西面製造華林剎，它的佛的名稱是習精進，它的菩薩的名稱是寶首，它的領域是兌卦，它的靈名是太玄。

靈寶在北面製造道林剎，[50] 它的佛的名稱是行精進，它的菩薩的名稱是惠首，它的領域是坎卦，它的靈名是天建。[51]

靈寶在東北面製造青蓮剎，它的佛的名稱是悲精進，它的菩薩的名稱是德首，它的領域是艮卦，它的靈名是日原。

靈寶在東南面製造金林剎，它的佛的名稱是盡精進，它的菩薩的名稱是目首，它的領域是巽卦，它的靈名是玄精。

靈寶在西南面製造寶林剎，它的佛的名稱是上精進，它的菩薩的名稱是目首，它的領域是坤卦，它的靈名是柱史。[52]

靈寶在西北面製造金剛剎[53]，它的佛的名稱是一界精進，它的菩薩的名稱是法首，它的領域是乾卦，它的靈名是臨剛。

靈寶在頂點製造欲林剎[54]，它的佛的名稱一界精進，它的菩

---

49 在《道藏》版本中，佛由真人取代，而菩薩則被遺漏。接著每一行都重複同樣的編輯過程。

50 DZ 671: 2.6a3 一個抄寫錯誤用了首林。

51 DZ 534中的八神圖這個名稱叫天剛。

52 這個詞指老子。

53 金剛譯為 *vajra*。它的主要意思是雷鳴，因此雷的能力和性質。在密宗用語中，它成了必須的真正現實，往往由它不能分開的基本物質這個意思翻譯成精金。它在《太上靈寶五符序》，DZ 183: 2.12a10-12b11，一張仙藥的清單中找到。我們不確定這個詞多早進入道教用語。

54 DZ 671: 2.6b1 在這裡錯誤地有寶字。

薩的名稱是賢首，它的領域是華蓋[55]，它的靈名是八精。

　　靈寶最低點製造水精刹，它的佛的名稱是梵精進，它的菩薩的名稱是智首，它的領域是五音水府，它的靈名是八史。

　　6b. 4 八史是天地的八個本質。它們總代表你與靈力溝通。所有道教大師，沙門尼，[56]和所有想敬拜我的十方真佛[57]，尋求超越，長生和不老的人，必須吞下靈寶。首先，召喚八史。在佛廟的冥想室中，正如［上面］那方法那樣在十二計時圖點種下靈性溝通的草。[58]在四個季節性日子（至日和分點），在側邊戴著靈寶令狀。在第一個月的第15天或第七個月的第七天，在佛廟中製靈寶的五稱符。[59]將較低的符綁在四壁上，在中間綁統治的符。至於冥想室，將［較低的四個］綁在四壁，將中間的符掛在房頂的棟梁上面。[60]將它們全都藏起來。不要讓普通人看到。點香，實行禮儀。心裡想著靈寶十方至高的真名，誦道經，以此喚回至高無上的神并飛往宏偉終極的皇宮，八史的名字。潔淨。

　　到了春天的第一天，東北悲精進無限佛和德首會一起來

---

55 這是所有史的天上領域，DZ 671: 1.1a3。

56 DZ 671: 2.6b5有學仙之士。原來的沙門尼（1.318）給學道的人很重的佛教味道。女性的原文在《道藏》版本沒有對應。

57 DZ 672: 26b6有道而不是佛，將句子變成「……想敬拜我十方完全的道的人」。

58 P. 2440, 第320行「佛圖浮廟」這句話在DZ 671: 2.6b7由宮館靈廟取代。

59 P. 2440, 第322行「佛圖制寺」這句話在DZ 671: 2.6b9由精舍宮殿取代。

60 關於冥想室和佛廟有兩個分開的指示。關於後者，我們不清楚「統治」和「較低」的符是否中心和四方，還是改變的裝備跟隨那五個階段。

到，[61]到達大道完全佛，日原，[62]艮卦之靈。他會通知他們。結果，你的舍利身會發出天藍和黃金。[63]你實現這事時，如果你吞下它［那流溢］，你的長壽便會有一萬劫。

在春分，精進無限佛和尊首會一起來到，到達建剛完全佛，震卦之靈。他會通知他們。結果，你的舍利身會是好像藍色的天藍。你得到這東西時，如果你吞下它，你長壽會有二萬劫。

在夏天的第一天，東南盡精進無限佛和目首會一起來到，到達玄精完全佛，巽卦之靈。他會通知他們。然後你的舍利會是天藍紅和黃色。一旦你得到它，如果你吞下，你的長壽會是三萬劫。

在夏至，南方不捨無限佛和深見會一起來到，到達月精完全佛，離卦之靈。他會通知他們。結果，你的舍利會紅如辰砂。[64]你得到它時，如果你吞下，你的長壽會是四萬劫。

在秋天的第一天，西南上精進無限佛和目首會一起來到，

---

61 在《道藏》版本，佛和菩薩分別由眾和真人取代。這個模式在接著的句子也跟隨。

62 正如上面，在《道藏》版本，真佛被真人取代。

63 第328行有舍利，翻譯sarira, relics, 火化的佛精細的遺骸。在《道藏》版本（7a8），由神光取代。

64 在這裡和接著四個地方，DZ 671都有舍利，很可能是因為抄寫的人在從早期手稿中抄寫時忘記了改這個詞，那手稿和P. 2440十分相似。

到達柱史完全佛，昆卦之靈。他會通知他們。結果，你的舍利會黃如金。你得到它時，如果你吞下，你的長壽會是五萬劫。

在秋分時，西方行精進無限佛和寶首會一起來到，到達太玄完全佛，兌卦之靈。他會通知他們。結果，你的舍利會白如銀。你得到它時，如果你吞下，你的長壽會是六萬劫。

在冬天的第一天，西北一界精進無限佛和法首會一起來到，到達臨剛完全佛，乾卦之靈。他會通知他們。結果，你的舍利會是藍金。你得到它時，如果你吞下，你的長壽會是七萬劫。

在冬至，北方行精進無限佛和惠首會一起來到，到達天建完全佛，坎卦之靈。他會通知他們。結果，你的舍利會是水藍。你得到它時，如果你吞下，你的長壽會是八萬劫。

在四季節點的日子，在戊巳的日子，一界精進和梵精進無限佛和賢首及智會一起來到，到達八精和八史的完全佛。他們［後者］會通知他們。相應地，你的舍利會是天藍、紅、白、黑和黃。你得到它時，如果你吞下，你會好像大道之穹一樣無限長久。

1.350, 8a8 吞下符一年，十方佛和十方已經得到佛和道的所有真人都會來，[65] 沒有人會缺席。八史會通知他們。相應

65　在8a8-9，佛由眾取代，在第二句中遺漏了。

地，你的舍利身會好像佛。[66]超越的道會出現。這樣長壽便完成。

1.353, 8b1 ［如果你是］道教師父或普通人，不能完全這方法，但［你］實行道，在家裡有這些符和經，雕刻和放石頭，並種植章句，你的舍利會自己到達［那水平］，帶領你長壽。[67]你的心會打開，從裡面會好像日月般照射。百病都會得醫治。妖精和邪靈、不祥的惡和災難都會被清除。你會得到恰當的職位，你的薪金會加倍，金錢和財產會有如浮雲。你的兒子會傑出，女兒會貞潔，你的後代會充滿殿堂。這恩典會擴展到萬物，[68]幸運和權力會很大。

這長篇引文的目的是顯示靈寶科儀手冊在五、六世紀的原貌。重點是，敦煌手稿比《道藏》版本遠為接近原來的文本。《靈寶經》原來的形式在用語，或許也在用語的含義上，遠為有佛教意味。因此，如敦煌手稿所示，靈寶的追隨者在五和六世紀使用《五稱符》時，會在十方的每一方位存想一個佛教式的「剎」，而不是一個館。我們也應該記得，在撰寫《靈寶經》時，大約是400年，道教徒尚未建立廟宇，因此這裡要求的想像很可能是楊曦在上清文本中描述的那種富麗堂皇的建築。在每個方向，信徒會召喚一位佛和一位菩薩，而不是有不同名字的單一真人。經文也要求信徒想像自己的身體轉化和放出顏色。在較接近

---

66 在8a10，真取代了佛。

67 在8b2，神光取代了舍利，正如上面那樣。

68 這是全面有福，好像菩薩的誓。

原文的敦煌版本，這想像由舍利一詞來代表。我們不大清楚信徒在這裡要想像什麼——或許只是視自己的身體為屍體。《道藏》版本所用的詞語神光，指肉身轉化成空靈、發光、微妙的身體的觀念。這種散發狀態被視為仍然在生時的身體的精髓。我們可以將這裡的神學含義詮釋為：舍利的觀念由死後的聖體變為個人在生時達到的境界。我們可以猜測從事的人應該怎樣詮釋這個詞，在儀式中使用它，但我們應該強調，《五稱符》原來的文本並沒有提到神光。

總括來說，《五稱符》原來的文本提出的禮儀程序完全倚靠佛教對十方的佛和菩薩、舍利和佛境的假想。要有這些想像，靈寶作者和信徒需要有佛教文本和意象。因此，在嘗試將佛教的宇宙論置於道教的框架中時，《五稱符》這類的靈寶文本可能實際上令佛教更深入了中國的宗教儀節。難怪上面討論的許多化胡論述都似乎不但以佛教為對象，也同樣以接收了佛教儀節和觀念的道士為目標。

佛教被接納：道—佛社群

由《化胡經》引起的辯論，《靈寶經》表現的取代佛教的努力，以及由中古道教徒和佛教徒產生的不同爭辯和護教著作，會造成這兩種宗教大不相同的印象。不過，這絕對不是中古中國宗教生活的社會現實。雖然這些辯論、經書和爭辯的著作，對理解宗教社群正在發展的認同肯定十分重要，但這些文本完全不代表這些宗教如何在地方社會的活動中相互混合。有關這種混合最能引發人興趣的線索，是在北朝晚期（五世紀後期到六世紀後期）

的涇渭流域出土的一些石碑。[69]這些石碑由當地宗教社群（家或邑）豎立，上面刻有道教和佛教的形像，[70]有銘文本顯示日期和地點，幾十個捐贈者的名字和頭銜，還有為社群和家族祈福的許願，包括祖宗七代、後世和整個帝國。[71]這些石碑最吸引人的地方是它們混合宗教的性質，顯示了在這個地方，道教和佛教明顯被區分為不同的信仰傳統，但又被視為互補，同時得到信奉。例如：在532年的樊奴子碑，樊奴子在碑的正面稱自己為道民，在碑的左面則稱自己為佛弟子，在碑的背面則稱自己為都督。[72]

　　這種混合信仰的最好的例子是師氏碑（523），它的正面和右面有道教的形像，背面和左面有佛教的形像。[73]石碑上列出198個名字，但捐獻的銘文告訴我們，核心群體有71人。除了兩個姓劉外，其餘都是師家的人。群體中稱為「邑子」、「道民」和那些只有名字沒有稱號的人之間在彼此關係上明顯有一些內部差別。在其他石碑，我們也發現有捐獻者稱為「佛弟子」。雖然在當地社會中這些不同的次分類之間的關係仍然不清楚，[74]但初步看看石碑

---

69 最詳細的研究是張澤珣，2009；張勛燎＆白彬，2006；Zhang Xunliao, 2010；張燕，1996；李淞，2012.

70 關於石碑上描述的不同人物的意象和特別元素的清楚總結，參Zhang Xunliao, 2010: 459-467。

71 關於這些願的內容的詳細分析，參張澤珣，2009: 32-47。

72 張澤珣2009: 30, 184（完整文本）。

73 大部分學者給這碑的傳統名稱是師錄生碑。李淞認為這個名稱是錯誤的，因為碑上面沒有提到師錄生（李淞，2012: 230）。它在1981年發現，放在陝西蓮塘縣博物館。這是北魏石碑中最大的（215公分高，77公分寬，27公分厚）。關於影像，參Zhang Yan, 1996, 86-91，文本在133-135; 張澤珣2009: 46，文本在172-175。張勛燎＆白彬，2006, 706; Zhang Xunliao, 2010: 492-494, 529. 我跟隨張勛燎＆白彬的修訂抄寫。

74 Zhang Xunliao, 2010: 492-494.

上提到的一些官方稱號，足以顯示群體的複雜性和混合性。

　　在主要的道教形像旁，在石碑的正面，我們看見兩個主要捐贈者的名字：師回雋和師真興。另一個主要捐贈者寫在左面：師護。石碑反面，在主要的佛教形像之下，一個姓師的錄生被列為像主。[75]錄生師的稱號顯示他是道教的弟子。[76]在他名字下面一行，有三個佛弟子，兩個姓劉，一個的姓氏磨蝕了，但很可能是師。兩個姓劉的佛弟子是石碑上僅有非姓師的人。石碑上的一些稱號是源於佛教寺院和組織的名稱：[77]「典坐」、[78]「唯那」、[79]「檀越主」，以及「香火」。[80]出現在這石碑的另一個稱號是「彈官」，張澤珣認為它可能源於地方官員的名稱。[81]與社會有關的稱號包括「邑政」、「邑師」和「典錄」。這些稱號的意思和它們在社群中的具體功能都不清楚，但它們在數十塊石碑中的多樣化和共同性顯示了活躍和有生命的複雜地方宗教群體。這石碑和數十塊其他石碑上的形像和稱謂顯示佛道儀節和論述的混合，也在石碑右面形像下面的題獻銘文中明顯可見。所有石碑都包括這種銘文，通常表

75　李淞，2012: 239。

76　七歲的男孩接受第一次啟蒙，稱為錄生。在其他用法中，這個詞指只接受二戒的最低級門生。我們不清楚這裡具體指什麼，但似乎這石碑的主要捐獻者沒有超越開始的階段。這個稱號那不特別的地位可以更清楚的在馮神育碑中看到，這碑在220個捐獻者中記錄了17個錄生（Zhang Xunliao, 2010: 489; 張澤珣，2009: 151-154）。

77　關於標題的翻譯，我依從Jonathan Pettit, Zhang Xunliao, 2010的譯者。

78　這稱號指管理飲食的出家人員。

79　這個稱號更常寫作維那，參佛教電子辭典的條目，http://www.buddhism-dict.net/

80　一個類似的稱號侍香，出現在道教禮儀手冊中。

81　張澤珣，2009: 26. 這個稱號在至少另外十二個石碑上出現，但在其他道教或世俗來源都找不到。

達對祖先、家庭和國家的恩澤的社群祈願，往往也有一些關於豎立石碑的動機的神學闡釋。

師氏碑的題獻銘文包含道教和佛教觀念和用語，耐人尋味地尋求兩個救世人物的來臨：

> 如來大聖，至尊□延，分刑（形）晉（普）化，內外啟徹。佛道合慈，無為是一。

根據這些文字，佛陀和道等同，雖然表面有分別，但在來源是統一的。提到「內和外」呼應上面討論的佛教論述，文章整體的語調明顯是基於古代道教的觀念：

> 視之不見其刑（形），聽之不聞其聲。空寂之宗，妙極之旨。[82]

這幾行討論道不可捉摸的性質，明顯暗示道德經第14段。不過，在獻誓的最後幾行，語言和志向恢復更佛教的語調：

> 合宗邑子七十一人等，宿嚮（向）冥因，心樂三寶，是□大魏正光四年歲次癸卯七月乙酉二十六日庚戌，□等各發共心，立石像一區，上為皇帝陛下，下為七世父母、所生父母、歷劫仙師、因（姻）緣眷屬，龍華三會，願在初首。所願如是。

---

82 雖然空寂這個詞呼應道德經的用語，但它也用來作為佛教的稱呼。

　　業的用語和觀念由佛教引入中國，到了五世紀已經被不同的道教譜系採納。這樣採納佛教觀念最著名的是《靈寶經》，但這銘文也顯示，像這樣的地方道教團體也會在同樣的宗教辭彙中明顯使用佛教和道教用語。事實上，在這段文字最後幾行，社群表達它們想見證將來彌勒佛的到來，他會坐在龍華樹下，在龍華會前說法。[83]

　　師氏碑只是由這地方道教群體豎立的石碑的一個例子，反映佛教和道教活動的複雜混合。不同的石碑顯示不同的家族和地方團體對佛教和道教的各種元素也有不同的強調。最重要的是，這些石碑顯示，在地方層面，遠離了精英佛教僧人和道士的文本生產和皇宮的辯論，佛教和道教被視為宗教觀念、活動和行為的龐大選單，從中個別追隨者或群體挑選有效的元素，形成特定和往往是獨特的綜合。

結語

　　我們對於道教對佛教的反應的討論驟眼看來可能令人迷惑。不過更仔細檢視這些不同的回應和挑戰，可能可以幫助我們考慮宗教或文化怎樣互動，以及這些複雜的過程怎樣引致新的綜合。

　　正如我們看到，即使是化胡論述的作者本身，他們雖然完全拒絕佛教，但在反對佛教的爭辯中仍然運用佛教敘事、用語和宇宙觀。《靈寶經》的作者明顯使用佛教文本，將這些教導置於更

---

83 佛教典籍中的無數參照，包括由竺法護翻譯的《佛說彌勒下生經》T. 453；《佛說彌勒來時經》T. 457.14.0434c18（譯者不詳，但記錄在東晉）；《三彌勒經疏》T, 1774.38.0316a17-20，龍華是 nāga-puspa 的一個翻譯。

高的道教框架之中——承認道的優越，同時又吸收十方佛陀的概念。北朝的佛—道石碑顯示，在某些社群中，佛教和道教同時得到接納時，追隨者可以同時接近道和佛或彌勒佛。這最後一個個案特別有意思，因為它呈現出一些關於我們使用的分析範疇的問題。我們可以稱《靈寶經》為有意識地混合或綜合，但我們怎樣定義一個明顯承認兩個不同宗教，視它們為同樣有效，同時崇拜它們的神明的宗教社群？

在更具比較性的層面來說，在歐洲文化或宗教的發展中，似乎沒有可以和道教的出現以及它對佛教的多種回應的相對應的模式。因此，在比較基督教在羅馬文化領域中的整合與佛教在中國的發展時，我們應該問，中國有什麼宗教、社會和文化資源，容許出現一種宗教，是可以挑戰佛教的，而這些因素在基督教在羅馬帝國的發展中是否存在？

第八章

羅馬的籤卜和主教的挑選

斯圖爾特（Roberta Stewart）

美國達特矛茲學院古典學教授

使徒行傳一章23-26節的作者描述揀選馬提亞代替猶大：[1]

> 於是選舉兩個人，就是那叫作巴撒巴，又稱呼猶士都的約
> 瑟，和馬提亞。眾人就禱告說：「主啊，你知道萬人的心，
> 求你從這兩個人中，指明你所揀選的是誰，叫他得到這使徒
> 的位分。這位分猶大已經丟棄，往自己的地方去了。」於是
> 眾人為他們搖籤，搖出馬提亞來；他就和十一個使徒同列。

根據彼得界定的準則預先挑選兩個候選人，特別是要見證過基督
的侍奉（徒一21-22）的，然後搖籤決定。運用搖籤挑選祭司有
猶太的先例，註釋者也引述聖經中有關聖靈加持的搖籤的先例，
雖然使徒行傳沒有清楚表明馬提亞——或他的社群——在什麼程
度上視他獲委任擔當的角色是由神命定。[2]不過，三世紀委任基督
教主教的證據顯示，有一個普選的程序。[3]本章討論基督教如何放
棄以搖籤作為挑選主教的方法，雖然這程序有聖經以及使徒的權
威。這文章分為兩部分：首先簡單檢視羅馬政府中的搖籤，考慮
搖籤在一到四世紀的歷史處境和意義，那是基督徒社群體及其領
袖在其中發展的世界；其次，我會總結基督徒在最初幾世紀發展
主教的職位時，對搖籤，特別是搖籤挑選馬提亞有什麼話說。[4]基

1　關於希臘文本和它的語言，參Zwiep, 2004, 96-100, 159-172; Bruce, 1990, 107-112.

2　關於挑選的方式，參Zwiep, 2004, 159-172, 尤參163和168; Hoffman, 2009, 498-499.

3　參Ferguson, 1974; Granfield, 1976; Rapp, 2005; Norton, 2007, van Nuffelen et al. 2011, Stewart-Sykes, 2014。

4　關於主教職位的發展，參Rapp, 2005; Norton, 2007。關於揀選的過程，參van Nuffelen and Leemans, 2011。

督徒思想家怎樣討論搖籤，以及搖籤作為委任主教的一個方式，容許我們追溯基督徒怎樣挪用或翻譯古老、古典時代的宗教行為。

羅馬帝國的搖籤

　　搖籤的程序在羅馬世界有深厚的歷史。許多義大利地區的神殿都有神諭 *sortes*（「籤」）的證據；[5]但世俗和公共事務使用搖籤卻只在羅馬有記載。正是行政搖籤創造了帝國居民的生活框架。羅馬人用籤來決定大會中投票的次序，陪審員的名單，安排徵稅和軍事工程，再分配土地給殖民者，分派宗教任務，還有最特別的是，在獲選的公共官員中分派職務。[6]在共和國時期，抽籤使政治決定不會受到血統世系或有地位之群體這些因素的影響。

　　公共搖籤是一種吉兆，因此是羅馬將政治決定合法化的儀式框架的一部分。[7]搖籤在由儀式界定的空間（*templum*）中進行：在羅馬是在朱庇特（Jupiter）、沙騰（Saturn）和卡斯托爾（Castor）的神廟中進行；在司法官的法庭進行（Cic. *Vat.* 34和Schol Bob. *ad loc.* P. 150 Stangl）；在投票場地內的法庭（*Saepta*）中進行；而在羅馬以外則在軍營中的特定空間中進行。占卜官主持搖籤，判斷過程中的任何錯誤（*vitium*）（Livy 41.18.10，關於軍營中的搖籤；Varro *Rust.* 3.7.1在大會中），詮釋搖籤的否定結果（*triste omen*，Livy 9.38.15），並評估奉獻的徵兆，隨機發生的自然現象，可能顯示諸神是否贊同（Val. Max. 1.5.3，比較Cic. *Div.* 1.103）。

5　Gianni, 2001; Maggiani, 1994; Wissowa, 1912.

6　Stewart, 2013.

7　Stewart, 1998, 2013. Johnson（2003）並不考慮羅馬宗教經驗的範疇監察程序，使之合法化的祭司角色。拉丁用語顯示搖籤的宗教範疇和概念化。

描述搖籤結果的語言清楚表明它被認為是一種占卜形式。[8]籤好像吉兆一樣，給予許可（Festus p. 380, 382 Lindsay），不是保證成功；籤又似一種預兆，可以被接受或被拒絕（ps. Asc. p. 232 Stangl）。

在由共和國過渡到帝國政府之際，搖籤繼續作為一種機制，它的那種用語也容許我們追溯它的概念的轉變。西塞羅（Cicero）的著作顯示搖籤在西元前一世紀作為宗教信念的程序和機制的活力。（我關注的是他對政府運作的描述，而不是他在 *De Div.* 1 中的連串智識立場，肯定占卜活動的論證，以及在 *De Div.* 2 中那些批判性、權威性的反論證。[9]）關於以搖籤去決定投票單位，西塞羅會使用中性的辭彙（*sortiri/sortitio/sors*）或強調技術方面的動詞（*exire* 或 *ducere*），而他描述搖籤用以分派任務給獲選官員使用的辭彙則意味著神賦的責任。[10]重要的是，西塞羅寫道，元老院在西元前44年因為有可能違規而宣告搖籤無效（*Phil.* 3.25）。

分給個人責任的行政搖籤繼續到帝國時期。在提比利亞

8　動詞 *evenire/obvenire: sors evenit*（Livy 22.35.5-6, 30.40.5）; *provincial sorte evenit*（例如 Livy 7.6.8, 7.38.8, 29.20.4, 31.6.2）; *provincial evenit*（Sall. *Blug.* 35.4, 43.1, Livy 22.37.9）; *sors obvenit*（Livy 43.31.9; 比較 *bellum...sorte obvenit*, Livy 9.31.2）; *provincial obvenit*（Sall. *Blug.* 27.4, Caes. *BCiv.* 1.6.5, Livy 33.21.9）。

9　西塞羅的主張是更大的修辭計畫的一部分。關於文本的修辭姿態，參 Beard and Schofield, *JRS* 1986. Grottanelli（2005）看到西塞羅對占卜的批評，但屈從於西塞羅的論辯：他沒有區分宣稱的主張與事實的情況（在西塞羅的論證中）或卷1的宣稱與卷2的宣稱，他也沒注意西塞羅將公共和私人搖籤合併，作為論辯策略，用來貶低整個作為。

10　例如：Cic. *Verr.* 1.21-22, 2.1.34, 2.2.17; Phil. 3.24. 關於吉兆的詞彙，參 Stewart, 1998。

（Tiberius）時代，瓦勒流斯‧馬克西穆斯（Valerius Maximus）記錄共和時期以搖籤分派責任的歷史，例如西元前168年的執政官（Consul）命令（1.5.3），西元前107年的財務（6.9.6），109年的司法官責任（6.3.2）。他的文字可能能反映他依據的材料所使用的語言，或許是利維的（Livy）或是羅馬共和時代記錄每年政令的編年錄。重要的是，提比利亞時代另一作家帕特爾庫魯（Velleius Paterculus），他運用搖籤的吉利語言來描述西元前88年的執政官任命（2.18.3），但他也描述自己在西元前6年的財務官搖籤，以及他放棄這任命（2.111.4），藉以在西元7/8年被派為皇帝的特使（legatus）去指揮一個軍團（Vell. 2.113.3）。有些銘文也記錄在提比利亞時代有不經過搖籤而給予的行政任命（CIL 6.1403, 11.1835; 比較 CIL 9.2845）。因此，在提比利亞時代，搖籤委派任務已經由皇帝單方面的權威所取代。[11]

　　第一世紀後期和第二世紀初，蘇埃托尼烏斯（Suetonius）、塔西陀（Tacitus）和普林尼（Pliny）記錄了以搖籤來分派行政任務給獲選的官員。蘇埃托尼烏斯記錄在弗拉維時代使用搖籤委派行省的職務（Vesp. 4.3.1）、特別的任命（Vesp. 10.1.4, Titus 8.4.3, Dom. 14.3.4），或者挑選祭司（Dom. 4.4.13）。[12]塔西陀記錄用搖籤委派亞洲和非洲諸行省的獲選的官員的常規任命：（Agr. 42.1, 比較Ann. 3.71.3, 22），司法官的命令（Ann. 15.19.1, 62），以及財務官的任命（Agr. 6）。他也記載使用搖籤來委派元老院議員執行特別任務，修訂法律（Tac. Ann. 3.28, 20）或在使節團中工作（Hist.

---

11 比較Tac. Ann. 2.43, 搖籤和皇帝任命作為省命令相反的權威來源。類似的是 Plin. Ep. 8.24.9。

12 對競技會責任的搖籤，比較Sen. Brev. Vit. 6.8。

4.7.1, 69），以及在奧古斯都（Augustus）去世時新設立的祭司職位中擔任祭司，尊崇他為 *Divus Augustus*（神聖奧古斯都）（*Ann.* 1.54.2, 14）。[13] 塔西陀提出元老院對搖籤的看法，認為它作為傳統的機制，能緩和貴族對政治恩寵的競爭，並排除怨恨（*Hist.* 4.8）：

> 馬塞勒斯（Marcellus）說他［選定的執政官］根據使用搖籤來任命大使的古老傳統提出意見，以致沒有機會讓有野心的競爭或敵意出現……喜歡以搖籤選擇使節的團體獲勝，因為一般的元老尋求維持傳統，而那些最有聲望的人也都支持，因為他們擔心，如果被選定執行這工作，會遭人忌恨。

他也報導西元56年一次試驗性地使用搖籤來任命財政官的事件，他解釋說，這個程序被放棄，因為搖籤選出的被視為不合格的人選（*Ann.* 13.29.1-2）：

> 負責的人從司法官中以搖籤挑選。這個做法沒有維持很久，因為搖籤出來的人不怎麼能幹。

塔西陀因此認為搖籤為一種純機遇的程序，他用工具性以及理性的態度評估它的行政用處，認為它是促進羅馬平等價值觀的工具。[14] 最後，普林尼報導的搖籤包括在代理執政官省（*Ep.* 2.12.2, 100），代理司法官省（*Ep.* 4.9.2, 103；*Ep.* 6.22.7, 106-107，

---

13 關於 *sodales Augusti* 作為皇室的個人祭司，參 Gradel, 2002, 181-182。

14 比較 Juv. *Sat.* 13.2-4 描述法庭中的抽籤甕作為平等的形像或象徵。

v. Sherwin-White ad loc.），以及在地方行政中協助財政官的文員
（*Ep.* 4.12.2, 105）。羅馬帝國政府描述搖籤的用詞，強調它的機
制；而儀式（尤其是吉兆）的辭彙都消失了。只利剩下兩個吉兆
辭彙使用在分派任務來保護皇帝（Suet. *Dom.* 14.3.4）和財政官的
搖籤（*Ep.* 4.12.2）。[15]總的看來，帕特爾庫魯、馬克西穆斯、蘇埃
托尼烏斯、塔西陀和普林尼顯示帝國時期將宗教的因素從行政搖
籤中排除出去。

銘文顯示在地中海地區人們都視搖籤為羅馬政治任命的機
制，也都可能見證羅馬在市政府、選舉和司法過程中搖籤的情
況。每年十二月搖籤選財政官一直到帝國晚期都被登記在日曆
（*AE* 1983, 68）。獲選的官員在墓誌銘中吹噓他們是由搖籤得到的
行政任命：西元146-149年在拉提姆（Latium）（*AE* 1940 99）；[16]
二世紀在提弗里（Tivoli）（*CIL* 2.3838, 71-200；比較 *CIL* 6.1361）；
69-161年在薩姆尼（Samnium）（*CIL* 9.4119）；306年在布魯提
（Bruttium）的阿蒂娜（Atina）和盧卡尼亞（Lucania）（*CIL*
10.5061）；238-244年在保加利亞（Bulgaria）（AE 1990, 863）。
或者他們顯示他們在69年沒有搖籤而接受了行政任命（Solin and
Volpe, *Suppl. It* 2 1983）。

帝國的立法將搖籤出口到整個帝國，安排都市生活的政治活
動：籤決定投票單位的組成（*FIRA* 24, *lex Malacitana*, 1.47），決
定同票數當選（*FIRA* 24.2.44-50），決定報告選舉結果的次序
（*FIRA* 24.2.50-66）。由奧古斯都頒布的昔蘭尼法令（Cyrene

15 財政官或許是最早使用搖籤選出，很可能在西元前五世紀設立，那時公共選
　舉的財政官取代由執政官個人挑選（Tac. *Ann.* 11.22）。
16 關於銘文和它的日期，參 Granino, 2010, 121-130。

edicts）確立了羅馬的司法程序，以及在行省審訊中搖籤選出陪審員；一個來自阿奎諾（Aquinum）的提比利亞銘文記載，一個長官監督在亞西亞省搖籤挑選陪審員的過程（*CIL* 10.5393）。一條粗疏的城市法條（*CIL* II² 594.95.27-28=Crawford, Roman Statutes no. 25）描述了在烏蘇（Urso）鎮，為了司法程序而搖籤選仲裁官（*recuperatores*），而一條哈德良（Hadrian）法律肯定了在西班牙的義大利卡（Italica）為了司法程序而搖籤選出仲裁官（*CIL* 2.5368）。

　　搖籤也選出宗教人士和委派他們責任，那任命的宗教處境被記錄在三世紀後期。搖籤選奧古斯都的祭司（Tac. *Ann.* 1.54.2; Suet. *Claud.* 6.2），以及委派祭司去法庭在宗教節慶（*ludi saeculares*）中分派淨化物品（*ILS* 5050a=*CIL* 6.32327）。這些任命的辭彙是中性的，或者強調其機制，例如：「選舉團聚集搖籤……籤被檢查過，放在瓮中後，搖籤便舉行。」（*CIL* 6.32327）但研究三世紀來自貞女之家（Atrium Vestae）紀念貞女的銘文後，諾克（Arthur Darby Nock）提醒人們留意女祭司識別等同「由諸神揀選」，*a diis electa*（*CIL* 6.2139=ILS 4935），他們的服侍是由神的能力來肯定的。[17] 諾克尋找這背後的框架，他相信是宗教信仰的形式。他觀察到巴比亞法（*lex Papia*）規定，在貞女的候選人中以籤來挑選（Suet. *Aug.* 31.3; Gell. 1.12.11），他追溯了祭司以搖籤被委任的情況以及祭司的使命在地中海盆地的範圍和在時間的變化中的情況。[18] 羅馬祭司通常不是以搖籤挑選，而是被任

---

17 Nock 1972, 252-270: *CIL* 6.2136, Feb. 25, 286 CE; CIL 6.2137=*ILS* 4936, March 1, 286; *CIL* 6.32414=*ILS* 4930, 247CE.

18 Nock 1972, 254-255和n. 11. Add: Cic. *Verr.* 2.2.127（Jupiter的Syracusan祭司，西元前73-71年）。

命或普選後再任命。[19]而且羅馬祭司是宣誓就職的，這是一個宗教限定的過程，肯定他們終身的職位；並限制他們的活動（例如起誓、結婚和旅行），保護他們身為人和神聖世界之間的中介的角色。[20]貞女由大祭司（pontifex maximus）「接受」（Gell. 1.12.9），而貞女的贊助人所形成的歷史傳聞，可以追溯到西元前三世紀。[21]諾克（264）將神的揀選和任命政治領袖，特別是圖拉真（Trajan）的皇位連繫起來（Pliny, *Pan.* 10.4），而波特（David Porter）（1994）認為，羅馬帝國發展出一種皇帝乃由神揀選，以神聖記號為標記的論述。如果諾克對貞女的說法是對的話，以神意占卜來揀選的做法，由於是在一群女性（因此不是男人，不會帶來政治威脅）中傳承，照管維斯塔的火，執行對羅馬的安全和保障最重要的宗教活動。[22]因此，搖籤留下來用來挑選人擔任祭司，是不會構成政治威脅的；羅馬在西元三世紀相信貞女由神命

---

19 關於程序，參Beard, 1990, 22-24。關於圍繞普遍選舉的宗教議題，參西塞羅在西元前104/3對 *lex Domitia* 的評論：法律遷就禮儀規定，不容許公眾挑選祭司，以表現公共任命的觀念。（*Leg. Agr.* 2.17-18）。

20 關於占卜官在就職中的角色，參Linderski, 1986, 2224-2225。祭司的聖潔由他們的限制顯示，不准看見死亡（Sen. *Dial.* 6, 15, 3; 比較Serv. *Aen.* 3, 64; 6, 176），不准結婚多於一次（Tert. Castit. 13; 比較Monog. 17, 4），不准以神以外的東西起誓（Serv. *Aen.* 9, 298），不准乘馬，或許是魯莽地陷入危險？（Serv. *auct. Aen.* 8, 552）。他們在晚宴時食物落下時的想法，構成預兆：Pliny, *NH* 28.27。

21 關於貞女的發作，參Wildfang, 2006, 37-50。關於維斯塔對貞女的保護，參Wildfang, 2006, 85-86，關於大約在西元前230年Tuccia向維斯塔祈禱，以篩盛水，和Aemilia將自己的衣服放在火爐中而重燃維斯塔的火的事蹟。

22 Staples, 1998, 147-156強調貞女禮儀角色的重要性：照管儀式的火（象徵羅馬的安全和延續），維持保護神像（另一個維護羅馬安全的護符），製作所有羅馬祭品的基本材料鹹麵粉。

定的搖籤這信仰的語言（*a diis electa, ab love ipso...electus est*）與較早的抽籤語言平行（*sorte eligit*, Suet *Vesp.* 10.1.4）；這語言也與基督教關於委任主教的思想——和語言——平行，雖然基督徒明顯不用籤。

因此，羅馬世界的居民——異教徒和基督徒——都承認搖籤作為羅馬政府投票和司法的一個機制。他們生活在一個世界，在其中搖籤將他們辨別認歸為一個群體，他們也承認搖籤是一個決定領導的程序，以及在一群由選舉或根據地位預先被挑選的個人中委派行政角色的方式。制式的紀錄表示他們應該會承認祭司「由諸神揀選」，*a diis electus*，這個觀念。重點是：羅馬的搖籤建立了一個脈絡，在其中基督徒群體和個別基督徒能評估基督徒搖籤的行為。羅馬的環境和羅馬搖籤的文化連繫提供了一個讓基督徒對搖籤委任領袖感到焦慮的動機。

早期教會中主教的選任

安提阿的伊格那修（Ignatius of Antioch）（一世紀後期二世紀初期）的著作顯示，在早期基督徒社群中建立權威教會領導的問題。[23] 伊格那修稱讚主教的品格，例如以弗所主教阿尼西母（Onesimus）（Ign. *Eph.* 5.1），並一再在以弗所（*Eph.* 20.2）、馬尼薩（Magnesia）（*Magn.* 4.1）、示每拿（Smyrna）（*Smyrn.* 8.1-2）、非拉鐵非（Philadelphia）（*Philad.* 7.1-8.2）勸人順從主教。重要的是，他提出一個觀念：主教由神差派，從神那裡接受指示，而神是所有人的主教（*Magn.* 3.1-2），並正如特爾比科

---

23 參 Trebilco, 2004, 639-668的討論。

（Trebilco）提出，他特別關注那些重視先知權威多於正在形成的由教會界定的主教權威的基督徒。[24]伊格那修清楚顯示，在早期教會的階層結構中，在確立主教的合法權威上是有困難的。

　　早期教會也有歷史的先例，可以追溯到那些直接見證過基督傳道的第一代人，即委任馬提亞取代猶大這件事。這個委任的程序是教會選擇不去發展的。使徒行傳記載委任馬提亞，一般將這段經文置於一世紀的最後二十五年。這委任包括兩重過程，開始時由宗教群體挑選兩個人（根據的準則是他們直接見證過基督的傳道），然後搖籤找出神揀選的人。[25]在一群獲挑選的人中以搖籤揀選祭司，與羅馬揀選貞女擔任祭司的過程十分相似；也和羅馬搖籤從一群預先挑選的人中選人擔任特定責任或功能，作為特定行政省的總督或特定審訊的陪審員的一般性質大體相似。以搖籤委任馬提亞是第一代使徒的作為，與其後的做法有衝突，而根據文本判讀原則（*lectio difficilior*），如果後來發展出的做法是與其相反的，就可以確定此說法是較早出現。　教會發展出一種普選的程序，作為「表達集體的共識」，以及主教作為「社群的化身」的觀念。[26]在評估挑選領袖的模式的發展時，學者觀察到一些做法，顯示了制度化權力的缺乏，或者獲承認的委任程序。因此，巴加蒂（Bagatti）（1971, 49-54）追溯了在一和二世紀，在以弗所和美索不達米亞最早的教會階級中，家庭繼承的角色。費格遜（Ferguson）指出有一些固定的儀式以肯定主教的合法權威，例如

24　Trebilco, 2004: 670-676.

25　人們對使徒行傳的日期有辯論，參Pervo, 2006 passim, 314-315，提議其時代為使徒後的第三代。

26　Van Nuffelen and Leemans, 2011, 9.

某些預兆和姿勢，例如將死去的主教手按在繼任人頭上。[27] 一個小孩偶然的話作為預兆在374年11月30日改變了任命，令安波羅斯（Ambrose）成為米蘭主教。[28] 簡單來說，教會機構在確立主教的合法權威時有長期的困難。在這一節，檢視初期基督徒對挑選主教和馬提亞的任命的評論，讓我們得以追蹤教會怎樣破除紀錄在使徒行傳中的先例，並讓我們更明白基督徒對搖籤的焦慮。

　　頭三世紀關於委任主教的程序的證據很少，但顯示了對教會領袖的合法性很長時間的爭論。[29] 保羅自稱使徒，「奉神旨意」蒙召（林後一1），並沒有顯示授權給他的機制；[30] 教牧書信很可能不是保羅所寫，但屬於他的系統的人所為，而且較後寫成，處理教會領袖需要有的質素，這些領袖包括 episkopoi（監督），這裡面沒有界定任何找出候選人和挑選教會領袖的那些過程（提前三1-7；多一7-9）；[31] 使徒行傳十四章23節描述保羅（和巴拿巴）為流散的教會委派長老，所用的動詞顯示一個按立的禮儀（χειροτονήσαντες，「按手」），但沒有顯示之前揀選的過程。[32] 保羅

27 Ferguson, 1974: 30, 32.

28 關於小心審查材料來源和探討安波羅斯的動機，參 Barnes, 2011。

29 參 Stewart-Sykes, 2014, 328-345 近期的總結，開始的但書是：「不過，很大程度上來說，我們的材料是沉默的。」（329）

30 比較提摩太前書一1。關於保羅對權威的宣稱，參 Aageson, 2008, 91-93, 115-116。關於書信的歷史真確性，參 Pervo, 2010, 特別是他的表格，21。

31 Aageson, 2008, 136-138; Pervo, 2008, 208-210。關於主教的挑選，比較 Aageson, 2008, 137：「提摩太前書和提多書也沒有明確提出神、基督、使徒和不同職位之間的連繫。」關於書信的日期，參 Pervo, 2010, 83-96。

32 Pervo, 2009, 362 強調經文的時代錯誤（「時代錯誤，並肯定不是保羅所寫，因為保羅沒有提到長老」），並強調它的牧養功能，支持二世紀開始時正在出現的教會階級。關於按立的語言，參 Pervo, 2006, 214-216。Stewart-Sykes, 2014（36-37）對領袖的稱號感興趣，並不考慮沒有具體說明的委任方法。

和保羅文本沒有清楚表明挑選教會領袖的程序，卻建立了一種強調個人、神聖召命的語言。[33]

革利免（Clement）的《哥林多前書》（*First Letter to the Corinthians*）在一世紀後期寫成，描述一個使徒傳承：使徒確立領袖，以聖靈證明他們（「他們建立他們最初的歸信者［字面意思是「他們初熟的果子」］，以聖靈考驗他們，成為主教和執事」，42.4）。描述委任的動詞是通用的詞語（καθίστανον，「設立」）。重要的是，革利免書信是第一個基督教材料，沒有理會使徒行傳中以搖籤揀選馬提亞的先例，雖然他引述聖經權威，宣稱使徒委任主教的方法是傳統的方式（42: 5，引述賽六十17），他想像使徒神啟地預見其後任命對合法性的爭議，因此建立了一個挑選的系統，是由他們自己、他們的繼承者，或某些不確定的領導人選出，事後再被教會社群認可（44）。[34]以賽亞書的經文（六十17）顯示神應許賜下領導，指明職位的名稱，卻沒有指明挑選的程序。[35]換句話說，革利免聲稱教會領導和委任教會領袖的系統源自聖經和使徒權威，但他卻忽略了記載在聖經的使徒先例，也就是馬提亞在使徒行傳中的委任。

第二世紀的《十二使徒遺訓》（*Didache*）寫給東方流散的教會，描述教會領袖委任主教和執事，卻沒有清楚表明是由誰或怎樣挑選候選人（15.1-2）：[36]

---

33 關於使徒行傳和教牧書信中的恩賜，參Fitzmeyer, 2004, 594。

34 關於經文，參Stewart-Sykes, 2014, 339-341; Vogt, 2005, 464-466。

35 以賽亞書六十17：δώσω τούς άρχοντάς σον έν είρήνη καί τούς έπισκόπους σου έν δκαιοσύνη。

36 關於規定，參Schölgen, 1996, 60-62; Draper, 1995, 290-94和2008, 166。關於按手，參Stewart-Sykes, 2014, 342-345。哥林多後書八章18-19節Χειροτονέω

　　所以你們當為自己推舉配作主門徒的人作為主教和執事，即溫柔的，不貪財的，誠實可靠，而被試驗過無誤的。因為他們是事奉你們，如同先知和教師所擔任的角色一樣。所以不可輕視他們，因為他們連同先知和教師都是你們當中有榮譽的人。

　　經文列舉適合、受過試驗的候選人一般性但必須具備的品質，並界定主教和執事的侍奉工作或禮儀。斯圖爾特—賽克斯（Stewart-Sykes）提出侍奉工作（λειττνργῖα）指的是由教會領導提供的經濟支持，他也指向前一章描述的群體聚餐（《十二使徒遺訓》十四）。[37] λειττνργῖα 隱含的經濟暗示指向一個指示，那就是適合作領袖的候選人表示對財產不感興趣。[38] 詳述領袖需要有的德行，並勸勉群體尊重領袖，但經文也暗示了他們權威的爭議性。重要的是，《十二使徒遺訓》的語言和使徒行傳十四章23節描述委派長老的語言相似，[39] 也和使徒行傳十三章1至3節在先知和教師進行的禮儀或禱告中（λειττνργῖα），聖靈宣告神差派保羅和巴拿巴這段經文相似。[40] 簡單來說，《十二使徒遺訓》引用使徒行傳來描述主教的委任，喚起個人、神聖召命的觀念，但沒有具體表

　　這個動詞描述為提多委任同伴，在拉丁文通俗譯本翻譯為按立（ordinatus）。

37　關於 λειττνργῖα，參 Stewart-Sykes, 2014, 104-105（強調經濟支持）；強調禮儀侍奉或禱告，Land, 2008, 184-185; Pervo, 2009, 322.

38　參對初期教會關於貪心的教導的比較，Pervo, 2006, 220-228。

39　關於初期教會文件中委任語言的總結，參 Pervo, 2006, 215。Pervo 的表顯示按手的辭彙：ἐπιτίθημι τάς χείρας（徒六6，十三3；提前五22）或名義上的等同，ἐπιθέσις τῶν χειρῶν（提前一18，四14；提後一6）。

40　參 Land, 2008, 184-185.

明挑選他們的任何手續，對使徒行傳這個特點保持沉默。

　　三世紀的《希坡律陀的使徒傳統》（*Apostolic Tradition of Hippolytus*）（2.1-2）粗略地描述主教在由眾人選舉後獲委任（「主教被眾人選出以後，要加封立」）。[41] 希臘文版本（Const. App. Epit. 8.4.2-6）描述了一個過程，此中眾人（λαός）挑選了一個無可指摘和最好的人：一個人主持聚會（πρόκριτος），要求眾人批准一個預先決定的候選人——文本沒有顯示開始的挑選過程是怎樣的，也沒有顯示挑選的準則——並一次、再次、三次見證他的德行，之後由教會領袖藉著按手和禱告按立他。大眾挑選的程序和正式的委任儀式反映了教會群體已發展的程序。

　　作為明顯的對比，新約偽經的作者想像以搖籤挑選宗教領袖，並在他們當中委派職責，也就是說，他們想像一種羅馬式的搖籤。根據《占姆士福音》（*Gospel of James*），搖籤決定大祭司撒迦利亞的繼任人（Protevangel. Iacob. 24.4），這是猶太人任命猶太祭司的傳統：

> 眾祭司商討委任誰來取代撒迦利亞的位分，抽籤的結果是西緬。[42]

被選中的人被聖靈召喚並被應許得救贖（Protevangel. Iacob. 24.13）：

41　關於文本，參 Stewart-Sykes, 2014, 12-19. Bradshaw et al., 2002, 24-29 列出文本（在翻譯中）的校訂，拉丁語、阿拉伯語、科普特語。

42　關於文本的日期、作者和起源，參 Hock, 1995, 2-13; Ehrman and Plese, 2011, 31-35。

> 他正是那位得蒙聖靈啟示，得知自己在嘗到死味之前必會
> 看見肉身的基督的人。

雖然我們不知道這文本的作者和日期，但俄利根（Origen）（死於254年）知道有《占姆士福音》，表示成書日期在二世紀後期（Ehrman, 2011, 35）。顯而易見的是，基督教文本結合猶太明智的搖籤傳統，在候選人中挑選人擔任宗教職位，並將搖籤詮釋為個人、神聖召命的記號。三世紀初期的《多馬行傳》（*Acts of Thomas*）描述門徒藉著在他們中間，將地理地區以搖籤分配，安排令世界歸信。在想像的搖籤中，分派給多馬的是印度（「根據抽籤的結果，多馬要往印度去，」《多馬行傳》1）。[43] 再一次，非常羅馬式的搖籤在一群預先挑選的人中分派個別任務（例如哪一個省）。同樣，根據或許是四世紀的《腓力行傳》（*Acts of Philip*）94（Bovon, 29），耶穌親自以搖籤分派使徒和他們的地區：[44]

> 當救主根據城市和土地分派使徒，每一個人根據主委派給他的崗位去，祂在他們當中搖籤時，腓力的籤是去進入希臘人的土地。

再一次，根據三世紀的《安得烈行傳》（*Acts of Andrew*），門徒分派地區使人歸信（「讓我們站立搖籤，看每個人因為基督，會去到哪裡和保護什麼人」）因此，初期的基督教偽經想像搖籤在門徒預先挑選的群體中分派任務；這些想像配合傳統羅馬行政

43　關於文本，參Klijn, 2003, 1-15; Klijn, 2003, 17-19沒有評論對籤的使用。

44　比較137：「巴多羅買在呂高尼有籤。」

搖籤的實踐。但這些文本被排除在基督教正典以外。

關於委任馬提亞，基督徒的評論者對那搖籤有很多不同的觀點。特土良（Tertullian）（約160-225）習以為常式的提到它。或許這就是重點。他在建立一個反對異端的論證，以作為論證的一部分，他小心地追溯使徒由神任命和分派，作為基督的繼承者和真正基督教信仰的教導著的那些事件的次序。[45]在失去猶大後，基督自己命令餘下的十一個使徒去傳道（*De praescriptione Haereticorum* 20.3），而使徒利用搖籤來挑選馬提亞代替猶大（20.4）：

> 他們其中一人［猶大］被棄後，祂［基督］在復活後去到父那裡，命令餘下的門徒教導列國，使他們受膏歸入父、子和聖靈。使徒們（這稱號表示他們是受差派者）立即以搖籤，並根據預言，也就是大衛的詩篇，加上了第十二人，用馬提亞代替了猶大。他們得到聖靈應許的卓越和雄辯的能力，首先蒙召見證他們在基督裡的信仰，在猶大建立教會，然後從那裡進入世界，他們將同一教導，同一信仰傳揚給列國。

值得注意的是，特土良宣稱猶大的墮落實現了預言（詩篇一〇九8）；但他沒有引述預言的實現或使徒行傳的先例，來支持馬提亞代替猶大，或者馬提亞以搖籤的形式獲委任。[46]相反，他小心辨別一條權威的線索，由耶穌到使徒到他們建立的教會（20.4-

---

45 關於論證，參Bastiansen, 1977; Dunn, 2006。

46 詩篇一〇九8（「願他的年日短少！願別人得他的職分！」），在使徒行傳一20引用（施洗約翰）「讓別人得主教職分」，沒有提程序。

5），而且他強調教導的延續性（「他們將同一教導，同一信仰傳揚給列國」）。特土良如革利免的《哥林多前書》一樣，在描述馬提亞的任命時沒有提到搖籤。

　　要評估特土良對馬提亞的任命的沉默，需要考慮他對搖籤的一般想法。他提到搖籤的活動，顯示了他十分適應羅馬文化，並留意到羅馬的政治和社會活動，也熟習羅馬的文學傳統。特土良提到羅馬以搖籤分派行政職位（*Apol.* 7.8-10）和軍事任務（*Apol.* 2.8），他也生動地描述在戰車比賽中以搖籤分派開始的位置這種人們十分期望的奇景（*Spect.* 16.1-2）。而且，他挪用羅馬搖籤的語言來描述父、子和聖靈分享的國度（Adv. Praexean 3.4-5, 17.2-3），這與朱庇特（Jupiter）、尼普頓（Neptune）和普路托（Pluto）之間搖籤分配地方的方式相似。[47]他同樣對比基督權威的最後審判和米諾斯（Minos）與拉達曼提斯（Rhadamanthus）的陰間審判，他們以搖籤得到自己的權威，特土良再次挪用另一個悠久的文學意象，藉以主張基督教的神的優先性。[48]最重要的是，他用搖籤的語言來描述人類的狀況（性別、感官知覺、肉身死亡）和自然世界是神內蘊於物質世界的產物（例如：De Anima 16.2, 以及經常提及的）。羅馬帝國時代作家已經使用搖籤的語言來描述物質世界，例如自然世界的性質，以及星星和行星在曼尼里烏斯（Manilius）中的位置（Astr. 1.602 et al.），在老普林尼論述中植物和動物的自然特點（HN 9.2, 9.18, 16.6, 17.218）。特土良挪用羅馬搖籤的語言來翻譯或解釋基督教的觀念，基督教的神變

47　Sen. *Herc. Fur.* 608, 833; Aus. Mos. 80-81; 比較 Drac. *de laud Dei* 1.69; Serv. *Ad Aen.* 10: 40; *Ecl.* 7.4-5。

48　*Apol.* 23.13: 比較 Verg. *Aen.* 6.430-433; Prop. 4.11.18-22; Ps.-Asc. in *Verr.* 2.1。
　　抽籤瓷象徵陰間法庭：Dracontius *Romulea* 9.129-131。

成了搖籤的神。因此，特土良很熟悉羅馬搖籤的程序；他並不激烈反對公共搖籤，他實際上使用羅馬搖籤來翻譯他眼中的世界的重要觀念（三一、基督的審判）──除了搖籤挑選馬提亞，對此他略過沒有評論。

　　但特土良卻激烈反對私人實行搖籤。他認為這具有鬼魔性和欺騙性，雖然他似乎以基督徒的行為，而非古典時代的行為為目標。他描述從讀經中選取神諭的做法（Apol. 22.9）：

　　　　對神的安排，他們一方面從那些曾經對眾人宣講的先知中挑選；一方面也從現在高聲讀出的文本中挑選。他們從這裡選出某些時代的神諭，模仿神的本性，而偷取先知的啟示。

特土良描述的做法與流行、私人的占卜方式相符，好像*sortes Vergilianae*和後來的*sortes Biblicae*及*sortes Sangallenses*，都曾被克林示恩（Klingshirn）（2002, 2005）和漢密爾頓（Hamilton）（1992）研究過。教會禁止神職人員和領袖從事籤諭的活動，並在465、506和511年屢次譴責這些事，從而將教會領導的神職人員世界和那些使用占卜的人的世俗生命世界分開。

　　俄利根寫了一連串關於約書亞記的講道文，它們在亞桂烈亞的路費努（Rufinus of Aquileia）的拉丁語翻譯中流傳下來。[49]在講道23中，俄利根考慮以色列在不同支派中搖籤分地，並在工具性或機械性的詮釋，與將搖籤理解為顯示世界和事件更大的神聖安排之間建立對比（21.1）。俄利根一再反對將聖經的搖籤理解為

---

49 關於路費努和他的翻譯，參Bruce, 2002, 13-19。關於拉丁文本，參Baehrens, 1921。

「偶然」（23.1, 比較23.3）：

> 於是，籤搖出來，土地被分配給神的百姓。籤的運作不是
> 出於偶然，而是根據由神預先做的決定。

他強調搖籤的結果闡明神的旨意（23.2, 比較23.3）：

> 籤由使徒搖出時，為我們將這神旨顯示出來，因為根據純
> 潔的信念和禱告而搖出籤後，上帝的祕密旨意就經由籤的過
> 程顯現出來。

　　這說法把羅馬人（西塞羅、普林尼、塔西陀）對搖籤的機械
式定義和宗教式定義做了類比。但俄利根強調在禮儀上配以禱告
和有信念的搖籤可以傳達上帝的旨意。俄利根理解揀選馬提亞代
替猶大是初步的挑選，經過一個排除由人的旨意挑選的過程後進
行：

> 他們挑選兩個人，要他們站在中間。他們最終沒有容許自
> 己對這兩個人做判斷，讓他們委任他們自己想要的人。

他引述使徒行傳，講述搖籤的過程，包括在神眼中禱告和為候選
人搖籤：

> 記載說，但禱告，他們為站在神面前的兩個人搖籤……記
> 載說，籤落在馬提亞身上，他被列在其餘十一個使徒之中。

他視搖籤揀選為神的判斷，而籤是神旨意的機制，因為之前有禱告：

> 由於有預先的禱告，籤不是偶然落下，而是有神的旨意做出神的判斷。

俄利根知道使徒行傳顯示那籤的雙重意義。他具體地說籤揀選個人：由摩西分配支派，揀選馬提亞。他也以比喻的方式談及籤，引述保羅的宣稱是救世主的繼承者（23.3），以及獲分派的特定生活環境（23.3）。因此，對俄利根來說，籤反映猶大—基督教的神的神聖旨意，籤挑選由神揀選的領袖。[50]重要的是，俄利根藉著對比使徒的智慧和現時教會的領導，開始他對委任馬提亞的討論（23.2）：

> 使徒肯定比現時挑選主教或長老或執事的人有智慧得多，他們聚在一起……

因此，他的討論引申出使徒行傳的委任模式，和他自己時代的委任模式之間的對比。在一個對俄利根的研究中，特里格（Trigg）提出，俄利根將由神揀選的恩賜領袖，從由正在出現的教會階級挑選的那種領袖中區分出來。俄利根建立了一種區分，是首先由他老師亞歷山大的革利免（Clement of Alexandria）（死於215年）闡述過的。[51]在俄利根的思想中，搖籤似乎是一個機制，對抗主教

---

50 關於俄利根對魅力領導的觀點，參 Trigg, 1981。

51 Rapp, 2000, 384-385，提請人們留意 Stromata 6.13, 106.1 ed. Stählin et al.。

和教會自大的權威，而俄利根利用馬提亞的搖籤，建立對教會職位和權威的批判。俄利根的說法，好像偽經一樣，後來被成形後的教會所譴責。

對比起來，與俄利根同代的迦太基（Carthage）主教塞普良（Cyprian）（死於258年）則引述使徒行傳，支持普遍選舉主教為使徒傳統，在這樣做時，他壓抑另一個也在使徒行傳提到的傳統，也就是以搖籤委任馬提亞。[52] 在書信67，塞普良回答西班牙的基督徒替換兩名犯了偶像崇拜的主教的任命的問題（67.1-4）：

> 我們讀到你們的信，顯示巴西里德（Basilides）和維爾紐斯（Martialis）犯了崇拜偶像的錯誤，他們令人不齒的行為受到了良心的約束，不應該擁有主教的職位，並作為神的祭司。

接著他描述委任神職人員的恰當程序。他宣稱會眾需要服從神聖的規定，因為他們從神那裡得到權柄委任神職人員：

> 眾人服從神的命令，懼怕神，應該從有權力的罪人〔巴西里德和維爾紐斯〕那裡分離出來……特別是因為眾人本身有權力挑選配得的神職人員或拒絕不配得的人。

接著他界定會眾所具有的判斷和見證神職人員是合適的權威：

> 這件事〔眾人的權力〕我們認為源自神聖權威，因此神職

---

52 關於塞普良和主教的選舉，參Granfield, 1976，強調塞普良的權威角色。

人員在眾人在場時，在眾人眼前被挑選，他被公眾的判斷和見證視為合格和適任。

根據塞普良，公開、普遍的選舉使教會職位合法：

　　公開面對所有會眾，神命令神職人員得到委任；也就是說，祂指示和顯示，神職人員的按立不應進行，除非知道眾人站在附近，在眾人面前，要不是惡者的罪行得以揭發，就是好人的善行得以宣告，而按立應該由眾人的表決和判斷來檢視，可以公平和合法。

重要的是，他引述馬提亞的替代任命為先例：

　　這做法後來根據神的指示被遵守，使徒行傳中記載，彼得向眾人說按立一個使徒代替猶大時。經文說：「彼得站在門徒中間，眾人都在一處。」

而且，他聲稱他勾畫的過程代表神和使徒的傳統，以前得到遵守，將來也必須得到遵守（*Ep.* 67.5）：

　　因為這個理由，你們必須努力遵守，持守來自神聖傳統和由使徒遵守的做法，這做法也在我們中間維持，而且幾乎在所有省份中都是這樣做；要恰當進行按立，同一個省份的所有鄰近主教都應該與那些人聚集在一起，按立教士。主教應該在眾人在場下揀選，他們最知道每個人的經歷，看過每個人習慣的行為。

正如陀爾熱申（Torjesen）指出（2004, 189-190），塞普良進行特別的呼籲；他自己升上高位，是來自公眾的命令，不是教會機構的支持，他不斷與教會搏鬥，主張自己擔任主教的權威。他選擇性地將馬提亞的委任詮釋為只是選舉，不是選舉有潛力的候選人然後搖籤。將使徒行傳和馬提亞的委任視為當代挑選主教的先例，塞普良沒有提到籤，並發明神聖許可以及普遍選舉主教的傳統。

　　當奧古斯丁在四世紀後期和五世紀初期談及馬提亞的搖籤時，甚至沒有想到選舉主教的辦法。從當時的政教環境來看，這毫不令人驚訝：作為皇位的爭奪者，即將成為皇帝的君士坦丁在312年有一個歸信經驗，其後接受和保護著羅馬帝國中的基督徒群體和教會；在四世紀，教會階級以會議形式聚集，發表教規，界定按立的規則，雖然它沒有規定實際挑選主教的程序。[53]奧古斯丁生活在羅馬世界，那也是基督教世界，在其中有才能的精英可以在教會或羅馬政府選擇職業，而且往往在兩者之間遊走。

　　和俄利根相似，奧古斯丁將馬提亞的搖籤理解為神的揀選。在對詩篇三十篇（「我的籤在你手中」）的第二篇註釋中，探討 *in minibus tuis sortes meae* 的意義時，他問「sortes」的意義（「那些籤是什麼？為什麼有籤？」*Enarr. In Ps.* 30.2.13）。他對比詩篇的「sortes」和私人的掣籤占卜（「我們聽到『籤』這個字時，不需要想到私人的占卜者」）。[54]他宣稱籤不是邪惡的，可以反映神的旨意。奧古斯丁接著引述馬提亞的委任來證明他的主張：

53　Norton, 2007, 20-31.

54　比較 *Sermo* 9, 在一張要避免的腐敗的清單中，包括私人的占卜者（*sortilegi*），還有數學家、腸卜僧、占卜官、獻祭和奇觀。類似的是 *Sermo* 4。

　　因為使徒也搖籤，猶大死去，基督被交後，正如關於他所寫的話：「他往自己的地方去了。」他們開始考慮誰會代替猶大；他們以人的判斷選了兩個人，然後從兩人中以神的判斷選一人；關於那兩人，他們諮詢神想讓誰作使徒；「搖出馬提亞來。」[55]

因此，好像俄利根一樣，他對比人的挑選和神的判斷。但與俄利根不同，他將使徒搖籤詮釋為描述個人得救的「命運」。他沒有引述搖籤作為教會挑選程序的先例。奧古斯丁結束討論時，將「籤」翻譯為救恩，作為神白白恩賜的拯救：

　　他稱「籤」——在我心目中——為我們藉以得救的恩典。為什麼他以「sors」這個名詞表達神的恩典？因為在籤中沒有選擇，只有神的旨意。

這個結論與他對詩篇三十篇的首次闡釋相似，在那裡奧古斯丁將sors的具體意思擴展來描述被分派的救贖的命運（*Enarr. in Ps.* 30.16）：

　　「我的籤在你手中。」我的籤在你的大能之中。因為我看不見自己有何優點，是可以讓你在人類那普遍的不敬虔中特別揀選我得救；如果你的選擇中有公平和隱藏的邏輯，我不明白這邏輯，但通過搖籤得到了我的神職。

---

55 關於 *abiit in locum suum* 這句話的詮釋，參 Zweip, 2004, 166-167。

奧古斯丁將具體的籤首先翻譯——和重新界定——為顯示神的旨意，然後擴展為持久的救贖和神的恩賜。[56]奧古斯丁的思想變成基礎：*Enarrationes*清楚呼應和引導基督徒，他們正如雷曼（Lehman）強調的，為了自己講道時使用，抄寫和分發他的文本。[57]在其他地方，奧古斯丁描述（和批評）占卜的行為（*Civ. Dei* 8.23）。*Sors*描述生命環境，特別是人類的死亡，以及由神引導的宇宙的特點。[58]但*sors*在他整個著作中都不斷重複，用來指人接受永恆生命這神賜的命運。[59]

委任馬提亞可以說是第一次使徒傳承，它運用搖籤，而基督徒領袖和群體有先例和權威的文本支持以搖籤委任領袖。但基督徒在發展委任教會領袖的過程中沒有使用搖籤，雖然他們建立了主教是使徒的繼承者，並由神委任的這個觀念。[60]唯一提出實際使用搖籤來委任教會領袖的基督徒思想家俄利根最終被判為異端。基督教偽經詮釋搖籤來委任神職人員為神的召命，一再描述搖籤為在教會領袖中分派任務的程序；這些文本被排除在基督教權威文本之外。教會離開了猶太和羅馬的先例。它改為建立了一套普遍推選的程序來委任主教，這個過程在當代的政教處境中沒有平行的案例。而且，這過程難以控制並且很是混亂（比較安波羅修

---

56 *Serm.* 12.4.4一個類似的主張，引述馬提亞的揀選為證明神命定的搖籤傳達神的旨意。

57 參Lehman, 2013, 162，也觀察在中世紀修道傳統中的持續影響。

58 人類的狀況：Aug. *Civ. Dei* 4.12。

59 Aug. *Civ. Dei* 1.35（*in aeterna sorte sanctorum*），比較20.23; *Conf.* 9.3.5; *Trin.* 13.15/19; *Enarr. In Ps.* 29.8; *Tract. In Ioh.* 107.1。

60 Rapp, 2005, 23-55，考察關於主教的責任和委任的文學*testimonia*。強調在君士坦丁之前和之後合法機構和程序，參Norton, 2007, 12-34/45。

在米蘭；色拉〔Silvanus〕在西爾塔〔Cirta〕），雖然它潛在地加入了普遍的選舉進到正在浮現的教會階級系統，或許，雖然不大可能，令傳統的羅馬精英從屬於他們各自的基督徒群體（Rapp, 2000; Oliveira, 2012）。而且，教會階級對占卜的厭惡與普遍的占卜行為和個人信仰形成了鮮明的對比。但拒絕羅馬的做法，令教會和它的機構與羅馬帝國的世俗權力結構區分開來。帝國早期的作者強調對搖籤理性、工具性的理解，並顯示甚至私人命運也理解為受皇帝影響。拒絕羅馬的搖籤不是拒絕宗教信仰，而是拒絕羅馬政府的運作方式，這個區分特別重要，有鑑於主教的招募是在傳統的精英中進行的，以及發展中的教會的人口異質性（在使徒行傳中已經很明顯）。[61] 離開馬提亞的先例，也表示離開了一個不受控制的委任教會領袖的程序。雖然初期教會在本身的群體中建立和維持權威方面面對了巨大困難，普遍的選舉，由有權力的人居間，或許提供了一個更可預測和更能夠控制的方法，令權力交接變得穩定。明顯地，基督徒對搖籤和委任馬提亞的看法，反映了對搖籤這種不受控制的委任領袖模式的看法，揭示了他們對此持續焦慮的情緒。

　　研究搖籤和挑選主教，讓我們看見基督徒思想家選擇性地挪用，並小心地翻譯基督教和羅馬傳統，藉以發展合法的教會領導。對搖籤的研討顯示了由神命定的領導的複雜觀點，同時顯示在微觀層面文化吸收的過程。基督徒拒絕以羅馬和早期基督徒、聖經的搖籤傳統挑選領袖，但他們也小心從馬提亞的委任中挑選要素，藉以宣稱自己依從傳統。基督徒領袖拒絕羅馬傳統是合理的，也就是說，他們拒絕羅馬皇帝政府的世俗框架，而發展其社

---

61 關於界定元老階級和主教之間的關係的人物傳記論證，參Rapp, 2000。

群。看基督徒作者選擇性拒絕和翻譯馬提亞任命的例子，反映他們充分意識到羅馬和聖經的傳統。藉著拒絕由神揀選領袖的宣稱，基督徒領袖得以建立自己的權力。

第九章

將超自然殖民

神靈在古代後期怎樣被鬼魔化

溫司卡

美國南方美以美大學聖經學教授

Daimōn 在古希臘語境中是神、神靈、靈，甚至鬼魔。眾所周知，蘇格拉底（Socrates）肉體裡面有個 daimōn，守護神。快樂，正如包含在 eudaimonia（繁榮，快樂）這個詞裡面的含義，是由良好的 daimōn 啟發的愉快心理狀態；而他的相反，憂愁或不幸，則是由邪靈 kakodaimones 引致，也就是會在人類生命中造成大破壞。好的和邪惡的 daimones 都被認為居住在諸神至高的區域和低下人類領域之間的中間範圍中，因此他們的位置具有影響和干擾人類事務的能力，會帶來好處或壞處。他們的作用在柏拉圖主義中變得特別突出，這思想承認神和人之間沒有混合，而 daimones 就成了兩個領域之間唯一的中介。[1] 對好像普魯塔克（Plutarch）和普羅提諾（Plotinus）這樣的柏拉圖主義者來說，他們的獨特地位增強了他們作為一種生命存在的中立地位，他們繼續統治人類事務，作為善的靈或惡的存在體，但總是多變和不穩定的。不過，對後期的柏拉圖主義者波菲利（Porphyry）來說，有足夠證據證明邪惡的 daimones 開始有更一致地邪惡的色彩，可能是因為基督教的影響，他們現在被視為傳達虛假和邪惡，並造成人類的災難。[2]「作為中介存有，[daimones] 成了人類中虛假和幻象活躍的來源。他們戲劇性且強烈地對天和地怎樣能夠聯合提出了懷疑，令這些懷疑在古代後期的宇宙中成了永久的元素。」[3] 這個向下的螺旋在奧古斯丁的眼中達到邏輯性的結論，對他來說，沒有好的 daimones，只有天使。他同意非基督徒的對話者說，daimones 有空中的肉體，占據著天空。他甚至給予他們一種預知

1　Plato, *Symposium* 195.

2　參 Wey, 1957。

3　Brown, 1978: 20.

的能力，雖然他避免稱之為預言，因為根據奧古斯丁，真正的預言只能來自神。因此，與柏拉圖主義的立場十分不同，奧古斯丁否認 *daimones* 擔當神和人之間的中介角色。神可以好像過去一樣，利用邪靈實現神聖的目的，也確實這樣做了，但這只顯示神面對叛逆時的主權。*Daimones* 主要的罪是驕傲（*superbia*），因為他們搶奪只屬於神的榮耀。[4]

　　這一章的主題是，原本廣義的、可善可惡的 *daimōn* 怎樣在奧古斯丁的時代變成表示邪惡的鬼魔。首先，謹慎的做法是排除一個似是而非的建議，也就是奧古斯丁只不過是採納聖經的鬼神觀。誠然，他對 *daimōn* 的理解與聖經的鬼神（*daimonion*）（拉丁語是 *daemonum*）融合：根據新約天啟的世界觀，特別是福音書的作者，*daimonion* 指撒旦的部屬和聯合的邪靈，他們要為疾病、瘋狂、自然災害和墮落的世界中的所有混亂負責。[5]但聖經的思想對直到奧古斯丁的所有基督徒作家沒有能發揮一致的控制。很多人偏離聖經的模式，自行詮釋文本以適應他們時代的規範。無論如何，文本很少能自己決定它們應如何被理解，熟悉文化的詮釋者才能夠這樣做。奧古斯丁自己經常拒絕前人的立場，例如他否定優西比烏（Eusebius）頌揚君士坦丁（Constantine）皇帝為神以及他對帝國的熱誠。他甚至糾正他敬重的老師安波羅修（Ambrose）「好的死亡」這個觀念。[6]因此，聖經的鬼神學不是直線發展，而是按帝國的變化，經歷社會改變後才立位正統。因此，*daimōn* 妖魔化的過程替我們打開了一扇窗，讓我們看到古代

4　關於奧古斯丁對鬼魔的觀點的總結，參 van Fleteren, 1999。

5　Van Fleteren, 1999: 267.

6　參 Cavadini, 1999. 進一步的討論會在這篇文章後半部出現。

後期基督教和社會及政治條件之間的複雜互動。

　　希臘—羅馬鬼神學是一個廣大的領域。[7]考慮到本書的目的，嘗試根據時代次序將它的發展概念化似乎不太有用。根據宗教史精神的時代進路可能可以產生一個系譜模型，但對 *daimōn* 和實際的文化—政治力量之間的互動不會帶來多少洞見。[8]就我的目的來說，史密斯（Jonathan Z. Smith）對 *daimōn* 的人類學進路可取得多。跟隨道格拉斯（Mary Douglas），史密斯提出，在跨文化研究中，「魔鬼崇拜」的核心是界限標記，將局內人與來自外面、不受歡迎的影響分開。根據史密斯，*daimōn* 應該分類為「位置範疇」（locative category），用來劃出其界線。[9]在冒著將史密斯的方法論過分簡單化的危險下，我會補充說這種界限標記只能夠應用在一個大致穩定特點的情況下，以致它的價值，無論是正面或負面，都毫不含糊地得到各方接受。換句話說，只有當被劃分出來的、來自局內或局外的對手雙方都能意識到這種界限的存在與合理性時，這種界限標記會是很有意義的。如果正如古代後期的 *daimōn*，那範疇本身受到爭議，那又怎樣呢？正如布朗（Peter Brown）顯示，*daimōn* 那含糊和異常的本質正好可以證明他十分吸引好像普魯塔克這樣的人的特點，他認為他是對連接天地這個混亂狀況一個「很好的解決方法」。[10]我們甚至可以說，正是 *daimōn* 的彈性和可塑性令他在古代後期有了生命並得以繼續維

7　例如：參Andres, 1914: 171; 同上, 1918; Foerster, 1964; Colpe, 1976; Ferguson, 1984: 33-67; Brenk, 1986; Baltes, 2004; Johnson, 2004.

8　參Smith, 1978: 430-437對傳統方法混淆邏輯分類和時代分類的批評。

9　Smith, 1978; 關於使用人類學方法研究鬼魂和巫術的例子，參Wan, 2008; 同上, 2009.

10　Brown, 1978: 20.

持。如果古代後期擁抱和珍惜 *daimōn* 的含糊性和中立性，史密斯界限性的觀念便應該重新被設想為爭論的場所：在其中，不同且互相競爭的論爭者提出自己關於權力的意識形態的和建構性的策略。在這裡，我根據傅柯（Michel Foucault）的建議來理解權力：權力產生於關係中運用複合的策略。[11] 這樣看來，可以說這一章是一個方法論的實驗，來測試一個以權力為互相競爭的關係、互相競爭的策略的理論，可否應用於了解古代後期挪用超自然秩序的現象。成功的話，我們也可以測試這個方法可否在比較古代的研究中運用。

Daimōn 作為競爭的場所

　　令 *daimōn* 難以馴服的是，它是一個流動的詞語，可以有很大的彈性和容忍度。但正因為它的可塑性，這詞作為一個概念可以打開一扇窗，讓我們看到在不同時代對超自然的建構，以及與這些建構相應的社會政治現實。回到西方文學的鼻祖荷馬（Homer），他的 *daimōn* 為一個包涵廣大的詞語，用來指任何超自然的現象。荷馬的 *daimōn* 不能進入人的肉體，只是偶然可以推動物質，但因他擁有非實質的肉體，他比凡人更高，自然令他符合資格稱為神或神聖。因此，例如雅典娜（Athena）是女神（*thea*），她被比作 *daimōn*（*Il.* 1.222）。對阿芙羅狄蒂（Aphrodite）也作同樣比較（*Il.* 3.420）。因此布倫克（Frederick Brenk）說：

　　　［荷馬的］*daimōn* 沒有可見的形狀或形式，沒有歷史，沒

---

11 以下會討論。

有父母。他從來不在人類的肉體內。他沒有思想，不為更高的神執行命令，也不侍候他們，亦不會因驅魔者而尷尬。他只限於一些心理功用如思想、夢、對超自然力量和目的的感覺。他模糊地為不幸負責，為好為壞而引導種種事情度過難關。[12]

學者指出已久，荷馬這個超自然論述的問題不是為什麼 *daimones* 被等同 *theoi*，而是正好相反，雖然兩者在功能上相等，為什麼這種等同不能經常得到證明。荷馬會明確提出一個已知的神的名字，但當他的人物不能界定超自然的中介時，他便使用 *daimōn*：「當說話的人不知道哪一個神引致某件事件時，便引述 *daimōn* …… *daimōn* 表示不能由凡人確定地辨別的神聖力量。」[13]雖然有上面列出的例子，但似人的神很少稱為 *daimōn*，而 *daimōn* 不是稱為 *theos*（神）。

到了赫西奧德（Hesiod）的時代，*daimōn* 和 *theos* 之間的分隔變成一條鴻溝。赫西奧德區分四種「理性主體」：神、*daimones*、英雄和人。[14]與荷馬的萬神殿不同，*daimones* 不再被視為好像 *theoi* 一樣不朽，而是有9,720年壽命。[15]他們被貶低到較低的階級，雖然仍然是超自然，仍然凌駕人類之上，但他們絕對被定位於 *theoi*

---

12 Brenk, 1986: 2081.

13 Johnson, 2004: 283；比較 Brenk, 1986: 2080。

14 因此，根據普魯塔克，*De defectu oraculorum* 415A-B。

15「烏鴉和牠的叫聲的生命是九代，／有活力的人的九代。四隻烏鴉一起的生命／等於一隻鹿的生命，三隻鹿等於渡鴉的老年；／渡鴉的九條生命等於鳳凰生命的雙倍；／十隻鳳凰我們便有女神，庇護神宙斯可愛的女兒」（*De defectu oraculorum* 415C-D，引述赫西奧德，Frag. 183; tr. Babbitt）。

之下。[16]赫西奧德的四種理性主體之間的界限是牢固的，但不是絕對不能穿越，不過只有「較好的靈魂」才能夠自由地活動。*daimones* 同樣可以向上爬，如果他們可以顯示本身的「超級卓越」，他們可以變成完全的神。相反也是真的：容許自己屈從於激情和試探的 *daimones* 會有「會朽壞的肉體」：

> 其他則假定肉體和靈魂都有變化；以與水被視為從大地產生，空氣從水產生，火從空氣產生的方式一樣，它們的實質向上升；人成為英雄，英雄成為 *daimones* 時，更好的靈魂也得到改變。但從 *daimones*，少數靈魂在時間的長河中，因為超級卓越，在淨化後，完全分享神的質素。但對一些這樣的靈魂，卻因為他們沒有控制自己，而是屈從於試探，再次穿上會朽壞的肉體，像霧或蒸氣一樣，過幽暗的生命。[17]

畢達哥拉斯（Pythagoras）、泰勒斯（Thales）和後來的普魯塔克都跟從這個建構，以 *daimones* 為「神話、黃金時代的人，作為保護的神祇，填補諸神（*theoi*）和人之間的空隙」。[18]恩培多克勒（Empedocles）將兩者之間的距離正式化，設想 *daimones* 以他們的本性，在神和人之間形成連繫，因為他們不再是不朽，「而是長壽的，也會受人類的激情影響。」[19]赫西奧德的 *daimones* 全是善良的，但對恩培多克勒來說，他們可以是善或惡。根據古代傳說，歸給神的所有不道德行動和背叛都由壞的 *daimones* 所做，因

16　*De defectu oraculorum* 415A-B.

17　Plutarch, *De defectu oraculorum* 415B-C.

18　Gokey, 1961: 81, n. 4.

19　Gokey, 1961: 81-82, n. 14.

此既保存古代傳說的說服力，又維持諸神的良好形象。

為了解決無名又無形的 *daimones* 和擬人化的神之間這張力，尚特蘭（P. Chantraine）提出一個吸引人的建議：解決方法要在大眾和精英之間有的那種神聖相互競爭的觀念中尋找。根據尚特蘭，「受過教育、理性」的詩人，好像荷馬和赫西奧德以及統治階層，放棄不受控制的 *daimones*，寧取擬人的 *theoi*，因為 *theoi* 藉著給無名的混沌施加秩序，幫助他們明白超自然。另一方面，一般的大眾抗拒這種理性化的處理而保存他們對非理性的 *daimones* 的信仰；原因極可能是因為這種觀念的解釋能力，但也可能是因為它們具有的顛覆性。[20] 荷馬自己應該是放棄了非理性的 *daimones*，但大眾對 daimones 的概念依然在他的傳統中保存下來。

我不區分 *daimonic* 思想中「高」和「低」文化這兩個分支，而是想到，如果根據統治階級和被統治的人之間永恆鬥爭的權力關係來分析這張力，會不會更有用？對傅柯來說：

> 權力不是制度，也不是結構；它也不是某種我們被賦予的力量；它是在特定社會中我們給複雜策略情況的一種名稱……權力不是能取得、抓獲或分享的東西，一個人能抓著或容許溜走的東西；權力在許多方面發生作用，在非平等和動態的關係的相互作用中。[21]

換句話說，「權力是被運用而不是被擁有。」[22] 它存在於一群人的

---

20 Chantraine, 1954.

21 Foucault, 1990: 93-94; 強調為附加。

22 Yoeh, 1996: 13.

關係中，這群人利用特別的策略來彼此對抗，並且不是靜態地由任何一群人或一個人擁有。因而對權力的分析亦即檢視社會中互相競爭的關係，包括揭示主宰者和被主宰者在相互交往和對抗時所運用的特定策略。[23]權力超越國家和政治，但是它處在實際社會生活和人際關係的具體相互作用之中。權力居於一個社會不同群體之間日常的施與受的交易中。它「源自『局部的活動場域』，應該被視為社會生活的『微過程』，或具體、局部的交易中普遍存在的特點」。[24]權力無處不在。「它是力量關係移動的基底，這些關係因為它們的不平等，不斷產生權力狀態，但後者總是局部的且不穩定的。」[25]只有當我們將權力從以國家為中心的觀念移開，將它恰當地置於社會生命的微過程中，我們才能夠解釋為什麼政權改變，甚至革命，都不會一定帶來社會改變，而且往往延續和增強以前就有的同樣權力關係。

　　透過有互相競爭的策略之群體之間的權力關係的鏡頭看，一般民眾所承襲的「非理性和不能控制的」*daimones*不是反映低等文化，如學者們常常認為的，而是他們競爭地建構超人的領域的嘗試。對玩弄權力的精英來說，奧林匹克的階級在建立現代人所謂的「理性秩序」時，可能是有效的建構，而統治階級可以利用這理性秩序來控制他們的領域。不過，他們的臣民認為階級只不過是一種有組織的任性和暴力，由古代著名的英雄以及神明所代表且合法化，而*daimonic*的混亂被認為是針對這種秩序的一種抵

---

23 「如果權力實際上是實行和部署力量的關係……，我們不應首先和首要地根據衝突、對抗和戰爭來分析它嗎？」；Foucault, "Society must be defended,"15; 強調為附加。也參Foucault, 1983。

24 Yoeh, 1996: 12; 引述Agnew, 1987: 23。

25 Foucault, 1990: 93.

抗的策略。

由荷馬不願意合併 *daimones* 和 *theoi*，到赫西奧德區分他們的轉折，初看似乎是一種妥協。但更仔細地檢視他們所啟發的權力動力和掙扎，反映出了一個變得更僵化的階級，這種情況是用妨礙四種理性生物之間的流動的方式來達成的。赫西奧德的分類是一個意識形態的建構，對精英很有利，能保存現狀，並令精英繼續主宰大眾。現在處於神和人之間，*daimones* 不單在分享權力結構中扮演較次要的角色；他們現在必須求告有名字的眾神，平息從下面湧上來的威脅的混亂。他們本身不再是混亂的製造者，而是被收編到法律和秩序的建制結構中，執行精英的命令。他們成了精英的自我利益的代表，而非芸芸大眾所具有的威脅性混亂。*daimones* 的主要功用，在那些只關心維護既有秩序的權力掮客的心中，是要保證穩定和統合。普魯塔克說：「那些將 *daimones* 的種族置於神和人中間，以解除更多和更大迷惑的人，發現一種力量將我們共同聯合起來。」[26]

普魯塔克對 *daimones* 作為神和人之間的中介這個觀點是在柏拉圖主義者中流行的意識形態。它令人敬重的傳統可以追溯到柏拉圖的蘇格拉底那裡。在關於愛的一段對話中，愛洛斯（Eros）被視為 *daimōn*，像所有其他 *daimonic* 事物一樣，站在神和人的領域之間：[27]

> 我說，那麼愛洛斯是什麼？會死嗎？絕對不會。但那是什

---

26 Plutarch, *De defectu oraculorum* 415A.

27 接著三段引文來自 Plato, *Symposium* 202D-203A; 取自 Brenk, 1986: 2086，強調為附加。

麼？正如我以前說，存在於會死的和不朽的之間。那麼俄提瑪（Diotima）是什麼？一個偉大的 *daimōn*，蘇格拉底。因為 *daimonic* 在神和凡人之間。

不過，不單是官員，*daimones* 也受命將「整體本身」連在一起：

> 但它有什麼能力？它的任務是向諸神詮釋和傳遞人的事物，並將神聖的事物向人類詮釋和傳達——禱告和獻祭、宗教規條和禮儀，以及交換恩寵。處身中間，*daimonic* 可以補充兩者，以致全體本身（*to pan auto*）[28] 由它連結在一起。

根據這個存在論秩序的建構，*daimones* 在有權者命令下執行他們的任務，維持由神創造、命定和支持的秩序。這種從上而下的神學在「秩序井然」的等級制度裡社會角色的區分中反映，因此權力的運用是要只向一個方向流動，從上到下，並透過一個特別的精英階級，*daimonic*：

> 透過 *daimonic*，有了祭司的所有占卜和方術，他們監督獻祭、宗教儀式、咒語以及整個占卜術和巫術。神不與人混合，但透過 *daimonic*，所有連繫和對話都在諸神和人之間出現了，無論是睡著還是清醒。明白這些事情的人是 *daimonic* 人。一個嫻熟其他諸類工藝的人，其實是粗鄙的人。

在神和人之間這個假設不能通過的鴻溝，神被推進為理論性的建

---

28 *to pan* 在這裡可能指宇宙；參 Brenk, 1986: 2086, n. 34。

構——「神不與人混合」——這個建構提供神學理據，將統治階級和被統治的人嚴格區分了開來，也將掌控超自然資源，以取得個人利益的 daimonic 人（daimonios anēr），和不能接觸象徵資源且被除去主動性，而被指示保持被動和倚靠的「粗鄙的人」，或者體力工人（banausos），嚴格區分了出來。記得赫西奧德的四個理性存有的階級，根據他的區分，只有「較好的靈魂」才能夠向上流動。

在這階層結構中，我們的資料的問題不是什麼能令這些靈魂更好，或他們可以怎樣過渡到更高的存在階級。這個階層結構本身就是一種論述，給「daimonic 人」權力，成為法律及秩序的守護者，問題無可避免地變成：誰決定善良的標準？誰得到權威和權力執行這些標準？在這裡，我們走了一圈。由於所謂理性存有的分類是由統治階級根據他們的精英式的關於穩定和階級的假設來建構的——為了壟斷超自然秩序和它的象徵性資源——它也落入了統治階級手中，給他們權力維持這種秩序。

與神聖交涉：daimōn 作為靈魂／鬼魂

針對由這精英建構的嚴格階層所代表的權力侵占，大眾形成了他們自己的對策。他們在另一個具延展性、含糊性的存有中找到解決方法，這東西和 daimōn 一樣古老，它就是死者的靈魂，通常稱為鬼魂。daimones 作為死人的靈魂是普遍的觀念。[29] 鬼魂信仰的起源可能與對 daimones 的信仰無關，[30] 但到了赫西奧德的時候，

---

29 Ferguson, 1984: 41; Gokey, 1961: 80-83, No. 14.

30 關於在希臘—羅馬時期死後靈魂的歷史介紹，參Cumont, 1923: 1-43。

兩者交織在一起。[31]在《工作和日子》（*Works and Days*）中，赫西奧德描述

一個生活在克洛諾斯（Cronos）時代的黃金凡人族裔，他們活得好像神一樣，無憂無慮。他們死時，彷彿是睡著了……他們被稱為生活在地上的純潔 *daimones*；他們是仁慈的，引導凡人，救他們脫離傷害，因為他們漫遊世間，將自己包裹在迷霧中，監察著審判和邪惡的行為。[32]

赫西奧德將這些 *daimones* 限制為「黃金凡人族裔」的靈魂，這是古代一群特別的英雄，世界不會再見到他們這樣的人。不過，到了普魯塔克的時代，這個範疇被廣泛應用到一般的所有靈魂：「*daimones* 是『穿著迷霧』出巡的靈魂，」普魯塔克引述和擴展赫西奧德的話。[33]這種將 *daimōn* 理解為死去的的靈魂的看法是從柏拉圖那裡繼承過來的：

因此，我完全的確信，他稱他們為 *daimones*，因為他們是 *daimones*……他和其他詩人的確說到，當好人死後，他在死者中有榮耀和占據重要地位，變成 *daimōn*；一個象徵他的智慧的稱呼。我也會說，每個聰明而又正好是好人的人在生前死後都是神聖的 *daimonic*（*daimonios*），理當稱為 *daimōn*。[34]

31　參Brenk, 1986: 2082。很難說這個觀念是赫西奧德原創，還是他只是接受現存傳統。

32　Hesiod, *Works and Days*, pp. 110-125; 取自Evelyn-White。

33　*De defectu oraculorum* 431B.

34　Plato, *Cratylus*, 397C-398C.

　　由於 *daimones* 不單作為神和人領域之間中介的靈，也是死人轉化了的靈魂，這大門現在向所有人開放了──不單聰明人、哲學家、有權勢的人和精英，而是所有人──都可以進入到 *daimonic*，可能甚至是神聖世界。藉著對超自然的另類建構，無名的大眾可以接觸到萬神殿不讓他們接觸的象徵資源。米南德（Menander）和幾個世紀後的賀拉斯（Horace）的論述提供證據，證明這樣將 *daimōn* 個人化的概念化，超出了哲學圈子，在大眾中得到廣泛接受。根據米南德的論述，

> *Daimōn* 在每個人出生後就被放置在身邊。
> 一生作為神祕的啟蒙者

賀拉斯對守護神（genius）的描述呼應這種感情，[35] 它主宰人的生命以及兩兄弟不同的本性：

> 只有主宰我們生辰的守護者，人性之神知道，雖然每一生命都必死，其面容也會有改變，白或者黑。[36]

這種對守護神的理解得到廣泛的接受，可以從他在一封給凱撒奧古斯都論詩的起源的信中對「從前的農人」的宗教感的即興評論中看到，他們供獻「花和酒給守護神，感到生命的短暫」（*floribus et vino genium memorem brevis aevi*）──。[37] 建構

---

35 關於守護神到 *daimōn* 幾乎等同的範圍，參 Nock, 1947: 110-113。

36 *Epistles* 2.2.187-189.

37 *Epistles*, 2.1.144. 也比較 1.7.94，在那裡守護神與家神平行。

daimones 作為死人的靈魂，也將他們的身分與個人的保護者——在個人出生時賜給他的守護天使——緊密結合。[38] 在這權力鬥爭的來來回回中，這樣將靈魂和 *daimōn* 等同是重要的，因為它令平等主義變成可能，即使不是事實。

靈魂和 *daimōn* 因此在形式和功能上都相似。在形式方面，*daimōn* 在一個論述中往往稱為鬼魂，而在結構相似的論述中，它也稱為守護的靈。鮑桑尼亞（Pausanius）講述過一個復仇的鬼魂的故事——在他的講述中稱為 *daimōn* ——是關於一個被人用石頭砸死的人的故事。[39] 普魯塔克稱凱撒的怨靈在布魯特斯（Brutus）即將戰敗的前夕出現在他面前，令他以自殺告終，為「[凱撒的]大 *daimōn*」，凱撒在一生中都受到 *daimōn* 的幫助，他死後這幫助也一直持續，如向謀殺他的人報復（*Caesar*, 69.2）。同一個 *daimōn* 後來也向布魯特斯顯現，自稱是後者的「邪惡的 *daimōn*」（*daimōn kakos*; Caesar, 69.7）。故事在《布魯特斯》（*Brutus*）中重述時，它被另外稱為「邪惡的 *daimōn*」（*Brutus*, 36.4）或「幽靈」（*opsis*; *Brutus*, 36.3），據稱是根據哲學的詮釋（*Brutus*, 37）。很明顯，關於 *daimōn* 和鬼魂的傳統混合起來了，普魯塔克在兩者之間搖擺。

這兩個辨別 *daimōn* 的分支——作為鬼魂和作為個人的保護者——怎樣相關和相互影響，我們已經不能再確定地回答。[40] 但它們在抗拒被納入從上而下、強制的超自然建構中增強了彼此。因此，從功能上說，它們將爭論點置於反對個人的 *daimōn* 相結合的

---

38 參 Brown, 1981: 56。關於奧古斯丁對肉體和靈魂的再詮釋，作為反對摩尼教和伯拉糾派的策略，參 Fredriksen, 1988。

39 *Description of Greece* 6.6.8.

40 見 Ferguson, 1984: 42-43.

這種形式，這在古代後期越發地被認定為多層靈魂中最高的一層。

　　「大部分人正確地主張人是複合的，但錯誤地認為他只是由兩部分組成。原因是他們假設思想是靈魂的一部分，因此和那些相信靈魂是肉體一部分的人同樣犯錯，因為他們認為靈魂在多大程度上比肉體優越，思想也比靈魂優越和更神聖。」[41]

關於這段文字，我們最好引述布朗精確的話：

　　在個人即時意識到的多個層面之上，還有另外一層，「真正的」靈魂，也就是比我們知道的靈魂有更無限的優越性，正如靈魂本身比肉體優越一樣。因此，自我是一個階級，它的頂峰直接到達了神之下。在那頂峰，古代後期的人放置了一個不可見的保護者。這保護者無論是個人的 *daimon*、守護神還是守護天使，功能都一樣：它作為不可見的存有，受託照顧個人，方式是那麼親密，以致不單是個人忠實的同伴；也幾乎是個人向上的延伸。[42]

一旦靈魂和保護者的這種認證完成，自我——不是變化無常和反覆多變的 *daimōn*——便變成了天與地的交匯點。布朗再次強調：

41　Plutarch, *De facie quae in orbe lunae apparet* 943A（Cherniss）.
42　Cult of the Saints, 51. 關於對這現象更長的闡述，參 Brown, 1978: 68-72。

在這個時期，重點都放在了 *demonic* 上。這不是因為 *demons* 僅僅只是人類宣告出來的敵人。而是在古代後期的思想中強調它們的含糊和異常地位。對於在西元一世紀時寫作的普魯塔克來說，那是一種好的含糊：*demons* 是對源自天地聯合產生出的不協調的一個「精確的解決方法」。[43]

將 *daimōn* 建構為個人保護者和人類存有中的最高元素，與個人主義的興起和對政府的衰落相聯繫的，特別是那由階級萬神殿實行的神聖政府的信仰。[44]作為統治者和被統治者之間爭奪權力的策略，重心現在轉移了，離開了超自然現實的結構和等級建構，走向個人的最高自我。

帝國反擊：鬼魂和皇帝個人的 *daimōn*

個人守護 *daimōn* 的一個特別類別是皇帝的守護 *daimōn*。從結構上看，皇帝個人的 *daimōn* 可能和普通人的 *daimōn* 一樣，因為畢竟沒有為精英特別建立的獨特哲學訴求，至少在四世紀基督教會對君士坦丁特別感興趣之前是這樣。但藉著皇帝身為至高統治者的地位，我們不能不去懷疑他個人的 *daimōn* 會被捲入權力關係的漩渦之中。馬可·奧里略（Marcus Aurelius Antonius）給我們一個有啟發性的例子。在他的《沉思錄》（*Meditations*）中，他宣稱自己的論證能力為他最高的自我神性的碎片。這「領袖和嚮

43　Brown, 1978: 20, 56-80。這是古代後期所謂「神的朋友」的發展的基礎。也
　　參 Brown, 1981: 50-52, 56-61。

44　見 Nock, 1947: 110.

導」就是 *daimōn*，是宙斯的一部分，也是賜給每一個人的：「與諸神一起生活。他與諸神一起生活，不住地向他們顯示自己的靈魂接受所分配的命運並做 *daimōn* 想讓他做的事情，*daimōn* 是宙斯賜下的，作為他自己的一片碎片，給每個人作為領袖和指導——也就是我們的思想和理性。」（*Meditations* 5.27）[45] 馬可・奧里略認為他的 *daimōn* 是神，可以通過他經常將它等同為神和為什麼它配受崇拜來證明這想法。他說 *daimōn* 在個人中「登上寶座」，引導他的行為，控制他的激情（2.13, 17; 3.4, 6 §2, 12, 16; 12,3; 也比較 3.4 §3）。沒有東西或人可以強迫個人不服從這內在的神聖 *daimōn* 的命令（5.10）。但它也是獻身的對象（3.7），甚至是真正崇拜（*gnēsiōs therapuein*）和服從的對象（2.13）。因此，毫不令人驚訝的是，馬可・奧里略稱它為「我的神和 *daimōn*」（5.10）。這 *daimōn* 不是外在於自我的，而是與自我不可分割地連在一起。在上面引述的《沉思錄》5.27 中，思想和理性（logos）等同為 *daimōn*，在功能上，*daimōn* 和靈魂被視為同一。我們甚至可以總結說，馬可・奧里略視 *daimōn* 為個人的靈魂，專屬於一個人，並界定他。如果是這樣的話，「與諸神一起生活」便等同如配合一個人的 *daimōn* 而生活，並確保它不受干擾，保持「純潔，脫離激情、輕率和對來自諸神和人的事情的不滿」（2.13），並不受欲望「污染」（3.4）。這就是敬拜我們個人的 *daimōn* 的方法。

> 這樣抬高 *daimōn* 帶來的結果是肉體和靈魂越來越分開。
>
> 如果沒有東西似乎比在你裡面登上寶座的 *daimōn* 更優越
> ——能令你所有私人欲望都從屬於它，分辨那些印象（正如

45　也參 Epictetus, 1.14.12。

蘇格拉底說），掙脫感官誘惑，服從諸神，照顧人類——如
果你發覺其他一切都較不重要和較沒有價值，不要留空間給
任何其他事物⋯⋯任何站在你和實現良善之間的東西都是錯
的（3.6 §2）。

這樣將肉體和 *daimōn* 分開，在《沉思錄》7.16 中達到高峰，在那
裡思想和肉體被描述為維持著幾乎分開的存在，彼此毫不相干：
「主宰的能力並不困擾本身；它不把自己驅向欲望⋯⋯讓肉體不
受任何苦。如果可以的話，讓它照顧自己。如果它沒有受苦，就
讓它說話。但靈魂，雖可以感覺恐懼和痛苦，並完全理解它們，
完全沒有受苦，因為它永遠不會得出這樣的結論。」

　　如果 *daimōn* 被徵召到統治者和被統治者之間的權力關係中，
而如果 *daimōn* 在個人至高自我的位置中，至少在開始時，是大眾
將天平扳回到對他們有利的策略，那麼皇帝的與 *daimōn* 結合，應
該要被視為他自己的反擊策略。當然，馬可・奧里略沒有為他的
設計賦予政治野心，也有人以為他以私人哲學家而不是政治人物
這個身分寫作，而《沉思錄》的寫作，是作為精神鍛鍊，供自己
使用的。[46]但將私人和公共分開，既不可能也不可取。在一段文字
中，他可能事實上將兩者混合了：「讓你裡面的神成為**真正的男
人、軍人、政治家、羅馬人和統治者的嚮導**，好像軍人等候生命
的徵召那樣就位⋯⋯」（3.5）。他的 *daimōn*，裡面的「神」，是他
私人和政治生命的嚮導和保護者。

　　不應忘記，這心智—靈魂—*daimōn* 與肉體分離，因此可以自
由繼續它主宰的地位，持續到無限遠的將來。無論它作為皇帝或

46　見 Hays（Marcus, 2002: xxxvii），根據 Hadot, 1998，他稱它為「內在的城堡」。

者任何有權者的一部分享有什麼樣的崇高地位，肉體的存在現在被吸收到神聖的層級中後，現在永遠被供奉於新的但相同的身分中，而那層級是普通人不能挑戰的，也是普通人不能追求的。因此，毫不偶然的是，很大程度上只有皇室家庭的成員可以在死後得到神的地位，而所有神和女神都是死去的英雄和死去的國王和王后的 *daimones*。

　　Daimōn 與靈魂的等同開始時是無權者的反擊策略，將所有人放在同等地位。這是一個聰明的策略，堅持統治者和被統治者都由同樣的結構所主宰，帶來人們盼望的平等願景。去除了肉體，貴族和平民間不同的清晰標記便會被抹去，所有人都會被化約為凡人。[47] 不過，沒過多久，這個策略便被統治階級吸收，他們不單顛覆 *daimōn*—靈魂公式那種流行的個人主義，也轉化它，藉以維持精英的優越性。結果就是重新豎立了崇拜的大廈，和它所取代的東西有同樣的階級性。

奧古斯丁將肉體的重設作為反對策略

　　來自下面的反策略有一個意想不到的來源——希坡的奧古斯丁（Augustine of Hippo）。非常具有諷刺意味的，藉著將肉體重置於個人的自我認同中去顛覆權力大廈。要明白對肉體的建構如何去挑戰精英建構的階層性的眾神，關鍵是他對殉道者的看法。回應關於指控基督徒敬拜在墳墓中的死人，而異教徒敬拜神殿中的神（*De civitate dei* 8.26）時，奧古斯丁指出，基督徒沒有也並

---

47 申命記的作者嘗試藉著禁止敬拜鬼魂和靈，從而將它們從屬於耶和華之下，是一種平等主義的形式；參 Wan, 2009。

不會崇拜死者，甚至是那些好像殉道者一樣值得稱頌地死去的人。他說，基督徒沒有建立神殿、祭司階級、禮儀或對殉道者的獻祭（*De civitate dei* 8.27）。外人可能不明白的是，在紀念殉道者時獻的祭實際上是獻給神的，不是獻給殉道者的。奧古斯丁承認，有些人帶食物去殉道者的墳墓，但那些不是獻給聖人的祭，而是紀念他們的裝飾物（同上）。這樣在殉道者墳墓附近聚餐，以進食來尊崇他們，*refrigeria*，無論如何都不是由「較好的基督徒」所實踐的，在大部分文明世界中它都是被禁止的（同上）。[48]

　　因此，根據奧古斯丁的說法，雖然有表面上的相似性，但基督徒對殉道者的尊重必須與對 *daimones* 的敬拜區分出來，因為它的性質和目的都不同：

> 紀念［殉道者］時獻的祭是獻給神的，創造他們成為人和殉道者的那個神，祂以祂神聖的天使在天上的榮耀使他們聯合起來，這樣歡慶的目的既是讓我們可以為了**殉道者的勝利**而感謝真神，也讓我們在更新對他們的記憶時，可以彼此鼓勵，**效法他們**，贏得勝利的冠冕和棕樹枝，求告同一位神幫助我們。（*De civitate dei* 8.27；強調為附加）

要理解奧古斯丁自然地反對將 *daimones* 等同神，是比較容易的，因為他持守嚴格的一神論，但這段話也代表他全然拒絕拉丁古老的 *daimōn* 理論。這段文字包含的宇宙是封閉的：它只由造物者上

---

48 奧古斯丁在這裡要不是不真誠，就是低估了流行敬虔的能力，模糊了神學家那過分精細的精確表達，並成功復活——如果曾經沉寂的話——對聖徒的崇拜，一直到中世紀；參 Brown, 1981。

帝、祂神聖的天使，以及只有人類在其中的世界。即使哲學家甚至一些基督徒神學家也接受他們是神和人之間善意的中介，奧古斯丁完全沒有提到 *daimones*，因為對奧古斯丁來說，*daimonic* 的中介只能夠是邪惡的。奧古斯丁論證說：中介由於本身的地位，必然與最高的神和最低的人都有一些共通點，而 *daimones* 最能幹的辯護者柏拉圖主義者阿普留斯（Apuleius）承認，他們不單分享諸神不朽的肉體，也有人類靈魂的哀傷；*daimones* 和人類因此都受到激情的專制控制（*De civitate dei* 9.3-8）。[49] 這樣，*daimones* 不朽的肉體就是負債而非資產，因為他們可悲的靈魂永遠不能從肉體中得到釋放，因此 *daimones*「比人類更可憐，因為他們肉體是無盡的囚牢」（*De civitate dei* 9.9）。這令 *daimones* 沒有資格做諸神和人的中介，因為他們狀態並不比人好，人的肉體可能比他們次等，卻可以轉化。「由於他們與不朽者分享不朽，又與凡人分擔悲傷，」唯一可以在諸神和人之間擔任中介的 *daimones* 是「邪惡的天使」。好的天使也不能作中介，因為他們既能不朽又蒙受祝福，因此與可悲的人類沒有共通點（*De civitate dei* 9.15）。奧古斯丁總結說，*daimones* 是「虛假和帶欺騙性的中介」（*De civitate dei* 9.18）。

　　阿普留斯對 *daimones* 的優越性的第二個辯護在奧古斯丁眼中同樣站不住腳。阿普留斯和他異教的同代人一樣，將 *daimones* 視為一種中介，因為他們離開人的肉體時是死者的靈魂。奧古斯丁拒絕這個觀點。雖然他不否認 *daimones* 的真實性或他們可以在人類事務中發揮力量，但他認為他們只以負面的方式影響人類。*daimones* 背叛上帝，他們的罪在於他們傲慢地篡奪神的榮耀。他

49　奧古斯丁心裡想到 Apuleius 的 *On the God of Socrates*，特別是頁 11-13。

們沒有促進敬拜者順從上帝的旨意，而只是去接受上帝配得的犧牲和獻祭。

不過，更重要的是，奧古斯丁拒絕 *daimones* 可以是脫離肉體的靈魂這個立場，因為他認為他們在道德上有缺欠。根據阿普留斯的說法，靈魂和肉體一起時，被稱為 *genii* 或 *daimones*；離開肉體後，他們被稱為 *lares*、*lemures* 或 *larvae*，或 *manes* 或 *di manes*。[50] *Lares* 是次要的地方神，*lemures* 或 *larvae* 是沒有得到適當埋葬的死者的遊魂，而 *manes* 或 *di manes* 是死者的魂。奧古斯丁的批判是藉著道德的演算將阿普留斯的三個範疇重新安排：*lares* 被證明是良善的靈，*lemures* 或 *larvae* 被證明是邪惡的靈，而 *manes* 或 *di manes* 是指那些道德缺失並不確定的人（*De civitate dei* 9.11）。[51] 但這種連繫將阿普留斯的理論投進了「道德腐敗的深淵中」：

> 因為無論人們可能多麼邪惡，只要他們認為自己會變成 *larvae* 或 *di manes*，他們做壞事的欲望就會越強烈，他們便會變得越壞。因為他們甚至會想像，在死後，他們會被某些作為神聖榮耀的獻祭激發，進而去做壞事（*De civitate dei* 9.11）。

以這個批評，奧古斯丁揭露對死亡的主流理解的一個致命弱點，那個理解認為死亡是好的，因為它會將靈魂從肉體中釋放出來。

---

50 Apuleius, *God of Socrates*.

51 Apuleius 大部分同代人都接受 *di manes* 是好的，但奧古斯丁對這些範疇的道德拒絕並不倚靠這種認同。

死亡作為肉體和靈魂的分隔，是古代後期基督徒和非基督徒都普遍抱持的觀點。柏拉圖在《斐多篇》（*Phaedo*）中將死亡視為將靈魂從邪惡的肉體中釋放出來的方式，這肉體禁錮著靈魂。正因為這樣，普羅提諾可以提出，死亡可以被認為是好事，因為肉體是靈魂的囚牢，是神的憐憫限制了對靈魂的囚禁，令凡人會死：「天父在祂的憐憫中令凡人束縛［靈魂］」（*Enneads* 4.3.12）。他的學生波菲利走得更遠，主張「肉體中的生命本身是邪惡的」。德行作為靈魂的培養可以稍微改善生命，但我們必須視死亡為更大的善。這呼應馬可‧奧里略的感情，對他來說，肉體中的生命和透過它行使出的責任都可以被視為善，但更大的善是培養它裡面的靈魂，裡面的 *daimōn*，令它免於激情的那些有害的影響，而激情是肉體的副產品。在基督徒中，奧古斯丁喜愛的老師安波羅修採取相同觀點，認為死亡不應被視為絕對的惡，因為它不能傷害靈魂。

　　這種對死亡的觀點是基於肉體和靈魂的徹底劃分。馬可‧奧里略清楚表明這一點。他說：「你由三種東西組成：肉體、靈和思想［也就是魂］。這三者中，頭兩個是屬於你的，在這個範圍內你必須照顧它們，但只有第三個才真正屬於你。」（*Meditations* 12.3）倚靠一個 *utilitas*（利益）的觀念，安波羅修也提出同樣論證：肉體缺乏中介，不是我們真正的自己的一部分，只被靈魂「使用」。[52] 雖然肉體只屬於我們，但靈魂卻界定我們真正的身分。作為對比，奧古斯丁堅持，我們不把死亡視為善，甚至不將它視

---

52 Cavadini, 1999: 236-237. 安波羅修的二元論提醒我們 *ti*（肉體）和 *yong*（功能）之間在中國晚清和共和國早期的區分。

為可以實現的善。[53] 死亡來到世界是因為罪孽，我們不能忽略這懲罰，也不能將罪孽的嚴重後果看輕。因此死亡不能是好事情，對受苦的人來說，它只能被視為是邪惡的（13.6, 8）。

而且，死亡的過程界定了個人由出生開始的生命，「因為一個人只能夠在生存時才走向死亡……如果一個人已經死了，他便經過死亡，不能再走向死亡。」（13.9）因此個人永遠不能被包括在死亡的狀態中，就好像沒有現在，因為我們立時由過去走到將來（13.11）。藉著將死亡化約為時間中過去和將來一個消失的點，奧古斯丁能夠擴展走向死亡的觀念，將之變成一個與生存同時的過程：「生命的整個時期就是朝死亡走去……從個人在這肉體存在的一刻開始，個人便在死亡中。」（13.10）

在他整個論證中，奧古斯丁都繼續使用柏拉圖主義中分開的語言來描述死亡。他甚至承認死亡表示靈魂與肉體分開。不過，在這樣做時，奧古斯丁從沒有貶低肉體，而是堅持認真地看待聖經的肉體觀。與普羅提諾（*Enneads* 9.6.9）十分不同的是，奧古斯丁引述《所羅門智慧書》（*Wisdom of Solomon*）9.15中的對肉體正面的支持觀點：它被創造時是良善的，但因為罪和罪性，它變得腐敗。如果死不是時間中的一刻，而是一個過程，我們必須在靈魂仍然依附在肉體時尋求死亡的意義。因此奧古斯丁總結說，死亡的一種形式必然在靈魂仍然與肉體聯合時已經發生，但真正的死亡只能夠表示他們否定了各自的本性和目的（*De civitate dei* 19.29）。[54] 因此，奧古斯丁將啟示錄的第二次死詮釋為一個狀態，

---

53 奧古斯丁反對「良好的死亡」的主要論證主要在 *De civitate dei* 卷13中。

54 奧古斯丁提出四種死……；*De civitate dei* 卷13。也參 Cavadini, "De Bono Mortis," p. 238的討論。

在其中肉體和靈魂會再聯合，但在末時卻只產生「持續的不和諧」。[55] 以同樣方式，復活的肉體會是整個人最後的綜合，肉體和靈魂，基督的道成肉身和祂的復活會在這種方式中反映出來——也就是說，那綜合中會有和諧。基督的道成肉身是基本地肯定了創造的秩序；基督自由地取得凡人的肉體就說明了這點。[56] 因此，甚至在墮落後，雖然有罪和死亡，創造也沒有與神分開；真正的死亡只會在永遠與神分開時才來到。那會是第二次死亡。

從這個處境看，真正的兇手不是肉體本身，而是肉體的腐敗，而那是罪孽的結果。從一開始，肉體便受困，被罪孽玩弄，罪孽令它承受死亡和破壞。而且，靈魂不能不朽，因為在第二次死中，神會離開它，就好像靈魂與肉體分開一樣（De civitate dei 13.8）。我們要懼怕真正的死亡，因為那時神會離開靈魂和肉體。

這樣重置肉體，奧古斯丁便可以宣告殉道者的死亡是「勝利」（De civitate dei 8.27 在較早時的引文中）。所謂勝利，他指的首先是打敗所有 daimones：「我們的殉道者會被稱為英雄（如果正如我說，教會的用法容許的話），不是因為他們在群體中與空中的 demons 聯合，而是因為他們打敗那些同一的 demons——也就是空中的掌權的」（De civitate dei 10.21）。不過那勝利不是透過暴力來實現的，而是藉著神的德行（同上）。稱殉道者為「勝利者」，需要顛覆語言和範疇，因為它們被國家處決，被帝國的暴力設施打敗。不過，在他們的打敗中，殉道者勝過了空中的 demons。對奧古斯丁來說，典範的經驗當然是成肉身的道的死亡和復活，祂首先開啟一個可能：死亡透過肉體最終得勝：

---

55 這個句子是 Cavadini 的。

56 Cavadini, 1999: 244.

> 藉著真正的敬虔，屬神的人驅走空中的掌權的，敬虔的敵
> 人和對手——不是平息它，而是驅走它……因此對手被征
> 服，是以那一位聖潔地生活的人之名，以致在同時身為祭司
> 和祭物的祂裡面，罪的赦免可以實現——也就是說透過神和
> 人的中介，基督耶穌。（*De civitate dei* 10.22）

如果基督自己在地上城市的死亡是祂打敗空中政權及公國的方
法，祂的跟隨者也只能夠這樣做。正因為這樣，奧古斯丁要求基
督徒效法殉道者，「贏得勝利的冠冕和棕樹枝」（*De civitate dei*
8.27）：殉道者和我們以肉體，並藉著肉體，擊退空中的 *demons*。

基督道成肉身的物質性體現了謙遜的真正意義，因為上帝的
同情和憐憫運用在肉體時，肉體便反映這同情和憐憫。這是對羅
馬皇權不太隱晦的批評，那皇權在「『渴望主宰』中將﹝他們的肉
體﹞視為只作為本身『榮耀』的工具時才帶有意義和身分」。[57]帝
國在它的驕傲中，那種接近篡奪神的榮耀 *daimones* 所擁有的驕傲
中，妄稱擁有只屬於上帝的絕對榮耀，而殉道者的死亡揭露羅馬
政治神學的真面目，是一種自大，促使它宣稱唯獨它專享榮耀。
奧古斯丁對肉體的強調，因而成了對任何宣稱與超越的上帝的榮
耀競爭者的批評。用卡瓦迪尼（John Cavadini）的話說，它是一
種「否定榮耀」的形式，批評所有形式的虛榮，

> 因為如果肉體基本上就是「死亡」的東西，它便是一種密
> 碼，一個意義的真空，等候被帝國分派給它的任何意義來填
> 滿……所謂靈魂離開肉體，去到一個理想、分離的生命的神

---

57 Cavadini, 1999: 245；提到Civ. dei可以在序言，19.14等找到。

話，在奧古斯丁檢視下，成為一個漏洞，將整個人放棄而交
付給肉體政治的霸權主張，以及放棄任何批評這些主張的立
場……相反地，人與基督的憐憫真正的結合的恢復，成為使
得肉體本身化為一種抵抗這些主張的力量，一個啟示和批評
的實例。[58]

結語：奧古斯丁對 *daimonic* 的建構

如果跟從哲學家，特別是這些人中最重要的他的老師安波羅
修，視死亡為靈魂和肉體的離開，就基本上界定了個人為靈魂；
但奧古斯丁頗為清楚，令人類成為人類的是肉體和靈魂的綜合
（13.24）。不過，在拒絕新柏拉圖主義的人類觀時，奧古斯丁實際
上也拒絕將 *daimones* 等同離開的靈魂這個普遍的觀點。在這方
面，奧古斯丁跟從聖經的傳統，否定靈魂是獨立的中介，離開肉
體後它會獨立於神而變成鬼魂。根據奧古斯丁，這些靈魂會安息
在神裡面，直到復活。一個值得留意的例外是一群特別的死人，
主保聖人，他們是殉道者，藉著他們的犧牲，他們得到與神同樣
超然的地位，成了「神的朋友」。[59]否則，普通的靈魂不會逗留而
變成 *daimōn*；奧古斯丁將這個詞留來指反叛的靈，魔鬼的同伴或
手下，他們反抗上帝，是災難、謊言和人類痛苦的根源。

在對 *daimones* 的爭論中，奧古斯丁選擇強調肉體。這策略有
充分的先例。正如聖保羅，在哥林多前書中，他透過詳細闡釋肉
體，擊退了一些過分狂熱的人，這些人將信心放在誇張的靈力

58　Cavadini, 1999: 246.

59　Brown, 1981: 66 and passim.

上，如說方言和其他超自然的能力。對保羅來說，除了這些之外，肉體的信徒們神祕的結合而形成的「基督的肉體」，是一個由末世聖靈所結合的社會現象。在初期耶穌運動的發展中，這個觀點為教會論的出現埋下了種子。奧古斯丁的《上帝之城》（De civitate dei）顯示同樣的策略。上帝之城必然與地上之城十分不同，但它也不應該單單等同為教會，因為教會有時可能扮演這個角色，在其他時候則可悲地失敗。[60] 奧古斯丁對中世紀歐洲最大的貢獻是他將教會界定為一個編織入社會和政治生活脈絡中的集合體。[61] 而這事之所以可能，是由於他重新界定了肉體的意義。

　　不過，奧古斯丁的說法的邪惡面也露出它醜惡的頭顱。保羅在哥林多前書十二至十四章所說的肉體是一個平等主義的願景，將斯多葛派（Stoic）對肉體譬喻的階層式理解翻轉過來。對比起來，奧古斯丁的教會「在與另一個世界的模範關係中［複製了］當代羅馬帝國的社會經驗」。[62] 不要忘記，奧古斯丁的宇宙論沒有完全禁止個人的靈魂。他保留了守護聖徒，他們繼續看顧個人，特別是教會中有權勢的精英。正如布朗顯示，不同的教會只是複製「敵對贊助系統之間的衝突。」[63] 奧古斯丁的教會由精英領導，他們在帝國不斷地弱化時，自己卻成了有權勢的霸主。那權力的不平衡會在整個中世紀中繼續界定教會和它的政體。

60　關於奧古斯丁的上帝之城和地上城市之間的關係，參 Markus 的經典研究。

61　參 Cavadini, 2012.

62　Brown, 1981: 62.

63　Brown, 1981: 33.

第十章

早期佛教對鬼魂的馴服

蒲慕州

香港中文大學歷史系講座教授

　　由於證據不足，我們很難確定佛教最早「有意識地」傳入中國的日期，因為佛教傳入中國，很可能是作為某些來自西域，也就是中亞的商人的信仰。這些商人的目的很可能是做生意，而不是傳播宗教信仰。他們接觸中國人，甚至在中國人中間定居時，便創造機會讓中國人熟習他們的外來行為和信仰，也讓他們自己和家人學習中國人的思考和生活方式。這個早期階段的好些著名僧人都是在中國定居的中亞人的後代。

　　因此，當佛教僧人──無論是來自中亞還是印度，是中亞商人的後代，還是中國信徒──開始積極將佛教介紹給中國，他們應該不是最早來到中國的佛教徒，也可能對中國文化傳統的主要特點有相當認識。他們面對雙重的任務。首先，他們需要吸引包括統治者在內的精英／士人階層的注意。他們明白，要在中國社會生根，必須得到統治精英的善意對待和支持。為此，他們運用中國本地的概念來詮釋他們信仰的經典，翻譯他們的文本，甚至利用中國詞彙來與中國的知識分子辯論，藉以傳揚佛教。[1]其次，佛教僧人也需要面對社會中的流行信念，是人們接受或習慣的，並嘗試顯示他們這些佛教僧人可以怎樣為人們提供可靠的服務，將邪靈和鬼魂從他們生活中驅走，確保他們有快樂的將來，無論是在此世還是來世。因此，早期佛教文本經常提到民間流行的宗教活動，包括崇拜鬼魂和精靈。這可以從梁朝慧皎（西元497-554年）撰寫的《高僧傳》得到最好的說明。這本書記載的很多故事都描述僧人有特別的天賦或能力，可以驅鬼。[2]而且，六朝的

1　這方面得到大量研究。參Zürcher, 2007, chapter, 2。他們與中國文人討論和辯論的文件收集在弘明集和廣弘明集中。

2　參Poo, 1995; Kieschnick, 1997: 107-109。

好些「志怪故事」都是由佛教徒或同情佛教的人撰寫，這些故事運用關於鬼魂的故事來顯示佛教僧人的法力。[3]唐朝《法苑珠林》這本以傳揚佛教教導為目的的百科全書式作品包含大量鬼故事，很多都選自六朝的志怪作品。[4]這一章要討論的正是佛教徒在這第二方面的努力，也就是處理中國傳統的鬼魂觀念，以及對驅鬼儀式的相信。

佛教典籍中的鬼

當我們論及中國早期鬼這個觀念，並使用英語作為討論的媒介時，已經觸及一個翻譯的困難。一般將英語 ghost 這個詞（以及其他相關的詞語，例如 phantom、apparition、spirit 等）和中文鬼這個字等同起來這種做法，並不是沒有困難的。正如我在其他地方嘗試指出，[5] ghost 這個詞在西方世界通常指死去的人的靈魂，而中文的鬼字卻可以包括人類和非人類的靈魂。因此，當初期佛教文本的譯者將一些梵文靈界存有——不論其本質為善或惡——的用詞都使用鬼這個字來翻譯時，便帶給這個字一些含混性，對讀者理解中文佛教典籍可能產生一些影響。

在中國佛教典籍中，鬼這個字用來指不同的存有：包括死者，以及不同種類的鬼魔，例如梵文中的 yaksa（飛得很快的死人靈魂，或吃人的鬼魔）、rākṣasa（一種食人的鬼魔），或 vitāla（一種寄居於屍體，能令它起來的鬼魔）。也許是為了避免詳細解釋

3　好像雜鬼神志怪、宣驗記、冥祥記、旌異記等文本都可以在 Lu, 1989 中找到。參 Campany, 2012. 關於志怪的文類，參 Campany, 1996。

4　Teiser, 1985.

5　Poo, 2004; Poo, 2009b: 1-21.

這些靈界存有在印度佛教中原有的意義，有時這些名稱用中文字來譯音，並加上鬼這個字，顯示它們本質上是邪惡的，或者是一種靈體。因此，yaksa音譯為夜叉鬼或閦叉鬼，rāksasa音譯為羅剎鬼，而vitāla則音譯為毘陀羅或起尸鬼。yaksa這個詞也可以翻譯為夜叉鬼神或閦叉鬼神，在其中鬼神的意思和鬼相同，也就是ghost/spirit，來源包括非人類或人類。很明顯，翻譯這些詞語的譯者依從中國的用法，以鬼神來代表靈界存有。[6]

　　例如，在早期翻譯的佛典《道行般若經》中一段，鬼神這個詞明顯指有害的ghosts。驅趕這些ghosts的方法是運用有法力的摩尼寶珠：

> 有是寶，無有與等者。若持有所著，所著處者，鬼神不得其便，不為鬼神所中害。若男子、若女人，持摩尼珠著其身上，鬼神即走去。[7]

另一方面，天上的靈體，在中文稱為「神」，在中文的佛典中也可以翻譯為「鬼神」。佛典往往提到八部眾為天龍鬼神，因此很明顯，鬼神這個詞在這裡指所有靈界存有，也就是神、龍、夜叉、餓鬼等，不一定帶有任何邪惡的含義。漢譯佛典中有很多用詞都用音譯並加上鬼神一詞。其中一些，例如乾陀羅鬼神（半神）、摩睺勒鬼神（大蛇鬼怪）、甄陀羅鬼神（半馬半人的鬼怪），實際上是各種神祕的半神或鬼怪，不是「人類的鬼魂」，有些甚至可以與中國物怪和魅這些概念相比，也就是自然世界的靈

6　Poo, 2004.

7　T8, No. 224: 435c-436a.

體。8

　　但大致來說，大部分情況，在中國佛教典籍中使用鬼或鬼神這兩個詞可以指惡意或善意的靈體，因此，說鬼／神這兩個詞主要指靈體，沒有具體指明這些存有本身的性質，也大致正確。這種存有是否有惡意，視乎它出現的處境。這和西元前三世紀的哲學家墨子的觀念頗為相似，他曾經說：「古今之為鬼，非他也，有天鬼，亦有山水鬼神者，亦有人死而為鬼者。」9

　　如果墨子這段話大致代表精英的觀念，我們可以再看一個更平凡的來源，即西元前三世紀的秦簡《日書》。10這《日書》的對象一般以為是社會的中下階層，因此某程度上可以代表當時人們普遍接受的觀念。在《日書》中稱為「詰咎」的一章中，可以清楚看到，根據慣常的用法，鬼或邪靈也可以稱為「神」。11

　　在一些早期的佛典中，例如《般舟三昧經》，作者運用一些與傳統中國，特別是儒家的社會倫理一致的觀念，警告讀者不要崇拜鬼神：

　　　　不得事餘道。不得拜於天。不得祠鬼神。不得視吉良日。
　　　　不得調戲。不得慢恣有色想。不得有貪欲之心。12

我們可以清楚看到，這裡提到的鬼神指惡意的鬼和靈。在《雜譬

8　關於物和怪這些概念的討論，參 Liu, 1997a; Du, 2001。關於魅的觀念，參 Lin, 2005。更概括的討論包括 Wu, 1992; Liu, 1997b。

9　Sun Yirang, 1974, 8: 153; Watson, 1967: 107.

10　關於概括的介紹，參 Poo, 1998, 第四章。

11　Poo, 2004.

12　T13, No. 417: 901b.

喻經》中一個有趣的例子涉及交替使用鬼神來指同一個靈體，顯示佛教的作者可以選擇使用這兩個詞來適應故事中的不同情況：

> 昔佛般泥洹去百年後，有阿育王愛樂佛法，國中有二萬比丘，王恆供養之。諸九十六種外道生嫉妒意，謀欲敗佛法，自共聚會思惟方便。中有一人善於幻化，便語眾人：「吾欲作幻，變惡鬼形索沙門，聞之必散亡。當知其不如，必來歸吾等道矣！」異道所奉神，名摩夷首羅，一頭四面八目八臂，諸鬼之最是可畏者。梵志即作是身，將諸醜鬼二百餘頭，洋洋行於國中，徐徐稍前至王宮門。一國男女莫不怖懼，王出迎之見大恐鬼，稽首問曰：「不審大神何所敕欲？」鬼語王言：「吾欲噉人。」王言：「不可爾也！」鬼曰：「若王惜人民者，國中有無益王者付我噉之。」王言：「無有也！」鬼言：「諸沙門等，亦不田作、亦不軍征、不臣屬王，此則無益者，付吾噉之。」[13]

重要的是，國王是用「大神／神」這個詞來指「大而可畏的鬼」，這可以詮釋為國王想對鬼表示禮敬，並安撫它。因此，這個用語背後的假設是鬼在某些情況下也可以稱為「神」。我們不知道原本梵文的用語，但這裡將鬼和神交替使用，可能是譯者刻意的選擇。譯者似乎認為，鬼和神的本質之間沒有基本的不同，唯一差別是他們擁有的能力。神比鬼更有能力。換句話說，對中國讀者來說，在這個故事中交替使用鬼和神，應該是相當熟悉和可以接受的。這樣，翻譯的佛教典籍便與中國本土的觀念有某些

13　T4, No. 205: 502a.

連繫，有助人們接受這些典籍。

佛教典籍中一個最常提到的人鬼魂是餓鬼（preta），也就是因為在生時淫蕩和貪心而在地獄受懲罰的人。佛典經常提到，這些不同的邪惡或錯誤行為可以令一個人在死後變成餓鬼，因為這是佛教僧人想傳達給普通百姓的最重要的信息之一。一個很好的例子是《佛說鬼問目連經》，這是由著名的安息僧人安世高（約西元二世紀晚期）翻譯成中文的早期佛典。在經文中，目連菩薩解釋為什麼一個人死後會變成餓鬼。對犯了錯事的人的懲罰是令他投胎成為餓鬼，在地獄忍受各種痛苦。那些錯事大多是具體的行為或思想，例如：

> 一鬼問言：「我一生以來，恆患頭痛。何罪所致？」目連答言：「汝為人時，好以杖打眾生頭。今受花報，果入地獄。」一鬼問言：「我一生已來，資財無量而樂著弊衣。何罪所致？」目連答言：「汝為人時，布施作福，還復悔惜。今受花報，果在地獄。」[14]

因此，餓鬼是一個概括的詞，用來指數目龐大的鬼，他們因為犯了不同的錯事而落入鬼的狀況，承受不同種類的苦況和艱難。永遠處於飢餓狀況只是部分餓鬼要忍受的一種痛苦。

不過，preta 這個詞翻譯成中文的餓鬼時，卻不是創新，而是採納了一個早在佛教傳入中國很久以前已經存在的觀念。早在西元前三世紀，餓鬼已經被列為向人類顯現的一種常見鬼魂。在上面提到的《日書》「詰咎」這一章，有以下這段話：

14　T17, No. 734: 535.

> 凡鬼恆執匴以入人室，曰「氣（餼）我食」云，是是餓
> 鬼。以屨投之，則止矣。[15]

這顯示一個觀念：如果一個人死於飢餓，可能變成餓鬼，不斷要求得到食物。但這種餓鬼和佛典中的餓鬼的一個重要區別是它的來源。佛教的餓鬼落入這狀況是因為那人在地上時犯了罪（貪心、貪吃、貪婪等），但《日書》的餓鬼原本沒有犯任何罪行，也沒有道德缺失，而是因為死於飢餓。佛教的餓鬼是對罪人的懲罰，《日書》的餓鬼反映了那鬼死前的狀況。正如以下會進一步討論，我們有證據支持一個觀點，即在佛教到來之前，中國人對鬼魂來源的一般觀念與任何強烈的道德或倫理價值觀沒有關係。我們也需要留意，鬼這個字不是佛典的譯者用來翻譯人鬼或精靈的唯一詞語。譬如魂這個字，它也經常用來指死人的鬼魂。在由南朝的慧簡（421-479）翻譯的《佛說閻羅王五天使者經》中，佛陀說：「我見人死時魂神出生。」[16]理論上，當這個魂因為生前做錯事而落入地獄時，可以成為在地獄受苦的其中一個餓鬼。正如《佛說諫王經》說：

> 佛告王曰：「王治當以正法，無失節度，常以慈心養育人
> 民，所以得霸治。為國王者，皆由宿命行善所致，統理民事
> 不可偏枉。諸公卿群寮下逮凡民皆有怨辭，王治行不平海內
> 皆忿，身死魂神常入太山地獄，後雖悔之無所復及。王治國
> 平正常以節度，臣民歎德四海歸心，天、龍、鬼神皆聞王

---

15 Shuihudi Qinmu Jujian zhengli xiaozu, 1990: 214. 參 Poo, 1998: 80。

16 T01, No. 43.

善，死得上天後亦無悔。」[17]

這段經文有幾個有趣的地方值得留意。譯文在佛陀給國王的勸誡中似乎運用了傳統儒家的論述。如果國王不能成為好的統治者，他要去的地獄在太山，即泰山。自從漢朝開始，中國人便知道這個地方是死人的鬼魂會聚集之處。[18]這同樣是中國譯者的改寫或加插，因為原來的印度典籍不可能包括這個傳統。而且，魂神這個字用來指死人的鬼魂，與天龍鬼神這靈體作對比。這似乎表示，對譯者來說，魂等同人類的鬼魂，而天龍鬼神指一般的靈體。從魂神這個詞出現的上下文來看，我們也可以看到它指死人非物質的靈魂，似乎是沒有鬼的惡意或能力的。例如在《佛說阿難四事經》中有以下一段文字：

> 人初來生，魂神空來，依因二親情欲之氣，以成己體……
> 困極乃終，魂神不滅，復更求身。[19]

換句話說，魂這個字似乎是中性的，指人死後存在的狀態，而鬼則更可能連繫到鬼魂，有某些行動或意圖，是可以影響活人的。

　　由於在原來的梵文中，鬼和鬼魔都有各自的意思，單單譯音可能不足以產生文本有時需要有的效果。除了在中文翻譯中最常見的preta或餓鬼外，還有很多都得到有意義的中文名稱。這些翻譯與餓鬼相似，代表不同的特別性質或能力，無論是邪

---

17 T14, No. 514: 785.

18 關於太山，除了Chavannes, 1901的經典研究外，還有Sakai Tadaō, 1937; Liu Tseng-gui, 1997.

19 T14, No. 493.

惡還是良善。以下是幾個例子：厭禱鬼（vitāla的翻譯）、奇臭鬼（katapātana的翻譯）、魘鬼、捷疾鬼（yaksa的另一個翻譯）、食精氣鬼（ojohāra或ojāhāra）等。即使沒有窮盡所有例子，我們也可以說，在中國典籍中，譯者用鬼和鬼神這兩個詞翻譯印度的鬼、神、靈或鬼魔這些觀念，或者使用中文字作為拼音符號來音譯這些詞語。有時音譯的詞語加上鬼或鬼神，提醒讀者這些存有的性質。正如一般所知，這些典籍由不同譯者在很長的時間內翻譯成中文，有些是外國僧人所譯，有些則是中國人。這解釋了為什麼原始佛典的辭彙翻譯成中文時並沒有系統。不過，這些對鬼和魂的翻譯的集體效果產生了兩個這些譯者可能沒有預見的效果。一方面，他們使用鬼、神、魂這些中文字，可能讓讀者產生某種熟悉感，因此可以與新的信仰系統有連繫；另一方面，對鬼和魂的翻譯使用音譯，保留某種神祕氛圍，與翻譯成中文的一些咒語相似，可以產生一種對佛典敬畏和尊重的感覺。最終，這些用語，例如餓鬼、夜叉或羅剎都成為中文日常用語的一部分。

早期佛教對鬼魂的馴服

討論過佛教典籍中與鬼這個概念有關的翻譯問題後，我們可以看到，這些佛典為中國的思想世界引入一些新元素。如果我們可以提出一個十分概括的觀察，可以說其目的是告訴讀者所有這些鬼魂和鬼魔都可以由佛教信仰的能力控制，正如在各種修行活動中顯示那樣。這些控制或馴服鬼魂的能力，對提倡佛教的人來說，是進入中國社會，在民眾生活中爭取合法性的一個理據。為了這個目的，佛典以外，由中國作者用中文寫成，用來宣揚佛教的文本在推動佛教使社會大眾接受也扮演一些重要的功能。由於

這些文本不是只限於熟習佛教的人和僧人這些圈內人士中，也可以在受過教育的文學圈這個更廣泛的社會中流傳，這些人可能與佛教沒有直接連繫。那長遠效果是令一般受過教育的公眾透過故事和軼事與佛教僧人的活動有更多接觸。最終，在收集、講述和流傳故事的過程中，這些著作帶有的信息會被更多人口吸收，在社會中形成循環。

當然，在過程中，佛教的觀念會接觸本地信仰，例如道教和其他民間信仰，引致相互影響和借鏡，甚至帶來對抗或競爭。我們可以看到，在問到哪個信仰更有能力時，需要提供具體結果顯示這些信仰的能力，令人們相信其中一個信仰比其他信仰更偉大。從各種改變信仰的文本中，我們可以推斷佛教僧人在接觸中國人時用來驅除鬼魂和鬼魔的方式。這些實際的行動基本上可以分為幾種：第一，藉著呼喚佛陀和菩薩的名字或背誦佛經而禮拜佛陀和菩薩；第二，背誦佛經中的驅鬼咒語；第三，使用一些聖物或實行一些儀式；第四，有智慧，掌握了佛法的僧人可以體現佛陀的能力，以他們自身的存在驅走惡鬼。所有這些都需要受到試驗，向人們證明是有效的。除了靠口碑外，傳達信息的方法是透過向所有社會階層傳播故事，以及產生一些包含那些故事的文本。我們應該要承認這些文本要令人改變信仰的意圖。

呼喚名字和背誦典籍

眾所周知，唸誦佛陀和菩薩的名字是中國佛教最常用的修行方式。例如，中國佛教最重要的一本典籍《法華經》向讀者保證，藉著千手觀音的力量，無所不在的鬼魂和鬼魔可以被制止：

設族姓子，此三千大千世界滿中諸鬼神，眾邪逆魅欲來嬈

人，一心稱呼光世音名，自然為伏不能妄犯，惡心不生不得
邪觀。[20]

至於早期佛教典籍中提到的驅鬼行動，使用咒語似乎是已經確立
得很好的做法。[21] 人們知道，著名僧人佛圖澄（死於348年）能夠
背誦咒語控制鬼魂和靈體。[22] 另一個僧人曇無讖（385-433年）也
被描述為有特別的能力驅鬼：

> 讖嘗告蒙遜云。有鬼入聚落必多災疫……宜潔誠齋戒神咒
> 驅之。乃讀咒三日。謂遜曰。鬼已去矣。時境首有見鬼者
> 云。見數百疫鬼奔驟而逝。[23]

佛教典籍中普遍存在的偈或押韻唄雖然是傳遞佛教教導的工具，
但也往往用作驅鬼的咒語。還有，一般的佛教典籍也往往被視為
有法力，可以用來驅趕鬼魂和惡靈。[24]

使用聖物和施行儀式

不過，還有更物質的方式可以實現相似的目標。例如：沐浴
齋戒，可以有效阻止鬼魂和惡靈的傷害。[25] 人們也可以倚靠某些聖
物來阻止鬼魂和惡靈的侵擾：

20　T9, No. 63: 128.

21　Kieschnick, 1997: 90-92.

22　高僧傳, T50, No. 2059: 383。

23　高僧傳, T50, No. 2059: 336。

24　Kieschnick, 1997: 90-92.

25　T8, No. 224: 435c.

「若男子、若女人，持摩尼珠著其身上，鬼神即走去；若中熱，持摩尼珠著身上，其熱即除去。」[26]

僧人作為法的化身

同時，佛法精進的僧人即使不唸咒語也可以單以自己的出現驅走惡鬼：

> 儀同蘭陵蕭思話婦劉氏疾病。恆見鬼來吁可駭畏。時迎嚴說法。嚴始到外堂。劉氏便見群鬼迸散。[27]

而且，僧人本身被認為擁有驅鬼能力，因為背誦經文和唸咒語的能力內化了，成為僧人本質的一部分。因此，僧人只需要在鬼魂面前出現，便可以阻止他們，令他們不再行惡。一個關於僧人法朗（約六世紀下半葉）的故事頗為生動地說明這點：

> 有比丘尼為鬼所著。超悟玄解，說辯經文。居宗講導，聽採雲合。皆不測也。莫不讚其聰悟。朗聞曰。此邪鬼所加，何有正理。須後檢校。他日清旦，猴犬前行，徑至尼寺。朗往到禮佛，繞塔至講堂前。尼猶講說。朗乃厲聲呵曰：小婢，吾今既來，何不下座。此尼承聲崩下走出。堂前立對於朗。從卯至申卓不移處。通汗流地默無言說。聞其慧解奄若聾癡。百日已後方復本性。[28]

26　T8, No. 224: 435c.

27　高僧傳, T50, No. 2059: 339b。

28　T50, No. 2064: 981.

人們最初以為被鬼附的比丘尼是聰悟的佛門弟子，顯示她周圍的人不知道怎樣區分「真道」和「邪道」。我們可以假設，故事的目的是顯示佛朗的能力，他真正擁有佛法的智慧，比虛假的鬼魂優勝。不過，故事無意中透露的是，當佛教進入中國社會時，一般人並非總是清楚「真道」應該怎樣。某程度上，這個故事象徵佛教在進入中國的過程中受到的困難。

與本地信仰系統的競爭

　　因此，早期佛教僧人嘗試在中國社會中得到接受時，單單顯示他們有能力驅除鬼魂和邪靈並不足夠。他們也需要顯示，他們的能力比本地信仰的能力更大。以僧人道仙（約五世紀後期至六世紀初期）的故事作為例子：

　　　　時遭酷旱，百姓請祈。仙即往龍穴，以杖叩門。數曰。眾生何為嗜睡如此。語已登即，玄雲四合，大雨滂注。民賴斯澤。咸來禱賽。欽若天神。[29]

故事顯示，這僧人不單能夠控制本地神靈（龍），他也可以利用本地信仰傳揚自己的名聲。也就是說，為了取得人們信任，僧人需要容許惡靈存在，甚至與他們合作。

　　有時故事會講述僧人和道士之間直接競爭和對抗，藉以顯示佛教的能力。生活在南陳（557-589）的慧思的傳記記載，他因為對佛法的知識而聞名，引致當地的道士妒忌他在百姓中間的成功。他們祕密地向皇帝指控慧思，說他是來自北方敵國北齊的僧

29　T50, No. 2064: 977.

人，密謀對付陳朝。但慧思的法力足以令陳朝的皇帝完全相信他的正直，這最終令那些道士失敗。[30]

　　除了佛教徒自己在典籍和傳記中寫到僧人有能力勝過鬼魂和惡靈外，也有很多相關的文學作品，大部分以故事集的形式出現，由佛教徒撰寫或編輯，用來宣揚佛教教導。這些故事集屬於漢朝以後的一個文類，包括一些關於鬼魂、精靈和怪異事件的故事，被視為中國文學史中小說類型的開始階段。[31]在好些有佛教傾向的著作中，我們也可以看到道教和改信佛教的人之間的競爭。在一本稱為《述異記》的文集中有以下這個故事：

> 宋時豫章胡庇之嘗為武昌郡丞，宋元嘉二十六年入廨中，便有鬼怪中宵籠月，戶牖少開，有人倚立戶外，狀似小兒，戶閉，便聞人行如著木聲，看則無所見，如此甚數。二十八年三月，舉家悉得時病，空中語擲瓦石或是乾土……乃請道人齋戒，竟夜轉經，倍來如雨，唯不著道人及經卷而已……庇之迎祭酒上章，施符驅逐，漸復歇絕。至二十九年，鬼復來，劇於前……鬼云：「陶令處福地，作天上御史；前後相侵，是沈公所為。此廨本是沈宅，因來看宅，聊復語擲狡獪；忽君攘卻太過，乃至罵詈，令婢使無禮向之，復令祭酒上章苦罪狀之，事徹天曹。沈今上天言：君是佛三歸弟子，那不從佛家請福，乃使祭酒上章？自今唯願專意奉法，不須興惡，鬼當相困。」[32]

30　T50, No. 2064: 976.

31　參 Campany, 1996。

32　Lu, 1989: 181. 參本書第一章中康若伯對此故事的不同釋讀。

這個關於鬼魂擾人頗為長篇和複雜的記述，充分顯示出在宗教競爭時期人們的宗教心態，其中佛教和道教的關係相當有意思。故事清楚顯示，熟悉佛教的人在要解決鬼魂攻擊這個問題時，也可能跟隨其他信仰形式。表面看來，由於人們促請胡庇之專注於運用佛法，這似乎顯示佛教比道教更有能力。但故事沒有否認道士制止鬼魂的能力，也沒有明確否定道教的儀式。相反，它承認道教儀式在派代表向天庭祈求的有效性，而所謂祭酒上章，基本上是道教的，因為天庭接受道士的祈求。不過，在這道教的天庭，庇之無力對抗沈公的鬼魂，沈公的鬼魂指控他太苛刻，運用各種過分的驅鬼儀式。換句話說，庇之的驅鬼行動實際上是有效的，以致鬼魂向天庭投訴。結果天庭同情鬼魂，因此第二個鬼魂，也就是天庭的使者，指示庇之回到佛教那裡尋求庇護。因為如果他不聽從勸告，便會再次被鬼魂騷擾。因此似乎佛教和道教是兩股對抗的力量，各自保護本身真正的追隨者。我們可以推測，由於這個故事收錄在唐朝的佛教百科全書《法苑珠林》中，它一定被視為可以傳揚佛教能力的有效性的故事。但我們的閱讀顯示，即使這個故事的用意是幫助人們改信佛教，但它卻無意中顯示當時的宗教環境。正是因為這樣同時承認道教和佛教驅鬼的能力，而不是直接支持一方而否定另一方，我們可以體會當時人們的宗教心態。

　　當然，我們並不缺少明確支持佛教立場的證據，譬如在《冥祥記》這樣的著作中就可以找到。[33] 在以下的例子，可以明確看到哪一個宗教更有力量：

---

33 Campany, 2012.

史俊有學識，奉道而慢佛，常語人云：「佛是小神，不足事耳。」每見尊像，恆輕誚之。後因病腳攣，種種祈福，都無效驗。其友人趙文謂曰：「經道福中，佛福第一。可試造觀音像。」俊以病急，如言灌像。像成，夢觀音，遂差。[34]

我們應該留意，在佛教中，不同的資料，對鬼魂的來源和驅鬼的方法，也可以有不同的解釋和詮釋。在佛經中，可以看到更細緻的對鬼魂來源的解釋，如下引《佛說普門品經》的例子所示：

案內觀歷鬼神從何興也？其內鬼神若干百千之眾，其外亦然，內不發恐懼，外則無畏；其內不悲哀，外則不淚出。內發鬼神之想，外有若干百千鬼神之眾，皆來歸之。緣此致病或至死亡，受無數苦，皆由邪心不正故也。菩薩大士覺知虛無，無鬼神，一切從心意起。[35]

不過，在面對社會一般人時，訴諸對個人內在自我的哲學反思，很可能不是令人改變宗教信仰的有效方法。因此，人們選擇的更直接和容易理解的方法是將佛教說成是人們可以倚賴的更優越的力量。事實上，由一位名叫竺道爽的僧人撰寫的一篇文章顯示，佛教徒怎樣嘗試運用本地流行信仰的觀念來展示佛教的能力。他寫的「檄太山文」是模仿帝王討伐敵人的文體，對象是太山東嶽神府及都錄使者。在此文中他的論述的基本說法是，那些民間所信仰的神祇，包括那些在泰山的神祇，不是真神，而是各

34　Lu, 1989: 438.

35　T11, No. 315a: 772.

種惡鬼、鬼魔和物怪的化身：

> 故黃羅子經《玄中記》曰：「夫自稱山岳神者，必是蟒蛇；自稱江海神者，必是蟒蛇；自稱天地父母神者，必是貓狸野獸；自稱將軍神者，必是熊羆虎豹；自稱仕人神者，必是黿鼉；自稱宅舍神者，必是犬羊猪犢。門戶井灶，破器之屬，鬼魅假形，皆稱為神。」驚恐萬姓，淫鬼之氣。此皆經之所載，傳之明驗也。36

我們可以看到他的觀念和傳統中國對鬼魂和精怪的來源的觀念十分相似，這些觀念自從西元前三世紀已經存在，可以在《日書》中找到。他進一步向泰山東嶽神府及都錄使者宣告：

> 汝是小鬼，敢觸三光，鶴毛入炭，魚行鑊湯，傾江滅火，朝露見陽。吾念仁慈，湣汝所行，占此危殆，慮即傷心。速在吾前，複汝本形，長歸萬里，滄浪海邊，勿復稽留，明順奉行。37

不服從他命令的結果是被佛教的神和神兵消滅。有趣的地方是竺道爽對本土信仰的攻擊並沒有否認他們的存在，沒有指他們只是幻象，如上面引述的《佛說普門品經》解釋那樣。相反，他運用了本地關於動物靈魂來源的觀念，根據中國習俗，稱這些精靈為

36　嚴可均1982全宋文64: 1-3。〔著者註：本文英文版中竺道爽誤植為寶林，特此更正。〕

37　同上。

物怪，以此來解釋為什麼地方的神祇是假神。這個例子再次讓我們看到佛教僧人加入的戰場的性質。一方面，他們需要顯示他們比道士更優勝；另一方面，他們也需要承認在更大的群眾中關於鬼魂和精靈的存在和他們的來源那些普遍的假設。如果不首先讓這些信仰存在，他們便很難與一般人展開對話，讓這些人開始明白他們。

佛教鬼魂的來源與中國觀念比較

我在其他地方討論了在佛教以前，中國鬼魂的來源。[38]大致來說，可以向人顯現的鬼魂通常源自那些不合時地死去，被不公平地殺害，或得不到好好安葬的人。換句話說，雖然每個人死後都會變成鬼，只有那些在世界有未完的事——無論是好是壞——的鬼魂才會回來嚇人，或甚至行善。

根據同樣精神，早期道教典籍中提到的很多人類的鬼魂都是在不同情況下死去的人的鬼魂，例如暴力、意外、疾病甚至只是年老。也就是說，這些鬼魂變成鬼魂，不是因為本身的性格或行為，而是因為導致他們去世的情況。可能成書於六朝時的道教典籍《太上正一咒鬼經》，提供了幾個關於鬼魂的詳細清單，顯示他們的來源。其中一個清單是這樣的：

> 鬼神有外砭鬼，思想鬼，癃殘鬼，魍魎鬼，熒惑鬼，遊逸鎮鬼，厭咒鬼，伏屍鬼，疰死鬼，淫死鬼，老死鬼，宮舍鬼，停傳鬼，軍營鬼，獄死鬼，市死鬼，驚人鬼，木死鬼，

38　Poo, 2004; 2009: 237-267.

> 火死鬼，水死鬼，客死鬼，未葬鬼，道路鬼，兵死鬼，星死
> 鬼，血死鬼，通禱鬼，斬死鬼，絞死鬼，逢忤鬼，自刺鬼，
> 恐人鬼，強死鬼，兩頭鬼，騎乘鬼，車駕鬼，山鬼，神鬼，
> 土鬼，山頭鬼，水中鬼，據梁鬼，道中鬼，羌胡鬼，蠻夷
> 鬼，忌諱鬼，蠱撩鬼，精神鬼，百蟲鬼，井灶池澤鬼，萬道
> 鬼，遮藏鬼，不神鬼，詐稱鬼。一切大小百精諸鬼。[39]

與佛教鬼魂來源，特別是餓鬼的觀念相比，我們可以說，一般來說，佛教的鬼魂源自道德敗壞的人。成為鬼魂就是因為個人的道德缺失而受懲罰，例如貪心、妒忌、操控、吝嗇、諂媚或欺詐等。道教繼承了初期中國的觀念，認為只有那些不自然或不合時地死去的人才會回來世界纏擾活人。那些纏擾人的鬼魂可能做邪惡的事，也可能不會。但可以肯定的是，他們變成惡鬼，主要不是因為他們在世上活著時的道德缺失。他們的邪惡行為，如果有的話，都源自他們渴望對他們所承受的錯誤進行報復。道教鬼魂的行為反映他們在地上承受的不公平；佛教鬼魂的行為反映他們本身所造成的不公平行為。在這裡，我們可以看到佛教和道教之間一個很重大的區別，不是看他們提倡的教義，而只是看鬼魂的不同來源。

佛教和道教對鬼魂的來源的不同理解，也是他們採用來令人改變宗教信仰的策略的一個重要因素。佛教利用地獄受苦的鬼魂這個觀念，鼓勵人們依從正道，過公正的生活，以免落入這些悲慘的情況。另一方面，道教運用世上報復的鬼魂這個觀念，說服人們依從道士的帶領，驅除鬼魂。在勸說的過程中，兩者都對流

---

39 太上正一咒鬼經（HY, 184），收錄於道藏卷28: 370。

行的鬼魂觀念做出一些妥協。藉著容許本地對鬼魂的觀念存在，無論是透過將不同的精靈物怪翻譯為鬼，或與本地的地方神祇進行對話，佛教可以將它出現前中國的鬼魂吸收到它的系統中，我們也可以將這個系統視為「中國佛教」。另一方面，在與本地鬼魂觀念妥協時與道教重疊之處，會在後來中國歷史「民間宗教」的發展中成為共同的基礎。40

40 本文寫作期間蒙香港特別行政區大學撥款委員會支助〔GRF No.448613〕，特此致謝。

第十一章

生與死
北朝涅槃圖像的發展

顏娟英

中央研究院歷史語言研究所研究員

　　釋迦牟尼佛生平四大重要事蹟，誕生、成道、說法與涅槃，又稱「四相成道」，是印度中亞佛教圖像中常見的題材。然而在中國早期佛教藝術，佛傳多選擇性地以祥瑞的誕生為主題，較少描繪涅槃圖像。北魏涅槃圖像多搭配佛說法的主題，但在石窟中並不常見，以敦煌石窟為例，約在北周時期才出現涅槃圖像。然而，北朝時期涅槃經論在佛教教義中影響深遠，涅槃思想經常出現在造像題記中，如何解釋此現象？其次，本文將思考北朝佛教圖像的組合結構問題。涅槃圖脫離佛傳，與彌勒圖像、佛本行故事共同出現，後來又多與思惟菩薩、禪坐像結合，或與《法華經》的二佛（釋迦、多寶佛）並列，值得深入探討。

　　早期佛典《長阿含經》記載，釋迦佛入滅前叮囑阿難，將來宜在其生平四處思念佛陀，可獲無量功德，死後生天。[1] 此四處被視為佛陀一生的四大聖地，後人在此造塔禮拜。佛最終在拘尸那羅城，沙羅雙樹下結床臥下而逝，此最後一幕代表其修行圓滿的理想境界，故稱之為寂滅、涅槃（nirvana）等。

　　印度人相信生命自生到死運轉不息，現世只是永無止境地輪迴轉世的一瞬間，故以恆河形容生命之流。釋迦佛肉身火化後留下的遺骨舍利，既代表佛的生身也代表佛所成就的永恆法身，備受禮敬。在印度早期佛教藝術中，佛的存在被認為超越人間，無法用圖像再現，故而描述佛去世，多以禮拜佛遺骨—舍利塔為表徵。禮拜佛舍利塔，不僅代表對佛的思慕，標誌聖地的重要地位，同時也象徵過去佛所說法永遠流存世間。學者宮治昭指出，初期印度佛教美術中，沒有釋迦佛的形象，而是用菩提樹、佛足

1　佛陀耶舍／竺佛念譯（413），《長阿含經》卷4，《大正新修大藏經》（以下簡稱大正藏），1/1，頁26上。CBETA上網連同紙本查詢，以下同。

跡等象徵佛所成就的永恆涅槃境界，修行圓滿至高的象徵。到了
中亞犍陀羅時，開始依照佛傳故事，表現現實中釋迦佛的死亡經
過，涅槃成為具體事件與敘述性圖像。[2]

　　中國最早出現的涅槃圖或有可能是位在江蘇連雲港孔望山摩
崖造像，有些學者認為其時代為二至三世紀。[3]至於內容，一般被
認為以道教為主，佛教為輔，或稱為視佛教為道教一個流派的圖
像。[4]筆者擬暫時保留不討論。

有生無死──北魏早期佛傳圖

　　中國早期佛教藝術中佛傳圖多頌揚佛誕的祥瑞，而省略涅槃
圖像。其次，值得注意的現象是，北魏早期佛傳、佛本生圖像與
彌勒三者同時並現，未來佛彌勒是主尊。[5]陝西西安碑林博物館收

2　宮治昭，李萍譯，《犍陀羅美術尋蹤》，北京：人民美術出版社，2006，頁
　　25、111-121。栗田功編著，《ガンダーラ美術I 佛傳》，古代佛教美術叢刊，
　　東京：二玄社，1988。

3　連雲港市博物館，〈連雲港市孔望山摩崖造像調查報告〉，《文物》，1981.7，
　　頁1-7；俞偉超、信立祥，〈孔望山摩崖造像的年代考察〉，《文物》，
　　1981.7，頁13-15。阮榮春則提出唐代的說法，阮榮春，〈孔望山摩崖造像年
　　代考辨〉《南京藝術學院學報》1984.4，頁44-52。Wu Hung, "Buddhist
　　Elements in Early Chinese Art (2nd and 3rd Centuries A.D.)," *Artibus Asiae*, Vol.
　　47, No. 3/4 (1986), pp. 263-303+305-352。近年，溫玉成則修正為三國時期，
　　約三世紀中葉。溫玉成，〈孔望山摩崖造像研究總論〉，《敦煌研究》2003.5，
　　頁16-25。

4　仙佛說見溫玉成，〈孔望山摩崖造像內容試析〉，《中國歷史博物館館刊》，
　　1985，頁27-32。佛教成為道教流派說法見信立祥，〈孔望山摩崖造像中的道
　　教人物考〉，《中國歷史博物館館刊》，1997.2，頁16-24。

5　佛傳亦稱佛本行，敘述釋迦牟尼佛一生經歷，本文統稱為佛傳。佛本生是佛

藏北魏〈皇興造像碑〉（皇興五年，471，圖11.1），主尊為身穿袈裟，佛裝的交腳彌勒像，雙手交疊於胸前，表現轉法輪印。[6]〈皇興造像碑〉碑陰（圖11.2a）減地平面浮雕圖像相當精美，表現佛傳與本生故事，共分七層，最上層間隔為三塊，中央九龍為太子灌頂，左側為七步生蓮花，右側為太子思惟。第二層自右至左為騎象入胎，即王后（摩耶夫人）受孕；左側為樹下誕生；中央為相師為幼兒占相。以上佛傳集中在出生與嬰幼兒階段，充滿喜悅的氣氛（圖11.2b）。接著，第三層中央大畫面描繪飛揚在空中的轉輪王七寶：輪寶、象寶、馬寶、珠寶、女寶、藏臣寶、兵臣寶。彌勒下生翅頭城前，先觀察此福地因緣具足，其王護持佛法，即轉輪法王，「名曰蠰佉。正法治化，七寶成就。」[7]故而，此七寶圖像呼應正面主尊彌勒佛，代表彌勒下生的時機與地點皆臻完備。

其次，由下而上，第六層連結至第三層左側敘述佛本生，主人翁儒童供養定光佛而獲得授記。[8]儒童在山中修行後，對眾人說法（第六層）。儒童入城，得知定光佛將至，遂向一女買花五枝

在無數前世修行，累積功德的事蹟。有關彌勒，Lee, Yu-min, *The Maitreya cult and its art in early China*, Ph.D. thesis, Ohio State University, 1983. 宮治昭，李靜杰譯，〈彌勒信仰與美術——從印度到中國〉，《藝術史研究》8（2006.12），頁213-244；王裕昌、魏文斌，〈麥積山早期洞窟的彌勒造像與信仰〉《敦煌研究》2010/3，頁34-41。更多書目，參見王惠民，〈彌勒信仰與彌勒圖像研究論著目錄〉《敦煌學輯刊》2006/4，頁173-184。

6　西安碑林博物館編，《西安碑林博物館》，陝西人民出版社，2000，頁100-101。《中國美術全集・雕塑編3》，頁74-75。

7　西晉竺法護譯，《佛說彌勒下生經》，大正藏14/453，頁423中。

8　李靜杰，〈造像碑佛本生本行故事雕刻〉，北京《故宮博物院館刊》1996，頁66-83。

圖11.1 皇興造像 北魏興皇五年（471）高86公分 寬55公分 興平縣出土。出處：西安碑林博物館編，《西安碑林博物館》（西安：陝西人民出版社，2000），頁100。

11.2a 皇興造像背面佛本行畫。出處：西安碑林博物館編，《西安碑林博物館》（西安：陝西人民出版社，2000），頁101。

圖11.2b 皇興造像碑碑陰上半局部。出處：西安碑林博物館編，《西安碑林博物館》（西安：陝西人民出版社，2000），頁101。

（第五層）。賣花女轉託代為供養兩枝花。儒童散花佛前，五朵花在空中化成佛頭上的華蓋，另兩朵則停留在佛兩肩上（第四層）。故事的高潮是佛為儒童授記，讚許他將來成佛，名為釋迦佛。這時，儒童歡喜踴躍而飛騰，「懸在空中」（第三層左端）。此授記故事頌揚菩薩修行，圖像早已流行於犍陀羅浮雕（圖11.3）。[9]不過，〈皇興造像碑〉的圖像組合意義更為多元複雜。

圖11.3 定光佛。出處：美國大都會博物館網頁：http://www.metmuseum.org/collection/the-collection-online/search/49809。

---

9 美國大都會博物館收藏浮雕，推定為二世紀，"Dipankara Jataka"（定光佛本生），來自斯瓦特（Swat）地區，圖版見網頁：http://www.metmuseum.org/collection/the-collection-online/search/49809。

佛佛相續　法脈無盡

　　定光佛為儒童授記時，預言他修行壽終，往生兜率天上，待將來下生時，一樣有七寶出現的祥瑞，如同彌勒下生的景象。[10]換言之，菩薩修行最終圓滿，往生兜率天，下生成佛時必重複同樣的瑞相。[11]從過去佛到未來佛，佛誕與佛滅規律地重複再生，永無止境。因此，〈皇興造像碑〉所描述的佛誕以及定光佛授記故事，適用於過去的釋迦、未來彌勒，以及儒童菩薩成佛等永恆的修行過程（圖11.2）。

　　釋迦佛的生平事蹟距離五世紀的中國時空過於遙遠，難以詳細傳達給一般信眾。這類佛傳及修行故事與其說是具體重現歷史事件，不如說是以象徵手法宣揚永世傳承佛法的重要性。在不同的時間與空間，甚至於窮盡宇宙的虛空，基於對菩薩道的共同信仰，追求成佛者相繼不絕的思想普遍見於五世紀初流行佛典，如《大智度論》：

　　　　今以佛恩，以般若波羅蜜修行六事故得名波羅蜜，成就佛道，使佛佛相續而無窮盡。[12]

　　從釋迦佛一生事蹟轉而昇華為永恆的佛一生，釋迦佛誕生也是過去、將來無數佛的誕生，也就是永恆的修行─佛法的表現，

10　後漢竺大力共康孟詳譯，《修行本起經》，卷上，大正藏3/184，頁462上-463上。

11　《佛說彌勒下生經》，大正藏14/453，頁421下。

12　龍樹菩薩造，鳩摩羅什譯，（402-406），《大智度論》卷34，大正藏25/1509，頁314中。

可以說是大乘法身觀的基礎。因此北朝佛教造像所反映的信仰基礎是建立在《涅槃經》，所宣揚的佛法身常樂我淨，超越世俗生滅的永恆境界。此法身觀乃是當時許多流行大乘經典所共通的，例如《法華經》、《華嚴經》等，都說佛示現世間的生身雖有生死，但法身常住不變。

> 法身即是常樂我淨，永離一切生老病死。…若佛出世及不出世，常住不動，無有變易。[13]

> 我為設方便，說諸盡苦道，示之以涅槃。我雖說涅槃，是亦非真滅，諸法從本來，常自寂滅相。[14]

> 如來欲令眾生歡喜，故出現於世；欲令眾生憂悲感慕，故示現涅槃。其實如來無有出世，亦無涅槃。何以故？如來常住如法界故；為化眾生，示現涅槃。[15]

簡單說，佛出生或死亡不過是世間假象，為令眾生得法喜而出世，為令眾生哀傷無常而入滅。實則佛不受一生一世之限，不論在世與否，佛法身永恆清淨不滅。同理，人間造佛像也是反映此理想、清淨、永恆的法身境界。既然生死都是假象，那麼以佛說法或佛誕就足以表達佛佛相續，永恆的法身信仰，並不需要涅

---

13 北涼曇無讖譯（421年），《大般涅槃經》，卷34，大正藏，12/374，頁567上。筆者為提示重點，在部分引文加底線，以下同。

14 鳩摩羅什譯（406年），《妙法蓮華經》，卷1，大正藏9/262，頁8中。

15 佛馱跋陀羅譯（418-421年），〈寶王如來性起品〉《大方廣佛華嚴經》，卷36，大正藏，9/278，頁628中。

槃圖。

誕生與祥瑞

〈皇興造像碑〉以佛誕生的喜慶氣氛配合七寶與未來佛彌勒，吉祥的題材受到廣大信徒所喜愛。東晉法顯西行中亞及中印度時多處見到，四月八日佛誕行像遊街慶祝的祭典。北魏早期，佛誕日已經是信眾喜愛的節慶，聚集一千多尊像遊行。太武帝（423-452年在位）即位之初，也曾在皇城門上，參與佛誕日行像法會，散花供養，分享佛誕喜慶氣氛。[16]

宣揚佛誕祥瑞的圖像從五世紀中開始流行，[17]延續發展至六世紀中，例如有名的東魏武定元年（543），〈道俗九十人造像記〉（圖11.4），[18]碑陰刻繪連續性圖像，包括前述誕生至占相，以及太

16　法顯，《高僧法顯傳》（約416年），大正藏51/2085，頁857中、962中。楊衒之，《洛陽伽藍記》，卷3，大正藏51/2092，頁1010中。《魏書釋老志》，魏收著，塚本善隆註解，東京：平凡社，1990，頁185-186。

17　以誕生為主的佛傳造像碑，如北魏太安元年（455）〈石造佛坐像〉，太安三年（457）〈宋德興造釋迦文佛〉與延興二年（472）〈石造佛坐像〉，圖版分別見，《有鄰館精華》，京都：藤井有鄰館，1977，單色圖版16；Siren, Osvald, Chinese Sculpture, from the Fifth to the Fourteenth Century, London: Ernest Benn, Pl. 116；松原三郎，《中國佛教雕刻史論》，圖版編一，頁44a,b,c，大和文華館收藏。此外，台北國立故宮博物院收藏的北魏太和元年（477）〈青銅鍍金釋迦牟尼佛坐像〉，碑陰刻有多幅佛誕圖像圍繞中央佛坐像，並出現文殊、維摩與二佛並坐。圖片查詢網站：國立故宮博物院——典藏資源，http://www.npm.gov.tw/，上網查詢2015/5/16。

18　《北朝佛教石刻拓片百品》，No. 45，頁114-115。此碑詳細說明見長廣敏雄，〈搖籃期的佛教說話畫卷──東魏武定元年造像碑の線刻畫〉《六朝時代美術の研究》，東京：美術出版社，1969，頁69-92。

圖11.4　東魏武定元年543道俗九十人造像記。出處：史語所數位典藏資料庫整合系統：佛教石刻造像拓片資料庫網頁：http://ihparchive.ihp.sinica.edu.tw/ihpkmc/ihpkm_op?@@1234695008。

子剃髮出家，後者為新題材流行於北朝末。[19]畫面第二層左側圖像榜題：「黃羊生黃羔，白馬生白駒。」說明隨著太子的誕生，王宮內外人畜興旺，喜氣洋洋。[20]

　　如沙夫（Robert Sharf）等學者指出，中國傳統喜好天人感應思想，深刻影響到對佛教教義理解的態度，甚至佛教用語上也配

19　與此相關的是「太子別馬圖」等，參見顏娟英，〈佛教藝術方法學的再檢討〉，收入中華民國史專題討論會祕書處編，《中華民國史專題論文集：第四屆討論會》（台北：國史館，1998），頁647-666。

20　吳支謙譯，《太子瑞應本起經》卷上，大正藏3/185，頁474中。《過去現在因果經》，大正藏3/189，頁626上。此碑還簡單圖示儒童本生，與須達拏（Sud na）本生；相關圖像考證參見，李玉珉，〈敦煌四二八窟新圖像源流考〉《故宮學術季刊》，10/4（1993），頁2-9；謝振發，〈北朝中原地區《須大拏本生圖》初探〉，《美術史研究集刊》，6（1999.3），頁1-41。

合傳統思維，以提高接受度。[21]中國南北朝佛教藝術史上，製作瑞像的風潮延續不斷。[22]祥瑞誕生必然能迎合一般庶民的喜好。

務實造像——像法時代僧俗涅槃觀

　　新疆克孜爾石窟第一期仍延續犍陀羅傳統，在佛傳中出現涅槃圖，但是到了第二期，涅槃圖脫離佛傳，獨立成為信仰重點與石窟的主題圖像，最後涅槃與荼毗、分舍利一齊出現，表示進一步關切涅槃後遺骨及佛法的流布。[23]北魏時期，中國佛教造像者是否趨吉避凶，避免面對從過去佛到未來佛修行過程中關鍵性的涅槃？其實不然。首先，從生死輪迴觀的基本面來說，有生必有死，死亡必將再生，生死是一體的兩面，佛誕圖與思念已涅槃的釋迦佛是不可分割的。這點可以借鑑法國學者德布雷（Régis Debray）所說，西方古代圖像源自死亡—墓葬文化，並且古代肖像有如永恆生存的喜樂，取代了死亡的哀傷，此因圖像擁有巨大而持久的效力。[24]以永久生存的能量代替死亡、消失，古代東西皆然。

21　Sharf, Robert H., *Coming to Terms with Chinese Buddhism*, A Kuroda Institute Book, Honolulu: University of Hawaii Press, 2002, pp. 77-136. 中譯本，沙夫著，夏至前、夏少偉譯，《走進中國佛教：《寶藏論》解讀》，上海：上海古籍出版社，2009，頁75-126。

22　顏娟英，〈佛教造像緣起與瑞像的發展〉《信仰、實踐與文化調適》第四屆國際漢學會議論文集，台北：中央研究院，2013，頁286-307。

23　宮治昭著，李萍、張清濤譯，《涅槃與彌勒的圖像學》，敦煌研究院編，佛教藝術與敦煌學名著譯叢，北京：文物出版社，2009，頁406-452。

24　德布雷（Régis Debray）著，黃迅余、黃建華譯，《圖像的生與死：西方觀圖史》（*Vie et mort de I'image: Une histoire du regard en Occident*），上海：華東師範大學出版社，2014，頁3-26。

　　其次，北魏佛教圖像中，雖然用吉祥的佛誕圖取代哀傷的涅槃圖，但在相隨的文字題記中，佛涅槃的事實不斷地被提醒。前述〈皇興造像碑〉題記部分已殘損，但無礙於理解其表達，釋迦佛久已滅度，殷切期待彌勒下生的心情。（圖11.2a）開首第一行，「自靈羲掩曜」便點出佛已涅槃，離開娑婆世間。[25] 第七行「□（佛）日潛暉，華林未即。[26] 悲戀□□，□／慕罔極。」說明，值逢釋迦過去，而彌勒下生在華林園說法的時刻尚未來臨，蒼生思念而哀傷，由此開啟造像的動機。題記最後期望與下生成佛的彌勒相逢，聞法而證得阿羅漢果，隨心自在：

> ……諸知識，神期妙境，共睹□（龍）／華初曜，願在先會，[27] 得悟□□，□累消豁，獲无生忍，[28] 還□□□，乘六神通，[29] 隨心任適。……」[30]

---

25 「靈羲」，羲通曦，意指佛日；「掩曜」指日落、佛涅槃。

26 「華林」指彌勒佛於華林園三會說法，見鳩摩羅什譯，《佛說彌勒下生成佛經》，大正藏14/454，頁425上。

27 「（龍）華初曜，願在先會」，此用語常見於北朝造像題記，例如，「願使龍華三會。恆在初首。」出自〈夫蒙文慶造像記〉（北魏神龜二年，519）；「龍華三會。願登上首。」出自〈陳神姜等造像記〉（西魏大統十三年，547），以上引自《北朝佛教石刻拓片百品》Nos.17、50。

28 「願亡者生天，面奉彌勒，諮受法語，悟无生法忍。」北魏孝昌元年（525）〈比丘尼僧達造像記〉，《北魏紀年佛教石刻拓本目錄》，No. 184，頁82。

29 六神通代表得阿羅漢果，見《佛說彌勒下生成佛經》，「念釋迦牟尼佛，於惡世中，教化無量眾生，令得具六神通，成阿羅漢。」大正藏14/454，頁425下。在此表示，值遇彌勒成佛，聞其說法，證得阿羅漢，具六神通：天眼通、天耳通、他心通、宿命通、神足通、漏盡通，故能隨心自在，無所不通。

30 〈皇興造像〉碑陰題記，筆者釋文：「自靈羲掩曜而漸廣□□／唯象？而感悟。纖弱□□／籠玄宗。仰隔陵□□□□／趣。是以清信士京□□／芳。根

　　佛涅槃既然已是久遠前的事，身處像法時代的信眾於是積極造像作為依憑。這樣的想法清楚表現在，都城洛陽附近出土，北魏正光五年（524）五月〈劉根四十一人等造浮圖記〉（以下簡稱〈劉根造浮圖記〉）石刻。[31]中央以減地浮雕佛於樹間說法，隨從菩薩及弟子十八人。這塊長方形石刻原來是在造三級磚塔時，刻石記載緣起，鑲嵌在塔基上，說明造塔的意義。（圖11.5）

　　　夫水盡則影亡，谷盈則響滅。<u>娑羅現北首之期</u>，[32] <u>負杖發山</u>
　　　<u>頹之歎</u>。[33] <u>物分以然，理趣無爽。故憂填戀道，鑄真金以寫靈</u>
　　　<u>容。目連慕德，尌栴檀而圖聖像</u>。[34] 遺顏倏忽，尚或如斯。況

殖於遠，著英□□。／故能信悟遺因，光鮮頹式。□（佛）／日潛暉，華林未即。悲戀□□，□／慕罔烝。遂於大代皇□□□□（興五年歲）／次辛亥，為亡父母并□□□□／劫諸師，現存眷屬，敬？□□□□／像一區。雖復真儀難即，□□？／匠制，冀憑斯慶，鐘□□□／女大小，內外親族，諸□□／諸知識，神期妙境，共睹□（龍）／華初曜，願在先會，得悟□□，／□／累消嚻，獲无生忍，還□□□，／乘六神通，隨心任適。／□□菩薩，供養諸佛。并□□□，／一切眾生。盡三界原，又□□／類。咸同斯慶，共階□□。」參見西安碑林博物館編，《西安碑林博物館》，頁100-101。

31 清末於洛陽韓旗屯村出土，河南省博物院收藏，參見王景荃主編，《河南佛教石刻造像》，No. 15，鄭州：河南博物院，2009，頁90-92；釋文筆者局部修訂。

32 釋迦佛在拘尸那竭城，娑羅園雙樹間，頭北面，面向西方，右脅如師子王，累足而臥，進入涅槃。《長阿含經》，卷3，大正藏，1/1，頁21上。

33 《禮記・檀公上》：「孔子蚤作，負手曳杖，消搖於門。歌曰：『泰山其頹乎，梁木其壞乎，哲人其萎乎。』」孔子預知死期將至時的感慨。

34 《增一阿含經》，卷2，大正藏，2/125，頁705下-706下。釋迦佛為使眾生渴仰佛法，暫時隱身三十三天，並為母說法。憂填王、波斯匿王思睹如來，造栴檀佛像與金佛像，是為世間最初二佛像。眾比丘則委請目連以神足力，上三十三天問訊釋迦佛。

圖11.5a.b　北魏正光五年（524）「劉根四十一人等造浮圖記」拓片局部。
出處：史語所數位典藏資料庫整合系統：佛教石刻造像拓片資料庫網頁：
http://ihparchive.ihp.sinica.edu.tw/ihpkmc/ihpkm_op?@@1234695008。

劉根等託於冥冥之中，<u>生於千載之下，進不值鷲嶺初軒，退</u>
<u>未遇龍華　駕。</u>而不豫殖微因，心存祈向。何以拔此昏壇，
遠邀三會。……

劉根等人以世間自然生滅的規律，「物分以然，理趣無爽。」
明快地說明佛涅槃的現象，緊接著強調造塔像的重要。舉例憂填
王與波斯王，僅僅短暫時間不見釋迦佛便需要造像，還委請佛弟
子目連以神力問訊。反觀劉根等人，距離佛涅槃已超過一千年，
既不能親聞釋迦說法，又等不及彌勒下生。如今若不能藉著造塔
像，種下善緣，發菩提願，將來脫離輪迴，值遇彌勒龍華三會的
機會更加渺茫。造像成為個人或團體祈求解脫，值佛聞法的重要
依據。

〈皇興造像碑〉與〈劉根造浮圖記〉（圖11.1、11.5）造塔像
的動機都是因為，釋迦佛久遠以前已經涅槃，離開人間，世人只
能造塔像作為信仰的依憑，並期待將來值遇彌勒，親聞佛法。許
多北朝題記都表達此造像動機；不過，早約半世紀的「皇興造像
碑」題記內容顯得較為樂觀而單純，主尊是交腳彌勒佛，背面浮
雕敘述佛累世修行的功德，並表現佛誕的祥瑞、喜悅。相對地，
〈劉根造浮圖記〉則更多反映對現世的不安，並且回歸到釋迦佛
涅槃後，廣於各地造塔以期未來與彌勒相會，佛法永存，開啟眾
生智慧。此想法很可能與法華信仰有關，本文最後一節將繼續討
論。四十一位供養人中有四位具將軍頭銜，其中三位傳記見諸
《魏書》。[35]與〈劉根造浮圖記〉同年稍早的三月，「沃野鎮人破落

35　周到，〈劉根造像〉，《河南文博通訊》，1978.3，頁41-43。

汗拔陵聚眾反，殺鎮將，號真王元年。」[36]掀起了六鎮之亂的首頁，北魏末年最殘暴、黑暗的內亂與宮廷政變即將接二連三地展開。北朝末年軍人積極參與佛教造像，無非是源自面對生命無常、殘酷戰爭的莫大威脅。

造像與現實期許

造像以尋求現世保護的心情更直接表露於山西稷山出土，北京中國國家博物館藏，北魏〈僧智薛鳳規等道俗造像碑〉（以下簡稱〈薛鳳規造像碑〉），這是一件大批僧人、軍人與在家居士共同建造，四面刻巨型大碑。[37]（圖11.6）周錚研究指出，根據題記內容，造碑前後正值永安三年（530）爾朱榮殺孝莊帝於佛寺，以及普泰二年（532）高歡再殺節閔帝於佛寺。曾在洛陽任官的薛鳳規回到山西稷山，自嘆此生業障深重，不值遇釋迦，未逢彌勒，難以脫離漫漫苦海：[38]

> 形同朝露。<u>前不值釋迦初興。卻不逢孃佉之子</u>。嚻生今辰。坎業之世。塵迴生老。出垢靡逕。……自慨苦空。弗逢

---

36 《魏書》，蕭宗紀第九，中央研究院歷史語言研究所漢籍電子文獻資料庫，段801。

37 此碑座已殘缺，目前通高225公分，參見周錚，〈北魏薛鳳規造像碑考〉《文物》，1990.8，頁58-65；劉淑芬，〈北魏時期的河東蜀薛〉《中國史學》（東京），11（2001），頁52-53。

38 周錚，〈北魏薛鳳規造像碑考〉，頁62。題記釋文參見，〈僧智薛鳳規等道俗造像記〉《北朝佛教石刻拓片百品》，中央研究院歷史語言研究所珍藏史料暨典籍系列之三，台北：中央研究院歷史語言研究所，2008，No. 29，頁71-75，本文引用時略有修改。

圖11.6a　北魏永安三年（530）〈僧智薛鳳規等道俗造像碑〉碑陽。出處：史語所數位典藏資料庫整合系統：佛教石刻造像拓片資料庫網頁：http://ihparchive.ihp.sinica.edu.tw/ihpkmc/ihpkm_op?@@1234695008。

圖11.6b　北魏永安三年（530）〈僧智薛鳳規等道俗造像碑〉碑陰。出處：史語所數位典藏資料庫整合系統：佛教石刻造像拓片資料庫網頁：http://ihparchive.ihp.sinica.edu.tw/ihpkmc/ihpkm_op?@@1234695008。

斯世。然苦海遐淪。非精超不越。

呼應前述洛陽〈劉根造浮圖記〉，距離佛涅槃已一千年以上的說法，此題記最後也提到釋迦「雙林捨應，邁也千零（齡）。」不同的是，山西稷山薛鳳規等人題記中，涅槃不過是一時應身的結束，不是重點更無暇哀嘆。對於他們深處危亂中，更重要的是佛法身常樂我淨，常住不動，佛慈悲將回應他們的虔誠。如《大般涅槃經》所說：[39]

> 亦如有人在闇室中執大炬火，悉見諸物。大涅槃炬亦復如是，菩薩執之，得見大乘深奧之義。亦如日出，有千光明，悉能照了諸山幽闇，令一切人遠見諸物。是大涅槃清淨慧日亦復如是，照了大乘深邃之處，令二乘人遠見佛道。

薛鳳規等的題記起首便提到真如法身幽藐，超乎世人的理解。然而，若無形像將導致邪道盛行。佛慈悲降生人間，為開發世人信心，降服邪惡之徒，正如回應薛鳳規等人祈求保護之心願。

> 故心形絕尋，則耶（邪）林雍蔚。是以如來俯愍長迷，規昏改晝。托跡迦夷，披融正路。[40]欲令人天同歸，邪徒祇肅。

39《大般涅槃經》，卷21，〈光明遍照高貴德王菩薩品〉，大正藏，374/12，頁487中。

40 釋迦佛誕生之地，Kapilavastu，又作迦維、迦夷羅等等。「迦維，梵語古譯訛略也。正梵音劫毘羅筏窣睹城，佛下生之處也。」見，慧琳，《一切經音義》，卷1，大正藏，2128/54，頁313下。

接著，為了具體實現佛法保護，令後來者生信心，必須雕石造像，精心建造佛像，其壯觀古今所未見。他們期許佛像能教化天人，世人改邪歸正，佛法永住：

曠代之驚奇，娑婆之絕也。天人睹斯狀而雲集，耶（邪）徒觀眾心而慕化。欲令此範永潤於四生，繼軌於不絕。

最後，薛鳳規等人針對佛像寫了一段頌詞，共96字，反映出當時信徒賦予造像深刻的意義與功能，以及佛像與其代表的佛法、尊像之間的微妙關係，頗見流傳，以下分為三段來看：

1. 妙哉沖量，託體金質。顯相八十，凝然果一。現應開津，鏤容石出。三有悟朗，號曰惠日。[41]

2. 巍巍慈氏，顯應著闍。形無定方，三界莫遮。亦名太子，亦名達拏。獨坐道樹，號曰釋迦。

3. 雙林捨應，邁也千零。道俗迷正，沉淪昏冥。末後生信，刊石開形。影建玉飾，萬代留名。

佛身應現於世間，以眾多莊嚴好相，象徵至高的法身。在石頭上刻鑿佛像，便能啟發佛光遍照，開悟六道眾生。佛以慈悲度化，隨機應現於三界形像不一，或為修菩薩行的太子悉達多，或名為須達拏，（或儒童等）；或示現為菩提樹下禪定，成正覺的釋迦佛。然而，佛捨其應身，在雙樹間涅槃，距今已千年以上。世人應造像以開發信心，並期萬代留名。

---

41 三有即三界之別稱，欲界、色界、無色界；又指有生死之六道眾生。惠日即慧日，指佛智慧普照十方。

〈薛鳳規造像碑〉為四面刻，迄今僅有拓片發表。[42] 碑陽造像題記文字長約550字，四面刻滿共同造像的僧人與在家居士名字，文字面積遠超過圖像部分，因此全體感覺莊重肅穆，本文前述北魏早期造像碑散發的愉悅氣氛已然消逝。[43] 從拓片上來看，此碑碑首圓雕雙龍俯首交纏部分相當可觀，但佛像部分趨於簡樸。碑陽頂上一小龕，主尊為交腳彌勒菩薩。中層大龕主尊為結跏趺坐佛，右手似舉起說法，左右各一侍立菩薩。龕楣外側上方各一樹下思惟菩薩坐像，牓題稱為「思惟佛」。這一對「思惟佛」如何理解其適當的尊名？也許可以參考頌詞第2段所說：「形無定方，三界莫遮。亦名太子，亦名達拏。獨坐道樹，號曰釋迦。」思惟菩薩正是往昔以來，在菩提道上精進修行的許多菩薩，在樹下成正覺時才名為釋迦。總之，這些石刻圖像代表的是法身佛的多種應現。

　　最令人不可思議的是，前述一段佛像頌詞共96字早已出現在神龜三年（520）〈李僧智王阿全合邑造四面像碑〉（以下簡稱〈李僧智造碑〉），原石地點也在山西西南，可能相離不遠。[44] 〈李

---

42 參見周錚，〈北魏薛鳳規造像碑考〉，頁62。拓片另藏中研院史語所，見〈僧智薛鳳規等道俗造像記〉《北朝佛教石刻拓片百品》，以及京都大學人文科學研究所，「北魏羽林監薛鳳頏造像碑」，NAN0344D，2015/7/20上網查詢：http://kanji.zinbun.kyoto-u.ac.jp/db-machine/imgsrv/takuhon/type_a/html/nan0344d.html。

43 此碑在隋代仁壽二年（602）曾被新邑義團體在空白處增添75字題記以及多位邑子人名，尚待進一步分辨，目前粗估約650位人名，見〈僧智薛鳳規等道俗造像記〉《北朝佛教石刻拓片百品》，頁74-76。

44 此碑收藏在Victoria & Albert Museum, London，館藏號：A9.1935。根據該館網站，此碑來自山西南方，又據石刻上供養人題名，出現「定陽郡主簿楊采憘」，按定陽今名吉縣，隸屬汾陽市，距離運城市稷山縣約70公里。

僧智造碑〉造像風格較為活潑，主尊以釋迦、彌勒為主，同時在側面也出現一對思惟菩薩，與〈薛鳳規造像碑〉相似，不過並沒有表現二佛並坐，而是維摩詰經變。〈李僧智造碑〉題記較短而簡單，沒有交代歷史背景，但96字的佛像頌詞幾乎完全一樣，差異僅在第一行非「金質」而是「玉質」材料不同。第三段起首非「雙林捨應」而是「雙林歸真」，其實相通，捨應身也就是捨去釋迦應身，回歸真如法身。最後第二句，對應「末後生信」，一字殘缺，僅見「□古季知」。[45]總之，由〈李僧智造碑〉可知，至少在520年代，山西佛教徒造像時，已知佛的教化源自法身，視世間教化所需，應身變化示現，發揮至高智慧，解決信眾的困難。

　　以上造像碑題記的討論，可以看出，五世紀下半至六世紀中葉，北朝佛教徒所共同關心的是，佛久遠前已涅槃，而將來彌勒下生的憂慮與期待。只不過，早期如〈皇興造像碑〉用吉祥、喜悅的佛誕象徵對未來佛的期待。到了北朝末期，在來世或不久的將來見到彌勒下生，龍華三會說法的期待似乎愈趨遙遠。佛教徒結社，互相勉勵精進修行菩薩道，並造像以持續發揮佛法的教化力量，藉以超脫現世苦難的輪迴。此時，代表走上菩薩道修行的思惟像頻繁地出現。最後，題記中法身觀逐漸具體化，佛像代表

2015/7/20上網查詢：http://collections.vam.ac.uk/item/O74102/stele-unknown/。

45　此碑題記見錄於王靜芬著，毛秋瑾譯，《中國石碑：一種象徵形式在佛教傳入之前與之後的運用》（以下簡稱《中國石碑》），北京：商務印書館，2011，頁132-133。（釋文未見於英文原著。）本文根據博物館提供黑白照片，略加修訂如下：

　　妙哉沖暈。託體玉質。顯相八十。凝然果一。現應開津。鏤容石出。三有悟朗。號曰惠日。巍巍慈氏，顯應著闍。形無定方，三界莫遮。亦名太子，亦名達挐。獨坐道樹，號曰釋迦。雙林歸真，邁也千嶺。道俗迷正，沉淪昏冥。□古季知，刊石開形。影建玉飾，萬代留名。

永恆的法身，如〈李僧智造碑〉、〈薛鳳規造像碑〉所說，「形無定方，三界莫遮，亦名太子，亦名達拏。」不受三界（欲界、色界、無色界）的限制，尊像名也可以適時地隨觀者的需要而變化。

北魏石窟的涅槃圖像

　　目前所知北魏早期，中原地區石窟較少見涅槃圖。山西雲岡石窟出現浮雕大量佛傳情節的洞窟，如第六窟，完全沒有涅槃情景。[46]獨立於佛傳而出現的涅槃圖，如11窟西壁上層南側坐佛龕，基座上浮雕小型涅槃圖，[47]年代大致為480年代。（圖11.7）[48]此涅槃情節極簡化，釋迦佛平臥，雙手貼在雙腿旁，而不是按照經文描述，右脅而臥；佛身頭腳各有一位弟子，外側各有一對供養比丘。此涅槃圖像與龕內主尊說法佛大小相差甚多，同時考慮

46　雲岡僅三例小型涅槃圖，除第11窟以外，還有35、37窟，大致相同。長廣敏雄曾整理雲岡石窟所有佛傳圖的位置，參見氏著，《雲岡の龍門：中國の石窟美術》，（東京：中央公論美術出版，1973，再版），頁94-99。蔡宛霖，《雲岡石窟第六窟研究》，國立臺灣大學藝術史研究所碩士論文，2004。石松日奈子著，筱原典生譯，《北魏佛教造像史研究》，北京：文物出版社，2012，頁89。Lee, Sonya, *Surviving Nirvana: Death of the Buddha in Chinese Visual Culture*, Hong Kong University Press, 2010, pp. 38-43.

47　水野清一、長廣敏雄，《雲岡石窟：西曆五世紀中國北部佛教窟院考古學的調查報告》（以下簡稱《雲岡石窟》），京都大學人文科學研究所，1953，卷8-9，頁52。《中國石窟‧雲岡石窟》2，東京：平凡社，1989，圖83。

48　此窟內有太和7年（483，主室東壁）與太和19年（495，明窗）題記。石松日奈子，〈雲岡第11窟太和七年義邑造像和武州山石窟寺的變化〉；趙昆雨，〈雲岡第11窟營鑿的幾個問題〉，皆收入雲岡石窟研究院編，《2005年雲岡國際學術研討會論文集‧研究卷》，北京：文物出版社，2006，頁301-308；313-323。

及全窟壁面上無數同
樣形像的坐佛，顯示
是以佛永恆說法的形
象為重點，輔以象徵
性地表現涅槃的事
實。換言之，這類涅
槃圖已經脫離敘述性
佛傳，成為佛佛相
續，永恆說法，也就
是法身觀的表現。類
似的例子沿用至北魏
後期洛陽龍門石窟，
目前僅發現普泰洞北
壁（圖11.8）以及魏
字洞北壁，各在佛龕
龕楣上出現一小而簡

圖11.7　北魏山西雲岡石窟　11窟。出處：《中國石窟‧雲岡石窟》2（東京：平凡社，1989），圖83。

單如圖案般的涅槃圖，在此圖上方區隔出另一稍大的空間，浮雕半跏思惟菩薩接受禮拜供養，這似乎是涅槃與思惟菩薩結合最早的例子。[49]

　　北魏後期石窟重要的涅槃佛像出現在甘肅永靖炳靈寺石窟132窟，開鑿年代一般認為在510年代初。[50]此窟三面主壁開龕，造二佛並坐（西），彌勒交腳菩薩（北）與坐佛（南）；東壁門上開龕，內鑿超過兩公尺長的臥像右側身直貼壁面著床，右臂曲肱

圖11.8　北魏河南龍門石窟。出處：作者田野調查攝影。

而枕，左手平貼身體。頭前方一弟子跪坐撫枕。佛身上方8位弟子，只有3位或舉雙手，或撫胸口，流露哀悼之意，其餘的則平靜地禮敬，或持香爐、缽與供養物，一位雙手下垂在袖內。此歷史場景與其說是表現哀悼之情，似乎還不如說是強調僧團法脈傳承的意義。[51]

炳靈寺石窟132窟涅槃圖雖然不在主壁，但在門口上方與其餘三壁三龕的法華經二佛、彌勒菩薩、釋迦佛同時並列。如此在一個石窟表現多尊主佛，可謂進一步打破時間與空間的限制，兼容並蓄地融通多部重要大乘經典信仰。下節將進一步討論此發展。

此外，麥積山石窟西魏127窟正壁龕上方及左右側壁面，描繪「涅槃經變」，包括「佛臥在七寶床上」、及八王分舍利征戰圖，可以說是北朝罕見的題材。同窟左右壁相對位置更繪有西方淨土變（右壁）與維摩詰經變（左壁）；窟頂則繪薩陀太子本生

---

51 炳靈寺16窟原為大型臥佛龕，造型與132窟相近，年代較晚。1967年配合建壩而切割搬遷。後於石窟對岸建設臥佛寺，但已無法重現石窟的原貌。

與睒子本生等。此窟目前被斷代為西魏時期，不過其表現的涅槃變卻與唐代發展關係密切，故擬於下一篇有關唐代涅槃變文章中一併討論。[52] 總之，炳靈寺、麥積山石窟北朝末期建立的傳統將延續至北周甘肅各地石窟，如下文即將討論的敦煌428窟，乃至於中原的造像碑。

　　東魏北齊石窟唯一僅見的涅槃圖，是北齊河北南響堂山石窟第五窟，前壁門口上方一鋪涅槃圖，（圖11.9）明顯延續北魏洛陽龍門石窟普泰洞的樸素風格，故先在此簡單交代。兩者都是帳幔式方形龕，佛涅槃平躺在壺門形的牙床上，弟子整齊排列。[53] 南響堂第五窟涅槃圖出現在門口正上方，與正壁主尊釋迦佛遙遙相對，在此窟正壁銜接左壁的上方轉角處還描繪一位半跏思惟菩薩，代表修行。相較於三壁龕尊像，出現在窟門口上方的小涅槃圖，很容易被忽略。北齊風格的雙樹圍繞涅槃龕，大型葉片形如銀杏葉，另外，床側跪坐一位寬袖婦女，頭部損毀，可能是趕來哀悼的佛母，這是罕見的例子。此窟近乎方形底面，三壁三龕，龕內主尊皆是坐佛與一對脅侍比丘，整體簡單而肅穆。依據作者說法，此窟三尊佛代表釋迦、彌勒與阿彌陀佛，筆者認為值得進一步探討。[54]

---

52 在西魏到北周之間，麥積山石窟至少有三個石窟出現「涅槃經變」壁畫，即127窟、135窟（西魏）與26窟（北周），其共同特色是軍隊與舍利瓶。參見張寶璽，〈麥積山石窟壁畫敘要〉《中國石窟・天水麥積山》，北京，文物出版社，1988，頁190-200；圖版157-171，解說頁239；圖版175-177，解說頁240；圖版255、257，解說頁244。

53 「牙床」考證，見揚之水，《曾有西風半點香：敦煌藝術名物叢考》，北京：生活・讀書・新知三聯書店，2012，頁140-148。

54 水野清一、長廣敏雄，《響堂山石窟》，京都：東方文化學院京都研究所，1937，頁29-33。

圖11.9　北齊南響堂山石窟第五窟。出處：作者田野調查攝影。

　　從北魏至東西魏石窟的少數涅槃圖例子至少可以觀察到兩點現象。一、涅槃圖沒有出現在佛傳中，成為敘述其生平的一環，而是單獨出現，並多與永恆的佛說法、菩薩修行圖像並列；二、涅槃圖並未成為石窟內的主要圖像。炳靈寺石窟132窟圖像組合與北魏晚期造像碑的表現相似，下文將進一步討論。

四面造像碑

　　前文提到〈李僧智造碑〉與〈薛鳳規造像碑〉都是四面造像的例子（圖6、7），前者底部近乎方形，後者為常見的正背面寬，側面窄。北魏四面正方形底部造像碑發展成每面開龕造像，

圖11.10　北魏四面造像。出處：松原三郎，《中國佛教雕刻史論》圖版一（東京都：吉川弘文館，1995），頁154。

大小相近，並累積多層，向上逐漸削身，形如石塔。例如一座五層石塔共開二十個佛龕，有如濃縮版石窟圖像集合。這類石塔中出現涅槃圖像例子，值得注意。大阪市立美術館藏一塊石造四面像（圖11.10），[55] 原來可能是石塔的局部。四面各開一龕，涅槃圖之外，三面開有一佛（或為釋迦佛）二菩薩；阿育王施土禮佛；[56] 與交腳彌勒菩薩。涅槃龕表現佛僵直地垂直躺臥於棺床，身體似乎已經裹上厚布，如圓桶狀。哀悼者表情豐富，前所未見：共五個人緊靠著佛身體，一跪抱佛頭，一右手捶胸，一站立

55《中國佛教雕刻史論》，圖版篇冊一，頁154。

56 李靜杰，〈定光佛授記本生圖考補〉《故宮博物院院刊》，2001.2，頁67-72。

雙手上舉，他們三位皆披長髮，小圓臉張口有如狂喊，第四位低俯身子，長髮撲向佛腳，最後一位則跪在腳後方，臉有鬚，頭戴風帽，身穿披風，左手捧佛腳，右手撫摸前方哀悼者的背部。這五位俗人的模樣很可能來自犍陀羅涅槃圖像，佛滅度後趕來哀悼的拘尸那城末羅族人，代表俗人的參與。[57]原來在釋迦佛頭前與足部的阿難與迦葉退至後方，他們與激動的末羅族人之間還有四位僧人以淺浮雕表現，姿態一致，都筆直站立並合攏雙手於腰際，顯得安靜。龕楣除了畫一枯一榮的雙樹外，中央有一位坐在茅篷或洞窟內的禪定僧。類似涅槃圖也出現在一件河南淇縣靈山寺出土，東魏至北齊間的四面造像。[58]

　　具有異國情調的末羅族人加入佛涅槃圖的構想流行於北朝末期，但末羅族人在哀悼痛哭之外，也出現淡定的形像。一件有名的無紀年四面碑收藏在美國堪薩斯市，根據席克曼（L. Sickman）說法，此碑來自山西西南地區，年代推定在西魏初年（535-540年），故時間與地點都接近〈薛鳳規造像碑〉，而可能略晚（圖11.11）。[59]碑首圓雕雙龍俯首，線條流暢，對稱而華麗。為節省篇幅，暫且將討論聚焦在碑陽下半部，中央區劃出來的縱狹長空間。此長條形空間又區分為上下兩塊，上方為屋內帳幔下的禪坐

---

57 釋迦佛臨入滅前，要求阿難「入拘尸那竭城，告諸末羅」，請末羅族人來聽法。《長阿含經》，卷4，大正藏，1/1，頁26、28-29。宮治昭，李萍譯，《犍陀羅美術尋蹤》，頁113-114。

58 王景荃主編，〈靈山寺四面造像碑〉《河南佛教石刻造像》，No. 31，頁320-321。

59 感謝陸聆恩博士協助，取得Kansas City Nelson Atkins Museum of Arts 提供圖版。Laurence Sickman, *The Art and Architecture of China, The Pelican History of Art*, Baltimore : Penguin Books, 1960, Pl. 67，頁107。

圖11.11b　北朝無紀年四面造像碑局部。出
處：Nelson Atkins Museum of Arts, Kansas
City 提供圖版授權。

圖11.11a　北朝無紀年四面造像碑碑陽。出處：Nelson
Atkins Museum of Arts, Kansas City 提供。

佛，屋外一對比丘侍立，雙樹與一對飛天裝飾著屋頂。下方是不
同尋常的涅槃圖。荼毘前刻，佛全身裹著厚布平放在簡單的床座
上，首尾各站立一位比丘雙手合攏於腰際，類似圖像早見於犍陀
羅。[60] 不尋常的是，上方兩位披髮坐姿末羅族人，各以內側手抓著
垂至膝前的長髮，外側手下垂，左右對稱。不論比丘或末羅族人

60　栗田功編著，《ガンダーラ美術I 佛傳》，頁234。

都表現哀傷過後的平靜，延續龍門普泰洞以及南響堂山的表情（圖11.9）。此碑碑陽上方主龕外側還有小型文殊維摩，與一對思惟菩薩。更有趣的是，此碑也出現佛誕的圖像，但已經被擠到狹窄的碑側空間，作為附屬圖像。禪定與涅槃的結合才是此碑重點，此主題將繼續發展於北齊。

　　再回到方形四面造像碑或石塔的構造討論。石塔重層構造，每一龕圖像各自獨立，有如各種佛教圖典大集結，各自簡單地表現一個故事，如佛傳、本生、涅槃、佛說法圖、更加入《法華經》、《維摩經》等等。有些石塔由多層個別切割的石塊組合而成，如大阪市立美術館藏（圖11.10），推測可能方便遊化鄉間的僧人攜帶，作為教化工具。[61]就石塔內在結構而言，圖像各自獨立性強，彼此之間的連結性較為鬆散。再舉一例，陝西西安出土一件由一塊石頭刻成的北魏五層石塔，也有包括佛誕與涅槃的畫面，體積相對地短小，若需移動並不困難。[62]我們值得思考多層四面石塔圖像所表現的集合式構成，亦即以石塔多層圖像提要式地表現多部經典的要義，並作為宣教工具的可能性。不過，並非所有四面石塔及多層四面造像都具有可移動性，河南地區的四面造像碑就偏向巨大而沉重。

---

61 除了甘肅省收藏數件石塔外，最有名的大批收藏在山西省長治市沁縣南涅水石刻博物館，2013年定為國家級文物保護單位。有關遊化僧人的討論，參考劉淑芬，〈中國撰述經典與北朝佛教的傳布——從北朝刻經造像碑談起〉《中古的佛教與社會》，頁158-167。

62 陝西西安市出土北魏五層石塔中有一例出現涅槃圖，塔最底層四面出現佛傳：樹下誕生、九龍灌頂、初轉法輪與涅槃。上四層則為多佛、彌勒菩薩等，高僅71公分，方形底每邊長17公分；參見西安市文物保護考古所編，《佛教造像：西安文物精華》，西安：世界圖書出版，2010，No.30，頁36-37。

圖11.12 北齊 龍樹思惟菩薩像殘座背面。出處：作者田野調查攝影。

涅槃圖與思惟、禪定像

　　六世紀中葉，大約在北齊周時期，中原地區涅槃圖逐漸流行，表現多樣化，例如河北曲陽修德寺出土一件北齊無題記大理石殘佛座的表現。造像主尊為雙思惟菩薩像，現僅殘存腳部。佛座背面開龕，淺浮雕涅槃的兩景：佛平臥於床以及封棺。（圖11.12）棺首站立一比丘，另有八位哀悼者圍繞，或撫棺或撫摸佛身，有如大阪市立美術館前例（圖11.10），此外，龕內最左側還有一位俗人側身站立。[63] 此造像中的涅槃圖獨立於佛傳之外，而與思惟菩薩結合。這一點前文討論〈薛鳳規造像碑〉題記時也注意到同樣的現象。

　　另一件北齊大理石造像，不但是涅槃與思惟像組合，還出現

---

63 河北博物院編，〈雙思惟菩薩像基座〉《北朝壁畫・曲陽石雕》，北京：文物出版社，2013，No.47，頁218。

來自佛傳的新圖像。此即東京國立博物館收藏，北齊天保十年（559）銘「龍樹思惟像」，尊像已不存，僅存像座。[64]四面的圖像幾乎是完整的「四相成道」：佛誕（正面）、說法（右側）、涅槃（左側），與苦修禪定（背面）。（圖11.13a-d）涅槃圖頗單純，佛平臥於床上，十二位偏袒右肩僧人，一位在佛頭前五體投地哀泣，一位在佛足後方，左手舉向胸前，也是哀傷狀；其餘十位環繞跪坐，背景為八棵分叉的連理樹。（圖11.13b）相對的，背面禪坐像取代古典四相成道中的「降魔成道」，[65]是具有新意的圖像卻甚少被討論，在此略做說明。（圖11.13d）畫面右方四位裸上身，結跏趺坐禪定像，代表由初禪進入四禪定。最初，菩薩禪定六年修四禪法，接受供養後，在菩提樹下將成正覺前，先「示現四禪」。[66]釋迦佛最終將入涅槃前也要先修四禪定，「從四禪起，乃般涅槃。」[67]圖像的左半邊分成兩段描述菩薩成正覺前的準備，靠中央是菩薩接受兩位女子聚集乳牛提煉乳糜，以金鉢供養，最左側是菩薩脫衣入尼連禪河澡浴，淨潔身心，準備禪定。[68]圖中身

---

64 松原三郎，《中國佛教雕刻史論》，本文編，頁296，圖版編二，東京：吉川弘文館，1995，圖394、395。圖版參見，東京國立博物館網頁：http://webarchives.tnm.jp/imgsearch/show/C0050197。上網查詢2015/6/16。

65 「降魔成道」，如敦煌莫高窟北魏254窟、263窟，北周428窟，樊錦詩主編，《敦煌石窟全集4‧佛傳故事畫卷》，香港：商務印書館，2004，頁32-45。

66 西晉竺法護譯（308），《普曜經》〈六年勤苦行品〉，卷5 &〈行道禪思品〉，卷6，大正藏3/186，頁511上 & 521下。隋闍那崛多譯，《佛本行集經》〈精進苦行品〉，卷25，大正藏3/190，頁767中-下、793上。

67 《長阿含經》，卷4，大正藏1/1，頁26中。

68 釋迦佛沐浴尼連禪河的圖像也出現在榆林窟3窟壁畫，年代為西夏。此圖像與北宋新譯《八大靈塔梵讚》有關，參見樊錦詩，〈禮拜八大靈塔──解讀佛陀傳記〉，作者主編，《敦煌石窟全集4‧佛傳故事畫卷》，頁182-184；圖版214，頁225。

圖11.13a　北齊天保十年（559）龍樹思惟像基座浮雕，正面，佛誕。出處：東京國立博物館網頁：http://webarchives.tnm.jp/imgsearch/show/C0050197。

圖11.13b　北齊天保十年（559）龍樹思惟像基座浮雕，右側，鹿野苑轉法輪。出處：東京國立博物館網頁：http://webarchives.tnm.jp/imgsearch/show/C0050197。

圖11.13c　北齊天保十年（559）龍樹思惟像基座浮雕，左側，涅槃。出處：東京國立博物館網頁：http://webarchives.tnm.jp/imgsearch/show/C0050197。

圖11.13d　北齊天保十年（559）龍樹思惟像基座浮雕，背面，禪定苦修 題記。出處：東京國立博物館網頁：http://webarchives.tnm.jp/imgsearch/show/C0050197。

如幼童的菩薩右手向上攀枝上岸，接受天人與樹神的護持。[69]

　　思惟即菩薩禪定之始。釋迦佛為太子時，出遊觀耕，在樹下思惟，「坐禪三昧而不動搖，降伏諸魔，闇蔽悉除。」被視為後日成正覺的徵兆。[70]同樣的，彌勒菩薩也是「坐彼（龍花）樹下成無上道果。」[71]所以，龍華思惟象徵過去與未來佛證得佛果的開始與完成。這件天保十年造像是由比丘與比丘尼帶領一群信女製作，[72]題記除了人名外，僅簡單地提到：「敬造龍樹思惟像一軀，通光□丈三尺半。」此佛座的佛傳圖像，重點在強調苦修禪定，反映出僧尼對於大乘菩薩行禪定證道的生動解釋。其次，還可以進一步考慮，「龍樹思惟像」既是彌勒也是釋迦，正如前述，北魏〈薛鳳規等造像記〉所宣揚（圖11.6），佛身無定形，隨緣示現不同身分，不受時空限制。總之，此四組佛傳畫面，反映出佛佛相續，佛法永住世間的基本概念，同時強調禪定修行，這與主尊思惟像也能呼應。前述堪薩斯藏石碑涅槃圖（圖11.11），以及河北曲陽雙思惟菩薩像殘座，在涅槃圖的上方三尊禪定比丘像，都是表現禪定修行的主題（圖11.12）。

　　另一件芝加哥藝術館收藏，紀年西魏大統十七年（551）造像碑，碑陰也出現涅槃與思惟菩薩、過去七佛禪定像主題的組合

---

69 兩種說法分別參見，《普曜經》，卷5，大正藏3/186，頁512上；《佛本行集經》，卷26，頁771下-772上。

70 《普曜經》〈坐樹下觀犁品〉，卷3，大正藏3/186，頁499下。《佛本行集經》〈精進苦行品〉，則稱樹下觀犁禪定是初禪，向菩提道之始，卷25，大正藏3/190，頁769下。

71 《佛說彌勒下生經》，大正藏14/453，頁421下。

72 寧可、郝春文，〈北朝至隋唐五代間的女人結社〉《北京師範學院學報》（社會科學版）1990.5，頁16-19。

圖11.14　西魏大統十七年（551）造像碑。出處：芝加哥博物館網頁：http://www.artic.edu/aic/collections/artwork/29149?search_no=1&index=1。

（圖11.14）。學者Sonya Lee 曾就涅槃圖形式演變詳細討論此碑，[73]本文不擬重複，但指出其一對涅槃圖與曲陽修德寺出土雙思惟菩薩座下的涅槃（圖11.12）極為相近。芝加哥造像碑整體裝飾華麗，碑陰題記上方圖像縱分三層，每一層又分左右兩段。中層左右各一龕立佛五尊像，根據題記，主尊皆彌勒像；[74]下層右龕

73　Lee, *Surviving Nirvana: Death of the Buddha in Chinese Visual Culture*, pp. 53-59. 作者以為此二幅涅槃圖構圖對稱，代表佛法身與生身。筆者對此說法表示保留。

74　參考Lee，同前書，附錄1，頁273，抄錄題記，碑陽中層左右龕都出現：「當陽彌勒像……」（人名不可識）。

主尊為禪定坐佛，左龕被破壞，但很可能也是禪定佛，符合對稱的做法。最上層兩幅涅槃圖，與曲陽雙思惟菩薩座下的兩段涅槃——「臥床」與「封棺」相似，只不過佛身非平躺而是垂直右側著床，而且弟子們姿態更為肅穆莊重。

以上對北朝末期造像碑的觀察發現，涅槃圖開始出現在石碑碑陽或碑側，可謂頗受重視。不過，涅槃圖仍然不是中央最大的主尊或主題，而是搭配佛說法、二佛並坐、思惟菩薩或禪定像，共同出現。如東博藏「龍樹思惟像」（556）佛座所見，涅槃也與佛誕或佛傳共同出現，卻強調禪修成正覺。最值得注意的是，如前文所示，自北魏末年，〈薛鳳規造像碑〉題記中自稱身處亂世，「自慨苦空。弗逢斯世（佛出世）。然苦海遲淪。非精超不越。」因而勉勵世人，精進修行菩薩道；並且此碑也刊刻一對「思惟佛」。到了北齊周時期，思惟菩薩或禪定像與涅槃更頻繁地一起出現，這現象也可以從當時強烈的末法思想勃興現象來觀察。

禪定與現世危機

中國北朝後期，一方面《涅槃經》、《法華經》等大乘佛典宣揚的法身觀思想深入人心，然而面對混亂的世局，釋迦佛久遠前已涅槃，眼前無佛可依靠，末法危機日益迫切。東魏北齊僧團的官方領導人法上（495-580），九歲讀《涅槃經》，十二歲出家，不久即以講經聞名。後值北魏末年亂世，艱困中猶「專意涅槃」。後來受東魏大將軍高澄（521-549，追尊北齊文襄帝）邀請至鄴都講經，東魏至北齊近四十年間，法上擔任僧團領導，統理僧尼二百餘萬人。他在鄴都西邊，今安陽縣清涼山村建立合水

寺，後改名修定寺，「山之極頂造彌勒堂。」[75]佛教史上記載一段
軼事，法上回答朝鮮高句麗國大丞相派遣使者的問題，稱釋迦佛
「滅度已來至今，齊代武平七年丙申（576），凡經一千四百六十
五年」。[76]亦即，佛涅槃至今已1465年。

　　若依據約10年前那連提耶舍翻譯，並流行於世的《大集月藏
經》說法，即將進入佛涅槃後第四個五百年，佛法開始衰落，減
損。[77]現實上更加深此危機感，在此前兩年，北周武帝宣布滅佛並
且開始攻打北齊，577年，隨著北周統一北方，滅法危機全面出
現。法上隱居深山修習如故，並發「願若終後，覲覯慈尊。如有
殘年，願見隆法。更一頂禮慈氏如來」。[78]在滅法危急之際，他預
先造彌勒堂，並發願往生兜率天彌勒面前，以期佛法再興，如同
東晉道安（314-385）誓願往生兜率天。[79]他們堅定立志，追隨釋
迦佛等過去賢劫千佛成佛的軌跡，漸次修行，往生兜率天，等待
彌勒下生娑婆世界。

---

75 董家亮，〈安陽修定寺塔建造年代考〉《佛學研究》，2007，頁189-196。河南
　省文物研究所，《安陽修定寺塔》，北京：文物出版社，1983。

76 費長房，《歷代三寶紀》，卷12，大正藏49/2034，頁104下；道宣，〈釋法
　上〉《續高僧傳》，卷8，大正藏50/2060，頁485中。

77 「於我滅後五百年中，諸比丘等，猶於我法解脫堅固；次五百年，我之正法，
　禪定三昧，得住堅固；次五百年，讀誦多聞，得住堅固；次五百年，於我法
　中，多造塔寺，得住堅固；次五百年，於我法中，鬪諍言頌，白法隱沒損減
　堅固。」那連提耶舍譯（566年），〈月藏分〉第12，《大方等大集經》，卷55，
　（又稱大方等大集月藏經）大正藏13/397，頁363中。北朝末年關於末法思想
　以及時間的多種說法，參見 Jan Nattier, *Once Upon A Future Time---Studies in a
　Buddhist Prophecy of Decline*, Berkeley, California: Asian Humanities Press,1992.

78 〈釋法上〉《續高僧傳》，大正藏50/2060，頁485下。

79 「安每與弟子法遇等，於彌勒前，立誓願生兜率。」道安傳見慧皎，《高僧
　傳》，卷5，大正藏50/2059，頁351下-353上。

那連提耶舍稍後翻譯的《大集日藏經》解釋何謂末法時期，明白提示坐禪修行的關鍵重要性：

> 若不坐禪則不能得於三摩提，乃至不得第四之果，乃至不得寂滅三昧，是則名為末法世時。[80]

若修行者不坐禪則不能深入佛法三昧，更不能進入四禪定，體會法身寂滅三昧。那麼佛法必將消失於人間。

末法危機意識促成北朝末年高僧深入修行，提倡革新思想。例如淨土宗始祖道綽（562-645）主張正法五百年，像法一千年，末法一萬年。提倡修福懺悔，稱念佛名，禪定觀佛，並深刻影響初唐淨土大師善導（613-681）。[81]

但也有更為激進的在野高僧如慧思（515-577），認同正法僅五百年，而且當他出生時已經進入悲慘的末法時期。[82] 慧思是隋代天台大師智顗（538-597）的導師，後來被尊為天台二祖。年輕時苦修誦經與禪觀，「夢彌勒、彌陀說法開悟，故造二像並同供

---

80 那連提耶舍譯（585年），〈日藏分〉，《大方等大集經》，卷40，（又稱大方等大集日藏經）大正藏 13 /397，頁266下。

81 道綽，《安樂集》，卷下，大正藏，47/1958，頁18中；加藤弘孝，〈內在的危機としての末法思想──道綽を中心にして─〉《佛教大學大學院紀要》36（2008.3），頁1-14。

82 慧思認為他出生時即末法82年。〈釋慧思〉《續高僧傳》，頁562下-564上。川勝義雄，〈中國的新佛教形成へのエネルギー南嶽慧思の場合〉《中國人の歷史意識》，東京：平凡社，1986，頁168-225；九米原恆久，〈末法得脫への諸論〉《印度學佛教學研究》33：1（1986），頁86-89；若江賢三，〈中國における正像末三時の年代觀──南岳慧思を中心として〉《東洋哲學研究所紀要》5（1989），頁1-23。

養。又夢隨從彌勒與諸眷屬，同會龍華。心自惟曰。我於釋迦末法，受持法華，今值慈尊。感傷悲泣，豁然覺悟。」[83] 夢中屢有祥瑞徵象，如彌勒與彌陀佛親為說法，故造二佛像供養。又夢見跟隨彌勒，龍華樹下聽法。有如末法深淵中忽見大火炬，大為感動。他主張滅法大難即至，應避開世間，入山苦修，「常得經行修諸禪。願得深山寂靜處。」在深山懺悔修行，延長壽命，等待彌勒佛出世。[84] 他推崇坐禪、禪定功德勝於講經，「但使發心欲坐禪者，雖未得禪定，已勝十方一切論師，何況得禪定。」[85] 慧思提倡禪觀與誦經解義並行，對南北朝佛教界的禪觀修行影響遠大。[86]

　　北齊文宣帝重視禪觀，坐禪風氣大盛；如學者倉本尚德等指出，北朝後期在鄴都周邊，太行山脈一帶聚集許多修行僧人。[87] 北齊時期，僧稠（480-560）被少林寺佛陀禪師稱讚為「自葱嶺已東，禪學之最」。他曾為文宣帝傳授禪修法門並授菩薩戒，備受皇室禮遇。僧稠禪法的關鍵理論便是依據《涅槃經》四念處法，門人將其禪法刊刻在生前禪修窟，今河南安陽小南海中窟。[88]

---

83 〈釋慧思〉《續高僧傳》，頁562下。

84 慧思，〈南嶽思大禪師立誓願文〉，大正藏46/1933，頁791下。

85 慧思，《諸法無諍三昧法門》，卷上，大正藏46，頁692上。

86 鶴田大吾，〈南岳慧思における禪觀の考察――禪觀至上主義をめぐって〉《佛教學研究》64（2008），頁91-113。

87 倉本尚德，〈林慮山と白鹿山――北朝時代の太行山脈一帶における僧の修行地の問題について〉，《印度學佛教學研究》61.2（2013.3），頁249-271；同作者，〈北朝・隋代の無量壽・阿彌陀像銘――特に《觀無量壽經》との關係について〉，《佛教史學研究》52.2（2010）：1-30。

88 〈釋僧稠〉《續高僧傳》，頁553中-555中；冉雲華，〈敦煌文獻與僧稠的禪法〉，《華岡佛學學報》6，頁73-103；顏娟英，〈北齊石窟的淨土變與觀法――從小南海石窟到響堂山石窟〉，京都大學人文科學研究所，《東方學報》70（1998）：375-440；稻本泰生，〈小南海中窟と滅罪の思想――僧稠周邊に

涅槃與法華合為一體──敦煌莫高窟428窟

　　學者賀世哲指出，「敦煌莫高窟的涅槃圖像出現較晚，始見於北周建平公于義開鑿的第428窟西壁。」[89] 428窟是莫高窟最早的大型中心柱窟，其圖像表現既綜合北魏以來圖像的發展，又有對敦煌而言，別創新意的圖像。學者施萍婷、李玉珉等均曾對此窟做過周密的討論。[90]

　　428窟窟頂人字披上，詳盡描繪佛傳故事，以佛誕前後吉慶祥瑞為主，宮中生活為輔，至初轉法輪為止，可以說是北魏早期佛誕祥瑞圖像的復興。[91]但是此窟內最主要的畫面畢竟不是人字披，而是面積更大的四壁。

　　此大型窟中心柱四面開龕，造像表現結構單純而一致，都是一佛二弟子，佛結跏趺坐說法。更引人注目的是四壁壁畫多元的表現，顯示此窟壁畫內容已經趨向於集合式。本文限於篇幅，將

　　おける实践行と『涅槃経』『観無量寿経』の解釈を中心に〉《鹿園雜集：奈良國立博物館》究紀要》4（2002），奈良：奈良國立博物館，頁1-44。

89 賀世哲，〈敦煌莫高窟的《涅槃經變》〉《敦煌研究》1986.1，頁1-26。此文收入作者論文集時，做了相當大幅度修改，稱敦煌壁畫涅槃圖見於北周，但有兩幅，除莫高窟428窟之外，西千佛洞第8窟也有一例，此因為筆者未見圖版，留待將來討論。參見賀世哲，〈敦煌壁畫中的涅槃經變〉《敦煌石窟論稿》，蘭州：甘肅民族出版社，2004，頁283-342。

90 施萍婷，〈建平公與莫高窟〉《敦煌研究文集》，蘭州：甘肅人民出版社，1982，頁144-150；李玉珉，〈敦煌四二八窟新圖像源流考〉，前引文，頁1-25；施萍婷、賀世哲，〈近承中原　遠接西域──莫高窟第428窟研究〉《敦煌石窟·莫高窟第四二八窟》，南京：江蘇美術出版社，1998。

91 這一系列共87個佛傳圖像，相關佛誕至嬰兒期共46個，宮中生活到出家共36個，最後5個畫面表現五比丘皈依與初轉法輪，沒有降魔成道畫面。參見樊錦詩，《敦煌石窟全集4·佛傳故事畫卷》，頁54-55。

注意力集中在西壁。主要中段畫面分成五個並列圖像，自北側開始為二佛並坐、涅槃圖、說法圖、佛塔、說法圖。（圖11.15）涅槃佛右側垂直臥，保持雙手直伸的形式，圍繞身後有一排弟子與一排在家人，後者身著白衣，頭上垂下長髮，或為前述拘尸那城末羅族人代表，背景為兩組一榮一枯的雙樹共四棵。[92] 雖然圍繞佛身後的人物頗眾，但是他們排列整齊近乎靜態，弟子大多雙手合十禮讚，僅有一位弟子雙手放在佛身光上，以及與他呼應的最外側白衣居士，右手高舉表示哀嘆。

西壁一系列圖像中出現的佛塔頗為罕見，值得注意。關於此塔的名稱有不止一種說法，或稱金剛寶座式塔，或稱為五分法身塔，仍無定論。[93] 簡單來說，佛塔一組五塔，中央大塔有塔基、塔身與塔剎三部分，非常講究。佛塔兩側有四天王合掌禮拜供養，上方一對天人各高舉內側手臂，或供養香花。塔身共兩層，上層畫禪定佛與二菩薩，下層畫佛右脇誕生，可謂以佛塔信仰為主題，涵蓋禪定、涅槃與佛誕思想的概念式組合。

若依觀象者先見臥佛的頭部再至腳的順序，可以確定西壁五個圖像順序為，說法圖、佛塔、說法圖、涅槃圖、二佛並坐。

---

92 舉哀者頭部細節，參見《敦煌石窟全集4・佛傳故事畫卷》，圖30，頁49。釋迦腳前有一位跪坐，手握佛足，身穿白衣的人，施萍婷推測為「百歲貧婦」趕來哀悼，參見施萍婷、賀世哲，《敦煌石窟・莫高窟第四二八窟》，頁12。

93 五分法身塔說法，見施萍婷，〈關於莫高窟四二八窟的思考〉《敦煌研究》55（1998.2），頁12；施萍婷、賀世哲，〈近承中原　遠接西域──莫高窟第428窟研究〉；金剛寶座式塔說法，見樊錦詩，《敦煌石窟全集4・佛傳故事畫卷》，頁49，圖27；賴奐瑜，《敦煌莫高窟四二八窟研究》，國立臺灣大學藝術史研究所，碩士論文，2013，頁51-58。本文暫時簡稱為五方塔，是以大塔為中心，四方各一小塔組成之意。

圖11.15　敦煌石窟，莫高窟，北周，428窟。出處：ARTstore Collections網站：
http://library.artstor.org/library/iv2.html?parent=true。

（圖11.15）[94]

　　五幅畫主導為代表《法華經》的二佛並坐與說法圖。早自北
魏早期雲岡石窟便處處可見二佛並坐圖。[95]何以《法華經》對中國
佛教文化影響如此之廣大？簡單歸納出兩因素：一則此經主張人
人皆可成佛，只要聽聞受持此法都可以得到成佛授記，是廣開大
門的一乘教。二則此經宣稱，佛涅槃後，只要供養佛塔、造佛
像，人人都可依此功德而成佛。無論自作或請他人造塔像，大小
不拘，都能獲得至高功德回饋。[96]

　　　乃至童子戲，聚沙為佛塔。如是諸人等，皆已成佛道。若
　　人為佛故，建立諸形象，刻雕成眾相，皆已成佛道。或以七

94　施萍婷以為此窟觀像順序是由北壁開始至西壁而接南壁。見《敦煌石窟・莫
　　高窟第四二八窟》，頁10。

95　施萍婷，〈關於莫高窟四二八窟的思考〉，前引文，12；據作者估算，僅疊曜
　　五窟就有120鋪二佛並坐。

96　平川彰，〈大乘佛教における法華經の位置〉《講座・大乘佛教4：法華思
　　想》，東京：春秋社，1983，頁1-24。《妙法蓮華經》卷1，頁8下-9上。

寶成，瑜鉐赤白銅，……彩畫作佛像，百福莊嚴相，自作若使人，皆已成佛道。[97]

　　二佛並坐圖像流行於北朝應歸功於此重要因素。[98]不過，代表《法華經》思想的圖像是否僅限於二佛並坐？今後討論《法華經》圖像時，也應思考多部佛經的交涉互融。在此試討論《法華經》與涅槃及佛塔的關係。

　　《法華經》設定佛說此經的時間在涅槃前夕，代表佛說法的終結，並再三叮囑造塔。《法華經》強調佛塔不但是供養過去佛舍利，更視其為法身的象徵。《法華經》借用佛說法、涅槃、起塔過程，連結現在與過去佛，以及無數被授記的將來佛。佛塔有如循環出現，佛佛傳承的火種，也是佛法身。

　　以塔連結釋迦與過去佛，最鮮明的圖像莫過於〈見寶塔品〉，釋迦佛說法華經時，空中現寶塔，多寶佛為證明經法的真實而湧現。釋迦進入塔內，宣稱他：「不久當入涅槃，佛欲以此妙法華經付囑有在。」[99]二佛並坐的一刻，釋迦預告他將入滅，而《法華經》將永遠傳承、存在。依此理解北周敦煌428窟西壁所畫五幅圖像，應該能理解法華與涅槃關係密切，並進一步推論，此

---

97 《妙法蓮華經》，卷1，〈方便品〉，大正藏9/262，頁8下-9上。

98 Davidson, J. Leroy, *The Lotus Sutra in Chinese Art. A Study in Buddhist Art to the Year 1000*, New Haven: Yale University Press, 1954. 施萍婷、賀世哲，〈敦煌壁畫中的法華經變〉《中國石窟‧敦煌莫高窟》，第3冊，北京：平凡社、文物出版社，1981；百橋明穗，《百橋明穗美術史論文集》，上海書畫出版社，2013，頁9-30；林保堯，《法華造像研究：嘉登博物館藏東魏武定元年石造釋迦像考》，台北：藝術家出版社，1993；賀世哲，《敦煌石窟全集‧法華經畫卷》，香港：商務出版社，1999。

99 《妙法蓮華經》，卷4，頁31中-32下。

壁面圖像是以法華信仰為主軸，融合涅槃圖像。

　　隋代法華信仰達到高峰，敦煌420窟覆斗形窟頂自西、南、東至北披描繪有名的法華經變相圖包括二佛並坐以及觀世音菩薩〈普門品〉，多幅連續性涅槃圖包括荼毘出現在二佛並坐的旁邊。誠如研究者指出，此為《法華經》中的涅槃圖，或者說是以《法華經》為主，吸收了涅槃系列圖像。[100]窟頂繁密的畫面中，塗金色右側臥佛姿態柔軟而生動，完全掃除428窟涅槃佛的僵硬感，呈現嶄新的風格（圖11.16）。

圖11.16　法華經變中的涅槃圖，敦煌石窟，莫高窟，隋代，420窟。出處：孫志軍攝影，敦煌研究院提供。

100　下野玲子，〈敦煌莫高窟第420窟法華經變相圖に関する試論〉《會津八一紀念博物館研究紀要》，6（2005），39-52。郭祐孟，〈敦煌法華主題洞窟初探〉，《蘭州大學學報》，34/4（2006/07），42-59。

小結

　　北魏早期以佛誕為主題的佛傳頗受歡迎，佛誕具有祥瑞吉慶的象徵，也配合彌勒菩薩與本生故事，傳達出佛佛相續，永恆的法身信仰。涅槃圖沒有出現在這類佛傳中，成為象徵釋迦佛生平的一環，而是單獨出現在石窟中，與永恆的佛說法圖像、菩薩修行圖像並列。

　　北朝末年造像碑提供涅槃圖較為多元而生動表現的可能性。涅槃與思惟菩薩、禪定像的組合頗為有趣。這有可能與當時涅槃思想的興起，強烈的末法時代危機感有關。

　　涅槃圖雖然出現在北朝石窟中，但從未成為石窟內的主要圖像。北朝末，甘肅一帶石窟開始出現較為重要的涅槃壁畫或塑像。敦煌莫高窟北周428窟大型中心柱窟內的西壁，首次出現較大畫面的涅槃圖，這時象徵佛法傳承的涅槃圖被融入更為流行的法華經圖像一部分。隋代420窟法華經變中的涅槃佛生動的形像，掃除過去佛去世的僵硬感，表現佛法生生不息，無寧說是符合中國人的願望。

　　本文有關北朝涅槃圖像暫告一段落，至於唐代的嶄新發展將另外撰文討論。

第十二章

古代雕像、基督教城市
君士坦丁堡和《歷史簡記》
（*Parastaseis Syntomoi Chronikai*）

查特吉（Paroma Chatterjee）

美國密西根大學藝術史系副教授

　　雖然對基督教在古代後期漸漸排擠異教的過程已經有很多研究，但異教的價值觀、理想和文化在漫長的中古時期的角色仍然需要比已有的研究更加全面的分析。特別是在物質文化的領域，異教紀念碑往往被視為中古景觀中邊緣化或裝飾性質的事物，或者只是迷信的對象，散發古老諸神的能力，因此需要受到斥責。誠然，文本是支持這種觀點的。例如：在拜占庭的情況，羅得人康士坦丁（Constantine the Rhodian）可以宣稱，君士坦丁堡金門上顯示的神祇—巨人戰爭的宏偉浮雕，是見證敬拜偶像的希臘人的愚昧，雖然它讚美描繪的那些人物那麼奇妙的神似。[1]以相似的方式，尼西塔斯・孔尼亞鐵斯（Nicestas Choniates）可以寫出十分感性的、引人共鳴的散文，描述君士坦丁堡的異教雕像，即使他觀察了其中之一——一隻鷹消滅一條蛇的雕塑——是對鬼魔的「淫蕩儀式」，與古代後期的術士提亞納的阿波羅尼奧斯（Apollonios of Tyana）有關。[2]中古一種最流行的文類聖徒傳記有時描述異教的力量是殘餘的力量，隱藏在古代遺跡裡，因而是聖徒洩憤的目標。[3]毫不令人驚訝的是，二手文獻傾向以不同程度反映上述觀點，以致相對忽略拜占庭視覺文化中豐富的影像範疇。不過，近期關於拜占庭接受和使用古典傳統的作品做了很多努力來糾正這些觀點，因為它們沒有公平對待基督教和古典文化之間複雜的交匯，也沒有公平對待拜占庭從古代文化中得到的重大的

1　Constantine the Rhodian, 8-10, 11.90-110, 125-162.

2　Nicetas Choniates, *De Signis*.

3　這是拜占庭聖徒傳記一個流行的主題。只引述一個例子，聖亞呂皮烏（At. Alypios）（由隱士尼奧菲托斯〔Neophytos〕敘述）拆毀一個異教神祇的雕像，住在豎立雕像的柱子上，卻需要與拒絕放棄這個地點給這位聖徒的鬼魔搏鬥。參Galatariotou, 1991: 91的話。

益處。[4]

　　這一章尋求藉著檢視一個文本，是關於揭示君士坦丁堡在取得基督教身分後，於中古時期散布在這個城市的很多（必須承認有時是隱祕的）有關異教雕塑的資料。文本讓我們一瞥拜占庭首都的地勢，在其中諸神和神話中的野獸的雕像像教會和修道院一樣占據著公眾空間，如果沒有更多的話。更重要的是，文本揭示皇帝、官員和官僚投資在這些雕像中的有力代理，因此見證了它們的地位遠不單是殘餘、補充或純粹裝飾的手工藝品。

　　有關的作品是《歷史簡記》（*Parastaseis Syntomoi Chronikai; Brief Historical Notes*），無論就它的寫作日期還是內容來說，它不是一份單純的文件。[5]卡日丹（Alexander Kazhdan）提出，它是八世紀或九世紀初的作品，[6]但近期學者同意這日期應為八世紀，有些認為它在八世紀初期寫成，有些則認為是在整個世紀中由一群學者持續寫成。[7]最近，奧多里科（Paolo Odorico）提出這作品不是統一的文件，而是至少包括兩個不同文本，在九世紀甚至十世紀寫成，部分內容可能在較早時寫成。[8]

　　《歷史簡記》包括一些章或節，每一章或節都用來描述君士坦丁堡的一座文物或雕像以及其歷史——而雕像通常在基督教以前。這些文物和雕像在作者寫及它們時有些據說已成為廢墟，或

4　有關幾個代表性的研究，參 Saradi-Mendelovici, 1990; James, 1996; Bassett, 2004; Kaldellis, 2007a; Dauterman-Maguire and Maguire, 2006; 和 Walker, 2008.

5　關於希臘文本和翻譯，參 Cameron and Herrin, 1984: 89-91（此後稱為 *Parastaseis Syntomoi Chronikai*）。我用了這著作的翻譯，除非另外註明。

6　Kazhdan, 1987a; 1987b.

7　Anderson, 2011: 5.

8　Odorico, 2014.

324 舊社會，新信仰：中國與羅馬的宗教轉化（西元一至六世紀）

者是已經被破壞了。用來描述這些物品的語言有時難以卒讀，而
且有語法錯誤。文物和它們假定的歷史往往被不準確地追溯，或
者顯示出作者弄不清楚。有些段落描述了其他人物對他們遇到的
雕像的經驗，但即使這些短文能令人驚奇地一瞥拜占庭人的觀看
習慣——或者八世紀的拜占庭人認為觀看習慣應該是怎樣的——
它們幾乎總是包括一些謎團或未知的元素，主要是關於那些雕像
表現出來的動作。有些動作被呈現為非常危險的，有一段記載甚
至提到殺死一個觀看的人，我們稍後會在這篇文章討論。不過，
雖然有這些描述，這本文獻沒有提供任何有系統的關於當代建築
或雕塑的審美概念。文獻中沒有詳細的造型描述，用來賦予那些
文物以生命，讓讀者／聽眾對它們的藝術技巧留下深刻印象，如
我們在拜占庭文學許多其他文類中所見。[9] 同樣，這本作品沒有明
確「頌揚古典主義的美」[10] 或者古典傳統，雖然它花了相當注意力
在基督教之前的過往。

　　《歷史簡記》的目的和觀眾是同樣困難的主題。有些人視這
作品為遊客指南，供對君士坦丁堡好奇的人閱讀，[11] 有人視它為業
餘者的研究文本，[12] 最近則有人視它為一個更大計畫的籌備筆記，
這計畫可能是編年歷史。[13] 雖然所有這些選擇都有些可信度，但沒
有一個完全令人滿意，正如詹姆斯（Liz James）指出那樣（除了
最後的說法，那是在詹姆斯關於這個主題的重要文章發表之後很

9　以下標題反映近期關於這個主題的一些出版物：Chatterjee, 2013; Webb, 2007;
　　2009; and James and Webb, 1991.

10　James, 1996：14.

11　Mango, 1963.

12　Cameron and Herrin, 1984: 11-15.

13　Odorico, 2014: 124.

久）。[14] 但肯定重要的是，一本十世紀君士坦丁堡的地形學紀錄（Patria Konstantinopoleos），複製了它的大部分；單單這點已經證明文本有某程度的重要性，重要得足以令人抄寫它。[15] 而且，如果我們認真看待奧多里科的假設，似乎《歷史簡記》的材料被視為在它的時代來說是很重要的，以致被包括在歷史計畫中。[16]

在奧多里科之前的出版物也曾經致力弄清楚《歷史簡記》在它本身的時期的含義。卡梅倫（Averil Cameron）和哈林（Judith Herrin）在1984年出版了《歷史簡記》的一個翻譯和註釋，是根據它保存在十一世紀的一份手稿（MS. Par. Gr. 1336）來寫成的，他們主張它「反映中古早期對基督教首都的態度……」而且它是「一個例子，顯示居民嘗試破解圍繞他們的過去的痕跡」。[17] 哈林和卡梅倫正確地提出，《歷史簡記》是用以發掘拜占庭人對古代遺產的態度的寶庫，而人們對這遺產的知識當時正在消失，甚至已經失落。[18]

詹姆斯則考慮到異教雕像對於基督徒觀眾來說在迷信和法術氣氛以外可能看到的價值。[19] 考慮到君士坦丁堡幾個最重要的公共空間都充滿這些雕像，詹姆斯的想法是可信的。[20] 詹姆斯沒有視《歷史簡記》為拜占庭對雕像的焦慮的產物，而是認為它刻畫出

14　James, 1996: 12.

15　參 Berger, 2013。

16　Odorico, 2014: 124.

17　Cameron and Herrin, 1984, 序言，vii。

18　Cameron and Herrin, 1984: 1, 17-29.

19　James, 1996: 12-20.

20　關於君士坦丁堡的雕像幾個有代表性的討論，參 Mango, 1963; Saradi-Mendelovici, 1990; Bassett, 2004。

形象的力量，不論是異教與否，都是那時代拜占庭人迫切關注的問題。而且，安德遜（Benjamin Anderson）認為，《歷史簡記》的晦澀引文是為了支持貴族宣稱他們認識這個城市和它的過去，以此對付在《歷史簡記》成書的八世紀時湧入君士坦丁堡的爭取政府工作的外邦人，因為他們不如在城市有長久根源的貴族家庭那樣對君士坦丁堡有親密的歷史和地理知識。[21]

　　建基於卡梅倫、哈林、詹姆斯、安德遜和奧多里科的洞見，本文會顯示，異教的雕像在城市的地貌中是重要的演員，而拜占庭人也這樣看，特別是在他們歷史中的關鍵時刻。《歷史簡記》中介紹的雕像往往與帝國政府的作為緊密相連，不論是在製作、使用、美化或破壞方面。帝國政府感興趣背後的原因是人們視雕像為有能力反映關於城市的將來的某些情況，並且引申為有能力反映帝國的未來。城市景色中這些豐富的工藝品暗示君士坦丁堡人居住在一個充滿先知和天啟記號的空間中。[22]因此，首都的物質遺跡不斷提醒人們一個事實，「基督教都城的歷史是天啟逐步實現的過程。」[23]雖然有基督教的身分，但藉著豎立在城市的劇院和廣場的前基督教和異教雕像，令人們感受到了其中天啟的面向。

　　以下我們會仔細閱讀《歷史簡記》，藉以揭示它怎樣強調君士坦丁堡與它異教過去的堅固連繫。更具體地，本文會詳細討論兩起事件；第一起事件的目的是顯示有關的雕像引發出的一個嚴肅和專注的觀看模式，因此揭示它（和其他類似的雕像）絕對不會被視為不重要。而且，那一章示範的對仔細觀看的強調，形成

---

21 Anderson, 2011: 3.

22 Kraft, 2012.

23 Dagron, 1984: 324.

了另一章的歷史探究的基礎，在其中拜占庭皇帝和他的隨員嘗試透過賽馬場中的雕像來預見城市的將來。雕像是歷史延續性的物質標記，因此它們被視為城市存在的重要部分。所謂「歷史延續性」，一部分是指過去，因為實際上有幾個雕像比城市本身更古老，是君士坦丁一世從羅馬帝國的其他地區作為戰利品帶來的。[24]但同時，藉著它們描述或包含的預言，雕像也指向將來；因此所謂「延續」在此指的時段是遠遠超越了過去及／或現在的時刻。雕像是一種關於帝國的知識的貯藏庫，是一般大眾接觸不到的，甚至那些占據貴族中最崇高的階梯的人也接觸不到，這從記錄在《歷史簡記》中的雕像顯現出的不確定性可以看到。在它們與歷史那密切又往往神祕的關係中，以及他們預測將來的能力（也許以同樣神祕的方式），雕像對君士坦丁堡的居民成了十分重要的物件。

異教雕像和它們的活動

《歷史簡記》第一章開頭的句子是這樣的：「莫丘斯（S. Mocius）原本由君士坦丁大帝（324-337）興建，當時大批異教徒居住在那地區。」[25]從一開始，便提到教會和居住在附近的異教人口。在同一個地點，基督教的建築和異教徒同處一地；這在四世紀時並非少見。文章繼續說：「那裡有一座宙斯的神廟，在那個地點（並用那裡的石頭）他興建了教堂。」[26]宙斯神廟的石材被用

---

24 我在這裡只引述幾個研究：Beat Brenk, 1987, and Saradi-Mendelovici, 1997。

25 Cameron and Herrin, 1984: 57.

26 同上。

來建立給莫丘斯的教堂；這與我們所知古代後期運用異教建築的方式一致。例如：397年的憲法（Constitutio）規定用神廟的建築材料來興建公共工程，正如沙拉迪—門德洛維奇（Helena Saradi-Mendelovici）指出，異教神廟的石板往往被雜用在基督教建築中，而甚少理會無縫的融合，或我們所以為的統一美感。[27]《歷史簡記》提到莫丘斯的教堂這種做法毫不令人驚訝。但令人驚奇的是，這一章透露基督教君士坦丁堡在前基督教過去的基礎上興建所給人的即時感覺。而且，過去的記憶仍然保留了下來，即使建築物的身分和性質改變了。這一章接著提到教堂倒塌幾次，一次是在轉向亞流異端的禮儀後七年。「但在查士丁尼（Justinian）皇帝（527-565年）的時代，同一座教堂被重建，在我們中間豎立。」[28]雖然在八世紀豎立的建築物應該是與以前不同（至少就在其舉行的儀式來說），它的基礎和其後的歷史的記憶仍然由《歷史簡記》的作者保存，因此象徵它們對延續的重視。第二和第三章反映同一主題。在第二章，S. Agathonikos 教堂據說「首先由阿納斯塔修斯（Anastasius）（491-518年）興建，第二次則由查士丁尼大帝（527-565年）興建。」[29]第三章提到海堤，「在提比略三世（Tiberius Apsimar）（698-705年）治下修理」，而西牆則「在利奧大帝（Leo the Great）和派烏斯（Pious）時修復……」[30]

　　上面每一起事件都強調整修和重建。拆毀建築物，或建築物不再使用（或甚至誤用，正如亞流派在莫丘斯的事例那樣），在《歷史簡記》並不表示建築物的生命終結。相反，它是重建的前

27　Saradi-Mendelovici, 1990: 52.

28　Cameron and Herrin, 1984: 57.

29　Cameron and Herrin, 1984: 59.

30　同上。

奏，也是讓個人，主要是皇帝，超越前人的機會。建立、拆毀和再建立的節奏呈現為城市的物質和歷史延續必要的面向。文本中的這變動呼應了君士坦丁堡在八世紀的實際情況。在七世紀幾次軍事對抗和失去土地後，拜占庭帝國因為與不同敵人的搏鬥而令財政枯竭。結果對首都城市環境的影響可以從政府被迫減少人口，以及在西元610和760年之間沒有主要建築或復修計畫等事實得到證明。居住的空間集中在君士坦丁堡市中心一個相對狹小的地區。馬格特利諾（Paul Magdalino）相信，「很可能在這段人口減少的時期，埋葬開始在君士坦丁堡城牆之內，同時市中心邊緣的公共空間，包括衛城（Acropolis）的圓形劇場，近金角（Golden Horn）的會議堂和沿著中央大街的一些廣場，都開始被用作刑場和買賣牲口的地方。」[31]宏偉的公共建築，例如劇場、浴室和雕像，都淪為廢墟。從法蘭克人的報告判斷，當時顯然連教堂都殘破不堪，其中有些缺乏恰當的光線和屋頂。

　　我們可以說，《歷史簡記》藉著將城市描述為暫時的衰退，嘗試緩和城市環境實際的衰敗情況：那是一個階段，等候下一個自然而命定的重建和恢復階段，正如從君士坦丁堡過去很多時期明顯可見一樣，也是文本開頭幾章明確提到的。事實上，情況並不如人們所想的那麼糟糕，因為即使君士坦丁堡衰落了，「作為一個大城市單位，它作為一個連繫眾多小市區的網絡，仍然繼續繁榮……」[32]而且，在八世紀中期後出現了文化復興，部分是因為君士坦丁五世將希臘一大部分人口重新安置在首都。如果《歷史簡記》是在八世紀幾十年間寫成，如可信的論證所說，我們可以

31　Magdalino, 2002: 531.

32　同上。

視這文本為對首都城市環境變動的命運的一個活的見證。

　　但除了這些對異教過去的提及外，文本描述——或更恰當地是提及——異教雕像，反映很多關於拜占庭人，特別是君士坦丁堡人怎樣處理充滿古代雕塑的城市景觀。繼續第三章西牆城門的主題，第四章說：「在被填滿的地面城門，豎立著某個異教徒Fidalia的雕像。當雕像被移除時，很奇妙的事情出現了，就是那地方震動了很久，以致甚至皇帝也感到驚奇，派一隊人去那地方，這樣才停止了它。西巴斯（S. Sabas, 439-532）以他的禱告實現這點。」[33] 即使當雕像不在時，它也繼續影響它以前豎立的地方，引致它震動。雕像深刻地連繫到它的位置，以致它站在其上的土地在一旦它離開時便失去穩定，顯示人們視這些物件非常密切地與城市的地貌連繫著。皇帝對雕像的參與程度和興趣也是重要的，在幾起事件中都明顯可見。可以肯定，有關雕像實行奇蹟或進取地行動時，通常都是這樣。但它也見證拜占庭皇帝關於首都的雕像的存在和潛在角色的深刻關注。

　　《歷史簡記》中一起最廣為人知，充分顯示帝國的參與和雕像神祕但巨大的能力的事件，涉及一座雕像的謀殺行動。這一章是這樣說的：

　　　一天，我們和希邁里奧斯（Himerius）去城牆，調查那裡的雕像，並在當中找到一座矮小盤腿而坐但很重的雕像。我對它感到驚異，還沒有繼續詢問時，希邁里奧斯說：「你驚異是對的，因為他是城牆的建立者。」我說：「馬克西米安（Maximian）是建立者，而阿里斯蒂德（Aristides）是建築

33　Cameron and Herrin, 1984: 59-61.

師」，那雕像立即由高處倒下，擊中了希邁里奧斯，當場將他殺死。我很害怕，因為那裡除了騾夫外便沒有其他人了，而他們在樓梯外。我害怕自己會受到傷害，於是拖著他的右腳，去到人們拋囚犯的地方，試圖將他拋進去，但在害怕中，我在河邊放手，逃跑到大教堂裡尋求庇護。我說出發生了什麼事後，人們不相信我，直到我起誓，因為我是當時唯一看見這事的人。死去的人的親戚和皇帝的朋友都和我一起去那地方，在接近那個人倒下的地方前，他們驚訝地看著倒下的雕像。一位叫約翰的哲學家說：「藉著神佑，我在狄摩西尼（Demosthenes）的著作中發現，一個有身分的人會被雕像殺死。」他立即告訴菲利皮庫斯皇帝（Emperor Philippicus）（711-713 年），皇帝命令人將雕像埋葬在那地方；人們照做，因為不可能毀滅它。敘述者以一個警告結束：「當你觀想古代的雕像，特別是異教的雕像時，請不要陷入誘惑，並要提防。」[34]

有人說這個故事講述雕像具有的隱藏、且有時具破壞力的力量，並需要詮釋者；好像「哲學家約翰」這樣的人去解釋它們的能力。正如馬格特利諾敏銳地指出：「……《歷史簡記》描述的雕像那護身符的特質成為了有學識的人，所謂『街頭哲學家』的嚴肅關注，」[35]——這一點在文本描述官僚、哲學家和皇帝因為雕像對帝國的延續和傳承可能顯示的事情，而嘗試明白和破解雕像身分的一些事件中可以得到證實。

---

34 Cameron and Herrin, 1984: 89-91.

35 Magdalino, 2006: 135.

　　這些完全是合理的觀察，但一個很少人留意的事實是，這特定事件並不關乎與帝國有關的天啟預言。相反，有關的預言是關於一個人的命運，雖然是一個官僚。不過，皇帝仍然關心這些事件，甚至派他的人去謀殺現場。但事件中有另一個重要細節，是關乎導致此次謀殺原始的關鍵點。開始的是敘述者和希邁里奧斯去城牆「調查那裡的雕像」。這調查需要仔細觀看，或者至少觀看一段時間，身體也要靠近，而最終這證明是致命的。敘述者不是匆忙的觀看者，他對雕像「［感到驚異］」，雖然「沒有繼續探查。」

　　很明顯，在好像君士坦丁堡這樣有大量古代雕像的城市，有很多機會——而根據我們的事件，也有很多欲望——供仔細觀看。雕像並非總是有銘文和標誌，講述它們的身分和歷史。不過，可能甚至是因為這樣，仔細看它們被視為破解它們的奧祕所必須的。而考慮到統治者對拜占庭視覺文化的看法，這點尤其重要。特別是在宗教領域，明晰被視為最重要。正如馬奎爾（Henry Maguire）提出，在聖像破壞運動之後的藝術中，神聖塑像呈現的方式，為了要令他們立即讓人辨認出來，所以幾乎總是伴隨銘文，宣告他們的身分。[36] 基督、聖母和聖徒的聖像安排的方式，清楚傳達每個神聖人物所占的階級。視線的中心留給最重要的人物；同樣，基督右邊留給與他最親密的人。這些原則在九世紀聖像破壞運動結束後得到強化和嚴格遵行。關於聖像和其身分的含糊性在宗教圈子中幾乎完全除去，人們採取步驟，確保讓人認出這些神聖人物是誰。

36　參Maguire, 2010的觀察。也參Boston, 2003的話，這話稍微修改了Maguire的觀點。

但像《歷史簡記》這樣的文本強烈暗示了模糊性在公共雕像的領域持續。雖然文本很可能是八世紀，但其他敘事見證在君士坦丁堡的廣場和街道，一直到十三世紀及之後的聖像破壞運動後仍然存在雕像。而由於有些雕像仍然是神祕的，有時更是麻煩的，通過它們的存活，他們為宗教藝術應該怎樣得到觀看，提供了一個對比。如果後者有一些記號，讓人即時認出，也十分清楚，那就會引發即時的尊敬行動；雕像便要求更深刻的凝視；那種觀看，是要與不知名的人物和人獸搏鬥競爭。在這處境中，是看的行動優先，而神聖人物主要是讓人尊敬。當然，神聖人物也引發人仔細觀看，但他們也引發了人們有很多其他同時重要的姿勢，例如跪下、親吻和禱告。另一方面，雕像因為其神祕氣氛，十分著重觀看，這引致認真沉思，而這可能引致某些東西，或完全不引向什麼。有力的是，我們這起事件的敘述者對雕像「感到驚訝」，「但他的驚訝沒有帶來什麼」。即使在危險發生後，重要的是，敘述者沒有勸讀者不要再看那雕像；剛好相反。他建議人們在「沉思」它們時小心，但從沒有建議人們完全避開它們。

異教的預言

關於雕像的一起最古怪，但也最發人深省的事件在《歷史簡記》的64章出現，顯示細心觀看雕像的代價是相當大的。根據卡梅倫和哈林的敘述，這一章「十分困難，文本十分殘破」，[37] 但它提供有價值的洞見，讓我們看到皇帝破解雕像的野心，以及他的哲學家嘗試幫助他這個任務的過程。敘述是這樣的：

37　Cameron and Herrin, 1984: 253.

　　皇帝狄奧多西（Emperor Theodosius）（二世，408-450 年）應一些哲學家之請駕車進入賽馬場。他們誰不參與？他們共有七個人：克拉諾斯（Kranos）、卡羅斯（Karos）、珀普洛斯（Pelops）、阿佩萊斯（Apelles）、內爾瓦（Nerva）、西爾瓦努斯（Silvanus）、克爾韋斯（Kyrvos）。這些人在賽場和皇帝會面，去看奧林匹亞諸神的雕像。皇帝狄奧多西看見哲學家們感到驚異，便對他們說：「哲學家，如果你們感到驚異，你們便被哲學超越了。」立時，其中一人，名叫阿佩萊斯，回答說：「〈不要以為〉我對那些馬感到驚訝〈…〉騎者，因為我清楚看到，奧林匹亞諸神改變時，馬會騎人，而驚訝則會消失。」內爾瓦回答說：「〈我看見〉一個對〈諸城〉的女皇［譯註：君士坦丁堡］來說是壞的兆頭——那雕像就好像它的意思。」而西爾瓦努斯看著在高處向南的雕像，它跪著好像……說：「那匠人做得好，因為在那天時間會荒蕪。」克爾韋斯看著人民的〈雕像〉說：「人民啊，透過他們，公共處決者已經不需要了。」珀普洛斯看著馬的開闔說：「是誰提出的謎語？」當狄奧多西說：「君士坦丁」時，他說：「要不是哲學家弄錯，就是皇帝沒有說真話」……卡羅斯被其他哲學家們促請他說話，他說：「我認為這些事情都是壞的；我的意思是，如果這些雕像被測試時說真話，為什麼君士坦丁堡仍然屹立？」克拉諾斯據說是雅典哲學家的領袖，他大笑起來。皇帝問：「為什麼你這樣做？」……他回答說：「夠了」，是笑多於嘲笑。納西瑟斯（Narcissus），一個掌權者（praepositus），打了哲學家一個耳光，對他說：「無知的傢伙；當太陽是太陽那樣回答太陽」。當克拉諾斯的另一邊臉轉過來時，納西瑟斯再打他〈一個耳光〉。哲學家對

納西瑟斯說：「讓我說話的不會是你；因為那些銘文令我困擾。」克拉諾斯的謎是這樣的：他問皇帝他能否檢查賽馬場的雕像，在皇帝命令下，他立刻挑選一個。雕像好像人形，頭上有頭盔，完全赤裸，但私處遮蓋著。哲學家問：「誰豎立它的？」一個教士回答：「瓦倫提尼安（Valentinian）把它放在這裡」。哲學家說：「他什麼時候加上驢子？」另一個人說：「同一時候，」他說：「一天，驢會好像人；這是怎樣的命運，要人跟從驢！」但願預言家的話不會實現！這個克拉諾斯闡釋的難題收錄在利奧大帝的書中，根據同一位利奧皇帝的天文學家和執政官利古里亞（Ligurius）。[38]

這事件反映什麼？首先，它強調皇帝對破解裝飾他城市雕像的意義充滿熱誠。他相信這些雕像藏有的意義比它們的外表更大。於是他召集哲學家到賽馬場，藉以揭示雕像的祕密。這些人在當地執行他們的任務，令他們接近藝術史家和考古學家，理想上，他們必須走近他們研究的對象。令人驚訝的是，皇帝、哲學家和官員被表現為主要是觀看者，超過了他們的專業和皇室身分。特別是在第64章，哲學和歷史的討論被注入了物質和視覺的面向。那些智者之出現於賽馬場，宣示了觀看是詮釋過程中最重要的步驟。在這樣做時，他們將帝國歷史的書寫，與評估和解釋視覺證據的能力連繫在一起。他們進行研究的地點也有驚人的重要性。賽馬場，正如它的名稱暗示，是君士坦丁堡人的運場地。但它也是展示皇帝權力的主要公共空間，在拜占庭時期初期，皇

---

38 Cameron and Herrin, 1984: 141-147.

帝在這裡加冕，在儀式上接受群眾歡呼。[39] 還有它帝國式的迴響，賽馬場也供給外國使節和他們的隨員觀看熱鬧，如歡慶軍事勝利，以及公開處決人犯。不過，上面提到的事件為這多面的場地加上了另一個面向；它成了根據預言和占卜而探究歷史的場地，是哲學家聚集思想和辯論裝飾那裡的雕像的意義的地方。帕特里亞（Patria）進一步宣稱，君士坦丁堡和世界的終結由這些雕像顯明，正如斯蒂文森（Paul Stephenson）指出那樣。[40] 那些雕像中有幾個是戰利品，包括一些後來被移去裝飾威尼斯的聖馬可大教堂的銅馬，[41] 還有蛇柱（今天有一部分仍然矗立在伊斯坦堡）。[42]

但如果雕像與過去維持可見的連繫，它們也包含著將來，正如《歷史簡記》顯示那樣。它們同時棲居在多個時刻：它們在很久以前的根源，它們現在的時間（在其中它們過去的意義已經失去，因此人們嘗試破解它們），以及它們示意的將來的預告，這給它們有力的先知氛圍。在這樣擁抱過去、現在和將來時，雕像成為羅馬帝國歷史的物質標記。它們的預言潛能將雕像定位為過去和將來可見的中介，因為預言是基於對形成它們的主題的個人或帝國的過去的知識。其中兩位哲學家在嘗試揭示雕像預示什麼時，問及雕像原來的創造者，這就證明了這一點。珀普洛斯在看著馬的開闔時問皇帝誰設立了那謎語（*problema*），而克拉諾斯對那個戴著頭盔的赤裸男子雕像也提出同樣問題。克拉諾斯甚至問關於雕像的更多細節。在問「驢」在什麼時候加上時，有人告訴他是瓦倫提尼安造整個像時「同時」加上。

39　參 Barry, 2010: 14-15 和 Boeck, 2009: 287 的評語。

40　Stephenson, 2010: 75.

41　關於馬，參 Jacoff, 1993 和 Barry, 2010: 14-15 的經典研究。

42　參 Madden, 1992 的研究。也參 Stephenson, 2010。

在提出這個問題時，克拉諾斯不單展示對關於藝術作品的不確定性的敏感，這些條件可以隨著時間過去被加上或取去，他也暗示歷史時間不可阻擋的進程，這從帝國的榮耀中增加或減少，也可能以藝術作品的形式而展現。這次嘗試為雕塑整體確定了日期，並承認它可能隨著時間過去而被美化，在其他故事中也是明顯的，這些故事並不那麼明確地與揭示未來有關，但同樣連繫到關於城市的歷史意識。在《歷史簡記》開頭，在第五章，描述了一個頗為複雜的雕像，其中包括一部有四匹馬的戰車，還有一個女人像，右手拿著另一個較細小的人像。「關於這個雕像，有些人說這組物件由君士坦丁（324-337）豎立，而（其他人說）只有那些馬才是這樣，而其他則是古物，不是由君士坦丁造的。」[43]「它們」具體構成什麼並不清楚（正如文本的其他段落），但這章有效地告訴我們，一些市民留意到將雕像們放在一起的零碎性質，有些部分比其他部分較後期加上。這一章結束時告訴我們，到了狄奧多西大帝的時候，「每次歡慶城市的生日時，」[44]這組雕像就被運到賽馬場的大門前。並不是所有人都認為這組雕像是在君士坦丁的時代就全部組成；但它仍然是市慶的重要部分，因為至少有一部分相信是來自君士坦丁大帝的時代。

考慮到近來認為拜占庭文學具有強烈的歷史主義的一些研究，上面的話特別相關。「歷史主義」被界定為「意識到長期和深刻的歷史改變」……以及「在檢視過去時……避免時代錯誤……意識到過去有著基本的不同」。[45]賽馬場的哲學家反映的

43　Cameron and Herrin, 1984: 61.

44　同上。

45　Kaldellis, 2007b: 1-2.

——以及克拉諾斯特別指向的——是那些深植於雕像之中且散布在君士坦丁堡城中的歷史主義意識。在追溯這些雕塑的過去和將來時，哲學家明確看到它們是一種標記，見證拜占庭在不同皇帝和時代中反映的轉化；事實上，這裡的轉化再次見證歷史的延續性。在這裡，戴著頭盔的男人的雕像與克拉諾斯視為君士坦丁堡的將來平行。有強烈的含義表示，如果驢顯明是在其他時間加上，克拉諾斯的預測也會相應地調整。雕像的不同部分在克拉諾斯嘗試揭示它所擁有的預言時，從他那裡引發了一種歷史主義詮釋。

但在大部分情況下，雕像仍然是神祕的，不輕易透露它們的預言。即使它們俯就去顯示一些東西，它們也保存更大的祕密，因為正如其中一位哲學家克拉諾斯正確地驚嘆：「我認為這一切都是不好的⋯⋯但如果這些雕像說出事實⋯⋯為什麼君士坦丁堡仍然屹立？」如果雕像藉著宣稱知道城市的將來而在觀看者和城市之間調停關係，它們是以一面倒的方式這樣做，向那些細心看它們的人反映君士坦丁堡的歷史的某些方面，但保留其他重要的細節；一方面提出使人不安的預兆，但仍然與城市站在一起，雖然有這些預兆。卡羅斯的問題也表示出隱然承認了形像那潛在的欺騙性質。它們無須總是配合事實；這更給人理由細心檢視它們，藉以理出它們的複雜性，特別是當帝國（也可能是世界）的將來涉及其中時。

異教形像的遺產

《歷史簡記》絕對不是唯一展示君士坦丁堡異教遺產的重要性的拜占庭文本。正如上面簡單地提到，歷史學家和執政官孔尼

亞鐵斯（Nicetas Choniates）在異教雕像在1204年被十字軍破壞後寫了一首稱讚城市的異教雕像的讚歌。[46]孔尼亞鐵斯的作品是他對帝國的編年史的尾聲，也是對失去這些宏偉雕像的哀嘆。超過兩個世紀後，在1411年，我們在克利索拉羅斯（Manuel Chrysoloras）的一封信中再次讀到他提及異教的物質文化，在這封信中，他比較羅馬和新羅馬（君士坦丁堡）。在其中一處，他宣告自己不能描述「金門的浮雕……更不能描述它的大理石浮雕，它講述海克力斯的勞苦，普羅米修斯受折磨，以及相似的主題，以最好和最令人羨慕的技巧雕成」，[47]因此在這些雕像中，有一些已在第四次十字軍的蹂躪中被破壞後很久，我們仍見證了它們的奇妙。關於這些文本有一點很重要，就是每一篇都在危機時候寫成：《歷史簡記》在八世紀及／或九世紀寫成（即使它較遲寫成），那時破壞聖像的爭議橫掃帝國，引發對宗教形像的價值的辯論；孔尼亞鐵斯的編年史在第四次十字軍之後寫成；克利索拉羅的信是在拜占庭尋求更新它正在消失的力量時寫成。（書信結束部分伴隨著號召「善意的臣民」獻身於復興帝國。）[48]異教雕像似乎是這些文本的重要部分，而這些文本在重要時刻寫成，這表示它們與永恆帝國的理想（也可能是記憶）有連繫，無論這理想實際上多麼脆弱或虛構。重要的是，至少兩個這些文本——《歷史簡記》和孔尼亞鐵斯的尾聲——將異教雕像放在基督教對應物之上，更多地提到它們，給予它們富吸引力的魅力；帝國和它的延續性被明顯地連繫到古代的材料上，而不是基督教的視覺

46　Nicetas Choniates, 357-362.

47　關於引述的特定詞組的翻譯，參Smith, 1992: 211。

48　Smith, 1992: 215.

文化中。雕像因而描述了另一條與城市景觀中教會、十字架和修道院中那種救贖性的正統標記不同的歷史軌跡：強調眾城之后、它的帝國皇朝和羅馬本身的長壽。

第十三章

佛教在中國的適應與轉化
以寺院建築為例

周胤

重慶大學人文社會科學高等研究院史學研究中心副教授

引言

　　眾所周知，佛教發源於印度，於西漢（前206-25）末年傳入中土。相傳在東漢時期，漢明帝（57-75年在位）曾夜夢金人，遂派遣蔡愔和秦景出使西域，尋訪佛法。蔡愔於永平十年（67）和迦葉摩騰（Kāśyapa Mātaṅga）、竺法蘭（Dharmaratna）東還洛陽，並以白馬負《四十二章經》及釋迦立像。為紀念此事件和安置兩位僧人，中國第一座寺院「白馬寺」由此建立。[1]但在東漢（25-220）和三國時期（220-280），佛教的這一萌芽似未在漢地有進一步的發展。

　　這一宗教在中國的勃興實際始於晉時（265-420年），而佛寺的興起也在此期。佛教受到士人的喜好，並贏得了帝王的支持。一些寺院遂在當時的都城（如長安、洛陽、建康）中建立，這一外來宗教的傳播速度也得以加快。當佛教在社會中廣泛傳播時，其與漢地本土所固有的一些觀念便開始頻繁產生衝突，如「三世因果」[2]的理論對儒家和道家產生了巨大的影響；佛教也對漢地傳統的家庭觀念、政治社會的等級制度等提出了挑戰；其出家修行的制度甚至提出一種獨特的生活方式，由此引發了激烈而無休止的爭論。為了生存和融入新的環境，佛教徒在很多有爭議的問題上都做出了相應的妥協與調整，如禮敬帝王、借用道家和儒家的一些觀念來闡釋自己的教義和思想等。另一方面，佛教用語、佛教藝術以及佛教文學等，也逐漸滲透到漢地人們的日常生活中，

1　參見〔北齊〕魏收撰，《魏書》（北京：中華書局，1974），第8冊，頁3029。

2　三世指過去世、現在世和未來世。「三世因果」指過去者為因，現在者為果；現在者為因，未來者為果。

逐漸影響和改變著原有社會的形態。

　　本文將以佛教建築為例，闡述東西方間動態交流的情況，以及印度、中亞佛寺建築與漢地本土建築間的協調與平衡，進而闡釋佛教於西元一至六世紀間在中國的轉化過程。

外來佛寺布局與建築形式之轉化

　　佛教在漢地傳播之初，尤其是東漢時期，歸信者甚少。[3]法令上禁止漢人出家[4]，因此當時在漢地活躍的佛教徒大多來自印度和中亞地區。[5]也正因如此，他們所居住的佛寺很可能是按照其所熟悉的西方風格而設計。對洛陽出土之「佉盧文」井欄題記的研究表明，在東漢靈帝和獻帝時期（約179-190年），京都洛陽曾有貴霜僧團存在，亦有寺院可能依據西北印度或中亞的建築布局而立。[6]中古早期的文獻也提示我們，之後的魏晉時期仍有一些寺院仿效印度或中亞的風格建造。如《洛陽伽藍記》載：

　　　　寶光寺，在西陽門外御道北。有三層浮圖一所，以石為

3　《高僧傳・漢洛陽白馬寺攝摩騰傳》載：「但大法初傳，未有歸信，故蘊其深解，無所宣述，後少時卒於雒陽。」參見釋慧皎撰，湯用彤校注，《高僧傳》（北京：中華書局，1992），頁1。

4　如周叔迦所言，從明帝至質帝，法令上禁止漢人出家。桓帝以後，此禁稍寬。參見周叔迦，《周叔迦佛學論著集》（北京：中華書局，1991），第1冊，頁120。

5　據《高僧傳》載，後漢時期，有記載的僧人來自安息、月氏、康居及中印度。參見《高僧傳》，頁1-11。

6　參見林梅村，《西域文明：考古、民族、語言和宗教新論》（北京：東方出版社，1995），頁387-404。

基，形制甚古，畫工雕刻。隱士趙逸見而嘆曰：「晉朝石塔寺，今為寶光寺也。」人問其故。逸曰：「晉朝三十二寺盡皆湮滅，唯此寺獨存。」指園中一處，曰：「此是浴堂。前五步，應有一井。」眾僧掘之，果得屋及井焉。井雖填塞，磚口如初。浴堂下猶有石數十枚，當時園地平衍，果菜蔥青，莫不嘆息焉。[7]

　　除「形制甚古」的三層浮圖外，寶光寺尚有浴堂和水井設施。浴堂乃佛誕日舉行浴佛儀式之場所，為了供水，寺院內部或其附近通常會挖掘水井，因此浴堂和水井為印度及中亞寺院之一重要組成部分。范祥雍曾註釋上述「浴堂」云：「南海寄歸內法傳三云：『那爛陀寺有十餘所大池，每至晨時，寺鳴健椎，令僧徒洗浴。……世尊教為浴室，或作露地磚池，或作去病藥湯，或令油遍塗體。夜夜油恆揩足，朝朝頭上塗油。明目去風，深為利益。』是寺有浴室，此制亦傚自印土。」[8]除那爛陀佛寺（Nalanda Vihara）外，古印度寺院中設有浴室、水井之情形，亦見於祇洹精舍（Jetavana Vihara）的遺跡中。[9]考古報告顯示，祇洹精舍的建築基本都為磚砌，在精舍內部，存有貴霜至笈多時期的磚砌浴堂及水井遺跡。[10]因此我們推斷，寶光寺的形制和布局，極有可能

7　〔魏〕楊衒之撰，周祖謨校釋，《洛陽伽藍記校釋》（北京：中華書局，2010），頁136-137。

8　〔魏〕楊衒之撰，范祥雍校注，《洛陽伽藍記校注》（上海：上海古籍出版社，1978），頁200。

9　祇洹精舍位於印度北方邦，由須達多長者（Sudatta）自祇陀太子（Prince Jeta）處購得，並將其奉獻給迦牟尼。

10　參見〔日〕綱干善教，「インド祇園精舍跡の　掘調査」，『仏教芸術』（《佛

「仿自印土」。

　　北魏時期（386-534），仍有一些官方寺院仿照印度之建築風格而立。如孝文帝（467-499）自平城遷都洛陽後在新京建立的「報德寺」。據《報德玉像七佛頌碑》載，此寺占地廣闊，建築風格與舍衛城（Shravasti）的祇洹精舍和王舍城（Rajagriha）的竹林精舍（Venuvana Vihara）相似。[11] 雖然竹林精舍現在地面上沒有留下任何痕跡，但祇洹精舍的遺跡卻展現出了報德寺可能具有的規模（圖13.1）。

　　除了模仿印度的寺院布局外，尚有一些漢地佛寺可能仿效中亞地區的建築風格。西元一至四世紀，中亞貴霜帝國範圍內典型的寺院布局是由塔院和僧院構成（圖13.2）。主體窣堵波（stupa）通常在方形庭院（即塔院）的中間，四周由小禮拜堂或壁龕圍繞。僧院的中間，則常設水池和浴堂，四方形的庭院由聯排的僧房環繞。這種典型的寺院布局在西元一至三世紀被引入漢地，部分的結構形式不久便被時人接受並有所轉化。如《魏書》載，魏明帝（曹叡，227-239年在位）曾為宮西佛圖作周閣百間，形成了一個環繞著佛圖的迴廊。[12] 另外，2010年在雲岡石窟西部岡上出土的一處佛寺遺址也提供了此類布局的一個實物範例。該佛寺的庭院中央有一座佛塔，北、東、西側原來各有一排廊房[13]（圖

　　教藝術》）187號，1989年，頁11-24。頁14圖3為磚砌浴室之台階；頁18圖5為水井遺跡。

11 《報德玉像七佛頌碑》，收錄於顏娟英，《北朝佛教石刻拓片百品》（台北：中央研究院歷史語言研究所，2008），頁121。

12 參見《魏書》，第8冊，頁3029。

13 地層堆積顯示此佛寺最早為北魏時期建立。參見李崇峰，《佛教考古：從印度到中國》（上海：上海古籍出版社，2014），第1冊，頁290-291。

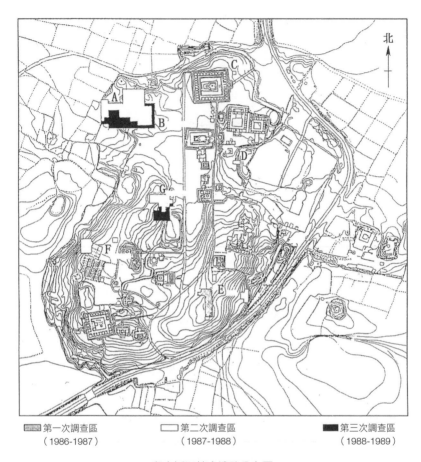

第一次調查區　　　第二次調查區　　　第三次調查區
（1986-1987）　　　（1987-1988）　　　（1988-1989）

印度祇洹精舍遺跡分布圖

A.浴池地　B.塔基及僧院　C.僧院　D.寺殿及僧院
E.建築　F.僧寺　G.小寺、塔、僧院

圖13.1　印度祇洹精舍遺跡分布圖　根據〔日〕網干善教，「インド祇園精舍跡の発掘調査」，『仏教芸術』（《佛教藝術》）187號，1989，頁12圖1重繪。

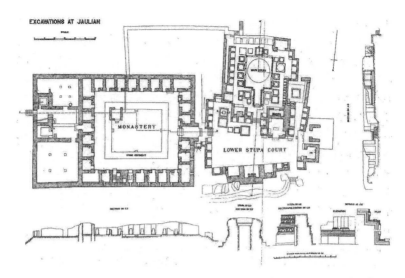

圖13.2　焦蓮寺院遺址平面圖　根據李崇峰，《佛教考古：從印度到中國》，北京：北京大學出版社，2014，第1冊，頁283，圖11重繪。

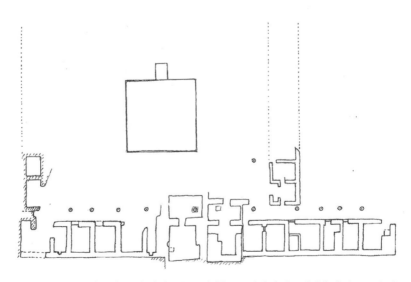

圖13.3　雲岡石窟西部岡上遺址平面示意圖　根據李崇峰，《佛教考古：從印度到中國》，第1冊，頁269，圖2重繪。

13.3）。學者研究認為，其寺院遺址疑為《大金西京武州山重修大石窟寺碑》所記「孝文時天竺僧陋番（翻）經之地也」。[14]

　　上述兩例寺院布局與貴霜的寺院布局有著相似之處，如佛圖都處於（方形）庭院的中央，周圍有聯排的僧室環繞。所不同的是，早期漢地的寺院布局將塔院與僧院進行了結合，圍繞著佛塔的不是小型佛龕或禮拜堂，而是周閣迴廊，且聯排的廊房似乎是供僧人或信徒居住。

　　外來寺院布局的接受和演化可能與漢地本土的建築風格及早期固有的神仙觀念有關。眾所周知，佛教傳入初期，佛陀被視為黃、老一類的神祇。如《後漢書·楚王英傳》載：「英少時好遊俠，交通賓客，晚節更喜黃老，學為浮屠齋戒祭祀。……『楚王誦黃老之微言，尚浮屠之仁祠，絜齋三月，與神為誓，何嫌何疑，當有悔吝？其還贖，以助伊蒲塞桑門之盛饌。』」[15]又，《後漢書·襄楷傳》載：「又聞宮中立黃老、浮屠之祠。此道清虛，貴尚無為，好生惡殺，省欲去奢。」[16]傳世文獻經常提及，東漢三國時期有一類建築為「浮圖祠」（或稱「浮屠祠」、「佛圖祠」），僧人似居其中。[17]那麼，何為「浮圖祠」？有學者研究認為，梵文vihārā「本義是『樂園、娛樂場所』。佛教及耆那教信徒藉以表示從事宗教活動的場所……該詞在漢語中最初譯為『浮屠祠』，後

---

14 李崇峰，《佛教考古：從印度到中國》，第1冊，頁270。

15 參見〔宋〕范曄撰，〔唐〕李賢等注，《後漢書》（北京：中華書局，1965），第5冊，頁1428。

16 《後漢書》，第4冊，頁1082。

17 《三國志·孫綝傳》載：「綝意彌溢，侮慢民神，遂燒大橋頭伍子胥廟，又壞浮屠祠，斬道人。」參見〔晉〕陳壽撰，〔宋〕裴松之注，《三國志》（北京：中華書局，1982），第5冊，頁1449。

來譯成『佛寺』。」[18]因此，浮圖祠應即最早的佛寺。

關於「浮圖祠」，最著名的文獻記載乃與東漢後期的笮融有關：

> 笮融者，丹楊人，初聚眾數百，往依徐州牧陶謙。謙使督廣陵、彭城運漕，遂放縱擅殺，坐斷三郡委輸以自入。乃大起浮圖祠，以銅為人，黃金塗身，衣以錦采，垂銅槃九重，下為重樓閣道，可容三千餘人，悉課讀佛經，令界內及旁郡人有好佛者聽受道，復其他役以招致之，由此遠近前後至者五千餘人戶。每浴佛，多設酒飯，布席於路，經數十里，民人來觀及就食且萬人，費以巨億計。[19]

基於上述記載，有學者指出笮融的浮圖祠與甘肅武威東漢墓出土的青釉塢壁明器頗為相似[20]（圖13.4）。在塢壁中心，有一座五層陶樓，其由迴廊環繞。塢壁院牆的四角，分別設有角樓。因此笮融浮圖祠之結構，很可能與此塢壁相類似。另外，西漢和東漢時期出土的一些明器也為我們提供了不少這類陶樓建築的模型，這表明此類建築在一千九百年前曾十分流行。

又，2008年在湖北襄樊菜越1號東漢墓曾經出土了一件陶樓（圖13.5），其生動的外形與文獻記載的笮融浮圖祠十分相似：該

18　林梅村，《西域文明：考古、民族、語言和宗教新論》，頁394。

19　參見《三國志》，第5冊，頁1185。另一版本來自《後漢書・陶謙傳》，收錄於《後漢書》，第8冊，頁2368。一般認為，《三國志》中的相關記載較為可信。

20　參見孫機，〈關於中國早期高層佛塔造型的淵源問題〉，《中國歷史博物館館刊》（1984年第6期），頁45。

圖13.4　武威雷台東漢墓出土塢壁明器　根據蕭默，《天竺建築行紀》，北京：生活・讀書・新知三聯書店，2007，頁46，圖2-12重繪。

圖13.5　湖北襄樊樊城菜越三國墓出土陶樓　根據襄樊市文物考古研究所，〈湖北襄樊樊城菜越三國墓發掘簡報〉，《文物》，2010年第9期，頁8，圖一二重繪。

陶樓的四周由一圈迴廊組成，中間為漢地風格的二層重樓，重樓頂端設有七層相輪。此陶樓運用了一些具有佛教特徵的標誌——如相輪，來表明其佛寺（即「浮圖祠」）之身分，但其下部的結構仍然採用漢地傳統的樓閣建築形式。

　　另外，早在1972年四川省什邡市曾出土了一塊東漢晚期的畫像磚，其上刻有三座與後世樓閣式佛塔十分相似的建築（圖13.6）。這一實物亦令人想起文獻記載中所提到的笮融浮圖祠。因

圖13.6　佛塔畫像磚　東漢晚期　四川什邡　根據賀雲翱等編著，《佛教初傳南方之路文物圖錄》，北京：文物出版社，圖版3重繪。

此，從長江流域上游的四川什邡，到中游的湖北襄樊，一直到下游的江蘇徐州地區，「浮圖祠」在佛教傳入的初期，曾於長江流域有所流行。同時，今天四川地區曾發現了不少屬於三國時期的銅搖錢樹佛像，湖北一帶則出土有三國至西晉時期的佛獸銅鏡、青瓷佛飾熏爐等文物，且在今天的江蘇、浙江地區，還廣泛出土了不少三國至東晉時期的佛飾堆塑罐（即魂瓶）。[21] 這些文物似正說明，佛陀在佛教傳入漢地的初期（其中一條路徑很可能即是「滇緬道」），在南方長江流域內，確曾被視為如黃、老一類的神

21　賀雲翱等編著，《佛教初傳南方之路：文物圖錄》（北京：文物出版社，1993），圖版8-15；圖版21、23-24、37；圖版59-106。

祇，且其作為民間神祇之一，曾不同程度地參與在漢地人們的物質生活和精神生活中。

除了實物資料外，《高僧傳‧魏洛陽曇柯迦羅傳》還記載：曇柯迦羅「以魏嘉平（249-254）中，來至洛陽。於時魏境雖有佛法，而道風訛替，亦有眾僧未稟歸戒，正以剪落殊俗耳。設復齋懺，事法祠祀」。[22] 這說明在三國魏齊王曹芳時，漢地仍以祠祀的方式祭祀佛陀，而舉行齋懺、祠祀的地點，則很可能就在上述「浮圖祠」內。

因此，我們在文獻或實物資料中所見的浮圖祠，很可能是漢地（起碼在長江流域）最早的佛寺雛形。它明顯帶有漢地本土的建築風格和特點，如不少學者指出的那樣，浮圖祠內的樓閣建築與漢地已有的神仙觀念，即認為仙神人之屬乃居於高樓之上有關。[23] 由於佛陀最初被視為如黃、老一類的神祇，因此笮融建重樓，置佛像於其中，是符合時人觀念的。但另一方面，笮融浮圖祠四周的閣道及中心重樓的設計，亦與中亞地區的寺院布局有著相似之處。因此，「浮圖祠」應是佛教在進入漢地之後，於寺院建築上所呈現出的一種調整與轉化。

關於「浮圖祠」中的重樓應屬什麼建築，一些學者提出了不同的看法。有學者認為它源於印度的希訶羅式建築（Śikhara），應該被稱為「精舍」，其最終演化成了今天我們所熟知的樓閣式塔（參見圖13.7）。[24] 也有學者認為它可能是一種支提／祠堂與窣堵波

22　參見《高僧傳》，頁13。

23　據《史記》記載，西漢時期，公孫卿曾告漢武帝曰：「僊人好樓居」，於是武帝「乃作通天莖臺，置祠具其下，將招來僊神人之屬。」參見〔漢〕司馬遷撰，《史記》（北京：中華書局，1982），第4冊，頁1400。

24　孫機，〈關於中國早期高層佛塔造型的淵源問題〉，頁42-45。

相混合的建築（a mixture between a chaitya/shrine and a stupa）。[25]
（參見圖13.8）

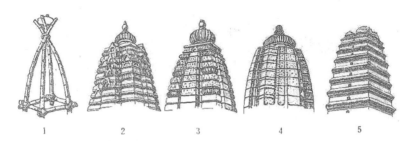

1.印度古代縛竹構架示意圖　2.印度 Aihole 希訶羅，五世紀　3.印度 Fattadakal 希訶羅，六世紀
4.印度 Jodhpur 希訶羅，八世紀　5.西安小雁塔，八世紀

圖13.7　根據孫機，〈關於中國早期高層佛塔造型的淵源問題〉，《中國歷史博物館館刊》（1984年第6期），頁47，圖7重繪。

Relief fragment with tower shrine and two monks, Mathurā, red sandstone,
Kushana period, Russek Collection, Zürich

圖13.8　根據 Marylin Martin Rhie, *Early Buddhist Art of China & Central Asia*
（Leiden; Boston; Brill, 1999），Vol. 1, Fig. 1.35 e 重繪。

25　Marylin Martin Rhie, *Early Buddhist Art of China & Central Asia* (Leiden; Boston;
　　Brill, 1999), Vol. 1, 95.

筆者較贊同後者的說法，但認為「浮圖祠」中的重樓可能更具有支提／祠堂的性質。《摩訶僧祇律》載：「有舍利者名塔，無舍利者名枝提。」[26]東漢時期，許慎的《說文》中已有「塔」字。梁顧野王《玉篇》卷2引《說文》的這段內容云：「塔，他盍切。《字書》：塔，物聲；《說文》云：西域浮屠也。」[27]因此，塔在當時被指稱為西域之物。塔起源於古印度，梵文為窣堵波（stupa），巴厘語為塔婆（thupa）。窣堵波並非佛教的專門用語，「在天竺吠陀時代（前1800-前600），窣堵波指王者或聖人的陵墓」[28]。印度早期的窣堵波為圓頂形（覆缽形），中心存放佛骨、舍利，以供信徒禮拜。現存最早且最著名的半圓形窣堵波建築是建造於孔雀王朝時期（前322-前187），位於今天印度中央邦的桑奇大塔（圖13.9）。到了貴霜王朝時期（前150-300），原始覆缽式的窣堵波開始出現變化，其基座逐漸升高為多層，有的基座受到希臘風格之影響，開始從圓形變為方形（覆缽丘仍然保留，被置於多層基座的頂端），且各層基座常裝飾繁麗，雕刻有佛像、科林斯柱等（如法國吉美美術館所藏哈達窣堵波，參見圖13.10）。西元前後，沿著陸上絲綢之路，這一類型的高基座（多層）窣堵波由印度西北部或中亞傳入中國的新疆地區，後經河西走廊進入中原腹地，成為漢地可能最早接觸到的佛塔類型之一。[29]

---

26 〔東晉〕佛陀跋陀羅共法顯譯，《摩訶僧祇律》，卷33，《大正藏》，第22冊，頁498中。

27 參見林梅村，《西域文明：考古、民族、語言和宗教新論》，頁397。

28 甘肅省文物局編著，《甘肅古塔研究》（北京：科學出版社，2014），頁2。

29 20世紀初〔英〕斯坦因（M. A. Stein）在樓蘭遺址發現的木製小型窣堵波模型，即是高基座窣堵波。由此反映出這類佛教建築早期正是沿著陸上絲路進入漢地。參見〔英〕奧雷爾‧斯坦因著，肖小勇、巫新華譯，《路經樓蘭》（桂林：廣西師範大學出版社，2000），頁85-87。

圖13.9　根據桑奇第一塔及東門（西元前2世紀-西元1世紀）　摘自
晁華山著，《佛陀之光：印度與中亞佛教勝跡》，北京：文物出版社，
2001，頁33，圖1-9重繪。

圖13.10　哈達佛塔立面圖　根據李
崇峰，《中印佛教石窟寺比較研究：
以塔廟窟為中心》，北京：北京大學
出版社，2003，頁38，圖22重繪。

　　關於「支提」，其梵文為Caitya，該詞含有紀念性的場所或冥想性場所的意思，因此支提乃作為紀念性的建築物，[30]如前所述，「有舍利者名塔，無舍利者名枝提。」「佛教的早期文獻中，關於佛陀的出家、剃髮及經行等處，均有許多支提的建造。同時，支提作為精靈的棲息處、神祠及祭柱等場所也為學者所關注。」[31]〔唐〕法琳《一切經音義》中曾介紹云：「支提（梵語也。或云脂帝、浮都，或云浮圖，皆訛也。正梵音際多，或曰制多。此云聚相，謂纍寶及塼石等，高以為相也）。」[32]又，「制多（古譯或云制底，或云支提，皆梵語聲轉耳，其實一也。此譯為廟，即寺宇、伽藍、塔廟等是也）。」[33]因此在漢地早期，支提似也有被稱為「浮圖」的情況，並具有廟宇之意。從《三國志》中對笮融浮圖祠的描述來看，此浮圖祠中置有銅佛像一軀，且「黃金塗身，衣以錦采」，由此可知其中並未供奉有舍利。因此就笮融「浮屠祠」中重樓建築的性質而言，似更接近於支提。不過，如學者指出，「儘管支提與塔在語源上有著種種差異，然而伴隨著大乘佛教的興起，兩者已經被視為同一語詞。」[34]所以，支提與塔（窣堵波）似在大乘佛教興起之後，被逐漸視為一物。

　　值得注意的是，笮融浮圖祠也好，湖北襄樊的東漢陶樓也好，以及四川什邡的佛塔畫像磚，它們都運用了具有佛教特徵的標誌——如相輪，來表明其佛寺之身分，但其下部的結構仍然採

30　參見湛如，《淨法與佛塔：印度早期佛教史研究》（北京：中華書局，2006），頁179-180。

31　湛如，《淨法與佛塔：印度早期佛教史研究》，頁181。

32　〔唐〕法琳，《一切經音義》，《大正藏》，第54冊，頁368中。

33　〔唐〕法琳，《一切經音義》，頁321上。

34　湛如，《淨法與佛塔：印度早期佛教史研究》，頁188。

用漢地傳統的樓閣建築形式。因此，無論它們所意圖表達和模仿的是來自西方的窣堵波，抑或是支提，其在事實上都仍利用和吸收了漢地本土所固有的一些建築形式。又或者說，這是當時漢地的人們在以自己的方式認知和理解外來的佛陀形象（如視其為黃、老之類的神仙），因此才會將佛像供養在樓閣一類的建築中進行供奉和祭祀，同時亦不忘加上相輪等構件以示其特殊性。

西元二到三世紀，即中國東漢至西晉時期，上述重樓式塔成為漢地佛寺（浮圖祠）的中心建築，因此當時佛寺的典型布局為：重樓式塔通常在方形庭院的中間，其四周則由圍廊或聯排的僧房圍繞。但不應忘記的是，這種特定的佛寺布局實際乃源自印度或中亞地區。

到西元四至六世紀，由於越來越多的外國僧侶來到中國，以及越來越多的漢人成為僧尼，大量的佛經得到翻譯，因此佛教愈加興盛。由於彼時講經說法之風盛行，因此佛寺布局受到影響，開始逐漸在佛塔之後增設講堂一類的建築。

另外，因供奉佛像需求的增加，另一類建築，即佛殿也開始在佛寺中逐漸增設。其位置通常亦在佛塔之後，但仍處於整個佛寺的中軸線上。另一方面，由於南北朝時期（420-589）的都城中常具有里坊之規劃，[35] 且當時舍宅為寺的現象十分普遍（圖13.11），因此佛寺進一步向漢地傳統的住宅布局和形式演化，即寺院的主體建築被置於中軸線上（門、塔、殿、堂呈一直線），而僧、尼房等，則多環繞佛寺周圍而建，寺院的整體布局，以南北向設計為主。這種典型的佛寺布局至今仍可在六、七世紀韓國

---

35 特別是洛陽和建康。

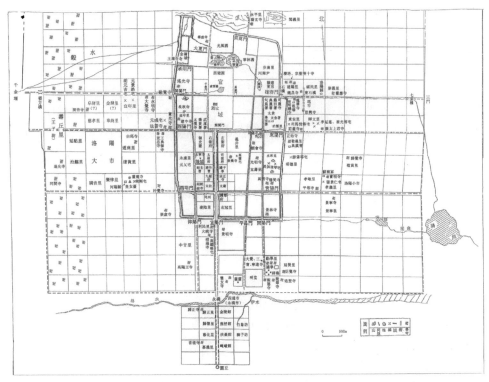

圖13.12　百濟佛寺平面舉例　根據宿白，〈東漢魏晉南北朝佛寺布局初探〉，
《慶祝鄧廣銘教授九十華誕論文集》，石家莊：河北教育出版社，1997，頁46，
圖八重繪。

百濟時代的寺址中找到身影（百濟自武寧王〔501-522年在位〕
以來，文物制度多受南朝影響）。[36]（圖13.12）

　　由此，佛寺建築風格在後期變得日益複雜，寺院布局的本土
化也日漸加深。換言之，佛教在傳入漢土後，不斷適應和調整自

36　參見宿白，〈東漢魏晉南北朝佛寺布局初探〉，《慶祝鄧廣銘教授九十華誕論
　　文集》（石家莊：河北教育出版社，1997），頁45-46。

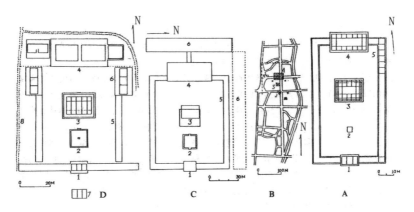

　D.陸山裡寺址平面　　C.金剛寺址平面　　B.大通寺址附近　　A.定林寺址平面
1.中門址　2.塔址　3.佛殿址　4.諸堂址　5.迴廊址　6.僧房址　7.大門址　8.水槽址
百濟佛寺平面舉例

圖13.11　北魏洛陽城市與伽藍圖（西元528-534年）自繪。底圖為〔魏〕楊衒之撰，楊勇校箋，《洛陽伽藍記校箋》，北京：中華書局，2006，書末附圖。

身，在寺院建築方面，佛寺布局逐漸向漢地住宅的形式靠攏，因而更加符合漢地人們的審美和使用要求。佛教建築與漢地建築的融合愈加深入，也使得這一宗教最終融入了中國文化，成為其中一個重要的組成部分。

結語

　　綜上所述，佛教在漢地傳播之初，尤其在東漢靈、獻帝時（約179-190），京都洛陽曾有貴霜僧團存在，當時亦有寺院可能依據西北印度或中亞的建築布局而立。中古早期的文獻也提示我們，之後的魏晉時期仍有一些寺院仿效印度或中亞的風格建造。而外來寺院布局的接受和演化則可能與漢地本土的建築風格及早

期固有的神仙觀念有關。眾所周知，佛教傳入初期，佛陀被視為黃、老一類的神祇。佛陀常與黃帝、老子一起，受到漢人的祭祀與禮拜。直到三國時期，漢地仍以祠祀的方式祭祀佛陀，而舉行齋懺、祠祀的地點，則很可能就在最早的佛寺，即「浮圖祠」內。通過文獻和實物資料，我們知道「浮圖祠」帶有漢地本土的建築風格和特點，如不少學者指出的那樣，浮圖祠內的樓閣建築與漢地已有的傳統觀念，即認為仙神人之屬乃居於高樓之上有關。但另一方面，如笮融浮圖祠四周的閣道及中心重樓的設計，顯然又與中亞地區的寺院布局有著相似之處。因此，「浮圖祠」應是佛教在進入漢地之後，於寺院建築上所呈現出的一種調整與轉化。

關於「浮圖祠」中的重樓建築，有學者認為它可能是一種支提／祠堂與窣堵波相混合的建築。筆者贊同其說，但認為「浮圖祠」中的重樓可能更具有支提／祠堂的性質。不過伴隨著大乘佛教的興起，支提與塔（窣堵波）似被逐漸視為同一語詞（即被視為同一物）。值得注意的是，「浮圖祠」中的重樓建築常以某些具有佛教特徵的標誌──如相輪，來表示其佛寺之身分，但其下部的結構仍然採用漢地傳統的樓閣形式。因此，無論它所意圖表達和模仿的是窣堵波，抑或是支提，其實際上仍然吸收和利用了漢地本土所固有的一些建築形式。

西元二到三世紀，重樓式塔成為漢地佛寺（浮圖祠）的中心建築，當時佛寺的典型布局為：塔在方形庭院的中間，其四周則由圍廊或聯排的僧房圍繞。到了西元四至六世紀，鑑於城市里坊規劃的空間限制，以及捨宅為寺現象的普遍，佛寺進一步向漢地傳統的住宅形式和布局演化。佛寺建築日益複雜，寺院布局的本土化也日漸加深，這從一個方面反映出，自佛教傳入漢土以來，

其與漢地社會的交融和互動一直在持續進行中。換言之，佛教的傳播和接受過程不僅改變了這一外來的宗教，也改變了漢地所固有的一些社會傳統與文化觀念。

季羨林曾言：「兩種陌生的文化一旦交流，一般來說，至少要經過五個階段：撞擊──吸收──改造──融合──同化……特別是在中印文化交流史上，這五個階段，儘管難免有的地方有交光互影的情況，大體輪廓是比較清楚的。」[37] 季氏同時認為，印度的佛教傳入中國，同本國的宗教或者文化，特別是倫理道德方面，是有撞擊的，但是不激烈，不明顯，表面上來看，似乎一下子就和平共處了。因為中華民族是一個對宗教比較寬容的國家，不管是本土的宗教，還是外來的宗教，都一視同仁，無分軒輊。中國歷史上並沒有像其他一些國家那樣有十分劇烈的宗教戰爭。歐洲的十字軍東征是一個最突出的例子。[38] 不過從另一方面來看，由於佛教為適應新的環境，做出了許多方面的調整、變化與改造，因此使得兩種陌生文化間的撞擊不至於激化，而這一點正可從上述佛教建築在中國的轉化過程中得到說明：外來的佛寺建築與本土的建築及社會觀念在相互碰撞後，出現了彼此吸收與改造的過程，並在這一過程中達到了相互融合與同化的狀態。佛教建築文化最終成為了中華文化的一個重要組成部分，印度佛教也由於自身的調整與轉化而在中國扎下根來，並進而發展壯大。

（本文曾以〈寺塔為證：佛教在中國的適應與轉化〉為題，刊於《讀書》，2019 年第 10 期）

---

37 季羨林，《中印文化交流史》（北京：新華出版社，1991），頁 4。

38 同上，頁 27。

第十四章

在轉變的宗教景觀中理解報應

顏之推（531-591年）的個案研究

賀耐嫻（Natasha Heller）

美國維吉尼亞大學宗教研究系副教授

　　在佛教適應中國的過程中，基於過去的行為而定的輪迴轉世觀念，似乎對中國人怎樣理解他們的世界和他們在其中的行動有深遠的含義。但輪迴和報應的觀念既不容易理解，也沒有被迅速吸收到大眾文化中。佛教不平均地適應中國社會，一位六世紀文人用涵蓋範圍廣闊的著作提供了一個機會，讓我們檢視宗教理解的不同語域。從顏之推（531-591）的著作中我們可以看到，人們可能在理論上明白一些觀念，但沒有將它們真正吸收到主流的世界觀中。人們從事哲學思考，但也講故事──而那些故事可能並不配合他們宣稱所相信的事情。[1]

　　基本的佛教教義假設所有有意識的生物都有多重的，甚至是無數次輪迴，而過去的出生決定將來的環境。作為對業的解釋，行為的意圖（與行為本身不同）決定它會怎樣模塑將來的再生。這些教導強調並不是同一個人經歷業的影響──因為沒有永恆而不斷轉世的靈魂──但將來的再生的生命和創造此業報的人也不是完全不同的。[2]自我不是永恆是佛教教義的中心，但正如人們都知道的，這個觀念對初期中國佛教譯者和註釋者來說卻是困難和令人困擾的。相反，初期佛教思想家似乎假定有持續的靈魂經歷著過去行動的影響。例如：初期佛教徒往往使用魂這個觀念，認為它會接受好和壞行為的影響結果。[3]配合這個字──魂魄、魂神──以及精神這個詞是「在中國佛教翻譯中最常用來指不滅的魂。」[4]朴駿河指出鳩摩羅什（344-413）和在383年到長安的僧伽

1　宗教理論和宗教故事之間的區別與 Robert Weller 用來分析當代台灣宗教的意識形態化和實用詮釋有些相似。參 Weller, 1987: 7-10 和 30-31。

2　Buswell and Lopez, 2014: 420.

3　Park, 2012: 179-180.

4　Park, 2012: 188. 對在中國用來指「魂」的觀念的用語更完整的討論出這篇文

提婆為「轉捩點，在他們之後，有關不滅的魂的說法漸漸從佛教翻譯中消失」。[5]因此，從五世紀開始，中國佛教思想家在這個問題上大多採納標準的佛教處理方法。

但大部分中國佛教徒都不是解經家，雖然佛教系統提供連貫的論述，解釋個人的行為怎樣與個人現在出生的環境互動，但它要與對命運和來生的其他解釋競爭；這可能就引起了對不永恆的自我或無我的理解給初期中國佛教思想家帶來的困難。在初期中國思想中，並沒有轉世的觀念，人類的命運透過命來理解。正如康若柏所說，王充（約27-97）寫到命包含「分配的壽命和預定的幸運或社會地位」，「由出生時的天氣和星精的構成決定」時，很可能反映普遍的觀念。[6]康若柏解釋人們怎樣透過操控獲分配的其他命世的壽命紀錄，以改變本應固定的分配。他們可以藉著偷偷摸摸的方式這樣做，利用欺騙的手法使紀錄消失，或者透過善行，用那善行帶來的功德延長個人的壽命。在後者，我們看到與佛教思想相容的地方，就是好行為對將來的自我產生好的結果。命可以受個人的行為影響這個一般的觀點得到普遍接受，這個觀點可以在葛洪（283-343）和其他人的著作中找到。例如：在重要的早期道教著作《太平經》中，獲分配的壽命由「善惡志籍」[7]決定。行為不單可以令人壽命延長，也可以令人升上天上階級；不過，文本顯示壞行為可能令人被迫「入土」。[8]

這樣關於天和地的觀念進入到當時在中國傳播的各種對死後

章的範圍，但參 Lo, 2008 和 Brashier, 1996。

5　Park, 2012: 194.

6　Campany, 2005: 131.

7　Espesset, 2002: 23.

8　Espesset, 2002: 30-32 和 36-37。

生命的看法中。這些觀念包括黃泉，一個地下世界的領域，是給所有死人的；在《太平經》說人們「入土」時，他們是去黃泉。這個詞早在西元前八世紀已經使用，但余英時指出，它在文學中從沒有得到詳細的描述，除了「黑暗和悲慘」外。[9]泰山在早期和中古中國是另一個人們認為是死人居住的地方，它也被理解為地下的領域。酆都是另一個名稱，對死後領域一個不同的想像，視之為「死人受審判，並且有記錄個人的行為和命運的檔案的地方」。[10]作為審判和保存紀錄的地方，人們在死亡的世界以法律和官僚程序來交往。這些東西包括鎮墓文，它們是呈給地下世界的官員的，其中會詳細講述包含在墓中的物品，以協助死人進入地下世界中。鎮墓文也可以向死亡本身提出上訴，指紀錄一定有錯，那死人和另一個人混淆了。[11]也有抗議或請求，用來就個人死後的命運提出爭辯。關於這樣的宗教─法律文件一個複雜的版本是道教上清傳統的「大塚訟章」。這訟章先說明興訟的緣由，然後呼籲天上的官員幫忙，最後感謝幫助的官員的功勞。[12]這些文件顯示，地下世界複雜得足以要求禮儀專家經常介入。

　　很明顯，文人和普通人對死後會發生什麼事都很感興趣，這從這些關於死後生命怎樣運作的複雜記述，以及流傳的關於一些人死後遇見鬼魂，然後重回人世的故事都可以看到。透過這些故事，人們對死後生命有了認識，也知道個人的行動怎樣影響個人的命運。這些故事至少和任何對同樣問題的教條式的解釋同樣具有說服力；事實上，關於命運和死後生命的敘事比任何其他類別

9　Yü, 1987: 382, 也參Wu, 2010: 7。

10　Nickerson, 1997: 235.

11　Katz, 2009: 29-30.

12　Nickerson, 1997: 238-239.

的解釋更具影響力。以下我會說明，關於不同情節的故事會模塑
人們對某些事件的信仰。檢視這些敘事，可以說明佛教在轉化中
古中國人對報應的理解時怎樣有效或無效。

　　本章的焦點是顏之推（531-591）的著作，他是著名的學者，
十分關注維持家庭和文化傳統。顏氏這家族據稱來自山東琅邪，
被迫遷居南部的建康，雖然到了顏之推的時代，他已經自稱為南
方人。這個家族的男人有很長的官宦歷史，在文藝方面也很有天
分。顏之推從父親顏協（498-539）那裡得到了很好的教育，他父
親是著名的書法家。顏之推服侍了四個不同朝代──梁、北齊、
北周和隋──而他服務的朝代的變遷興衰模塑了他的看法。由於
個人不能倚靠政府的穩定，個人自我和知識的培養便更為重要。
在中古早期的末年寫作，顏之推也是那個時代的一個典範，他對
佛教的關注更增加了他的重要性，令他成為那個時代的思想的窗
口。

作為佛教家庭

　　顏之推最著名的著作是《顏氏家訓》，在其中他給兒子詳細
勸告。他的指示集中在教育上，特別是關於培養寫作的技巧和正
確地使用文學，書中也描述顏之推相信什麼是個人在家中自處的
正確方式。雖然家庭和教育是這本書的兩個主要焦點，但他的指
示也反映了很多關於六世紀社會上層男性的世界觀和知識視野的
事情。這本書其中一章用來討論佛教，包括一些選自《誡殺訓》
（已佚）的一些故事。顏之推的另一本著名著作是《還冤志》，它
的奇聞軼事提供了很多豐富的資料，讓我們可以看到這個時期對
來世和道德行為的觀念。這兩個文本是我討論的六世紀中國社會

對報應的看法的核心。

我們只需要讀一讀顏之推關於佛教的一章「歸心」的第一句話，便可以看到報應和轉世在他對佛教的理解中的地位。他這樣開始這一章：「三世之事，信而有徵，家世歸心，勿輕慢也。」[13] 雖然這可能似乎只是一句平淡概括的話，但顏之推強調三個相關的觀念：首先，轉世或從過去到現在到將來，對他來說是佛教最重要和有特色的方面。第二，轉世是有證據的，它不只是虛幻的教義。第三，轉世之說提供了一個主要的原因，解釋為什麼顏之推相信他自己的家人應該信奉佛教。這個主張連繫到了顏之推關心的家庭行為：因為他們的行動會影響將來生命中發生的事。顏之推說，他認為不需要重複關於轉世的教導，因為這教導記載在佛經和註釋中，然後進而提出，「內外兩教，本為一體。」[14] 他這樣說的意思是佛教和儒家傳統是相容的，在其中一種思想中找到的德行也可以在另一種思想中找到配合的對應。不過，顏之推對人們的傾向暴力感到困擾：「至如畋狩軍旅，燕享刑罰，因民之性，不可卒除，就為之節，使不淫濫爾。」[15] 由於佛教徒應該避免殺生，在這方面他不認為本土思想和佛教系統好像其他方面那樣配合緊密。顏之推並且提到關於傷生的後果，如一些有關打獵和屠宰牲畜以及暴力懲罰的軼事中所述。

這些在「內外」傳統之間的不能銜接之處會讓人產生誤解，

---

13 Yan, 1980: 335. 如果這不是關於佛教的一章，我們也可以將顏之推的話以道教的眼光來看，在其中「過去」指由個人祖先調節的事情，「現在」是現時的生命，「將來」可以指個人在來生的命運或對後代的影響。參Mollier, 2014: 175。

14 Yan, 1980: 339.

15 同上。

所以顏之推接著闡述和回應針對佛教的五個指控。其中三個是常見的指控：佛教教導關於轉化和超越今世的事情是不理性的；和尚及尼姑的行為不純潔；花費在佛教廟宇的金錢和因為僧人獲豁免而令稅收減少，對國家有負面影響。餘下兩個反對直接連繫到報應：有些人「以吉凶禍福或未報應為欺誑也」。[16]最後，批評者問：「以縱有因緣如報善惡，安能辛苦今日之甲，利益後世之乙乎？」[17]根據顏之推的論述，他的同輩人在相信報應方面有困難，因為人們的命運似乎提供了反證，他們懷疑今生的行為在來生能否帶來好的結果。他頗為詳細地處理了這兩個問題，雖然值得留意的是，他最長的回應是給了那些懷疑佛教有關轉世和來生的故事的人。

　　就第一個關注來說，顏之推向讀者保證，因果是真實的，即使不能即時看到：

　　　夫信謗之徵，有如影響；耳聞目見，其事已多，或乃精誠不深，業緣未感，時儻差闌，終當獲報耳。善惡之行，禍福所歸。[18]

從這裡，顏之推提出了幾個體現這個問題的歷史人物：有好人貧窮和早死，壞人富貴和有權勢。不過，視這些為反駁報應的觀念，僅表示人們只看到了現時的情況：「若引之先業，冀以後生，更為通耳。」[19]長遠地看，道德和幸運之間現時的錯配只是暫

16　Yan, 1980: 343; Teng, 1968: 139.

17　Teng, 1968: 139; Yan, 1980: 342.

18　Yan, 1980: 354: Teng, 1968: 144-145.

19　Yan, 1980: 355; Teng, 1968: 145-146.

時的，隨著時間的流逝，業力的作用會糾正這種情況。

第二個關注，今生的努力實際上能否令將來的自己得益，因而被視為值得去做的事情，深受顏之推的重視。他努力的證明，即使在短期來看，好行為也是有益的（相反也是），然後他開始思考生命和死後存在，身體和靈魂之間的關係：

> 形體雖死，精神猶存。人生在世，望於後身似不相屬；及其殁後，則與前身似猶老少朝夕耳。世有魂神，示現夢想，或降童妾，或感妻孥，求索飲食，徵須福祐，亦為不少矣。今人貧賤疾苦，莫不怨尤前世不修功業；以此而論，安可不為之作地乎？[20]

總之，雖然我們在今生不能想像將來的生命，但那連繫是緊密的。鬼魂出現顯示死後確實有一些東西持續了下來，這些靈的要求顯示了，活著的人利用這方法影響他們將來的命運。而且，人們通常將自己惡劣的環境歸咎於前生沒有進行宗教培養。但即使這也是偏頗的觀點：「若有天眼，鑑其念念隨滅，生生不斷，豈可不怖畏邪？」[21]較長遠地看，會清楚這些好行為多麼重要。顏之推接著將致力於個人的來世與一些更容易理解的、今世的情況相比較。他解釋說統治者和一家之主都關心他們的國家和家庭，但這些都不如自己重要。因此，如果人們習慣為家庭努力，他們同樣應該為自己的再生努力。人們可以這樣做的最重要方式是避免殺生：「含生之徒，莫不愛命；去殺之事，必勉行之。好殺之

---

20 Yan, 1980: 353; Teng, 1968: 147-148.

21 Yan, 1980: 363; Teng, 1968: 148.

人，臨死報驗，子孫殃禍，其數甚多，不能悉錄耳，且示數條於末。」[22] 正如夢或鬼魂來訪，報應的例子提供了證據，證明有些事情持續到超越此世，而行為對此是有影響的。但顏之推的例子顯示了報應的快速到來：不再關乎多次轉世，這些故事顯示了報應會即時來到。他的例子中有一個人，以蛋白洗頭，令頭髮閃閃發光，每次用二、三十只雞蛋。當他臨死時，他聽到頭髮裡有雞叫。另一個個案關乎一個以賣鱔湯為生的家庭，他們後來生了一個孩子，他的頭好像鱔，雖然身體其餘部分是人。這兩個個案顯示犯罪者死時的報應和在後代身上的報應。另外兩個例子討論一些很喜歡吃某些動物的人，以及他們會怎樣在患病時得到報應。一個人喜歡牛，並且自己屠宰；他病了的時候，看見牛跑向他，他感到好像被牛角扎到。另一個人花了幾年時間釣魚，他發覺自己病了時，感到自己好像被魚咬。和第一個例子一樣，這些人在臨終時面對報應。不過，這報應不如有鱔頭的孩子的個案那麼直接。動物的聲音暗示，但沒有確定，牠們的靈魂會回來騷擾殺死牠們的人。而且，人的疾病和他們以前的行為之間的連繫雖被暗示，但沒有被完全確認。另一個例子將虐待動物連繫到患病的報應：有人給了一個官員一頭牛，當那牛在屠宰前被鬆綁，牠走上樓梯，恭敬地下跪。那官員只覺得這很有趣，卻沒有發慈悲，而將牛照計畫屠宰。吃了牛後，他開始發癢，渾身出疹，變成麻瘋。他一直遭受這樣的折磨，直到十年後去世。[23]

顏之推在這一節提到的故事主要涉及動物，但有兩段則與人有關。一個故事是，一個郡守在旱災和叛亂時任職，這種情況迫

22　Yan, 1980: 366; Teng, 1968: 149.

23　關於這些故事，參 Yan, 1980: 367-369 和 372; Teng, 1968: 149-151。

使很多人都偷糧。他以斬手之刑來懲罰他們，他的報應是他兒子出生時沒有手。最後一段也是關於人的，特別是家庭關係。在講述了傷害動物或其他人會有什麼報應之後，顏之推警告讀者，要對媳婦仁慈。否則，「陰紀其過，鬼奪其算。」[24] 在這最後一段，顏之推由談及在人們身上發生了什麼事，轉為講述如果他們以某種方式行事，會有什麼事情發生。

　　關於顏之推對報應的觀念，我們可以提出幾個觀察：首先，報應在時間上緊密地連繫到有關的行為或錯誤的行為上；顏之推討論疾病、短命和看見死去的動物，這些事情都在那人的生命中發生。也就是說，顏之推對報應的觀點集中在今生，雖然他更概括的話顯示他理解報應為在多次生命中發生的事。第二，顏之推關於報應的故事通常能呼應行為，例如涉及被殺的同一動物。第三，對顏之推來說，報應的範圍包括家人。他的兩個故事涉及父親的罪行應驗在了孩子身上。在關於佛教的這一節找到的這個故事特別有趣，因為它不是佛教對報應的理解，佛教的理解是行為會影響到將來的生命。這種思想似乎反映了更接近道教的取向。很多初期的道教文本都顯示，對罪的懲罰會擴展到家人和後代身上，直到七代。莫莉亞（Mollier）這樣解釋：「過失在家庭中的遺傳表示人類可能透過自己的過錯污染他們的關係。犯罪者未能償付的錯，或者太嚴重的錯，會加到兒孫的道德帳戶上。這樣，一個家庭的道德遺產規範他們家庭成員生前死後的命運。」[25] 最後第四點是，顏之推在這節中對報應的討論是要引導行為；這些事

24　Yan, 1980: 366; Teng, 1968: 149.

25　Mollier, 2014: 177. 也參她在 pp. 176-178 對這些文本的討論，並留意 Bokenkamp, 2007 也觸及這些問題。

件有勸誡的功能。

報應不公義的故事

顏之推的另一本著作《還冤記》包含一些故事，往往與剛討論過的故事相似，雖然通常都更為複雜。在這些故事中，我們可以辨別出三種類型：受冤屈者的鬼魂回來報仇；死者向天上的官府申訴，要糾正自己的冤死；鬼魂在活人的世界中祈求帶來公義。[26] 很多這些故事都在六朝發生，但有些則發生在較早的時期。以下我會就每個類型討論一個例子；這本書有很多這樣的故事。

在《還冤記》中的第一個故事，是一個鬼魂回來懲罰對不起他的人：

> 晉明帝殺力士金玄，玄謂持刀者曰：「我頭多筋，斫之必令即斷，吾將報汝。」持刀者不能留意，遂斫數瘡，然後始絕。尋見玄。絳冠朱服，赤弓彤矢，射之，持刀者呼曰：「金玄緩我。」少時而死。[27]

這是最簡單的報復：一個人要求別人快快殺死他，但那個行刑的人沒有或不能依從，於是死者的鬼魂回來射死他。在這裡，鬼魂自己採取行動，但在其他故事中，單單鬼魂的出現已足以令行惡者死亡。

在第二種例子中，鬼魂透過他世的官員去糾正針對他或她的

---

26 關於在這個時期鬼魂的觀念，參 Poo, 2009。

27 Yan, 1981: 2a; Cohen, 1982: 3.

罪行。在這些故事，鬼魂通常向天帝求助。這個獨特的故事更具開放性：

> 漢時王濟左右嘗於暗中就婢取濟衣物，婢欲奸之，其人云不敢。婢言若不從我，我當大叫。此人卒不肯，婢遂呼云：「某甲欲奸我。」濟郎令人殺之。此人具自陳訴，濟猶不信。故牽將去，顧謂濟曰：「枉不可受，要當訟府君於天。」後濟乃病，忽見此人語之曰：「前具告實不見理，今便應去。」濟數日卒。[28]

這個故事是關於公義的失策：受到虛假的指控，隨從得不到僱主相信，被判死刑。即使在死前，他也讓人們知道他會找方法上訴。我們可以假設，天上眾神認為隨從的投訴是有效的，容許他的鬼魂回到人間告訴王濟他將會受罰。一些其他故事描述紙和毛筆與冤死者埋葬在一起，這些事情顯示死後的上訴是常見的，也是人們預期的。

在第三種故事，鬼魂沒有在他世尋找公義途徑，而是在此世介入帶來公義。在這裡，鬼魂找出了真兇：

> 宋世永康人呂慶祖，家甚溫富，嘗使一奴名教子守視墅舍。以元嘉中俱往案行，忽為人所殺。族弟無期先大舉，慶祖咸謂為害。無期賫羊酒脯至柩所而祝曰：「君荼酷如此，乃云是我。鬼而有靈，使知。」其既還，至三更，見慶祖來

---

28 中文文本取自 CHANT 資料庫：http://www.chant.org/SixDyn/Detail.aspx?b=1496&Ch=1496-0001.在 2015 年 1 月 22 日登入。也參 Cohen, 1982: 52。

云：「近教子畦疇，不理許，當痛治奴，奴遂以斧斫我背，將帽塞口，因得嚙奴三指，悉皆破碎。便取刀刺我頭，我曳著後門。初見殺時，諸從行人亦在其中。奴今欲叛我，已釘其頭著壁。」言畢而滅。無期早旦以告父母，潛視奴所住，壁果有一把髮，以竹釘之。又看其指，並見破傷。錄奴語，驗具伏。又云：「汝既反逆，何以不叛？」奴云：「頭如被繫，欲逃不得。」諸同見者事事相符，即焚教子，並其二息。[29]

這裡有幾個有趣的細節：首先，那個被錯誤指控的年輕親戚在棺材前獻祭，呼籲靈顯明兇手。第二，鬼魂留下一條釘在牆上的頭髮作為線索。鬼魂在晚上出現，讓人對罪案有所洞見，這是這種故事一個常見的特點。這案件透過似乎是法律的途徑被解決了，因為有對奴僕的審問以及他也承認了犯罪。因此，鬼魂可以帶來現實世界和他世的公義。不過，這不是佛教所指的報應。這裡面並沒有涉及其他世的壽命，也沒有表示這些行為除了幫助找到解決辦法以外，對佛教關於報應的詮釋並沒有共鳴之處。事實上，從顏之推自己對報應的討論，我們知道，我們可以將這些不幸的事件視為前生行為的結果。這個故事也沒有顯示這種信仰。相反，這只是一個鬼魂破案的故事。

在我回去討論這些故事中的佛教元素或思想前，值得留意的是，歷史上關於這文本一個主要討論的要點也正是這些。在七世紀，佛教評注者道世（死於683年）將這文本（以它另一個名稱《冤魂志》）收入一系列書籍，是由本地作家所撰寫以推動佛教的

發展。[30]丁愛博（Albert Dien）指出，四庫全書的編輯和好些二十世紀初的文學學者都認為這本書推進了佛教思想。[31]但正如丁愛博和其他人指出，只有比較少的故事才提及了佛教。丁愛博的結論是，這個鬼魂報仇的故事的文類「只是由佛教徒所接受和給予理論說明，並不是由他們發明的」。[32]然而，這誇大了這些故事裡面的佛教之「理論說明」的程度，即使我們同意顏之推對佛教理論的觀念可能和學者今天會認為的意義並不相同。正如我們在他於《顏氏家訓》中討論佛教的論述可以看到，顏之推理論上確實掌握到佛教的報應是在轉世的處境下來理解，而當多次轉世的因素牽涉其中時，往往模糊了個人命運為何如此的原因。但這些觀念似乎沒有進入敘事中。

如果這些故事有佛教的「理論說明」，我們或許可以期望在講述佛教和尚的故事中更清楚看到。也就是我們可以推論，顏之推或他的材料來源可能是將故事分類為佛教和非佛教的。就鬼魂、來生、報應來說，我們可以問，顏之推在故事中對這些觀念的處理有沒有用明顯的佛教元素來顯示一種在轉世的語境下對報應的更深刻理解。答案似乎是否定的，就兩個這樣的故事來看，佛教僧人也像其他鬼魂那樣行動。

> 宋沮渠蒙遜時，有沙門曇摩懺者，博達多識，為蒙遜之所信重。魏氏遣李順拜蒙遜為涼王，仍求曇摩懺，蒙遜怯而不與。摩識意欲入魏，屢從蒙遜請行，蒙遜怒殺之。既而左右

30　T 53, No. 2122, 1021a28.

31　Dien, 1995: 223-224.

32　Dien, 1995: 228.

> 白日見曇懺，以劍擊蒙遜，因疾而死。[33]

這個故事的結構和其他的冤鬼向對不起他們的人現身，並令犯錯的人死去的故事的結構相同。如果我們以另一個名字取代曇摩懺，很明顯這個人身為佛教僧人的地位便與這些事件沒有任何連繫。事實上，受錯待的人是佛教徒——而且是外國人——只是提出了一點，在中國，冤鬼以已經確立的方式行動，無論有什麼身分。曇摩懺的鬼魂以劍刺蒙遜，這明顯違反了最基本的佛教誡命，對「博達多識」的僧人來說也是難以想像的。[34]

另一個故事涉及佛教僧人和廟宇，同樣配合我們在這些故事的整體中看到的模式。

> 宋高祖平桓玄，後以劉毅為撫軍將軍、荊州刺史。到州便殺牧牛寺僧主，雲藏桓家兒度為沙彌，並殺四道人。後夜夢見此僧來云：「君何以枉見殺貧道？貧道已白於天帝，恐君亦不得久。」因遂得病，不食，日彌裏瘦。當發楊都，時多有爭競，侵凌宰輔。宋高祖因遣人征之，毅敗，夜單騎突出，投牧牛寺。僧曰：「撫軍昔枉殺我師，我道人自無報仇之理。然何宜來此，亡師屢有靈驗，云天帝當收撫軍於寺，殺之。」毅便嘆吒，出寺後崗上大樹自縊而死也。[35]

33　Yan, 1981: 17a-17b; Cohen, 1982: 51.

34　曇摩懺是著名的譯者，在這個時期佛教的傳播中扮演重要的角色；他的傳記出現在《高僧傳》，T. 50, No. 2059, 335c-337b 中。關於曇摩懺的核心教導的討論，參 Adamek, 2007: 72-75。

35　Yan, 1981: 13a-13b; Cohen, 1982: 39-40.

僧人不正常地死去，不是透過業和轉世的過程得到回報，而是透過天帝的介入和批准。這些故事有兩個元素可以視為「佛教」：首先，劉毅想在廟中躲避時，遇到他的僧人說自己並不懷怨，因為他是佛教徒。第二，死去的僧人重複了「靈驗」，我們假設它的性質是佛教的，很可能是屬於那種關於佛教的法器和虔誠的能力的奇蹟故事。但即使故事中有佛教的角度，其中對於困難的解決方法仍然不是佛教的方法：正如在其他故事中那樣，公義的機制仍然在於天帝。他更即時的報應產生了比那種涉及轉世的解決方法更令人滿意的敘事。

在開始時，我很簡短和不充分地勾畫了不同的對來生的信仰，以及個人怎樣設法在這信仰中尋找方向。毫不令人意外的是，即使在佛教引入了關於行為和命運之間的相互關係的有力論述後，這些觀念仍然持續。對《還冤記》的故事的分析顯示，關於死亡和報應的敘事是增強人們普遍持有的信仰的主要方法。事實上，在顏之推的情況中，敘事的內容比他宣稱在理論上的信仰更有力。換句話說，佛教中的信仰並不是連貫的，到了六世紀，佛教對人們所掌握的關於這個世界的理論所產生的影響，比對他們所講的故事的影響要更大。

後期的採納

如果顏之推收集和重述的故事沒有顯示佛教成了五世紀敘事文化基因的真正部分，我們要問，佛教有沒有發揮這種影響？如果有，是在什麼時候？雖然確立一個最早的日期可能辦不到，但我到目前為止對這個課題的研究顯示一個相對比較晚的日期。於978年編寫的《太平廣記》大量引用唐代材料，當中收錄的故事

似乎忽略了輪迴和業的報應這些觀念，而在這時的其他情況中，這些觀念肯定廣受接納。不過，有一個較後期的例子，在其中不公義地殺害和報應的觀念則與輪迴進行了對話，這在洪邁（1123-1202年）《夷堅志》中重述的一個故事中可以找到。這個故事的人物一直被綁在一起，直到他們之間的冤解除了，但一直到生命結束，他們仍不能明白他們的行動的動機和含義。也就是說，對過去的生命的罪行不察覺並不能成為求情的因素；個人仍然要對個人的罪行負責，即使那些罪行不是在現在的輪迴中犯下。某事或某人需要介入，才能夠令循環終止，在這裡，介入的是佛陀的塑像。故事說到張氏找到佛像，它告訴張氏，他會被他在前世殺死的一個人殺死。由於張氏明白發生了什麼事，他就向那個會殺他的人解釋他們之前的關係。那人聽了後，把刀拋掉，說：「冤可解不可結。汝昔殺我。我今殺汝。汝後世又當殺我。何時可了。今釋汝以解之。」[36]相互報復的觀念，似乎是很多冤鬼故事的特點，但在這裡行不通，因為將報復擴展到超過一生，就會變成一個暴力的循環，而不是一次的報復。這比較複雜曲折的故事嘗試在冤魂故事的敘事傳統和佛教透過轉世報應的觀點之間取得平衡。不過，顏之推的故事尚未反映佛教理論和中國敘事的傳統的結合。

36　Hong, 1980: 1: 65. 故事放在1127-1130年，也在Inglis, 2006: 142-143中翻譯。Inglis指出一個類似的故事出現在He Wei的 *Record of Hearsay*，強調這樣干擾業的循環在多大程度上是當時常見的信仰。

第十五章

從迷信到異端
法律和神的公義（西元四至五世紀）

薩爾茨曼（Michele Renee Salzman）

美國加州大學河濱分校歷史系教授

　　由君士坦丁（306-337）開始，基督徒皇帝都設法將基督教整合到帝國的法律框架中。因此，四至五世紀出現了很多新的帝國法條，而且可理解地引用了羅馬法律關於宗教和國家之間的正確關係的先例。但基督教並不合適被安排到處理新信仰的標準範疇之中。因此，在羅馬法律中引入基督教就產生了某些創新。如果我們比較保存在五世紀的狄奧多西法典（Theodosian Code）（在438年頒布）中明確處理迷信——原來界定為對宗教過分相信，後來界定為法術和不合法的私人占卜，最後界定為異教的法律和羅馬針對異端的法律，其中很多都包括在六世紀的查士丁尼法典（Justinianic Code），便可以更清楚看見這個發展。[1]事實上，在很多方面，這兩套法律都很相似：兩者都代表國家嘗試界定非法的宗教行為；兩套法律在羅馬民法中都有先例；因此兩套法律都在已經存在的刑事法之下檢控錯誤的宗教行為。

　　雖然有這些相似之處，針對異端的法律的理據和其發展與針對迷信的十分不同。關於異端的法律不單將行為刑事化，產生這些行為的「錯誤」信仰也被刑事化，這在羅馬法律中是一個創新，正如漢弗萊斯（C. Humfress）指出，這是在君士坦丁將基督教包含到帝國的法律框架之後才引入的。[2]但包括漢弗萊斯在內的學者都沒有全面考慮的是，就其理據來說，關於異端的法律也是創新。[3]特別是，由於關於異端的法律被連繫到「基督教神聖法律的傳統，這法律關注的是由基督教的神自己設立的誡命和規則」，

1　關於在法律處境下對迷信的概括討論，參Salzman, 1987。

2　Humfress, 1997: 233-237. 也參Humfress, 2000: 125-147, 131。

3　Humfress, 1997: 217-272和271，承認在起訴異端分子時建構的法律範疇是創新的，但她沒有很留意修辭上的理據以及它們在時間中發展時的政治含義，也就是這一章的主題。也參Humfress, 2000。

關於異端的法律是神的公義——神的法律——的一部分，而關於迷信的法律卻不是這樣，它被界定為巫術或不合法的私人占卜或異教信仰。[4]我會在下文說明，關於迷信的法律限制了迷信行為，這些法律行動被合法化為是為了有益於公眾；雖然是保護社群與諸神的關係，關於迷信的法律仍然被視為人為的保護公共秩序和國家而制訂的。在缺乏與神的公義的連繫下，迷信在四世紀較後期的羅馬法律中成了較不完整的範疇。五世紀初的皇帝們恢復在法律上使用迷信這個詞，主要是與異端有關聯。

　　比較四和五世紀保存在狄奧多西法典中關於迷信和異端的法律——這一章的主題——也可說明皇帝權威的性質一個基本的轉變。皇帝們藉著宣稱跟隨著神的法律，使自己成為合乎天命的在國家之上的權威，並取得新的權力來源，超越了傳統羅馬公義的論據。這種公義的觀念使得基督徒皇帝和主教獲取新的國家權力，這個運動發展與本書第十四章中所討論的同時期中國佛教文本闡述並且影響到社會的那種經轉世而得報應的觀點十分不同。

　　我會聚焦於這過程中三個有重大影響的時期。首先是君士坦丁（312-337年）時期。受到主教和他召開的會議的決定所影響，君士坦丁發布關於異端的法律，是既創新又有影響力的。對比起來，君士坦丁關於迷信的法律則非如此。接著我會討論格拉提安（Gratian）、瓦倫提尼安（Valentinian）和狄奧多西（379-391年）聯合統治期間的法律；這些大部分都在381年君士坦丁堡會議之後制訂，那會議重新肯定尼西亞會議的主旨。現在我們第一次看到皇帝（主要是狄奧多西）草擬的法律例將對異端（包括信仰和行為）的禁止連繫到神的律法，而同時迷信一詞逐漸消失。最

4　Humfress, 1997: 1.

後，我會討論狄奧多西法典頒布的時期，也就是狄奧多西二世和瓦倫提尼安三世統治的時期（428-445）。在428年一個全面的法律中，這些皇帝收集和區分所有已知的異端。他們使用教會法和羅馬法先例來合法化他們對異端所行的有等級的懲罰方式。

在開始討論前我有一個聲明：我會將注意力放在來自狄奧多西法典的法律，因為我對立法者——名義上是皇帝——的觀點感興趣。但我要指出證據的限制。首先，法典中的法律一般由皇宮中十分專門的官員—— *quaestor sacri palatii* ——草擬，他的領域受到嚴密的守護。[5]他對法律語言的斟酌並不削弱一個事實：法律本身反映帝國會議的觀點。第二，法典中的法律，就我們現在所有，是收集和摘錄來出版的。[6]對帝國政府法律行動的更全面的解釋可能已經被刪去。正因為這樣，我有時必須引用皇帝的公告，藉以闡釋一些法律的意圖。最後，法律本身是實踐的法律和寫下的法律之間不斷辯證的結果。[7]由於羅馬法律主要是回應特定的情況，每一條法條都有特定的歷史脈絡，在其中法律被發揮、詮釋以及有時被執行。主教和教會會議是這過程的一部分，有時推動皇帝立法，並就正確的宗教信仰和行為提出他們自己的決定。不過，我在這一章不會詳細討論主教或會議。相反，我在這裡會集中在關於異端的法律和帝國的論據上，這與和迷信有關的法律和論據不同，它提出了一個神的公義的觀念，為皇室權威提供了新的來源。我在結論中簡單地勾畫了這個發展，它對比較研究是有用的，因為它與佛教公義的觀念在中國的發展頗為不同。

---

5 Harries, 1998.

6 關於這個過程，尤參Matthews, 2000和Harries, 1999。

7 尤參Humfress, 1997: 9-132的討論。

君士坦丁論迷信和異端

　　君士坦丁關於迷信和異端的法律的含糊性，留下很多詮釋空間給地方行政人員。我認為這含糊性對皇帝是很有用的，他的目的是滿足一眾支持者，包括基督教主教和異教行政人員；事實上，這種含糊的語言，無論是否有意識，都是這位皇帝關於宗教的公告的一個特點。[8]不過，隨著時間過去，君士坦丁企圖更精確的界定何謂異端，並且為之立法。這個朝向更精確明白的用詞的趨勢在他針對迷信的法律中並沒有出現。

　　關於迷信，君士坦丁繼承了一個已經確立的法律體系。正如上面指出，在古典用法中，迷信一詞表示過分沉迷的宗教信仰。因此這個詞語被應用於法術、非法占卜，以及在四世紀更廣泛地用來指異教信仰。[9]正如謝德（John Scheid）顯示，在君士坦丁前的法律，迷信本身不是罪行；相反，引致定罪的是由這種宗教性所造成的對國家的干擾或威脅。[10]因此，例如：星相學和法術，甚至基督教都被視為迷信，信奉它們的人被視為危險的，是因為他們對國家構成威脅。基督徒改變這個詞語，將迷信這個詞賦予一種貶抑的意義，用來指稱所謂異教徒的錯誤的宗教信仰。[11]

　　君士坦丁繼承了迷信的兩個意思，兩個意思都在他的法律中

8　Sandwell, 2005: 87-124, 質疑（p. 90）立法者在關於迷信的法律時使用含糊的語言是否有意識地故意這樣做。這是可以辯論的，但這種含糊肯定是有用的，考慮到由君士坦丁帶來的政治和宗教改變，參Drake, 2000: 204-207。

9　Salzman, 1987: 172-188, 175-176.

10　Scheid, 1981: 130, 166.

11　Lactantius, *Divine Institutions* 4.28.11: "*religio veri dei cultus est, superstitio falsi.*" 比較 Tertullian, *Adv. Marc.* 1.9.2; *Scorp.* 10.6。

出現。因此，君士坦丁禁止私人諮詢預言家——*haruspices*——但容許那些「想滿足自己的『迷信』的人公開諮詢他們」——也就是占卜或異教信仰。[12] 編寫狄奧多西法典的人們強調這種私人行為所牽涉的罪行，因為他們將這法律置於法典的卷9第16項「術士、占星家和所有其他罪犯」之下，而不是在卷16宗教法律之下。君士坦丁在一本稍微後期的法律的卷9明確表示，將有行法術能力的人定為犯罪的原因，是因為這種行為「威脅人們的安全」。[13]

雖然君士坦丁容許公開諮詢預言家，但他自己卻避免這些行為。在319年的一條法條，他說：「……認為這法術對你們有益的人，去公共祭壇和神龕，實行你們習俗的禮儀；因為我們不禁止公開地進行已經廢棄的儀式。」[14] 君士坦丁對占卜的態度，在他以諮詢預言家來回應羅馬城市長官馬西姆斯（Maximus）要求他遵循羅馬傳統，以回應閃電擊中皇宮和圓形劇場的事情後，肯定廣為人知。君士坦丁在321年同意容許「守古老的習俗」，但正如他在關於法術的法律中規定那樣，「私人獻祭」（*sacrificiis domersticis*）

---

12 *C. Th.* 9.16.1: "*Superstitioni enim suae servire cupientes potuerunt publice ritum proprium exercere.*" 所有來自狄奧多西法典的拉丁文本都取自 *Theodosiani Libri XVI Cum Consitutionibus Sirmonidanis*, v. 1 pt. 2. 法典的所有翻譯，除了特別註明外，都來自Pharr, 1952。這裡的 *C.Th.* 9.16.1：「那些想保持自己的迷信的人可以公開實行他們自己的儀式。」

13 *C. Th.* 9.16.3. 君士坦丁認為私人占卜是嚴重罪行，因為「指控這罪行的人不是告密者，而應該得到獎賞」。（*C.Th.* 16.1）

14 *C. Th.* 9.16.2.1.這裡的翻譯來自Croke and Harries, 1981: 17. 他們將 "*praeteritae usurpationis officia*" 翻譯為「已經廢棄」的儀式，而不是好像Pharr 那樣頗為尖銳地翻譯為「過去荒謬的儀式」。

是不獲容許的。[15]問題在於宗教行為是公開的或是私下的，而不在信仰本身。

　　君士坦丁的法律令人越來越清楚他不同意迷信——即異教獻祭；在323年，規定神職人員不能被迫去實行淨化的獻祭時，君士坦丁稱這些儀式為「外來的迷信」（*alienae superstitionis*）。[16]我們不知道為什麼君士坦丁在法律中使用這個詞，但就他的理由的某些意思來說，我們可以引大約同時期君士坦丁的一份公告，他的「致東方諸省人書」（Letter to the Provincials of the East），這封信保存在優西比烏的《君士坦丁生平》（*Life of Constantine*）2.48-60中。這時，大約324年，君士坦丁獨自掌控帝國，他的語言公開貶抑異教徒：他們「錯了」（VC. 2.56）；他們沒有「好的理性」（2.56.2）；他們在「虛假的聖所」中敬拜（2.57）。不過，君士坦丁沒有立法禁止異教獻祭，因為正如他解釋：

　　　樂意地接受對永生的競爭是一回事，以法令強迫執行它卻是另一回事……我說這些話並且詳細地解釋，超出了我的職責所要求的，因為我不想隱藏我對真理的信仰，特別是因為（我聽聞）有些人說神殿的習俗和黑暗的力量都已經完全被移除。如果不是那具有強烈的反叛性的錯誤如此頑固地根植在某些人思想中，損害公眾的利益，我實際上會將它推薦給所有人。[17]

15　*C. Th.* 16.10.1. As Sandwell, 2005: 87-124, 94-95.

16　*C. Th.* 16.2.5.

17　Eusebius, *VC* 2. 60.2.

雖然異教的行為損害公眾的福祉——這是禁止迷信的傳統說詞——君士坦丁拒絕將他們定為非法。即使在他統治的後期，君士坦丁也容許對他家族（Flavian）的祖先崇拜以及傳統儀式在義大利希斯佩羅（Hispellum）舉行，只要皇帝的崇拜神殿沒有受「會傳染的迷信」污染，這個詞的含糊性仍然是有用的，因為異教徒可以將它當為表示法術和非法占卜，而基督徒則可以理解為異教獻祭。[18]

　　值得指出的是，在現存的法典中，君士坦丁沒有法律禁止異教崇拜的獻祭——這是迷信的一個定義。最早出現的一條法律，命令「結束迷信和不理性的獻祭」的日期是341年；它規定懲罰那些做「違反我們的父和神聖皇帝的法律」的這些事情的人，（C. Th. 16.10.2）。這段話令一些學者認為當時有禁止異教崇拜的法條，並以一段來自優西比烏的文字支持這論證，那段文字宣稱君士坦丁將所有形式的獻祭定為非法。[19]但我懷疑君士坦丁有沒有在他在生時採取這樣的行動。首先，如果他有這樣做，法典的編輯者會將這樣的法條包括進法典。第二，優西比烏關於在君士坦丁統治下幾個有關異教崇拜的行動的見證都是誤導或完全錯誤的；例如：大家都同意優西比烏說君士坦丁將所有形像和神諭都

18　*CIL* X. 5265 = *ILS* 705, Barnes, 1981: 377將日期定為333-335年。關於文本和翻譯，現在參Van Dam, 2007: 20-34, 365-367，有很好的討論。

19　關於341法典，see C. *Th.* 16.10.2.在Constantius控制帝國東部而Constans控制帝國西部時：它指向Madalianus，義大利和非洲的總督。因是Constans發布這法典，雖然兩個皇帝的名字在開頭。優西比烏 *VC* 2.45宣稱在君士坦丁的信中，有一條法條：「規定沒有人應樹立形像或實行占卜或其他虛假和愚蠢的法術，或甚至獻祭。」比較Soc. *HE* 1.3.優西比烏在 *VC* 4. 23 and .25重申這個主張。學者在這點上有不同意見。尤參Cameron and Hall, 1999: 243-244；關於相反的觀點，參Bradbury, 1994。

定為非法是誤導。[20]那麼，為什麼在獻祭上要相信他？正如桑威爾（Sandwell）提出，更可能的是，優西比烏提到將獻祭定為非法的法條指的是前面討論過的那些針對私人占卜和法術的法條。[21]最後，甚至敵視君士坦丁的異教徒——佐西默斯（Zosimus）、朱利安（Julian）和李巴尼烏斯（Libanius）——都沒有將全面禁止異教獻祭的法律歸於他。

　　君士坦丁針對異端的法律與他關於迷信的法律形成了對比。在326年的法律，君士坦丁禁止異端分子和分裂主義者享有在大公法律（lex Catholica）之下給予宗教的特權。他是指他給教會和神職人員的特許豁免權，因此法律中加上異端分子和分裂主義者要「實行不同的強制性服務」。[22]然而沒有解釋怎樣知道誰是異端分子，雖然這法條大約在君士坦丁召開的尼西亞會議時期，那會議處理教會中的分歧，並發出針對亞流（Arius）異端的譴責。君士坦丁概括地禁止異端，對行政人員是有用的，因為主教們也可以將它應用到本地的異議基督徒。但這法律的開放性可能在地方製造衝突；第二條法條，僅僅24天後，將諾瓦蒂安主義者（Novatians）豁免在禁令之外。[23]在尼西亞會議的第8規條中給諾瓦蒂安主義者很優待的條款，以促使他們與教會和解。[24]

　　再一次，我們必須在法典以外尋找一些對君士坦丁的法律的當代解釋。君士坦丁（優西比烏 VC 3.64-65 中引到）的《給異端分子的信》（Letter to Heretics）很可能在尼西亞會議之後，但在

20　參以上註19。

21　Sandwell, 2005: 87-124.

22　C. Th. 16.5.1. The Justinianic Code 重申這禁令，但沒有提分裂主者。

23　C. Th. 16.5.2.

24　Hall, 1986: 1-13, 7.

上述326年的法條之前。[25]這封信寫給「諾瓦蒂安主義者、瓦倫提尼安主義者、馬吉安主義者、保羅主義者和那些稱為卡塔非利基雅主義者的人」，君士坦丁接著譴責他們為「毒藥」，將「活人帶到永恆的死亡」。君士坦丁繼續他的侮辱：異端分子是「真理的反對者、生命的敵人和破壞的唆使者」。[26]君士坦丁宣稱他不會提他們的行為，以避免污染他自己的信仰。他宣稱自己對阻止普遍「傳染」的關心，來合理化使用「嚴厲的公共措施去挖掘這樣大的邪惡」。[27]雖然阻止廣泛傳播污染說法有傳統羅馬社會的概念，君士坦丁所表示的想保存自己的「蒙福」，而且要帶領異端分子得救卻是新的：

> 為了與我們現在的蒙福保持一致，我們在神之下享受這福氣，那些活在良好盼望之下的人，應該由所有無秩序的錯誤中被帶到正途，由黑暗被帶到光明，由虛妄被帶到真理，由死亡被帶到得救。為了確保這改正的措施也可以被執行，如前所說，我命令將你們的迷信（*deisidaimonia*）聚會的地點，即所有崇拜的地點被充分、明確而毫不遲延地交給大公教會，其他地方則變成公共財產。[28]

---

25 對這封信的日期有爭議，但我採用Norderval, 1995; Cameron and Hall, 1999: 306-307; 優西比烏將這法條置於尼西亞之後，但可能在上面提到了326年豁免諾瓦蒂安主義者受罰的法條之後。關於日期為328年，參Hall, 1986: 1-13。關於日期為324年，參Barnes, 1981: 224。

26 Eus., *VC* 3.64.2.

27 Eus., *VC* 3.64.4.

28 Eus., *VC*.3.65.2-.3.

在解釋他自己蒙福是倚靠將異端的「迷信」從社會除去時，君士坦丁為帝國提供新的說法，用來立法反對非法宗教，消滅他們敬拜的地方。

君士坦丁的書信中提到的異端分子中，並沒有包括最有問題的當代基督徒群體——亞流主義者（Arian）、多納圖派或麥立圖黨，這對歷史學家是有些重要性可言的。正如賀爾（S.G. Hall）提出，君士坦丁可能認為這些群體是「帝國教會內」的困難，因此可以挽回到教會中；因此，正如魯德維（Norderval）提出，不提他們是政治性的。[29]君士坦丁較早時確實嘗試透過討論和由帝國贊助的主教會議解決教會內部的衝突。[30]

尼西亞會議驅逐亞流異端的失敗，可能令君士坦丁決定轉向在羅馬法律中將這些群體和它們的領袖定罪。正如五世紀的教會歷史學家蘇格拉底（Socrates）告訴我們，君士坦丁判決亞流異端分子喪失公權（infamia）。[31]若被定犯了喪失公權罪，不單不給你榮譽和尊嚴，令你在社會失去尊重，也將人排除在某些法律權利之外，例如立遺囑或申請公民或刑事審訊。[31]諷刺的是，君士坦丁較早時也用喪失公權這罪名來燒毀新柏拉圖主義的異教哲學家普菲力歐斯（Porphyry）的著作，因為他的「反宗教的不道德著作」。[32]以喪失公權罪起訴普菲力歐斯和亞流異端，君士坦丁確立了法律先例，將錯誤的信仰定罪。正如我們將會看到，對異端

---

29 Hall, 1986: 1-13,也指出收信對象比亞流派和多納圖派年長。比較Norderval, 1995: 95-115。

30 Eus., *VC* 2.71-2. 關於君士坦丁嘗試透過討論達到共識，參Drake, 2000: 35-110。

31 Socrates *HE* 1.9.

32 Greenidge, 1894: 149-153. 關於君士坦丁的用法和針對異端。比較CI 2.11; D.3.2。

的懲罰變得更嚴厲。但值得重申的是，君士坦丁的說法是創新的，就他自己的蒙福——也就是得救——來說，是倚靠糾正異端分子錯誤的信仰和行動。

格拉提安、瓦倫提尼安和狄奧多西的法律，西元379-391年

到了380年，格拉提安、瓦倫提尼安一世和狄奧多西一世皇帝面對越來越有勢力的主教，他們要求更嚴格的法律界定錯誤和正確的信仰。在這些統治者之下，我們看見清楚出現一個觀念，那就是帝國的法律是基於由神安排的規條和規則；但到了這個階段，法律，也就是民法，在立法禁止異端時，與神的法律是完全一樣的。作為強烈對比的是，通常沒有引用神的公義來作為有關迷信的法律的根據，也就是法術或不合法的占卜，或異教崇拜這新範疇。

379年一條重要的法條，以這三位皇帝的名義向高盧和義大利的行政長官赫斯珀里斯（Hesperius）發出，主張「所有異端都受到『神和皇帝的法律』禁止，應該永遠停止」。[33] 這法條沒有界定任何一種異端，但對異端發出一個全面的批判，視之為「扭曲的迷信」（perversa superstitio）；法律繼續說，真正的罪行不是任何削弱公眾福祉的行為——譬如將迷信罪行化的那樣——而是因為這些「有害的」教義「削弱了神的觀念（opinionem）」。[34] 具破壞性的信仰被教導，因此要以它們為目標。帝國的法律解釋說，

---

33 Socrates HE 1.9.

34 C. Th. 16.5.5.

這些錯誤的觀念引致腐敗的行為，譬如第二次洗禮。

這些皇帝似乎關心異端多於迷信，至少根據狄奧多西法典中關於異端的法條的數目，可以這麼說；這個時期有大約13條關於異端的法條（16.5.5-.16, 379-388, 和16.2.25, 380），但針對迷信崇拜和法術／非法占卜的不及它的一半，只有6條（16.10.7-11, 381-391; 9.16.11, 389）。

訴諸神聖法律——意思是說不單指皇帝和人的法律，也指神的法律——在他們的立法中一再出現。388年的一條法條指示義大利的行政長官特孚流斯（Trifolius）：「所有多種不忠的教派，是由反叛神的可悲陰謀的瘋狂所推動，都不應被容許在任何地方聚集……」[35]我們被告知，犯這種罪的人會「向神和法律付上最嚴重的懲罰」。[36]

這樣融合皇帝和神的法律，導致將異端視為犯了瀆聖的罪。因此在380年的一條法條中，皇帝說：「因為無知而混淆或因為疏忽而違反，和冒犯神聖法律的神聖性的人都犯了瀆聖罪（*sacrilegium*）。」[37]事實上，拉丁詞語瀆聖（*sacrilegium*）現在第一次成了法典中稱呼異端的標準：亞流派異端被稱為「有毒的瀆聖者」（*C. Th.* 16.5.6.1）；歐諾尼亞派（Eunomians）和亞流派包容「瀆聖教義」（*sacrilegi dogmatis*）的執事（*C. Th* 16.5.8）。

狄奧多西特別嘗試去不單界定錯誤的信仰，也界定正確的信仰；380年的一條歸於這三位統治皇帝的法條，實際上是由狄奧多西發給君士坦丁堡的百姓的，是嘗試界定對尼西亞信仰的正確

35　C. Th. 16.5.5. 關於皇帝對「異端教師」的關注，也參C. Th. 16.5.13（384）.

36　C. Th. 16.5.15, 388.

37　C.Th. 16.2.25. 這法條在帖撒羅尼迦頒布，沒有標題，但在CJ. 9.29.1的同樣法條是寫給Ilyricum的行政長官Eutropius的。

詮釋的第一條現存法條。法律辨別出了它是由使徒彼得傳下來，並由某些特定的主教闡釋為真正的、天主信仰的「正信」（*religio*），這些主教包括羅馬的達馬蘇主教（Pontiff Damasus）和亞歷山大的彼得主教（Bishop Peter of Alexander）；不同意這些主教的觀點的人「被判為發狂的和瘋癲的人」，會「根據異端法條判定喪失公權」。[38]正如哈寧頓（Herrington）提出，即使這法條只以君士坦丁堡為對象，但明顯跟隨君士坦丁堡的先例，威脅要對異教徒判以喪失公權罪。甚至那懲罰也是神命定的，因為法律總結說，皇帝給予的報應是與「神的審判」一致的。[39]

對比起來，反對迷信的法律理據卻沒有多少改變。令人驚訝的是，甚至迷信這個充滿情緒的詞語也從這時期反對異教崇拜和法術的法律中消失了（16.10.7-11, 381-391）。例如：381年一條據信為狄奧多西立下的法條將「受禁止的獻祭，無論是日間還是晚上，由不確定事件的諮詢者進行」都定為非法——這些事件暗示法術和非法占卜。但這法條沒有提到迷信，而是這樣提出其理由：「必須以純潔的禱告敬拜神，不受不祥的咒語污染。」這指的是異端基督徒和異教徒或術士的世俗禱告。[40]直到391年的一條法條，據信也是狄奧多西發給羅馬城的長官的，我們才看到沒有提到占卜和法術的禁止異教信仰活動的立法。有趣的是，這條391年的法條在界定向異教神明獻祭及參拜神廟為應該受神與人共同「制裁」的行為時，卻沒有提到迷信（*superstitio*）這個詞。[41]

38　C. Th. 16.1.2.

39　*C.Th.* 16.1.2. 關於這法條的有限應用，參 Errington, 1997。

40　C. *Th.* 16.10.7.

41　C. *Th.* 16.10.10: "*ne divinis adque humanis sanctionibus reus fiat.*" 法條根據「神和人的法令（*sanctiones*）定人們有罪。參 *Oxford Latin Dictionary*, s.v.

瓦倫提尼安三世和狄奧多西二世的時期（428-445年）

我想簡短地提及產生狄奧多西法典的時期，是在狄奧多西二世和瓦倫提尼安三世統治的時期，也就是428至445年。這兩位統治者有一條針對異教實踐的法條（16.10.25），沒有界定為迷信。這條435年的法條是給東方的行政長官的，主張禁止「有罪惡異教思想的人」（*sceleratae mentis paganae*）的儀式和地點，比如參拜神廟和獻祭。這些皇帝沒有立法反對迷信，亦即法術和占卜。相反，狄奧多西法典中有5條針對異端的法條，還有來自瓦倫提尼安的法令（*Novellae*）的第6條法條是屬於這個時期。再一次，這些皇帝關心異端遠多於異教徒、占卜者或術士。

在編寫狄奧多西法典的第一個計畫宣布前九個月，在428年頒布的一條法條（*C. Th.* 16.5.65.2）中，皇帝提供一張全面的清單，列出所有異端給東方的行政長官。他們將異端由壞到更差來分類。沒有那麼可憎的是亞流派、馬其頓派和亞波羅尼留派，「他們的罪行是被有害冥想欺騙，相信關於真理之泉的〔基督或教會〕的謊言。」[42]他們的懲罰是不准在城市建立教會。在他們之下是諾瓦蒂安主義者和安息日派，他們也沒有權利建立新教會。比他們更糟的是十六個有名字的異端，他們甚至被禁止聚會。

摩尼教是「邪惡中最低下的」，他們要被驅逐出羅馬，「因為不應留下任何機會給他們，因為他們的身體可能蘊藏傷害。」[43]他們對身體所具有的那非法的能力可以被認為是合於法術的法律定

---

sanction, 3。

42　9.C. *Th.* 16.5.65.2.

43　C. *Th.* 16.5.65.2.

義。[44]因此這法條將最差的異端，摩尼教，連繫到迷信，在這裡理解為法術。因此，就這點來說，法律根據某些異端文本，這些文本詮釋使徒行傳第八章9至25節中使徒彼得和實行占卜並精於法術的術士西門之間的對抗，西門的法術被視為所有異端的來源。[45]這個以術士西門為原始異端的假使徒傳承的觀念，在435年由這些皇帝訂立的法典中，明確將術士西門連繫到異端主教聶斯脫里（Nestorius）：

> 聶斯脫里，邪迷信的作者，應受譴責……諾瓦蒂安主義者的邪惡教派的追隨者在任何地方都應稱為西門派，讓他們名副其實地接受了那個人的名字，他們仿效其罪行，背棄上帝。[46]

包含聶斯脫里的觀念的書被焚毀，正如包含亞流異端的觀念的書一樣。

瓦倫提尼安三世在445年的法條繼續禁止在羅馬和義大利的摩尼教的活動。這法條以神聖法律和公共福祉作為理據。445年的法條指示義大利的行政長官，是這樣開始的：

> 在異教時期也被譴責的迷信，是敵視公共紀律，也是基督教信仰的敵人，理當觸動我們對它的毀滅。[47]

---

44 比較 C. *Th.* 9.16.5, 356/357。

45 參 Humfress, 2000: 141 引述的包括 Irenaeus, Contra Heareses 1.23.1: 312-313。關於希臘的例子，參 Boulluec, 1985: 481-83, 558。

46 C. *Th.* 16.5.66.

47 *Val. Nov.* 18.1.

任何被拘押的摩尼教徒都要受法律制裁，接受犯了瀆聖罪的刑罰（*Nov. Val.* 18.2），這懲罰較早時在皇帝狄奧多西一世時代是針對所有異端的。

結語

　　比較在狄奧多西法典中關於異端和迷信的法律，顯示了皇帝怎樣配合新的權威來源：神聖法律。在四世紀初期，君士坦丁開始這個發展，立法對付異端，使用以前懲罰喪失公權的法律先例。但在公開信件中，他以創新的解釋來支持自己的行動，他主張糾正異端分子，認為是他個人「蒙福」，也就是得救所必須的。到了380年代，基督徒皇帝，特別是狄奧多西一世，普遍主張帝國和神聖法律聯合，授權他們採取行動對付異端。而且，皇帝根據神聖法律將異端分子判罪的解釋也和在四世紀後期法律中看到的傾向有關，即用嚴重得多的瀆聖罪（*sacrilegium*）來懲罰異端分子，因為他們的行為不但冒犯人，也冒犯神和神聖法律。皇帝配合神的公義對抗異端分子的這些說詞，在針對迷信的法律中卻是沒有的，迷信在狄奧多西法典中被界定為非法占卜、法術或異教獻祭。

　　為什麼由君士坦丁開始的皇帝在針對異端而不是針對迷信的法律中發展這樣創新的說法，可能有幾個原因。一個關鍵的影響肯定是主教，他們感到自己有責任確保在他們保護下的基督徒的救贖。事實上，正如優西比烏看到，主教有責任在信眾中將錯誤信仰和正確教義區分開來。主教和會議議決關於正確和不正確信仰和活動的立場。正如漢弗萊斯指出，一個主教多好地照顧他社群中的靈魂，會在最後審判時受到評估；因此，主教自己的靈魂

可以說取決於他多好地確保群眾有正確的信仰。[48]當然，由君士坦丁的時代開始，主教和宗教會議對正確信仰的決定影響著皇帝和皇室的立法者。這影響是那麼大，以致有人提出，428年至少有一條皇室法條（較早時提及的 C. Th. 16.5.65）是由近期委任的君士坦丁堡主教聶斯多留所模塑，可能甚至由他草擬，而他自己也深深捲入對東方異端群體的鬥爭中。[49]這種說法是不大可能的，因為法律通常由司法官（quaestors）草擬，他們受到特別訓練來執行這任務。當然，這法條所列出的百科全書式的大量的異端團體的名單是不尋常的。不過，主教對皇室立法的影響是我們必須承認的，而那影響令聶斯多留可以宣稱，他在主教任期之初，負責建立了一條針對異端的法律。[50]

從帝國立法者的角度，用立法禁止異端來推進神聖公義的藉口是權力的新來源。個別皇帝在多大程度上有意識地援引來自這藉口的權力，或許從我們手頭的材料來說，是不能回答的問題。不過，我們可以看到我在狄奧多西法典的法律中勾畫的趨勢。這些趨勢顯示，對皇帝維護正統信仰的期待逐漸增強，不論他們是如何去維護。從另一方面看，在君士坦丁之後的那個世紀，皇帝又如何利用這權力去主張他們對整個社會所擁有的皇權。這是個不平均的過程，呈現在四世紀和五世紀初期的演變中。

上述合理化帝國法律的一些創新造成了長遠的影響。最終，這個過程會在六世紀引致皇帝查士丁尼（Justinian）把自己塑造

---

48 Humfress, 1997: 232, 引述哥林多前書。

49 關於對這的不同觀點的討論，參Flower, 2013: 192和註66。

50 Nestoriana B11 in Loofs, 1905: 205.3-5: "*certe legem inter ipsa meae ordinationis initia contra eos, qui Chistum purum hominem dicunt, et contra reliquas haereses innovavi.*" 比較Socrates, H.E. 7.29.5。

為一個與人和神事物有關的終極權威，在這個世界中，公民法和
宗教法都是由神給皇帝去制訂用以維護這個世界的。[51] 由神許可的
皇帝公義，這個後君士坦丁的君權神授觀念在後期羅馬帝國中上
升。這似乎與我們在同一時期中在中國看到的情況相反，在那裡
佛教對透過靈魂轉世達到報應公義的觀點對抗較早期中國天帝由
皇帝敬拜的觀點，正如本書中賀耐嫻那一章描述那樣。[52] 在我所討
論的大致相同的幾個世紀中，中國的佛教加上了另一個面向，阻
止大多數中國皇帝宣稱他們是神聖公義的使者。而佛教有關報應
公義的概念有時可以削弱皇帝的權威。這與皇帝採納基督教到後
君士坦丁羅馬帝國的法律框架後發展出來那種對神聖公義的觀點
相反。

---

51 例如：參 Preamble to Justinian's Novel 137（西元 565 年）：「如果我們渴望民
　　法，也就是神在關注人時給我們的權力，應該在一切事中保持強而有力，確
　　保我們臣民的安全，那麼我們在遵守為了我們靈魂的得救而設立的神聖法典
　　和神聖法律時應該更熱誠得多。」
52 關於較早時中國的皇帝崇拜，參 Gil Raz, 2012。

結論
對中國和羅馬的比較視角

瑞麗（Lisa Raphals）

美國加州大學河濱分校比較文學系教授

　　因為中國和羅馬具有非常不同的社會和文化，所以能讓我們從比較的觀點來問，是何種結構上的相似和不同，導致了因為引入佛教和基督教而產生的兩套複雜和分歧的轉化？這種比較也讓我們可以考慮轉變中的人類社會中更廣泛的問題和文化動力。這種比較也恰當地展現將熟悉的東西「地方化」的能力，包括一般我們熟悉的「宗教轉化」、「傳統」和「創新」等詞彙。

　　談比較，第一個有用的關鍵點是，需要比較及衡量知識和社會制度以及其脈絡。[1]第二點是，要避免宏大的概括，和勞埃德（Geoffrey Lloyd）所謂「瑣碎」的方式，挑選孤立的項目做比較。特別是，任何比較都必須考慮在每一種文化複雜體中的變化

1　Vernant, 1974.

和辯論。[2]這樣做的一個方法是比較脈絡，而不是孤立的觀念。[3]因此，我認為重要的是從文化和歷史上具體的「內部」閱讀開始，而不是從預先挑選的比較視角來做比較。[4]

一個相關的方法論問題是應該如何進行比較：由個人還是團隊來做？或者有何訓練和專業？成功的比較沒有一個樣板，兩種進路都可以成功或失敗。著名的合作包括由安樂哲（Roger Ames）和霍爾（David Hall）對中西文化以及由勞埃德和席文（Nathan Sivin）對初期希臘和中國科學及醫藥這些相當不同的協同比較研究。[5]越來越多學者證明，由個人單獨進行的非瑣碎比較並非不可能。[6]

這本書的各章既不是團隊的努力，也不是個人的比較。大部分的文章都沒有專門進行比較，而是深入研究一個傳統的一個課題。不過，它們提出很多供將來進行比較的指引。

這些文章有的是較傳統的主題和方法，有的是基於新近發展的學科以及問題意識。這種混合提供重要的機會，避免一種在課題和方法上的「小單位化」。它們的課題包括：公義、道德、死亡、修辭和權威敘事的歷史；苦難、危機和冒險的宗教、政治和

2　關於文化多種性的觀念，參Lloyd and Sivin, 2002。

3　Lloyd, 1996; Lloyd and Sivin, 2002.

4　Raphals, 2013.

5　Hall and Ames, 1987, 1995, 1998; Lloyd and Sivin, 2002.

6　他們包括Alexander Beecroft（2010）; Shigehisa Kuriyama（1999）; Geoffrey Lloyd（1992, 1994, 1996, 1997, 1998, 1999, 2002）; Poo Mu-chou（2004）; Lisa Raphals（1992, 2002, 2003, 2005, 2013）; Jean-Paul Reding（2004）; David Schaberg（1999）; Robert Wardy（2000）; Yu Jiyuan（1998, 2001, 2002, 2007）和 Zhou Yiqun（2005, 2010, 2013）及其他人。關於部分這些問題的進一步討論，參Tanner, 2009。

社會重要性；流行故事的重要性；法術和咒語的角色；以及形像和物質文化的重要性。加在一起，它們呈現的一個重點是視歷史（和比較歷史）為網絡而不是線條。

康若柏的第一章為整本書建立了一個有用的框架，質疑「征服」、「轉化」甚至「宗教」等詞彙的傳統用法。他提出一個透過敘事來表達的「不斷改變的資源劇目」的觀念。他認為，宗教和文化可以很合適地被描述為「由身分認同、論述和實踐的想像群體所創造和使用的不斷改變的資源劇目」。[7] 他又說，這些劇目包括多種不同的經過很多代創造出來的資源，如觀念、文字、價值觀、圖像、故事和行為模式、文本、策略、目標、方法及集體記憶。在任何一個時刻，社群會使用部分這些資源，但忽略其他的，基於這些選擇而創造出一個暫時的特定風格或習語。

康若柏此章是根據他以前對敘事在中國中古早期的角色的研究，以及他認為理解早期支持佛教的奇蹟故事，是起源於佛教劇目和中國劇目的元素之間的摩擦。[8] 他提出一個佛教引入中國的可能的敘事類型，而這方法非常經得起比較。例如：羅馬文獻中什麼文類或故事類型支持基督教？比較中國和羅馬的故事類型，可以顯示幾個問題：（1）主張新信仰的有效，與本地驅邪方法的對比；（2）國家或軍事有效性的主張；（3）報應的論述；（4）給對手的論辯回應（或缺乏回應）；（5）重構個人或社群的苦難的意義。

康若柏認為，不同和改變中的資源劇目可能是為了應付變化中的情況——包括幾個羅馬皇帝的興趣和氣質——這可能可以部分解釋這些分別，不需要訴諸「心態」或其他宏大的文化本質。

7　Campany, 2012b, 30.

8　Campany, 2012a.

而且，他對故事類型的初步分類提示一個對複雜的敘事作品進行比較的出發點。

本書各章作者提出佛教和基督教進入和融入中國和羅馬時所受到的各種反對、抵抗、互動、影響、適應和吸收的例子。這些障礙有些是可以比較的，有些則有文化獨特性。每一個新宗教都對個人和社會的角色引入全新的觀念，但它們遇到的抵抗十分不同。佛教徒拒絕家族關係、祖先崇拜和皇帝權威的中心性。這些觀點在開始時遇到一些反應，但沒有暴力或系統性的迫害。基督徒向誇耀財富、地位和享受物質舒適的羅馬人提倡謙卑、平等和來生的重要性。他們在開始時遇到暴力反對，但結果得到某程度的國家贊助，有效地將基督教轉化為羅馬的國家宗教。為什麼這些回應那麼不同？以下，我討論這些文章提出（或沒有提出）的幾個值得比較的問題：對不寬容和宗教暴力的十分不同的經驗。

（不）寬容和宗教暴力

在做任何比較時，一個立即要面對的問題，是在暴力和不寬容方面十分明顯的不同：基督徒在羅馬非常明顯地受迫害，而中國則以非暴力回應佛教。為什麼有這種差別？

基督徒的暴力

德雷克藉著使用兩個基督教故事作為權力關係的論述，正面處理這個問題。塔西陀描述尼祿對基督徒的迫害，以及優西比烏論述君士坦丁在312年的夢中異象。他將君士坦丁的夢境敘事和漢明帝（57-75在位）夢見佛陀做比較。在兩個情況中，皇室的敘述都提供合法性，藉著委派熟練的工匠去創造這些夢的物質和

視覺呈現而進一步（頗為直接地）固定下來。

但正如德雷克指出，這兩個敘事／物質論述有一個重大分別，漢明帝將他的贊助限制於建立寺院，滿足佛教徒的需要。相反，君士坦丁在皇帝權力的範圍內接受基督徒，結果是羅馬帝國很快成了基督教帝國，積極推動當時的人跟從正統的基督教。

德雷克提出，要明白這重要的分別，我們必須回到尼祿迫害基督徒的敘事，特別是塔西陀，以及他們建立的不寬容和暴力範疇。用康若柏的話，這是資源的文化獨特劇目，有用地將基督徒暴力地方化。吉朋的《羅馬帝國衰亡史》提出不寬容為基督教成功的五個因素的第一個：

基督徒是一神論者，他們是不寬容的；他們甚至拒絕承認有其他神存在；另一方面，多神論者可以與任何數目的神自在地共存；與基督徒相比，他們是寬容的，對眾生充滿和平及愛。因此，佛教徒沒有在中國壟斷崇拜，但基督徒卻很快消滅其他接觸神聖領域的方法，也就不足為怪了。[9]

我們怎樣理解這裡藉著與佛教相對的非暴力比較而強調的（不）寬容這個意識形態範疇？這是妨礙或促進比較的一個基本分別嗎？中國的廟宇以混雜聞名，包括將佛像與傳統中國宗教及地方崇拜的對象放在一起。相反，基督教會可能有很多聖徒的像，但全都只來自一個傳統。

德雷克提出幾個比較範疇，以討論除了有明確的神學解釋以外的宗教暴力。這些範疇指向基督教入羅馬和佛教入中國的一個重要分別。首先是政府或意識形態。在政治和社會處境，帝國的

9　Gibbon的（1994: 447）五個原因是：不寬容、將來生命的教義、神蹟、使用純潔和樸素的模範以及創造聯合紀律。

合法性都要求神的支持，但羅馬帝國意識形態版本的論述也要求公眾展示一致同意（*consensus omnium*），結果是基督教的領導得到中國的佛教徒沒有的影響力。它也假設羅馬皇帝和一位有位格的神越來越緊密的連繫。君士坦丁歸信基督教改變了神，而不是意識形態。

同樣重要的是論辯在建構並存、衝突、吸收、勝利等敘事中的角色。例如：德雷克的文章集中使用明帝和君士坦丁的夢境敘事。但夢是獨特地私人的，它們的報導特別受到修辭處理的影響，因為它們本身有力和不能驗證。基督徒也建立敘事文類向潛在敵對的觀眾講述他們自己的故事，德雷克詳細描述護教、殉道學和佈道的文類。

佛教─道教融合

一幅強烈對比的圖像是李福對中世紀中國道教和佛教互動的研究中介紹的佛教─道教融合的複雜範圍。令人感到驚訝的是，他描述的互動都不是暴力的。但問為什麼中國的互動展示出沒有暴力，是問錯了問題。李福問的問題是有沒有任何歐洲文化或宗教發展可以與中世紀道教的出現相對應，有它對佛教那些多樣化的回應。什麼樣的中國的宗教、社會和文化資源容許出現可以挑戰佛教的道教？在歐洲處境下等同的問題會是，什麼歐洲宗教可以挑戰基督教？

有幾個原因令李福的問題變得重要。首先，他隱然拒絕任何佛教「征服」中國的觀念，他詳細顯示道教對佛教的態度的深度和範圍。他檢視五世紀道教對佛教三種非常獨特的回應：「化胡」這種相對敵意的論述，靈寶經作者那名義上更友善，但最終是吸收的回應，以及似乎是主張佛道融合的北魏石碑（五世紀中到六

世紀中）。三種對佛教的態度由化胡論述的簡單拒絕，到靈寶作者的修辭（和神學）策略，到藉著將佛教納入道教宇宙論框架而接受佛教教導。北魏社區的石碑顯示對兩者同時接受又加以分別的作為。

在羅馬世界似乎沒有任何這類的回應，那麼道教的回應中缺少了什麼？一個即時的答案是沒有暴力，包括身體或心理的。無論道教徒對佛教有什麼敵意，李福描述他們的回應都與吉朋描述為「基督徒不寬容的熱誠」那種暴力不同。[10]

在這裡，布雷默（Bremmer）的話是有用的，他說主張一神論者不寬容的人傾向不考慮可做比較的證據。布雷默提出，東亞和東南亞的多神論不但可以，也曾經好像現代歐洲一樣暴力。但他的來源是有啟發性的。他詳細論述十五世紀日本和十六世紀中國處決基督徒，1992年印度教基要主義者破壞阿約提亞（Ayodhyā）的清真寺，以及幾個古希臘的例子，包括雅典人處決蘇格拉底（Socrates）和提比利亞在西元19年將猶太人和敬拜伊希斯（Isis）的人從羅馬驅逐。[11]但他提出這五個宗教處境——日本、中國、印度教、希臘和羅馬——都是社會和政治處境中「地方性和國家性的宗教」，令我們不可能將宗教因素從其他因素區分出來。[12]

這可能就是有啟發性的分別。布雷默說一神論不是唯一使用暴力的宗教當然是對的，但對李福的例子更突出的一點可能是三者都發生在遠離直接政治、意識形態和制度衝突的地方。如果我們想像一個不同的歷史，在其中佛教在漢武帝（141-187在位）

10　Gibbon, 1994: 447.

11　Bremmer, 2011, 72-73和75-76.

12　Bremmer, 2011, 77.

擴展性的統治期間侵略性地進入中國，故事可能會不同。這種考量容許我們考慮不同的佛教和道教團體之間非暴力和曲折的相遇是微觀歷史的意外，而不是宏大和有困難的本質的相遇。

或許正是這距離容許佛教徒和道教徒之間的競爭以這本書中幾章所勾畫的哲學和修辭形式出現。李福強調佛教的一個重要影響是建立了「宗教」作為自主機構的觀念。他指出在宗教競爭和敵對的處境下，中國傳統上沒有定形的宗教行為和傳統才被當時人建構成有特別名稱的社會制度，而其中最重要的傳統我們稱為道教。換句話說，值得注意的是，我們現在稱為道教的發展其實大大得益於佛教。[13]

身為「天子」和天、地、人之間的樞紐，中國皇帝明顯有重要的禮儀功用。不過，他們的角色並不對應羅馬皇帝身為政治和宗教位階的頂點這個角色。因此，毫不令人驚訝的是，我們在中世紀中國沒有找到等同君士坦丁歸信基督教，「改變了神但沒有改變意識形態」的情況。中國人回應佛教也不是出於自覺的社會運動或組織──例如道教的太平、「五斗米」和其他在漢朝末年的群眾起義。

文本──特別是化胡文本──是有很強修辭性的。佛教的挑戰引致一些唐朝的皇帝發出命令消滅文本時，它們沒有引致壓迫的「文本暴力」，這些被消滅的文本沒有被尋回直到在敦煌的藏書洞中找到一些殘卷（Raz 8）。不過，消滅一小部分文本，並不能與連繫到基督教興起的身體暴力相比。對比起來，基督教護教者和李福描述那種靈寶對佛教的方式都明顯尋求將衝突減到最低。但他們的目標十分不同。基督徒護教者的信息向有可能歸信

---

13 關於部分警告，參 Sivin, 1978 和 1995; Strickman, 1979.

的人發出；而靈寶的作者尋求隱晦地吸收，從而削弱佛教。

　　從（不）寬容和暴力的複雜範圍產生的另一個不同的比較點，是人和神性秩序之間的距離。德雷克描述這距離在多神宗教中比一神宗教為短，但可能有更多基本的差別。勞埃德和席文警告我們要避免比較觀念──例如超越或內蘊──但我們可以比較在猶太─基督教和道教─佛教宇宙論和宇宙起源論中人和神之間的關係這更廣闊的處境。在這裡，值得留意的是，在兩種情況下，在舊傳統中引入新宗教都導致宇宙觀或神學的撕裂。在佛教的情況，那是引入一種超越的形而上學，即宣稱日常經驗的世界在某種意義上是虛幻的。在基督教，在引入「神的兒子」時，等於是宣稱至上神有兩位。在這裡，「可比較」的是引入的撕裂，不是它的細節。

　　但佛教徒和基督徒對宇宙觀和神學撕裂的回應十分不同。正如李福在第三個例子中指出，中古道教徒和佛教徒的爭辯和辯護顯示兩者在根本上相當不同，但在當時的社會現實中，兩者的競爭性甚低，因而在文本中所看到的論辯並不代表道教和佛教在地方社會中的互動（27）。這個模式與德雷克論述西元四世紀的羅馬由異教轉變為基督教帝國，以及越來越使用暴力來壓抑傳統的崇拜，成為強烈的對比。

命運、公義和報應

　　由於有修改教義以遷就一些有可能歸信者的信仰這實際需要，令佛教徒和基督徒都與本地知識精英展開對話，這些相遇的敘事提供另一個資源的劇目。這些互動是雙向的。它們影響佛教和基督教解經者的教導，因為他們適應主導的中國和羅馬政治及文化規範。它們也影響中國和羅馬的精英，他們被迫與「外來」

的觀念和信仰競爭。

　　這些相遇的一個重要元素是對命運、公義和報應的論述。這些論述大致對應由康若柏在他那一章中提出的第三個比較問題。或者正如西塞羅在兩千年前所說的：

　　無論多麼文雅和有學識，或怎樣野蠻和無知，沒有人不相信預兆，而且某些人可以辨認出這些預兆，預示未來。（Cicero, *De Divinatione* 1.2）

　　人類對未來的關注，是可以比較，且或許是普遍性的，本書收錄的文章有很不同的表達方式。

命運和報應

　　斯圖爾特的研究，是針對拉丁文中神聖搖籤的辭彙，和在挑選基督教神父和主教時抽籤和「神聖分配」的角色變化，來檢視知識和社會結構。一方面，她記錄了基督社群在挑選神父時做法的改變。她討論基督社群放棄猶太和羅馬抽籤的做法：猶太人以此挑選祭司，羅馬人以此挑選人擔任政治職位和其他角色，這個習俗也由很多希臘城邦依從。但基督徒選舉主教的新做法意味著一種對命運的不同的理解，正因為沒有抽籤或任何類似的機制。

　　斯圖爾特的文章處理羅馬人和基督徒之間對抽籤和「配命」的緊張態度：在由儀式界定的空間中使用抽籤去挑選官員和合法的公共決策。使用抽籤去分派任務給個人的做法持續到帝國時代。塔西陀將抽籤的隨機過程理論化，認為抽籤是促進羅馬式平等價值的行政工具。除了在羅馬廣泛使用外，這個方法在希臘也有相類的情況，即用德爾菲（Delphic）神諭來確認由抽籤挑選出的官員。在猶太人中也有先例。在第一次使徒傳承中，也是用抽籤來挑選馬提亞代替使徒猶大（徒一23-26）。但抽籤的方法在三

世紀中由選舉來委任基督教主教所取代。

　　羅馬泛地中海世界的居民，包括基督徒都會看到抽籤是羅馬政府投票和司法過程的一個機制。這種用籤的方式不能和佛教的作為比較，因為缺乏可做比較的政治處境。基督教會從一群預先挑選的人中使用抽籤來選教士的做法與羅馬的程序有十分相似之處。斯圖爾特對比這些方法和教會普選這新程序，明顯反映社群共識以及相應的主教作為社群化身的觀點。

　　例如：斯圖爾特描述特土良為深受羅馬文化影響，也留意到羅馬以抽籤決定行政職位這些政治和社會行為（以及文學傳統）。但他斥責私人用籤卜，視之為魔法和欺詐，並且反對從先知的話或神聖文本中挑選神諭的做法，而教會也譴責這種做法。斯圖爾特接著描述抽籤反映的到底是偶然還是神的判斷這個持續的辯論。

　　羅馬的「籤」在某一方面可以與佛教命運和報應的觀念相比。籤（sors）也可以指個人的命運。西塞羅用這個詞描述多多拿（Dodona）宙斯（Zeus）神諭和德爾菲（Delphi）阿波羅神諭的占卜競比。[14] 這種對 sors 的理解反映在流行於義大利的籤卜神祇以及希臘占卜場所的持續存在。這種對命運的信仰可以從特土良和其他人拒絕流行的占卜活動和拒絕以文本為基礎的籤卜看到，但在拒絕這些活動時，教會的詮釋從參與個人命運和道德責任的問題中撤退。事實上，正如斯圖爾特說：「帝國早期的作者強調對抽籤的理性、工具性的理解，並且認為甚至私人命運也理解為受皇帝影響。拒絕羅馬的抽籤不是拒絕宗教信仰，而是拒絕羅馬政府的作為。」

14　分別是 Cic., Div. 1.76, 2.60 和 2.115。

　　佛教和基督教強調精神的力量，對於一般大眾及危機時期特別有吸引力。兩者都承諾擺脫命運的牽制、掌握無形的力量，和免於惡靈的侵擾。

鬼魂和靈

　　韋爾南（Jean-Pierre Vernant）曾經指出，古代希臘人界定人為動物和諸神之間的三元關係的一個元素，其中會死的人類與不死的諸神成為對比。[15]溫司卡和蒲慕州對鬼魂和*daimons*／鬼魔的論述揭示一個道德中介的觀念，是可以歷史化並可以比較的，尤其是在改變的政治和社會處境中。他們的文章也在一個比較的脈絡中思考了死亡的概念。

　　另一個可做比較的是生死之間界線的不同的觀念。跟隨德科拉（Philippe Descola）開拓性的著作，我避免使用「自然」和「超自然」這些在有特殊文化意涵的觀念的不必要用語。[16]在〈將超自然殖民：神靈在古代後期怎樣被鬼魔化〉一文中，溫司卡說明基督教怎樣將本來是中性的神靈（*daimon*）轉化成純粹邪惡的鬼魔（*demon*）。這個轉變令基督教驅鬼的作為變得普遍，基督教的神藉此針對惡靈為人提供有效的保護。但要令保護有靈效，首先必須製造危險。

　　除了贏得信徒外，佛教和基督教的傳教士也需要提供服務，應付教育程度較低的信眾的信仰和恐懼。一種特別有力的服務是有能力抵抗或驅逐鬼魂和邪靈。在中國，鬼故事成為有力的方法，顯示佛教僧人的法力。蒲慕州討論幾種佛教驅除鬼怪的技

15　Vernant, 1980, 比較Lloyd, 2011, 2012。

16　Descola, 2013.

巧，例如敬拜佛陀和菩薩，背誦佛經或驅鬼的咒語，以神聖物品實行儀式，以及高僧本人所具有的驅鬼的能力。

佛教僧人也需要與本地信仰的驅鬼力量競爭，有些佛教敘事描述與道士直接競爭或對抗。在一些故事中，佛教和道教是敵對的力量，各自保護其追隨者。這些互動顯示佛教徒需要顯示他們自己的能力，同時又承認在更廣大的人口中對鬼魂和精靈的信仰和宇宙論假設。影響傳教策略的另一個因素是佛教和道教對什麼引致鬼魂出現的十分不同的假設。道教徒認為鬼魂的出現是因為在死亡時有未解決的問題，而佛教徒認為人之所以成為鬼是因為道德缺失。

因此，佛教和基督教都宣稱對惡靈有效，雖然有頗為不同的論述。由於所有人都會死，鬼魂基本上是十分普遍的。另一方面，鬼魔必須被創造出來。不過，佛教和基督教神職人員都宣稱其信仰對驅鬼有效，有力地吸引較少接受教育的人。兩者都宣稱他們的新宗教在處理人們的恐懼時更有效。

公義

第三個可比較的重點是新的宗教創新怎樣挑戰關於社會原有的公義的觀念。賀耐嫻在研究佛教輪迴的論述和中國對鬼魂和報應的記述之間的對抗中，處理圍繞命運和它對道德責任的含義以及報應性公義這些觀念的之間的衝突。

賀耐嫻使用顏之推（531-591）的著作來提出，建基於過去行為的道德影響的輪迴觀念對佛教適應中國文化有深遠的含義，部分是因為輪迴和報應之間的連繫不能輕易配合中國文化。一個困難是佛教對道德選擇和個人此世遭遇的相互關係的解釋，與中國本土對命和來生的論述互相競爭。例如：中國原有的改變命運的

技術包括對分派的壽命的靈界登記冊刻意（有時是欺騙性）進行儀式操控。透過善行來延長生命與佛教教義相容，但用儀式給地下諸神錯誤的死亡地點或時間卻不是！[17]

賀耐嫻檢視顏之推的兩部著作：《顏氏家訓》中歸心那一章和《還冤志》及《誡殺訓》。它們包含對來生的重要記述，提供有關中國和佛教在六世紀的互動中的困難的論述基礎。

在〈歸心〉中顏之推回應針對佛教的指控，使用鬼魂施予報應的例子來說明人死後仍有某些方面繼續存在，而生者有辦法影響他們的命運。這些故事有些涉及動物。對待動物殘酷的人受到懲罰，那些方式令人想起他們的行為；例如一個喜歡釣魚的人病了，感到自己好像被魚咬。在這裡，顏之推提供很多人稱為佛教的「現世」論述。根據這個論述，我們將來的生命與現在是緊密相連，而鬼魂的存在，顯示過去行為對現在的影響。在顏之推的例子中，報應與初始的錯事有緊密的現世連繫，通常發生在道德缺失者此生之中。因此，顏之推對報應的觀點集中在今生，而不是他在更一般的論證中提到的多次生命。報應也顯示個人和家庭之間的界限不是絕對的，因為報應有時不影響犯錯的人，而是影響他的後代。

《還冤志》包含更複雜的故事，涉及正義的觀念。有些故事描述一個生前受冤屈的人的鬼魂報復。在其他故事，死去的受害人向天上的官員上訴，以求糾正他們的冤死。還有第三種故事，鬼魂直接介入，將不義的案件撥亂反正。在過去，這些故事被描述為「佛教的理據」，但情況要複雜得多。

薩爾茨曼在研究基督教公義和報應的觀念時有相似的做法。

---

17 Campany, 2005.

薩爾茨曼將基督教所宣稱的報應會在死後來到，以及羅馬法學理論放在一起對比，在其中基督教是「迷信」（superstitio）而不是「宗教」（religio）。她顯示君士坦丁和他的繼承者怎樣藉著將羅馬法律連繫到「神的旨意」而重塑迷信。這種對比在帝國統治之外加上了上帝的意志。這樣，羅馬公義的觀念便幫助基督徒吸收羅馬的觀點，其方法是佛教的正義和報應的觀念所沒有的。

薩爾茨曼這一章提出幾個有關比較的課題。首先，佛教和羅馬是不能相比的，因為佛教不是一個國家。佛教的宗教轉化可能在大眾層面發生，但沒有與羅馬國家儀式相同的東西，至少在這本書考慮的時期沒有。因此，我們似乎一開始便有不能通約的情況。同樣地，中國的材料也沒有相應於在朝廷和戰場的占卜詢問中對災難的占卜回應。而且，中國的政府似乎有不同的關於靈效的觀念，但不是戰爭，因為中國政府不是以佛教為國教。

改變和互動的文類

佛教徒和基督徒在令他們的觀點得到主流文化接受方面都面臨困難。這個困難影響到已經確立的文類，也影響對歷史的理解。本書有幾位作者處理這些問題。這幾章特別有趣，因為它們列舉一些現象，往往是在文化上獨特，又沒有明顯的可比性。

讚美文類和物質財富

Mira Seo 所討論的例子是，對物質財富的態度是羅馬精英接受基督教的文化障礙。基督徒要如何向羅馬精英傳講捨棄世俗財富，當這些精英以展示財富來強調社會地位，並看不起新富的商人，（在他們眼中）這些商人喜歡財富多於文化修養？Seo 的例子

是基督教否定世俗財富的價值觀和斯塔提烏斯（約45-96）的「房產詩學」之間的對比。這詩學利用精英文學的比喻來讚揚新商人階級的大宅和富裕。斯塔提烏斯的新詩學提供一個微觀的歷史例子，顯示在羅馬世界中改變的倫理論述，在這裡從創新的地區詩學和那不勒斯灣獨特的希臘─羅馬混合哲學。斯塔提烏斯的《林業》（90-93）是一些零散的有關建築的詩，紀念他到訪宏偉的豪宅，呈現出豐富的建築細節和詩學創新。斯塔提烏斯率先使用一種新的修辭方式來展示物質財富和它的社會意義，以獨特和本地的伊壁鳩魯式的框架來表達。

斯塔提烏斯對走訪奢華別墅的描述推翻了一般的期望，正面地提到邁達斯和克羅伊斯等人物。斯塔提烏斯透過以伊壁鳩魯平靜（ataraxia）的象徵來描述奢華的房屋，從而稱讚普勒斯・腓力斯的伊壁鳩魯主義，這個哲學動作可能令梭倫（Solon）在墳墓中反側。斯塔提烏斯也引用賀拉斯的詩，雖然賀拉斯本人從沒有支持這些新伊壁鳩魯經濟觀，而是描述更保守的伊壁鳩魯態度。最後，Seo討論馬夏爾，作為在詩學策略和人品方面與斯塔提烏斯恰好相反的例子。斯塔提烏斯自詡為有輕鬆色彩的史詩詩人，而馬夏爾則攻擊羅馬的社會虛偽。

這裡的一個有趣比較會是《文選》中對資本的描述，這本書收集了戰國後期到大約西元500年的詩和散文，但這裡的危險是比較內容而不是脈絡。為什麼描述建築物？什麼哲學、經濟或政治修辭支持那描述？對斯塔提烏斯來說，也許最好的比較重點不是建築詩，而是其他表達與伊壁鳩魯主義和它的經濟含義相對應或等同的作品。

一些完全不同的東西：涅槃意象的個案

對工藝品一個十分不同的討論方式是用具體形象來表現完全脫離輪迴的概念，這個觀點沒有清楚的基督教（或羅馬）對應。顏娟英顯示佛教傳統怎樣在描述涅槃意象時適應中國環境。印度和中亞洲的佛陀形象一般描述作為歷史人物的釋迦牟尼生命中的四個主要事件（四相成道）：他的出生、覺悟、傳講佛法和實現涅槃（也是他的死）。對比起來，中國佛教畫像開始時描述他的出生，很少描述他的死亡和實現涅槃。

隨著時間過去，在佛教適應本地傳統時，描述佛陀生平的新風格浮現了。初期北魏關於佛陀生命的場景集中在他的出生和無盡的佛陀傳承，由彌勒菩薩開始。在中國的場景中，涅槃的場景脫離了它們的歷史脈絡，涅槃場景變成象徵佛法的傳承，而不是一個個人的死亡和覺悟。到了北朝後期，涅槃壁畫或雕塑出現，特別是在敦煌。在這些畫像中，涅槃圖像象徵法的傳遞，與來自《蓮華經》的流行場景的圖像混在一起（第420和428洞穴）。這些圖像淡化釋迦牟尼的死，而是強調法的不斷再生這更容易令人接受的正面信息。

另一個文化獨特的物質文類是中國的像讚。陳懷宇藉著透過像讚這中國獨特的文化傳統和它特定的佛教再發明來追溯佛教觀念的傳播，探討一種不同的修辭演化。陳懷宇認為佛教的影響將一種純粹本地的「文類」轉化為混合的傳統。陳懷宇追溯在史學中圖像的發展——也連繫到中國「傳記」的文類。開始時是紀念高級官員的方式，像讚漸漸擴展到家庭層面。它由佛教僧人採納，開始時用以代表佛陀的「真形」。它其後傳到更廣泛的佛教平信徒群體，用來崇拜佛陀的追隨者。在這更廣泛的混合處境，

像讚由佛教信徒、親戚和弟子使用；供獻祭和喪禮使用；也讓死者的親戚想像死者。

好像Seo的房產詩一樣，像讚是核心價值觀的物質代表。但斯塔提烏斯的詩體現兩個相反的價值系統之間的衝突，而演化的像讚傳統無縫地將中國和佛教畫像傳統融合起來。

周胤對印度和中國本地建築風格的動態交流是另一個文化獨特互動的個案。中國佛教建築的演化提供另一個例子，顯示從一到六世紀佛教在中國的轉化的物質面。

吸收過去

另一個似乎有獨特文化形式的文化和互動問題是如何呈現過去。一旦新宗教在舊社會生了根，互動前的歷史應該怎樣表達出來？

一個例子是金顯真對三篇早期基督教護教文本的分析，這些文本針對希臘─羅馬的知識和政治精英為基督教辯護，這些精英將基督教與羅馬世界中沒有受過教育的社會階層連繫起來。金顯真提出四世紀雅典文學對希臘歷史上外來建國者的敵意，以及雅典人宣稱優越和有文明，實際上是徹底修改和否認希臘過去對外國人和外國影響的態度。古典時期的希臘人留意到他們得益於外國鄰居，並向一個可能性開放：野蠻人（外邦人）可能擁有超越他們的智慧，而金顯真詳細講述一系列文類中的這些態度。他提出提安和托名游斯丁這些作者，藉著主張聖經的文化和歷史傳統，聲稱他們有一份遺產，是比希臘─羅馬文化更古老和優越的。這做法容許基督教會闡述一個平行傳統，從中宣稱有歷史合法性和文化權威。因此，游斯丁、提安和其他早期基督徒護教作者透過希臘─羅馬的修辭和習俗攻擊他們的知識和文化沙文主義。

　　呂宗力那一章提出一個可以比較的過程，即中國佛教典外文獻的傳播：這是一些據稱是翻譯，但實際上是由本地中國僧人選輯、編輯甚至撰寫的佛經。呂宗力認為，這些文本是佛教在中國本地化的重要一步，因為中國佛教傳教士開始喜歡「本地化」的佛經多於原本由梵文或巴利文翻譯的佛經。

　　佛教傳教士也吸收本地占卜和法術及預言和典外文獻，藉以吸引中國人皈依。這策略在基督教適應來自希臘哲學和預言文學的元素方面有獨特的平行。但雖然佛教傳教士能夠避免與中國傳統和皇帝權威衝突，早期的基督教護教者卻不能這樣。

　　金顯真從基督教宗教教義的細節，解釋相似的策略怎樣帶來差異，也就是基督教教義明確挑戰皇帝權威，這也是羅馬精英的看法，這問題因為希臘—羅馬對新的「野蠻（外邦）」宗教的沙文主義而變得更糟。佛教傳教士沒有面對可做比較的中國「西方主義」或可能隨之而來的障礙。金顯真這一章提出一個重要問題：為了比較，應該強調相似還是不同？

　　這幾章也顯示預言和對預言的回應對比較是重要的課題，因為占卜活動在兩種文化脈絡中都是「宗教」重要的一面，它們與政治和權力也有重要關係。

　　查特吉討論的是一個十分不同的個案：以城市、物質的形式處理過去。雖然基督教的擴展往往連繫到前基督教的神殿和雕像的破壞，在〈古代雕像、基督教城市〉中，查特吉提出，在較後的世紀，君士坦丁堡的基督徒利用城市前基督教的雕像，提供與君士坦丁堡前基督教的過去的視覺和物質連繫。但同樣的雕像和神殿也有占卜的功能，作為將來事件的預告者。

　　總括來說，這本書的各章顯示，基督教和佛教在各自的地區確立起來的過程，比征服或勝利的說法暗示的要複雜得多。在中

國和羅馬，新宗教都並非簡單地掃除舊社會的信仰和習俗；相反，經過多個世紀的互動和對話，舊社會改變新宗教，正如新宗教改變舊社會一樣。但這些個案研究只能夠顯示，更豐富的收穫尚有待進一步的研究。

原始文獻

(a) 中文

Buddhayaśas 佛陀耶舍 / Zhu Fonian 竺佛念. Trans. 413. *Chang Ahan jing*長阿含經, fasc. 4, in T 1: 26a.

Chen, Shou 陳壽（?-297 CE）. 1982. *Sanguo zhi* 三國志. Annotated by Pei Songzhi 裴松之（372-451 CE）. Beijing.

Cohen, Alvin P, trs. 1982. *Tales of Vengeful Souls* 冤魂志: *A Sixth Century Collection of Chinese Avenging Ghost Stories.* Paris.

Dadao jialing jie 大道家令戒 [*Commands and Admonitions of the Families of the Great Dao*] DZ 789

Daozang 道藏. Beijing, Wenwu, 1988.

Dharmakṣema 曇無讖 trans., 421. *Dabo niepan jing*大般涅槃經. = T 12.

Dharmarakṣa 竺法護（265-318）, trans., *Fo shuo Mile xiasheng jing* 佛說彌勒下生經. = T 14.

Dharmarakṣa, trans., 308. *Puyao jing* 普曜經. = T 3.

Dong, Hao 董誥. 1983. *Quan Tang wen* 全唐文. Beijing.

DZ=*Zhengtong daozang* 正統道藏. Texts are cited by the numbers assigned to them in K. Schipper and F. Verellen, eds., *The Taoist Canon: A Historical Companion to the Daozang*（Chicago: University of Chicago Press, 2004）and by the pagination found in the Xinwenfeng（Taipei, 1977）60-volume reprint of the 1926 Shanghai edition.

Fa Xian 法顯（ca. 342-423 CE), comps. 2008. *Fa Xian zhuan jiaozhu* 法顯傳校注. Annotated by Zhang Xun. Beijing.

Fa Xian 法顯, *c.* 416. *Gaoseng Faxian zhuan* 高僧法顯傳 = T 51.

Fan, Ye 范曄（398-445 CE), comps. 1965. *Houhan shu* 後漢書. Annotated by Li Xian 李賢（655-684 CE). Beijing.

Fang, Xuanling 房玄齡. 1974. *Jin shu* 晉書. Beijing.

Fang, Xuanling 房玄齡 et al. 1973. *Sui shu* 隋書. Beijing.

Fayuan zhulin 法苑珠林 = T 2122

Foshuo pusa benyejing 佛說菩薩本業經 [Original Endeavors of the Bodhisattva] = T 281

Foshuo taizi ruiying benqi jing 佛說太子瑞應本起經 [Sutra of the Original Endeavour of the Prince in Accordance with All good Omens]. =T 185

Hong, Mai 洪邁. 1980. *Yijian zhi* 夷堅志. Beijing.

Huijiao 慧皎（497-554). *Gaoseng zhuan* 高僧傳. Annotated by Tang Yongtong 湯用彤. Beijing, 1992. = T 50, No. 2059.

Huisi 慧思（515-577), "Nanyue si da chanshi lishi yuanwen 南嶽思大禪師立誓願文," in *Zhufa wuzheng sanmei famen* 諸法無諍三昧法門. = T 46.

Jñānagupta 闍那崛多（587-591）trans., *Fo benxing jijing* 佛本行集經. = T 3.

Kumārajīva 鳩摩羅什, trans., 406. *Miaofa lianhua jing* 妙法蓮華經. = T 9.

Legge, James, trans. 1886. *A Record of Buddhistic Kingdoms*. Oxford.

Li, Fang 李昉 et al. 1966. *Taiping yulan* 太平御覽. Beijing.

Lingbao zhenyi wuchengjing 靈寶真一五稱經.

Liu, Xie 劉勰. 1959. *Wenxin diaolong*（*The Literary Mind and Carving of Dragons*). Translated by Vincent Yu-chung Shih. New York.

Liu, Xu 劉昫 et al. 1975. *Jiu Tang shu* 舊唐書. Beijing.

LX=Lu Xun 魯迅. 1954. *Gu xiaoshuo gouchen* 古小說鉤沉. Beijing.

Li, Yanshou 李延壽. 1982. *Nanshi* 南史 [History of the Southern Dynasties]. Beijing.

Nāgārjuna Bodhisattva 龍樹菩薩（2nd cent.）, *Da zhidu lun* 大智度論, Kumārajīva（402-406), tr., in T 25.

Ouyang, Xun 歐陽詢 et al. 1985. *Yiwen leiju* 藝文類聚. Shanghai.

Ruan, Yuan 阮元 (1764-1849 CE). 1993. *Yanjingshi ji* 揅經室集. Annotated by Deng Jingyuan 鄧經元. Beijing.

Santian neijie jing 三天內解經 [*Inner Explanations of the Three Heavens*] DZ 1205.

Sengyou 僧佑 (435-518). 1995. *Chu sanzangji ji* 出三藏記集. Beijing.

Sima, Qian 司馬遷 (145-86 BC). 1982. *Shi ji* 史記. Beijing.

Sun, Yirang 孫詒讓. 1974. *Mozi xiangu* 墨子閒詁. Taipei.

T=*Taishō shinshū daizōkyō* 大正新脩大藏經. Takakusu Junjirō 高楠順次郎, Watanabe Kaigyōku 渡邊海旭, and Ono Gemmyō 小野玄妙 eds. 100 vols. Tokyo: Taishō Issaikyō Kankōkai, 1924-1935; rept. Taipei: Xinwen feng, 1983. http://tripitaka.cbeta.org/T.

TPGJ=*Taiping guangji* 太平廣記. Comp. Li Fang 李昉 et al. 1990. Shanghai: Shanghai guji chubanshe.

TPYL=*Taiping yulan* 太平御覽. Comp. Li Fang 李昉 et al. 1992. Beijing: Zhonghua shuju..

Taishang wuji dadao ziran zhenyi wuchengfu shangjing 太上無極大道自然真一五稱符上經 DZ 671.

Taishang zhengyi zhouguijing 太上正一咒鬼經 (HY 1184), in *Daozang*, vol. 28: 370.

Tan, Guo 曇果 and Kang, Mengxiang 康孟詳, trans. *Zhong benqijing* 中本起經. In *Taishōshinshūdaizōkyō*, T04.

Tao, Hongjing 陶弘景 (456-536). *Zhengao* 真誥 [*Declarations of the Perfected*]. DZ 1016.

Teng, Ssu-yü, tr. 1968. *Family Instructions for the Yen Clan: An Annotated Translation.* Leiden.

Wang, Pu. 王溥. 1955. *Tang huiyao* 唐會要. Beijing.

Wang, Yi-t'ung, trans. 1984. *A Record of Buddhist Monasteries in Lo-yang.* Princeton.

Wei, Shou 魏收 (505-572 CE). 1974. *Wei shu* 魏書. Beijing.

Wei, Shou 魏收（507-577）. 1990. *Wei shu shilao zhi* 魏書釋老志, annotated by Tsakamoto Zenryū 塚本善隆. Tokyo.

Wu, Ceng 吳曾. 1979. *Nenggaizhai manlu* 能改齋漫錄. Shanghai.

Wushang biyao 無上祕要［*Secret Essentials without Peer*］DZ 1138

X=*Dai Nihon zoku Zōkyō* 大日本續藏經. 1905-1912. Kyoto.

Xiao, Yi 蕭繹. *Jinlouzi* 金樓子. Edited by Xu Yimin 許逸民. 2011. Beijing.

Xiao, Zixian 蕭子顯（489-537）. 1982, *Nanqi shu* 南齊書［*History of the Southern Qi*］. Beijing.

Xu, Jian 徐堅. *Chuxue ji* 初學記. 1987. Shanghai.

Xuan, Zang 玄奘（602-664 CE）and Bian Ji 辯機（619-649 CE）, comps. 2000. *Datang xiyu ji jiaozhu*, 大唐西域記校註. Annotated by Ji Xianlin 季羨林. Beijing.

XJTY=*Xuejin taoyuan* 學津討原. Comp. Zhang Pengyi 張鵬一. 1966. Taipei.

Yan, Zhitui 顏之推（531-591）1980. *Yanshi jiaxun jijie* 顏氏家訓集解. Shanghai.

Yan, Zhitui 顏之推（531-591）1981. *Huanyuan zhi* 還冤志. *Siku quanshu zhenben* 四庫全書珍本, ser. 11, vol. 158. Taipei.

Yang, Xuanzhi 楊衒之, comp. 2010. *Luoyang Qielanji jiaoshi* 洛陽伽藍記校釋. Annotated by Zhou Zumo 周祖謨. Beijing. = T 51.

ZDHW=*Zengding Han Wei congshu* 增訂漢魏叢書.

Zhen'gao 真誥［*Declarations of the Perfected*］by Tao Hongjing 陶弘景（456-536）DZ 1016.

Zhilou Jiachen 支婁迦讖, trans. *Foshuo wuliang qingjing pingdeng jue jing* 佛說無量清淨平等覺經. In *Taishōshinshūdaizōkyō*, T12, eds. J. Takakusu and K. Watanabe. Tokyo.

Zhipan 志磐. *Fozu tongji* 佛祖統紀. T. 29, No. 2039.

Zhu Dali 竺大力（late 2nd cent.）and Kang Mengxiang 康孟詳（late 2nd cent.）, trans., *Xiuxing benqi jing* 修行本起經, in *Taishō shinshū daizōkyō*, Vol. 3.

Zuxiu 祖琇. *Longxing fojiao biannian tonglun* 隆興佛教編年通論. X. 75, No. 1512.

(b) 希臘文及拉丁文

Appian 1912-1913. *Roman History*, H. White, ed. and tr. 4 vols. Cambridge, MA.

Berger, Albrecht. tr. 2013. *Accounts of Medieval Constantinople. The Patria.* Dumbarton Oaks Medieval Library. Cambridge, MA.

Cameron, Averil and Judith Herrin, eds. 1984. *Constantinople in the Early Eighth Century: The Parastaseis Syntomoi Chronikai, Introduction, Translation and Commentary.* Leiden.

Constantine the Rhodian 1896. *The Seven Wonders of Constantinople*, E. Legrand, ed. Paris.

Corpus Hermeticum 1946-1960. Nock, A.D. and A.-J. Festugière, eds. and trs. 4 vols. Paris.

CJ 1968-1973. *Corpus Iuris Civilis*, P. Krueger and Th. Mommsen, eds. 11th ed. 3 vols. Dublin and Zurich.

C. Th. 1905. *Theodosiani Libri XVI Cum Consitutionibus Sirmonidanis*, P. Krueger and T. Mommsen, eds. Berlin.

Eusebius of Caesarea 1965. *Church History*, G. A. Williamson, tr. Baltimore.

Eusebius of Caesarea 1976. *In Praise of Constantine.* H. A. Drake, tr. Berkeley.

Eusebius of Caesarea 1999. *Life of Constantine.* A. Cameron and S. Hall, trs. Oxford.

Irenaeus 1979. *Contra Haereses.* A. Rousseau and L. Dourtreleau, eds. Sources chrétiennes 264. Paris.

Lactantius 2003. *The Divine Institutes.* A. Bowen and P. Garnsey, trs. Liverpool.

Lactantius, 1994. *On the Deaths of the Persecutors.* J. Creed, ed. and tr. Oxford.

Livy 1919-1957. *History of Rome.* B. O. Foster et al., trs. Cambridge, Mass.

Loofs, F. ed. 1905. *Nestoriana: die Fragmente des Nestorius.* Halle.

Marcus Aurelius 2002. *Meditations: A New Translation.* G. Hays, tr. New York.

Martial 1993. *Epigrams*, D. R. Shackleton Bailey, ed. Cambridge, MA.

Nicetas Choniates 1984. *De Signis.* Jan A. Van Dieten. ed. Detroit.

Nicetas Choniates 1984. *O City of Byzantium, Annals of Niketas Choniates*. Harry J. Magoulias, tr. Detroit.

Origen 1921. *Origenes Werke. Homilien zum Hexateuch in Furins Übersetzung*, W.A. Baehrens, ws. 2 vols. Die Griechischen Christlichen Schriftsteller der ersten drei Jahrhundert, 17. Leipzig.

Pharr, C. 1952. *The Theodosian Code and Novels and the Sirmondian Constitutions*. Princeton.

Plato 1995. *Statesman*. C. J. Rowe, ed. and tr. Warminster.

Socrates 1995. Sokrates Kirchengeschichte, ed. G. C. Hansen, ed. Griechischen christlichen Schriftsteller der ersten Jahrhunderte, Neue Folge, Bd. 1. Berlin.

Statius 2003. *Silvae*. D. R. Shackleton Bailey, ed. and tr. Cambridge, MA.

Statius 2011. *Silvae Book II*. C. Newlands, ed. Cambridge.

Statius 1898. *P. Papini Stati Silvarum libri*, F. Vollmer, ed. Leipzig.

Tacitus 1921. *The Annals*. A. Church and W. Brodribb, trs. London.

Tertullian 1954. *Apologeticum*. E. Dekkers, ed. Corpus Christianorum, Series Latina, 1. Turnhout, 1954.

Thesleff, H., ed. 1965. *The Pythagorean Texts of the Hellenistic Period*. Abo.

Thucydides 1954. *The Peloponnesian War*. R. Warner, tr. Baltimore.

二手研究

Aageson, J.W. 2008. *Paul, The Pastoral Epistles, and the Early Church.* Peabody, Mass.

Aboshi, Yoshinori 網干善教. 1989. "inndo gionn syoujya ato no hakkutu tyousa インド祇園精舎跡の発掘調査," *Bukkyō geijutsu* 仏教芸術 187: 11-30.

Adamek, Wendi L. 2007. *The Mystique of Transmission: On Early Chan History and its Contexts.* New York.

Agnew, John. 1987. *Place and Politics: The Geographical Mediation of State and Society.* Boston.

Ames, Roger T. 2002. "Thinking through Comparisons: Analytic and Narrative Methods for Cultural Understanding," in S. Shankman and S. W. Durrant eds., *Early China/Ancient Greece: Thinking Through Comparisons*, pp. 93-110. Albany, NY.

Andersen, Poul. 1994. "Talking to the Gods: Visionary Divination in Early Taoism (The Sanhuang Tradition)," *Taoist Resources* 5: 1-24.

Anderson, Benjamin. 2011. "Classified Knowledge: the epistemology of statuary in the *Parastaseis Syntomoi Chronikai*," *Byzantine and Modern Greek Studies* 35.1: 1-19.

Andres, F. 1914. *Die Engellehre der griechischen Apologeten des zweiten Jahrhunderts und ihr Verhältnis zur griechisch-römischen Dämonologie.* Forschungen zur christliche Literatur und Dogmengeschichte. Paderborn.

———. 1918. "Daimon," *Real-encyclopädie der classischen Altertumswissenschaft*

Supplement 3, pp. 267-322. Stuttgart.

Armstrong, A.H. 1970. "Plotinus," in A. H. Armstrong, ed., *The Cambridge History of Later Greek and Early Medieval Philosophy*, pp. 195-268. Cambridge

Arya, D. 2004. *The Goddess Fortuna in Imperial Rome: Cult, Art, Text*. Ph.D. dissertation, University of Texas at Austin, 2002. UMI Dissertation Services.

Asmis, E. 2004. "Epicurean Economics," in J. T. Fitzgerald, D. Obbink, and G. S. Holland, eds. *Philodemus and the New Testament World*, pp. 133-176. Leiden.

Astour, M.C. 1967. *Hellenosemitica*. Leiden.

Auffarth, C. 1999. "Constructing the Identity of the Polis: The Danaides as Ancestors," in R. Hägg ed., *Ancient Greek Hero Cult*, pp. 39-48. Stockholm.

Bagatti, B. 1971. *The Church from the Circumcision*. Jerusalem.

Baltes, Matthias et al. 2004. "Demonology," *New Pauly* 4: 275-279. Leiden & Boston.

Barnard, L.W. 1968. "The Heresy of Tatian once again," *Journal of Ecclesiastical History* 19（1968）: 1-10.

Barnes, T. D. 1981. *Constantine and Eusebius*. Cambridge, Mass.

_____. 2011. "The Election of Ambrose of Milan," in J. Leemans, P. van Nuffereln, S. Keough and C. Nicolaye, eds., *Episcopal Elections in Late Antiquity*, pp. 39-59. Berlin.

Barrett, T. H. 2009. "The Advent of the Buddhist Conception of Religion in China and its Consequences for the Analysis of Daoism," *Sungkyun Journal of East Asian Studies* 9.2: 149-165.

Barry, Fabio. 2010. "Disiecta Membra: Ranieri Zeno, the Imitation of Constantinople, the Spolia Style, and Justice at San Marco," in H. Maguire and R.S. Nelson eds., *San Marco, Venice, and the Myths of Venice*, pp. 7-62. Washington D.C..

Bassett, Sarah. 2004. *The Urban Image of Late Antique Constantinople*. Cambridge.

Bastiaensen, A.A.R. 1977. "Tertullian's Argumentation in 'De praescriptione haereticorum' 20.1ff," *Vigiliae Christianae* 31: 35-46.

Beagon, M. 1992. *Roman Nature. The Thought of Pliny the Elder*. Oxford.

Beal, Samuel. 1906. *Buddhist Records of the Western World*. 2 Vols. London.

Beard, M. 1986. "Cicero and Divination: The Formation of a Latin Discourse," *Journal of Roman Studies* 76: 33-46.

Beard, M. 1990. "Priesthood in the Roman Republic," in M. Beard and J. North ed., *Pagan Priests. Religion and Power in the Ancient World*, pp. 17-48. London.

Beecroft, Alexander J. 2010. *Authorship and Cultural Identity in Early Greece and China: Patterns of Literary Circulation*. Cambridge.

Benchman, R.M., ed. 1998. *Mediators of the Divine: Horizons of Prophecy, Divination, Dreams and Theurgy in Mediterranean Antiquity*. South Florida Studies in the History of Judaism, 163. Atlanta.

Bergmann, B. 1991. "Painted Perspectives of a Villa Visit: Landscape as Status and Metaphor," in Gazda, E. ed., *Roman Art in the Public Sphere*, pp. 49-70. Ann Arbor.

Bernal, M. 1987. *Black Athena: the Afroasiatic Roots of Classical Civilization*. London.

Bloch, H. 1940. "L. Calpurnius Piso Caesoninus in Samothrace and Herculaneum," *American Journal of Archaeology* 44.4: 485-493.

Boardman, J. 1980. *The Greeks Overseas: Their Early Colonies and Trade*. London.

_____. 2000. *Persia and the West*. London.

Bodel, J. 1997. "Monumental Villas and Villa Monuments," *Journal of Roman Archaeology* 10: 5-35.

Boeck, Elena. 2009. "Simulating the Hippodrome: The performance of power in Kiev's St. Sophia," *Art Bulletin* 41.3: 283-301.

Bokenkamp, Stephen R. 1983. "Sources of the Ling-pao Scriptures," in *Tantric and Taoist Studies in honour of R. A. Stein*, vol. II. Bruxlelles: Institut Hautes Etudes Chinois: 434-486.

_____. 1997. *Early Daoist Scriptures*. Berkeley.

_____. 2004. "The Silkworm and the Bodhi Tree: The Lingbao Attempt to Replace Buddhism in China and Attempt to Place Lingbao Taoism," in John Lagerwey, ed. *Religion and Chinese Society*, pp. 317-340. Hong Kong.

_____. 2007. *Ancestors and Anxiety: Daoism and the Birth of Rebirth in China*. Berkeley and Los Angeles.

Boston, Karen. 2003. "The Power of Inscriptions and the Trouble with Texts," in Antony Eastmond and Liz James eds., *Icon and Word: The Power of Images in Byzantium; Studies Presented to Robin Cormack*, pp. 35-51. Aldershot.

Boucher, Daniel. 1996. "Buddhist Translation Procedures in Third-Century China: A Study of Dharmaraksa and His Translation Idiom," Ph.D. diss., University of Michigan.

Boulluec, A. Le. 1985. *La notion d'hérésie dans la literature grecque IIe-IIIe siècles. II. Clément d'Alexandrie et Origène,* pp. 481-483 and 558. Collection des etudes augustiniennes, 111. Paris.

Bradbury, R. 1994. "Constantine and the Problem of Anti-Pagan Legislation in the Fourth Century," *Classical Philology* 89: 120-139.

Bradshaw, P. F. et al. 2002. *The Apostolic Tradition*. Minneapolis.

Brashier, Kenneth E. 1996. "Han Thanatology and the Division of Souls," *Early China* 21: 125-158.

Bremmer, J.N. 2010. *The Rise of Christianity through the Eyes of Gibbon, Harnack and Rodney Stark: a valedictory lecture on the occasion of his retirement from the Chair of Religious Studies in the Faculty of Theology*. 2 ed. Gröningen.

_____. 2011. "Religious Violence and its Roots: a view from antiquity," *Asdiwal* 6: 71-79.

Brenk, Beat. 1987. "Spolia from Constantine to Charlemagne: Aesthetics versus Ideology," *Dumbarton Oaks Papers* 41: 103-109.

Brenk, Frederick. 1986. "In the Light of the Moon," in H. Temporini & W. Hasse eds., *Aufstieg und Niedergang der Römischen Welt* II/16.3, 2068-145. Berlin & New York.

Brown, Peter. 1971. *The World of Late Antiquity, A.D. 150-750*. New York.

_____. 1978. *The Making of Late Antiquity*. Cambridge, MA.

_____. 1981. *The Cult of the Saints: Its Rise and Function in Latin Christianity*. Chicago.

_____. 2012. *Through the Eye of a Needle: Wealth, the Fall of Rome, and the Making of Christianity in the West, 350-550 AD*. Princeton and Oxford.

Bruce, B. 2002. *Origen. Homilies on Joshua*. Washington, D.C.

Bruce, F.F. 1990. *The Acts of the Apostles. The Greek Text with Introduction and Commentary*, 3rd revised ed. Grand Rapids, MI.

Buitenwerf, R. 2003. *Book Three of the Sibylline Oracles and Its Social Setting*. Leiden.

Burkert, W. 2004. *Babylon, Memphis, Persepolis: Eastern Contexts of Greek Culture*. Cambridge, MA and London.

Buswell, Robert E., Jr. and Donald S. Lopez, Jr. 2014. *The Princeton Dictionary of Buddhism*. Princeton and Oxford.

Cameron, A. 2002. "Apologetics in the Roman Empire—A Genre of Intolerance?" in J.-M. Carrié & R. Lizzi Testa, eds., *"Humana sapit": études d'antiquité tardive offertes à Lellia Cracco Ruggini*, Bibliotheque de l'Antiquité Tardive 3, pp. 219-227. Turnhout.

_____. 2011. *The Last Pagans of Rome*. New York.

Cameron, A. and S. G. Hall. 1999. *Eusebius, Life of Constantine: Text, Translation a, and Commentary*. Oxford.

Campany, Robert Ford. 1991. "Notes on the Devotional Uses and Symbolic Functions of Sutra Texts as Depicted in Early Chinese Buddhist Miracle Tales and Hagiographies," *Journal of the International Association of Buddhist Studies* 14.1: 28-72.

_____. 1993a. "Buddhist Revelation and Taoist Translation in Early Medieval China," *Taoist Resources* 4.1: 1-29.

_____. 1993b. "The Real Presence," *History of Religions* 32: 233-272.

_____. 1995. "À la recherche de la religion perdue: 'Aśokan Stupas,' Images, and the Cult of Relics in Early Medieval China," Unpublished paper presented to the Seminar on Buddhist Relic Veneration, American Academy of Religion.

_____. 1996a. "The Earliest Tales of the Bodhisattva Guanshiyin," in D. S. Lopez Jr. ed., *Religions of China in Practice*, pp. 82-96. Princeton.

_____. 1996b. *Strange Writing: Anomaly Accounts in Early Medieval China*. Albany N.Y.

_____. 2003. "On the Very Idea of Religions（in the Modern West and in Early Medieval China）," *History of Religions* 42: 287-319.

_____. 2005a. "Living off the Books: Fifty Ways to Dodge Ming 命 ［Preallotted Lifespan] in Early Medieval China," in Christopher Lupke ed., *The Magnitude of Ming: Command, Allotment, and Fate in Chinese Culture*, pp. 129-150. Honolulu.

_____. 2005b. "Two Religious Thinkers of the Early Eastern Jin: Gan Bao 干 寶 and Ge Hong 葛洪 in Multiple Contexts," *Asia Major* 3rd series 18: 175-224.

_____. 2009. *Making Transcendents: Ascetics and Social Memory in Early Medieval China*. Honolulu.

_____. 2011. "Chinese History and Writing about 'Religion(s)': reflections at a Crossroads," in M. Steinicke and V. Krech, eds., *Dynamics in the History of Religions between Asia and Europe: Encounters, Notions, and Comparative Perspectives*, pp. 273-294. Leiden.

_____. 2012a. *Signs from the Unseen Realm: Buddhist Miracle Tales from Early Medieval China*. Honolulu.

_____. 2012b. "Religious Repertoires and Contestation: A Case Study Based on Buddhist Miracle Tales," *History of Religions* 52.2: 99-141.

Cao, Huashan 晁華山. 2001. *Fotuo zhiguang* 佛陀之光. Beijing.

Carter, Martha L. 1990. *The Mystery of the Udayana Buddha*. Supplemento n. 64 agli *Annali Istituto Universitario Orientale* 50, fasc. 3. Napoli.

Cartledge, P. 1993. *The Greeks: a portrait of self and others*. Oxford.

Cavadini, John. 1999. "Ambrose and Augustine: *De Bono Mortis,*" in William E. Klingshirn and Mark Vessey, eds., *The Limits of Ancient Christianity: Essays on Late Antique Thought and Culture in Honor of R. A. Markus*, pp. 232-249. Ann Arbor.

_____. 2012. "Ideology and Solidarity in Augustine's *City of God,*" in James Wetzel ed., *Augustine's City of God: A Critical Guide*, pp. 93-112. New York.

Chantraine, P. 1954. "Le divin et les dieux chez Homère," in *La notion du divin depuis Homère jusqu'à Platon: Sept exposés et discussions par H. J. Rose* Entretiens sur l'Antiquité classique 1, pp. 47-94. Geneva.

Chatterjee, Paroma. 2013. "Viewing and Description in *Hysmine and Hysminias*. The Fresco of the Virtues," *Dumbarton Oaks Papers* 67: 209-225.

Chavannes, E. 1910. *Le T'ai Chan*. Paris.

Ch'en, Kenneth K.S. 1952. "Anti-Buddhist Propaganda during the Nan-ch'ao," *Harvard Journal of Asiatic Studies* 15: 166-192.

_____. 1973. *The Chinese Transformation of Buddhism*. Princeton.

Chen, Guofu 陳國符. 1989. *Daozang yuanliu kao* 道藏源流考. Beijing.

Chen, Frederick. 2012. "Buddhist Passports to the Other World: A Study of Modern and Early-Medieval Chinese Buddhist Mortuary Documents," in Paul Williams and Patrice Ladwig eds., *Buddhist Funeral Cultures of Southeast Asia and China*, pp. 261-286. Cambridge.

Choi, Sun-ah. 2012. "Quest for the True Visage: Sacred Images in Medieval Chinese Buddhist Art and the Concept of *Zhen,*" Ph.D. diss., University of Chicago.

Clark, G. 2005. *Christianity and Roman Society*. Cambridge.

Cline, E. H. 1994. *Sailing the Wine-Dark Sea. International Trade and the Late Bronze Age Aegean*. Oxford.

Cohen, Alvin P. 1982. *Tales of Vengeful Souls: A Sixth Century Collection of Chinese Avenging Ghost Stories*. Taipei.

Cohen, B. 2001. "Ethnic Identity in Democratic Athens and the Visual Vocabulary of Male Costume," in I. Malkin ed., *Ancient Perceptions of*

Greek Ethnicity, pp. 235-274. Cambridge, MA.

Coleman-Norton, P.R. 1966. *Roman State and Christian Church: A Collection of Legal Documents to A.D. 535,* Vol. 1. London.

Colpe, C. et al. 1976. "Geister（Dämonen）," *Reallexikon für Antike und Christentum* 9, pp. 626-797. Stuttgart.

Cook, J.M. 1962. *The Greeks in Ionia and the East*. London.

Crawford, M. 1996. *Roman Statutes*, 2 Vols. Bulletin of the Institute of Classical Studies, Supplement 64. London.

Crick, B. 1971. "Toleration and tolerance in theory and practice," *Government and Opposition: A Journal of Comparative Politics* 6: 144-171.

Croke, B. and J. Harries. 1981. *Religious Conflict in Fourth Century Rome*. Sydney.

Csikszentmihalyi, Mark and Michael Nylan. 2003. "Constructing Lineages and Inventing Traditions through Exemplary Figures in Early China," *T'oung Pao*, 2nd Series, 89. 1/3: 59-99.

Csikszentmihàlyi, Mark. 2006. *Readings in Han Chinese Thought*. Indianapolis.

Cumont, Franz. 1923. *After Life in Roman Paganism*. New Haven.

Dagron, Gilbert. 1984. *Constantinople imaginaire: Études sur le recueil des "Patria"*, Bibliothèque Byzantine, Étude, 8. Paris.

———. 2003. *Emperor and Priest: The Imperial Office in Byzantium*, tr. Jean Birrell. Cambridge.（Orig. French ed. pub. 1996.）

Dandamaev, M.A. and V.G. Lukonin V.G. 1989. *The Culture and Social Institutions of Ancient Iran*. Cambridge.

D'Arms, J. H. 1970. *Romans on the Bay of Naples. A Social and Cultural Study of the Villas and Their Owners from 150 B.C. to A.D. 400*. Cambridge, Mass.

Dauterman-Maguire, Eunice and Henry Maguire, 2006. *Other Icons. Art and Power in Byzantine Secular Culture*. Princeton.

Davidson, J. Leroy, 1954. *The Lotus Sutra in Chinese Art: A Study in Buddhist Art to the Year 1000*. New Haven.

Davison, J.M. 1989. "Egyptian Influence on the Greek legend of Io," in A. Nibbi, ed., *The Archaeology, Geography and History of the Egyptian Delta in Pharaonic Times*, pp. 61-74. Oxford.

de Crespigny, Rafe. 1976. *Portents of Protest in the Later Han Dynasty, The memorials of Hsiang K'ai to Emperor Huan*. Canberra.

Debray, Régis. 2014. *Tuxiang de sheng yu si—xifang guantu shi* [*Vie et mort de l'image: une histoire du regard en Occident*], trans., by Huang Xunyu 黃迅余 and Huang Jianhua 黃建華. Shanghai.

Dekkers, E. 1990. "Des prix et du commerce des livres à l'époque patristique," in M. Geerard ed., *Opes Atticae: Miscellanea philologica et historica Raymondo Bogaert et Harmanno Van Looy oblate*, pp. 99-115. Steenbrugge.

Denzey, N. 2010. "Facing the beast: Justin, Christian martyrdom, and freedom of the will," in T. Rasimus et al. eds., *Stoicism in Early Christianity*, pp. 176-198. Grand Rapids, MI.

Descola, Philippe. 2013. *Beyond Nature and Culture*. Trans. Janet Lloyd. Chicago.

Despeux, Catherine. 2002. "La culture lettré au service d'un plaidoyer pour le bouddhisme: Le 'Traité des deux doctrines' ('Erjiao lun') de Dao'an," in Catherine Despeux ed., *Bouddhisme et lettrés dans la Chine médiévale*, pp. 145-227. Paris.

Dewar, M. 1996. "Episcopal and Epicurean Villas: Venantius Fortunatus and the Silvae," in F. Delarue, S. Georgacopoulou, P. Laurens, and A,-M. Taisne, eds. *Epicedion: Hommages à P. Papinius Statius 96-1996*, pp. 297-313. Poitiers, France.

Dhirasekera, J.D. 1976. "Hāritī and Pāñcika: An Early Buddhist Legend of Many Lands," in O.H. de A. Wijisekera, ed., *Malalasekera Commemoration Volume*, pp. 61-70. Colombo.

Digeser, E. 2012. *A Threat to Public Piety: Christians, Platonists, and the Great Persecution*. Ithaca.

Dodds, E.R. 1965. *Pagan and Christian in an Age of Anxiety: Some Aspects of Religious Experience from Marcus Aurelius to Constantine*. Cambridge.

Donohashi Akio 百橋明穗. 2013. *Dongying xiyu: Baiqiao Minghui meishushi lunwen ji* 東瀛西域：百橋明穗美術史論文集, trans. by Wang Yun 王云. Shanghai.

Drake, H. 2000. *Constantine and the Bishops*. Baltimore.

Draper, J.A. 1995. "Social Ambiguity and the Production of Text: Prophets, Teachers, Bishops, and Deacons and the Development of the Jesus Tradition in the Community of the *Didache*," in C.N. Jefford ed., *The Didache in Context. Essays on its Text, History and Transmission*, pp. 284-312. Leiden.

_____. 2008. "Apostles, Teachers, and Evangelists: Stability and Movement of Functionaries in Matthew, James, and the Didache," in H. van de Sandt and J. K. Zangenberg eds., *Matthew, James, and the Didache. Three Related Documents in their Jewish and Christian Settings*, pp. 139-176. Atlanta.

Droge, A. J. 1987. "Justin Martyr and the Restoration of Philosophy," *Church History* 56.3（1987）: 303-319.

Du, Zhengsheng 杜正勝. 2001. "Gudai wuguai zhi yanjiu 古代物怪之研究," *Dalu Zazhi* 大陸雜誌 104, 1: 1-14; 104, 2: 1-15; 104, 3: 1-10.

Dudbridge, Glen. 1995. *Religious Experience and Lay Society in T'ang China*. Cambridge.

_____. 2001. "Tang Sources for the Study of Religious Culture: Problems and Procedures," *Cahiers d'Extrême-Asie* 12: 141-154.

Dufallo, B. 2013. *The Captor's Image: Greek Culture in Roman Ecphrasis*. New York.

Dunhuang shiku yanjiusuo 敦煌石窟研究所, ed.. 1980-1982. *Zhongguo shiku: Dunhuang Mogaoku* 中國石窟·敦煌莫高窟. Tokyo.

Dunn, G. 2006. "Tertullian's Scriptual Exegesis in *de praescriptione haereticorum*," *Journal of Early Christian Studies* 14: 141-155.

Ebrey, Patricia. 1997. "Portrait Sculptures in Imperials Ancestral Rites in Song

China," *T'oung Pao* 2nd Series, 83.1/3: 42-92.

Edwards, C. 1993. *The Politics of Immorality in Ancient Rome*. Cambridge.

Edwards, M., M. Goodman, S. Price, eds. 1999. *Apologetics in the Roman Empire: Pagans, Jews, and Christians*. Oxford.

Edwards, R.B. 1979. *Kadmos the Phoenician: A Study in Greek Legends and the Mycenaean Age*. Amsterdam.

Ehrman, B. and Plese, Z. 2011. *The Apocryphal Gospels.Texts and Translations*. Oxford and New York.

Elm, S. 2012. *Sons of Hellenism, Fathers of the Church: Emperor Julian, Gregory of Nazianzus, and the Vision of Rome*. Berkeley.

Engels, D. 2012. "Irony and Plato's Menexenus," *Antiquité Classique* 81 (2012): 13-30.

Errington, R. 1997. "Christian Accounts of the Religious Legislation of Theodosius I," *Klio* 79: 389-443.

Fan, Jinshi 樊錦詩. 2004. *Dunhuang shiku quanji 4: fozhuan gushi huajuan* 敦煌石窟全集4‧佛傳故事畫卷. Hong Kong.

Faure, Bernard. 1987. "Space and Place in Chinese Religious Traditions," *History of Religions* 26: 337-356.

Ferguson, Everett. 1974. "Origen and the Election of Bishops," *Church History* 43: 26-33.

———. 1984. *Demonology of the Early Christian World*. Symposium Series 12. Lewiston.

Ferri, R. 1993. *I dispiaceri di un epicureo: uno studio sulla poetica oraziana delle Epistole (con un capitolo su Persio)*. Pisa, Italy.

Finan, T. and V. Twomey, eds. 1992. *The Relationship between Neoplatonism and Christianity. Proceedings of the First Patristic Conference, Maynooth, 1990*. Dublin.

Finkelberg M. 2005. *Greeks and pre-Greeks: Aegean Prehistory and Greek heroic tradition*. Cambridge.

Fisher, N. R. E. 1993. *Slavery in Classical Greece*. Bristol.

Fitzmeyer, J. 2004. "The Structured Ministry of the Church in the Pastoral Epistles," *Catholic Biblical Quarterly* 66: 582-596.

Flower, R. 2013. " 'The insanity of heretics must be restrained': heresiology in the *Theodosian Code*," in C. Kelly, ed., *Theodosius II. Rethinking the Roman Empire in late Antiquity*, pp. 172-194. Cambridge.

Foerster, Werner. 1964. "Daimōn, etc," *Theological Dictionary of the New Testament* 4: 1-20. Grand Rapids.

Foucault, Michel. 1983. "The Subject and Power," in H. L. Dreyfus and P. Rainbow, eds., *Michel Foucault: Beyond Structuralism and Hermeneutics*, pp. 219-220. Chicago.

_____. 1990. *The History of Sexuality Volume 1: An Introduction,* tr. R. Hurley. New York.

Foulk, T. Griffith and Robert H. Sharf. 1994. "On the Ritual Use of Ch'an Portraiture in Medieval China," *Cahiers d'Extrême-Asie* 7: 149-219.

Fredriksen, Paula. 1988. "Beyond the Body/Soul Dichotomy: Augustine on Paul against the Manichees and Pelagians," *Recherches augustiniennes* 23: 87-114.

Fu, Xinian 傅熹年, ed. 2009. *Zhongguo gudai jianzhu shi* 中國古代建築史. Vol. 2. Beijing.

Gaddis, J. M. 2005. *There is No Crime for Those Who Have Christ: Religious Violence in the Christian Roman Empire.* Berkeley.

Galatariotou, Catia. 1991. *The Making of a Saint: The Life, Times and Sanctification of Neophytos the Recluse.* Cambridge.

Galvão-Sobrihno, C. 2113. *Doctrine and Power: Theological Controversy and Christian Leadership in the Later Roman Empire.* Berkeley.

Gansu sheng wenwu gongzuo dui 甘肅省文物工作隊 and Bingling si wenwu baoguansuo 炳靈寺文物保管所, ed.. 1986. *Chūgoku sekkutsu: Heireiji sekkutsu* 中國石窟‧炳靈寺石窟. Tokyo.

Garber, M. B. 2000. *Sex and Real Estate: Why We Love Houses.* New York.

Geertz, Clifford. 1973. *The Interpretation of Cultures.* New York.

Gianni, G.B. 2001. "Les *sortes* etrusche," in F. Cordano and C. Grottanelli eds.,

Sorteggio pubblico e cleromanzia dall'antichità all' età moderna, pp. 197-220. Milan.

Gibbon, E. 1909-1914. *The History of the Decline and Fall of the Roman Empire*, ed. J. Bury. 7v. London. (Orig. pub. 1776-1788.)

Gibbon, Edward. 1994. "The Progress of the Christian Religion, and the Sentiments, Manners, Numbers and Condition of the Primitive Chrstians," in David Womersleyed., *The Decline and Fall of the Roman Empire*. Vol. 1, chapter 15. New York.

Gigante, M. 1995. *Philodemus in Italy: the Books from Herculaneum*. Ann Arbor.

Gill, C. 1988. "Personhood and Personality: the Four-Personae Theory in Cicero, De Officiis I," in J. Annas, Ed., *Oxford Studies in Ancient Philosophy* pp. 169-199. Oxford.

Gokey, Francis X. 1961. *The Terminology for the Devil and Evil Spirits in the Apostolic Fathers*. Patristic Studies 93. Washington, D.C.

Goldhill, S. ed. 2001. *Being Greek under Rome: Cultural Identity, the Second Sophistic and the Development of Empire*. Cambridge.

Gradel, I. 2002. *Emperor Worship and Roman Religion*. Oxford.

Granfield, P. 1976. "Episcopal Elections in Cyprian: Clerical and Lay, Participation," *Theological Studies* 37: 41-52.

Graff, David. 2001. *Medieval Chinese Warfare, 300-900*. London.

Granino, M. 2010. "Il sepolcro di un hono novus, Publius Cluvius Maximus Paullinus," in M. Valenti ed., *Monumenta. I Mausolei romani*, pp. 121-130. Rome.

Grant, R.M. 1954. "The Heresy of Tatian," *Journal of Theological Studies* 5 (1954): 62-68.

_____. 1988. *Greek Apologists of the Second Century*. London.

Greenridge, A. H. J. 1894. *Infamia – Its Place in Roman Public and Private Law*. Oxford.

Grig, L. 2005. *Making Martyrs in Late Antiquity*. London.

Grottianelli, C. 2005. "*Sorte Unica pro Casibus Pluribus Enotata*. Literary Texts and Lot Inscriptions as Sources for Ancient Kleromancy," in S.I. Johnston and P.T. Struck eds., *Mantike. Studies in Ancient Divination*, pp. 129-146. Leiden.

Hadot, Pierre. 1998. *The Inner Citadel: The* Meditations *of Marcus Aurelius*. Tr. M. Chase. Cambridge, MA, & London.

Hall, David L and Ames, Roger T. 1987. *Thinking Through Confucius*. Albany.

_____. 1995. *Anticipating China: Thinking through the Narratives of Chinese and Western Culture*. Albany.

_____. 1998. *Thinking from the Han: Self, Truth and Transcendence in Chinese and Western Culture*. Albany.

Hall, E. 1989. *Inventing the Barbarian: Greek self-definition through tragedy*. Oxford.

_____. 2002. "When is a Myth not a Myth? Bernal's "Ancient Model"," in T. Harrison ed., *Greeks and Barbarians*, pp. 133-152. New York.

Hall, J. M. 1997. *Ethnic Identity in Greek Antiquity*. Cambridge.

Hall, S. G. 1986. "The Sects under Constantine," in W.J. Sheils and D. Wood eds., *Voluntary Religion*, pp. 1-13. London.

Hamilton, R. 1992. "Fatal Texts: The *Sortes Vergilianae*," *Classical and Modern Literature* 13: 309-336.

Hardie, A. 1983. *Statius and the Silvae: Poets, Patrons, and Epideixis in the Graeco-Roman World*. Liverpool: F. Cairns.

Hardwick, M. 1996. "*Contra Apionem* and Christian Apologetics," in L.H. Feldman and J.R. Levison eds., *Josephus'* Contra Apionem, pp. 369-402. Leiden.

Harries, J. 1988. "The Roman imperial quaestor from Constantine to Theodosius II," *Journal of Roman Studies* 78: 148-172.

_____. 1999. *Law and Empire in Late Antiquity*. Cambridge.

Harrison, S. J. 2009. "Poetry, Philosophy, and Letter-Writing in Horace Epistles I," in Freudenburg, K. ed. *Horace: Satires and Epistles*, pp. 270-286. Oxford.

Harvey, S. and D. Hunter, eds. 2008. *The Oxford Handbook of Early Christian*

Studies. Oxford.

Haüsle, H. 1980. *Das Denkmal as Garant des Nachruhms: Beiträge zur Geschichte und Thematik eines Motivs in lateinischen Inschriften*. Munich.

Hawthorne, G. F. 1964. "Tatian and his Discourse to the Greeks," *Harvard Theological Review* 57（1964）: 161-188.

He, Shizhe 賀世哲. 1986. "Dunhuang Mogaoku de *Niepan jingbian* 敦煌莫高窟的《涅槃經變》," *Dunhuang yanjiu* 敦煌研究 1986.1: 1-26

_____. 1999. *Dunhuang shiku quanji: Fahua jing huajuan* 敦煌石窟全集‧法華經畫卷, Hong Kong.

_____. 2004. *Dunhuang shiku lungao* 敦煌石窟論稿. Lanzhou.

He, Yunao 賀雲翱 et al. eds. 1993. *Fojiao chuchuan nanfang zhilu wenwu tulu*, Beijing.

Hebei Museum 河北博物院, ed.. 2013, *Beichao bihua: Quyang shidiao* 北朝壁畫‧曲陽石雕. Beijing.

Hefner, 1993. "World Building and the Rationality of Conversion," in R. Hefner, ed., *Conversion to Christianity: Historical and Anthropological Perspectives on a Great Transformation*, pp. 3-44. Berkeley.

Heisenberg, Werner. 1971. *Physics and Beyond*. Tr. A. J. Pomerans. New York.

Henderson, J. 2004. *Morals and Villas in Seneca's Letters: Places to Dwell*. Cambridge.

Herrero, R.C. 2008. "Espondiacos epigráficos," *Studia Philologica Vantina* 11: 1-25.

Hinds, S 2007. "Martial's Ovid/ Ovid's Martial," *Journal of Roman Studies* 97: 113-154.

_____. 2001. "Cinna, Statius, and 'Immanent Literary History' in the Cultural Economy," in E. A. Schmidt, ed., *L'Histoire Litteraire Immanente dans la Poesie Latine*, pp. 221-257. Vandoeuvres-Geneve.

Hirakawa, Akira 平川彰. 1983. "Daijō Bukkyō ni okeru Hokekyō no ichi 大乗仏教における法華経の位置," in Hirakawa Akira, *Kōza: daijō Bukkyō dai shi ken—hoke shisō* 講座‧大乗仏教第4巻——法華思想, 1-24. Tokyo.

Hock, R. ed. 1995. *The Infancy Gospels of James and Thomas.* Santa Rosa, CA.

Hoffman, A. 2009. "Los," *Reallexikon fur Antike und Christentum* 23, Lieferung 180/181: 482-510. Stuttgart.

Hou, Xudong 侯旭東. 1998. *Wu liu shiji beifang minzhong fojiao xinyang* 五、六世紀北方民眾佛教信仰. Beijing: Zhongguo shehuikexue chubanshe, 1998.

Hsieh, Shu-wei 謝世維. 2013. *Dafan miluo* 大梵彌羅. Taipei.

Humfress, C. 1997. *Orthodoxy and the Courts in Late Antiquity.* Oxford.

_____. 2000. "Roman Law and the Formation of Christian Orthodoxy（III-VI Centuries），" in S. Elm, É. Rebillard and A. Romano, eds., *Orthodoxie, Christianisme, Histoire*, pp. 125-147. Rome.

Humphries, M. 2006. *Early Christianity.* New York.

Hureau, Sylvie. 2010. "Buddhist Rituals," in John Lagerwey and Lü Pengzhi, eds., *Early Chinese religion: the period of division（220-589 AD）*, pp. 1207-1244. Leiden.

Hurvitz, Leon. 1957. "'Render unto Caesar' in Early Chinese Buddhism," *Sino-Indian Studies* 5: 96-114.

Hutchinson, G.O. 2001. "The Date of De Rerum Natura," *Classical Quarterly* 51.1: 150-162.

Inglis, Alister D. 2006. *Hong Mai's Record of the Listener and its Song Dynasty Context.* Albany.

Irwin, R. 2006. *For Lust of Knowing: The Orientalists and their Enemies.* London.

Isaac, B. H. 2004. *The Invention of Racism in Classical Antiquity.* Princeton and Oxford.

Ishimatsu, Hinako 石松日奈子. 2012. *Bei Wei fojiao zaoxiang shi yanjiu* 北魏佛教造像史研究, trans. by Shinohara Noriō 筱原典生. Beijing.

Jacoff, Michael. 1993. *The Horses of San Marco and the Quadriga of the Lord.* Princeton.

James, Liz and Webb Ruth. 1991. " 'To Understand Ultimate Things and Enter Secret Places': Ekphrasis and Art in Byzantium," *Art History* 14: 1-17.

James, Liz. 1996. " 'Pray Not To Fall Into Temptation And Be On Your Guard': Pagan Statues in Christian Constantinople," *Gesta* 35.1: 12-20.

Jao, Tsung-i 饒宗頤. 2003. "Wenxuanxu 'huaxiang ze zanxing' shuo（1）: liezhuan yu huazan 文選序「畫像則贊興」說：列傳與畫贊," in *Jao Tsung-i ershi shiji xueshu wenji* 饒宗頤二十世紀學術文集. Vol. 13, pp. 256-272. Taipei.

Ji, Xianlin 季羨林. 1991. *Zhongyin wenhua jiaoliushi* 中印文化交流史. Beijing.

Johnston, S. I. 2003. "Lost in the Shuffle: Roman Sortition and its Discontents," *Archiv für Religionsgeschichte* 5: 146-156.

_____. 2004. "Demons（Greece and Rome）," *New Pauly* 4, pp. 283-286. Leiden & Boston.

Jones, C.P. 2014. *Between Pagan and Christian*. Cambridge, Ma.

Kaldellis, Anthony. 2007a. *Hellenism in Byzantium: The Transformations of Greek Identity and the Reception of the Classical Tradition*. Cambridge.

_____. 2007b. "Historicism in Byzantine Thought and Literature," *Dumbarton Oaks Papers* 61: 1-24.

Karetzky, Patricia Eichenbaum. 1992. *The Life of the Buddha*. Lanham and London.

Katz, Paul R. 2009. *Divine Justice: Religion and the Development of Chinese Legal Culture*. London and New York.

Kawakatsu, Yoshio 川勝義雄. 1986. "Chūgokuteki shin Bukkyō keisei e no enerugi: Nangaku Eishi no ba-ai 中国的新仏教形成へのエネルギー：南岳慧思の場合," in *Chūgokujin no rekishi ishiki* 中国人の歴史意識. Tokyo.

Kazhdan, Alexander P. 1987a. "Review of Cameron and Herrin eds., *Parastaseis Syntomoi Chronikai*," *Byzantinische Zeitschrift* 80: 400-403.

_____. 1987b. "Constantin imaginaire Byzantine legends of the ninth century about Constantine the Great," *Byzantion* 57: 196-250.

Kearsley, R. A. 1999. "Greeks overseas in the 8th century B.C.: Euboeans, Al Mina and Assyrian Imperialism," in G. R. Tsetskhladze ed., *Ancient Greeks West and East,* pp. 109-134. Leiden.

Keenan, John P. 1994. *How Master Mou Removes Our Doubts: A Reader-Response Study and Translation of the Mou-tzu li-huo lun*. Albany.

Kieschnick, John. 1997. *The Eminent Monk: Buddhist Ideals in Medieval Chinese Hagiography*. Honolulu.

_____. 2003. *The Impact of Buddhism on Chinese Material Culture*. Princeton.

Kippenberg, H.G. 2010. "Searching for the Link between Religion and Violence: A theory of Social Action," *Method and Theory in the Study of Religion* 22: 97-115.

Klijn, A.F.J. ed. 2003. *The Acts of Thomas: Introduction, Text, and Commentary*. Leiden and Boston.

Klingshim, W.E. 2002. "Defining the *Sortes Sanctorum*: Gibbon, Du Cange, and Early Christian Lot Divination," *Journal of Early Christian Studies* 10: 77-130.

_____. 2005. "Christian Divination in late Roman Gaul: the *Sortes Sangallenses*," in S.I. Johnston and P.T. Struck eds., *Mantike. Studies in Ancient Divination*, pp. 99-128. Leiden.

Kohn, Livia. 1995. *Laughing at the Tao: Debates among Buddhists and Taoists in Medieval China*. Princeton.

_____. 1998. *God of the Dao: Lord Lao in history and myth*. Ann Arbor.

Konstan, D. 2001. "To Hellenikon ethnos: Ethnicity and Construction of Ancient Greek Identity," in I. Malkin ed., *Ancient Perceptions of Greek Ethnicity*, pp. 29-50. Cambridge, MA.

Kraft, András. 2012. "Constantinople in Byzantine Apocalyptic Thought," *Annual of Medieval Studies at CEU*（*Central European University*）18: 25-36.

Kubo, Tsugunari and Yuyama, Akira. Tr. 2007. *Miaofa lianhua jing, The Lotus Sutra*, BDK English Tripitaka Series. Berkeley.

Kuramoto, Hisanori 倉本尚德. 2013. "Rinryosan to Hakurokusan: bokuchō jidai no Taisei sanbaku ittai ni okeru sō no shugōchi no mondai ni tsuite 林慮山と白鹿山──北朝時代の太行山脈一帶における僧の修行地の問

題について," *Indogaku Bukkyōgaku kenkyū* 印度學佛教學研究, 61.2: 249-271.

Kuriyama, Shigehisa. 1999. *The Expressiveness of the Body and the Divergence of Greek and Chinese Medicine*. New York.

Lacroix, L. 1976. "La Légende de Pélops et son iconographie," *Bulletin de correspondance hellenique* 100: 327-341.

Laehn, T. 2013. *Pliny's Defense of Empire*. New York and London.

Land, D. 2008. *The Diffusion of Ecclesiastical Authority. Sociological Dimensions of Leadership in the Book of Acts*. Eugene, OR.

Leach, E. W. 1993. "Horace's Sabine Topography in Lyric and Hexameter Verse," *AJP* 114.2: 271-302.

Lee, Sonya S. 2010. *Surviving Nirvana: Death of the Buddha in Chinese Visual Culture*. Hong Kong.

Lévi, Jean. 1986. "Les fonctionnaires et le divin: Luttes de pouvoirs entre divinités et administrateurs dans les contes des Six Dynasties et des Tang," *Cahiers d'Extrême-Asie* 2: 81-110.

Li, Chongfeng 李崇峰. 2014. "Cong jiatuoluo dao pingcheng: I siyuan buju wei zhongxin 從犍陀羅到平城：以寺院佈局為中心," in *Fojiao kaogu: cong indu dao zhongguo* 佛教考古：從印度到中國. Vol. 1, Shanghai.

Li, Jianguo 李劍國. 1984. *Tang qian zhiguai xiaoshuo shi* 唐前志怪小說史. Tianjin.

_____. 2007. *Xinji Soushenji, Xinji Soushen houji* 新輯搜神記，新輯搜神後記. 2 Vols. Beijing.

Li, Jingjie 李靜杰. 1996. "Zaoxiangbei fo bensheng benxing gushi diaoke 造像碑佛本生本行故事雕刻," *Gugong bowuyuan kan* 故宮博物院館刊 2: 67-72.

Li, Song 李淞. 2012. *Zhongguo daojiao meishu shi* 中國道教美術史. Changsha.

Li, Yumin 李玉珉. 1993. "Dunhuang si'erba ku xin tuxiang yuanliu kao 敦煌四二八窟新圖像源流考," *The National Palace Museum Research Quarterly* 故宮學術季刊 1993.1: 1-25. Coopted

Liang, Sicheng 梁思成. 1998. *Zhongguo jianzhu shi*. Tianjin.

Lin, Baoyao 林保堯. 1993. *Fahua zaoxiang yanjiu: Jiadeng bowuguan cang dong Wei wuding yuannian shizao shijia xiang kao* 法華造像研究：嘉登博物館藏東魏武定元年石造釋迦像考. Taipei.

Lin, Fu-shih. 2005 林富士. "Shi mei: yi Xian Qin zhi Dong Han shiqi de wenxian ziliao weizhu de kaocha 釋魅：以先秦至東漢時期的文獻資料為主的考察," in Mu-chou Poo ed., *Guimei shenmo: Zhongguo tongsu wenhua cexie* 鬼魅神魔：中國通俗文化側寫, 109-134. Taipei.

Lin, Meicun 林梅村. 1995. *Xiyu wenming: Kaogu, minzu, yuyan he zongjiao xinlun* 西域文明：考古、民族、語言和宗教新論. Beijing.

Linderski, J. 1986. "The Augural Law," in H. Temporini & W. Hasse eds., *Aufstieg und Niedergang der Römischen Welt* II/16.3, pp. 2146-2312. Berlin and New York.

Liu, Yi 劉屹. 1998. "Shilun 'Huahu jing' chansheng de shidai 試論化胡經產生的時代," *Daojia wenhua yanjiu* 13: 87-109.

_____. 2001. "Xuanmiao neipian kao – liuchao zhi tangchu daodian wenben bianhua zhiyili「玄妙內篇」考——六朝至唐初道典文本變化之一例," in *Dunhuang wenxian lunji* 敦煌文獻論集, pp. 613-634. Liaoning.

Liu, Yuanru 劉苑如. 2010. *Chaoxiang shenghuo shijie de wenxue quanshi: Liuchao zongjiao xushu de shenti shijian yu kongjian shuxie* 朝向生活世界的文學詮釋：六朝宗教敘述的身體實踐與空間書寫. Taipei.

Liu, Tseng-gui 劉增貴. 1997. "Tiantang yu diyu: Handai de Taishan xinyang 天堂與地獄：漢代的泰山信仰," *Dalu zazhi* 大陸雜誌 94, 5: 1-13.

Liu, Zhongyu 劉仲宇. 1997a. "Wumei rengui yu shenchi: Zhongguo yuanshi chongbai tixi xingcheng de lishi gouchen 物魅、人鬼與神祇：中國原始崇拜體系形成的歷史鉤沉," *Zongjiao zhexue* 宗教哲學 3.3: 16-35.

_____. 1997b. *Zhongguo jingguai wenhua* 中國精怪文化. Shanghai.

Lloyd, A.C. 1970. "The Later Neoplatonists," in A. H. Armstrong, ed., *The Cambridge History of Later Greek and Early Medieval Philosophy*, pp. 272-325. Cambridge.

Lloyd, Geoffrey E. R. 1992. "The Agora Perspective," *Extrême-Orient, Extrême-Occident* 14: 185-198.

_____. 1994. "Learning by Numbers," *Extrême-Orient, Extrême-Occident* 16: 153-167.

_____. 1996. *Adversaries and Authorities: Investigations into Ancient Greek and Chinese Science.* Cambridge.

_____.1997. "Exempli Gratia: To Make an Example of the Greeks," *Extrême-Orient, Extrême-Occident* 19: 139-151.

_____. 1998. "Techniques and Dialectic. Method in Greek and Chinese Science and Medicine', In J. Gentzler, ed., *Method in Ancient Philosophy*, 351-376. Oxford.

_____. 1999. "Divination: Traditions and Controversies, Chinese and Greek," *Extrême-Orient, Extrême-Occident* 21: 155-165.

_____. 2002. *The Ambitions of Curiosity: Understanding the World in Ancient Greece and China.* Cambridge.

_____. 2011. "Hummanity between gods and beast? Ontologies in question," *Journal of the Royal Anthropological Institute* 17.4: 829-845.

_____. 2012. *Being, Humanity, and Understanding.* Oxford.

Lloyd, Geoffrey E. R. and Nathan Sivin. 2002. *The Way and the Word: Science and Medicine in Early Greece and China.* New Haven.

Lo, Yuet Keung. 2008. "From a Dual Soul to a Unitary Soul: The Bable of Soul Terminologies in Early China," *Monumenta Serica* 56: 23-53.

Lü, Pengzhi 呂鵬志. 2008. *Tangqian daojiao yishi shigang* 唐前道教儀式史綱. Beijing.

_____. 2010. "Daoist Rituals," in John Lagerwey and Lü Pengzhi, eds., *Early Chinese religion: the period of division（220-589 AD）*, pp. 1245-1349. Leiden.

Lu, Xun 魯迅. 1989. *Guxiaoshuo gouchen*古小說鉤沉（in *Lu Xun Quanji* 魯迅全集 Vol. 2）. Taipei.

Lu, Zongli 呂宗力. 2002. "Liang-Jin Nanbeichao zhi weixue: Jingxuejie de tongwei fengshang 兩晉南北朝之緯學——經學界的通緯風尚," in *Yifen ji: Zhang Zhenglang xiansheng 90 huadan jinian wenji* 揖芬集——張政烺先生九十華誕紀念文集, pp. 655-669. Beijing.

_____. 2003. *Power of the Words: Chen Prophecy in Chinese Politics, AD 265-518*. Oxford.

_____. 2008a. "Chenwei yu Shiliuguo Beichao de zhengzhi yu shehui 讖緯與十六國北朝的政治與社會," in *I zhi liu shiji zhongguo beifang shenhui, minzu yu bianjiang guoji xueshu yantaohui lunwenji* 1 至 6 世紀中國北方社會、民族與邊疆國際學術研討會論文集, pp. 253-298. Beijing.

_____. 2008b. "Chenwei yu Liang-Jin Nanchaoo de zhengzhi yu shehui 讖緯與兩晉南朝的政治與社會," *Zhonghua guoxue yanjiu* 中華國學研究 1: 67-77.

_____. 2008c. "Apocrypha in Early Medieval Chinese Literature," *Chinese Literature: Essays, Articles, Reviews* 30: 93-101

_____. 2010. "Chenwei yu Wei-Jin-Nanbeichao fojiao 讖緯與魏晉南北朝佛教," *Nanjing daxue xuebao* 南京大學學報 4 (2010): 109-122.

MacMullen, R. 1984. *Christianizing the Roman Empire: A.D.100-400*. New Haven.

Madden, Thomas F. 1992. "The Serpent Column of Delphi in Constantinople: Placement, Purposes, and Mutilation," *Byzantine and Modern Greek Studies* 16: 111-145.

Magdalino, Paul. 2002. "Medieval Constantinople: Built Environment and Urban Development," in Angeliki E. Laiou ed., *The Economic History of Byzantium: From the Seventh through the Fifteenth Century*, pp. 529-537. Washington D.C.

_____. 2006. "Occult Science and Imperial Power in Byzantine History and Historiography (9th-12th centuries)," in Paul Magdalino and Maria Mavroudi eds., *The Occult Sciences in Byzantium*. Geneva.

Maggiani. A. 1994. "Mantica oracolare in Etruria: litobolia e sortilegio," *Rivista di archaeologia* 18: 68-78.

Maguire, Henry. 2010. "Eufrasius and friends: on names and their absence in Byzantine art," in Liz James ed., *Art and Text in Byzantine Culture*, pp. 139-160. Cambridge.

Mai, Cuong T. 2009. "Visualization Apocrypha and the Making of Buddhist Deity Cults in Early Medieval China: With Special Reference to the Cults of Amitābha, Maitreya, and Samantabhadra," Ph.D. dissertation, Indiana University.

Makita, Tairyo 牧田諦亮 and Ochiai Toshinori 落合俊典 eds. 1994. *Nanatsu-dera kōitsu kyoten kenkyū sōsho* 七寺古逸經典研究叢書〔The Long Hidden Scriptures of Nanatsu-dera, Research Series）I: Chūgoku senjutsu kyōten（sono ichi）中國撰述經典, 其之一）（Scriptures composed in China, volume 1）〕. Tokyo.

Mango, Cyril. 1963. "Antique Statuary and the Byzantine Beholder," *Dumbarton Oaks Papers* 17: 53-75.

Markus, R. A. 1970. *Saeculum: History and Society in the Theology of St. Augustine*. Cambridge.

Mather, Richard B. 2002. *Shih-shuo Hsin-yü: A New Account of Tales of the World*. 2 ed. Ann Arbor.

Matsumara Saburō 松原三郎. 1995. *Chūgoku bukkyō chōkoku shiron* 中国仏教彫刻史論. Tokyo.

Matthews, J. 2000. *Laying Down the Law; A Study of the Theodosian Code*. New Haven.

McCallum, Donald F. 1996. "The Saidaiji Lineage of the Seiryōji Shaka Tradition," *Archives of Asian Art* 49: 51-67.

McNelis, C. 2002. "Greek Grammarians and Roman Society during the Early Empire: Statius' Father and his Contemporaries," *Classical Antiquity* 21.1: 67-94.

McNiven, T. J. 2000. "Behaving Like the Other: Telltale Gestures in Athenian Vase Painting," in B. Cohen ed., *Not the Classical Ideal: Athens and the Construction of the Other in Greek Art,* pp. 71-97. Leiden, Boston and

Cologne.

Merli, E. 2006. "Identity and Irony. Martial's Tenth Book, Horace, and the Tradition of Roman Satire," in Nauta, R. R., van Dam, H.-J., and Smolenaars, J. J. L. eds., *Flavian Poetry*, pp. 257-270. Leiden.

Miller, M.C. 1997. *Athens and Persia in the Fifth Century B.C.; A Study in Cultural Receptivity*. Cambridge.

_____. 2005. "Barbarian Lineage in Classical Greek Mythology and Art: Pelops, Danaos and Kadmos," in E.S. Gruen ed., *Cultural Borrowings and Ethnic Appropriations in Antiquity*, pp. 68-89. Stuttgart.

Miyaji Akira 宮治昭. 1992. *Nehan to Miroku no zuzōgaku: Indo kara Chūō Ajia e* 涅槃と弥勒の図像学：インドから中央アジアへ. Tokyo.

_____. 2006. *Jiantuoluo meishu xunzong* 犍陀羅美術尋蹤, trans. by Li Ping 李萍, Beijing.

Mizuno Seiichi 水野清一 and Nagahiro Toshio 長廣敏雄. 1937. *Kyōdōzan sekkutsu The Buddhist Cave-temples of Hsiang-t'ang-ssu on the Frontier of Honan and Hopei* 響堂山石窟. Kyoto.

_____. 1951-56. *Unkō sekkutsu* 雲岡石窟. Kyoto.

Mochizuki Shinkō 月望信亭. 1933-1936. *Bukkyō daijiten* 佛教大辭典. 10 Vols. Tokyo.

Mollier, Christine. 2014. "Karma and the Bonds of Kinship in Medieval Daoism: Reconciling the Irreconcilable," in John Kieschnick and Meir Shahar eds., *India in the Chinese Imagination: Myth, Religion, and Thought*, 171-181. Philadelphia.

Moreno Soldevila, R. 2006. *Martial, book IV: a Commentary*. Leiden.

Morris, S.P. 1992. *Daidalos and the Origins of Greek Art*. Princeton.

Moss, C. 2013. *The Myth of Persecution: How Early Christians Invented a Story of Martyrdom*. New York.

Myers, K. S. 2000. "'Miranda fides': Poets and Patrons in Paradoxographical Landscapes in Statius' Silvae," *MD* 44: 103-138.

Nattier, Jan. 1992. *Once Upon a Future Time: Studies in a Buddhist Prophecy of*

Decline. Berkeley.

_____. 2006. *A Guide to the Earliest Chinese Buddhist Translations: Texts from the Eastern Han and Three Kingdoms Periods.* International Research Institute for Advanced Buddhology, Soka University.

Nauta, R. R. 2002. *Poetry for Patrons: Literary Communication in the Age of Domitian.* Leiden.

Newlands, C. 1988. "Statius' Villa Poems and Ben Jonson's To Penshurst: the Shaping of a Tradition," *Classical and Modern Literature* 8: 291-300.

_____. 2002. *Statius' Silvae and the Poetics of Empire.* Cambridge.

_____. 2009. "Statius' Prose Prefaces," *Materiali e discussioni per l'analisi dei testi classici* 61: 229-242.

Nickerson, Peter. 1997. "The Great Petition for Sepulchral Plaints," in Stephen R. Bokenkamp, *Early Daoist Scriptures*, pp. 230-274. Berkeley and Los Angeles.

Ning Ke 寧可 and Hao Chunwen 郝春文. 1990. "Beichao zhi Sui Tang wudai jian de nüren jieshe 北朝至隋唐五代間的女人結社," *Beijing shifan xueyuan xuebao* 北京師範學院學報 (*shehui kexue ban*), 1990.5: 16-19.

Nisbet, R. G. M. 1978. "Felicitas at Surrentum (Statius Silvae II.2)," *Journal of Roman Studies* 68: 1-11.

Nisbet, R. G. M. and Hubbard, M. eds. 1970. *A Commentary on Horace: Odes, Book 1.* Oxford.

_____ eds. 1978. *A Commentary on Horace Odes, Book II.* Oxford.

Nock, A.D. 1933. *Conversion: The Old and the New in Religion from Alexander the Great to Augustine of Hippo.* Oxford.

_____. 1947. "The Emperor's Divine *Comes*," *Journal of Roman Studies* 37: 102-116.

_____. 1972. "A Diis Electa," in Z. Stewart ed., *Essays on Religion and the Ancient World* (2 vols.), Vol. 1: 252-270. Oxford. Original publication *Harvard Theological Review* 23 (1930) 251-274.

Norderval, O. 1995. "Kaiser Konstantins Edikt gegen die Häretiker und

Schismatiker（*Vita Constantini* III.64-65），" *Symbolae Osloenses* 70: 95-115.

North, J. 1992. "The Development of Religious Pluralism," in J. Lieu, T. Rajak, J. North eds., *The Jews Among Pagans and Christians in the Roman Empire*, pp. 174-193. London.

Norton, P. 2007. *Episcopal Elections, 250-600. Hierarchy and Popular Will in Late Antiquity*. Oxford.

Nuffelen, P. 2011. *Rethinking the Gods. Philosophical Readings of Religion in the Post-Hellenistic Period*. Cambridge.

Nuffelen, P. van and H. Leemans. 2011. "Episcopal Elections in Late Antiquity: Structures and Perspectives," in J. Leemans, P. van Nuffelen, S. W.J. Keough, C. Nicolaye eds., *Episcopal Elections in Late Antiquity*, pp. 1-19. Berlin.

Ochiai Toshinori. 1991. *Manuscripts of Nanatsu-dera. A Recently Discovered Treasure-House in Downtown Nagoya, with related remarks by MAKITA Tairyo and Antonino Forte*; translated and edited by Silvio Vita. Kyoto.

Odorico, Paolo. 2014. "Du recueil a l'invention du texte: le cas des Parastaseis Syntomoi Chronikai," *Byzantinische Zeitschrift* 107.2: 97-126.

Okure, T. et al. 2003. *Rethinking Martyrdom*. London.

Oliveira, Julio Cesar Magalhaes, 2012. *Potestas Populi: Participation populaire et Action collective dans les Villes de L'Afrique*. Turnhout.

O'Meara, D. 2003. *Platonopolis: Platonic Political Philosophy in Late Antiquity*. Oxford.

Ortner, Sherry B. 1990. "Patterns of History: Cultural Schemas in the Foundings of Sherpa Religious Institutions," in Emiko Ohnuki-Tierney, ed., *Culture Through Time: Anthropological Approaches*, pp. 57-93. Stanford.

Ownby, David. 1999. "Chinese Millenarian Traditions: The Formative Age," *American Historical Review* 104.5: 1513-1520.

Park, Jungnok. 2012. *How Buddhism Acquired a Soul on the Way to China*. Sheffield and Bristol, CT.

Pavlovskis, Z. 1973. *Man in an Artificial Landscape. The Marvels of Civilization in Imperial Roman Literature*. Leiden.

Peri, Nöel. 1917. "Hârîtî, la Mère-de-démons," *Bulletin de l'École française d'Extrême-Orient* 17: 1-102.

Pervo, R. 2001. "Meet Right—and Our Bounden Duty. Community Meetings in Acts," *Forum* n.s. 4: 45-62.

_____. 2006. *Dating Acts. Between the Evangelists and the Apologists.* Santa Rosa.

_____. 2009. *Acts. A Commentary.* Minneapolis.

_____. 2010. *The Making of Paul. Constructions of the Apostle in Early Christianity.* Minneapolis.

Petersen, Jens Østergård. 1989. "The Early Traditions Relating to Han Dynasty Transmission of the Tai ping jing," *Acta Orientalia* 50: 131-151.

Poo, Mu-chou. 1995. "The Images of Immortals and Eminent Monks: Religious Mentality in Early Medieval China," *Numen* 42: 172-196.

_____. 1998. *In Search of Personal Welfare.* Albany, New York.

_____. 2004. "The Concept of Ghost in Ancient Chinese Religion," in John Lagerwey ed., *Chinese Religion and Society* Vol. 1, pp. 173-191. Hong Kong.

_____. 2005. *Enemies of Civilization: Attitudes Toward Foreigners in Ancient Mesopotamia, Egypt, and China.* Albany.

_____. 2009a. "The Culture of Ghost in the Six Dynasties Period," in Mu-chou Poo ed., *Rethinking Ghosts in World Religions,* pp. 237-267. Leiden.

_____. ed. 2009b. *Rethinking Ghosts in World Religions.* Leiden

Posner, R. 1999. *An Affair of State: The Investigation, Impeachment, and Trial of President Clinton.* Cambridge, Mass.

Potter, D. 1994. *Prophets and Emperors. Human and Divine Authority from Augustus to Theodosius.* Ann Arbor.

Powers, Martin. 1984. "Pictorial Art and Its Public in Early Imperial China," *Art History,* 7.2: 135-163.

Price, R.M. 2008. "Martyrdom and the Cult of the Saints," in S. A. Harvey & D. G. Hunter, eds., *The Oxford Handbook of Early Christian Studies,* pp. 808-825. Oxford.

Pulleyblank, Edwin G. 1991. *Lexicon of Reconstructed Pronunciation in Early Middle Chinese, Late Middle Chinese, and Early Mandarin.* Vancouver.

Purcell, N. 1987. "Town in Country and Country in Town," in MacDougall, E. B. ed. *Ancient Roman Villa Gardens. Dumbarton Oaks Colloquium on the History of Landscape Architecture*, pp. 187-203. Washington, D.C..

Quinlan-McGrath, M. 1990. "Blosius Palladius, Suburbanum Augustini Chisii: Introduction, Latin Text and English Translation," *Humanistica Lovaniensia* 39: 93-149.

Ran Yunhua 冉雲華. 1983. "Dunhuang wenxian yu Seng Chou de chanfa 敦煌文獻與僧稠的禪法," *Huagang foxue xuebao* 華岡佛學學報 6: 73-103.

Raphals, Lisa. 1992. *Knowing Words: Wisdom and Cunning in the Classical Traditions of Greece and China.* Ithaca.

_____. 2002. "Gender and Virtue in Greece and China," *Journal of Chinese Philosophy* 29.3: 415-436.

_____. 2003. "Fate, Fortune, Chance and Luck in Chinese and Greek: A Comparative Semantic History," *Philosophy East and West* 53.4: 537-574.

_____. 2005. "Craft Analogies in Chinese and Greek Argumentation," in Eric Ziolkowski ed., *Literature, Religion and East/West Comparison: Essays in Honour of Anthony C. Yu*, pp. 181-201. Cranbury, NJ.

_____. 2013. *Divination and Prediction in Early China and Ancient Greece.* Cambridge.

Rapp, C. 2000. "The Elite Status of Bishops in Late Antiquity in Ecclesiastical, Spiritual, and Social Contexts," *Arethusa* 33: 379-399.

_____. 2005. *Holy Bishops in Late Antiquity. The Nature of Christian Leadership in an Age of Transition.* Berkeley and London.

Raz, Gil. 2005. "Time Manipulation in Early Daoist Ritual: The East Well Chart and the Eight Archivists," *Asia Major* 18: 27-65.

Raz, G. 2012a. "Chinese Religion from the Han to the Six Dynasties," in R.L. Nadeau ed., *The Wiley -Blackwell Companion to Chinese Religions*, pp. 51-74. West Sussex.

_____. 2012b. *Emergence of Daoism, Creation of Tradition*. London.

_____. 2014. "Conversion of the Barbarians（Huahu）Discourse as Proto Han Nationalism," *The Medieval History Journal* 17: 255-294.

Reding, Jean-Paul. 2004. *Comparative Essays in Early Greek and Early Chinese Rational Thinking*. Aldershot.

Reekmans, T. 1971. "Juvenal's Views on Social Change," *Ancient Society* 2: 117-161.

Ren, Jiyu 任繼愈. 1981. *Zhongguo fojiao shi* 中國佛教史, Vol. 3. Beijing.

Rhie, Marylin Martin. 1999-2010. *Early Buddhist Art of China and Central Asia*. 3 Vols. Leiden; Boston.

Rives, J.B. 1999. "The Decree of Decius and the Religion of Empire," *Journal of Roman Studies* 89: 135-154.

Rogers, Michael C. 1968. *The Chronicle of Fu Chien: A Case of Exemplar History*. Berkeley.

Russo, M. 2004. "Alla ricerca della villa Sorrentina di Pollio Felice nella Baia di Puolo," in F. Senatore, ed. *Pompei, Capri e la Peninsola Sorrentina*. Capri.

Said, E. 1979. *Orientalism*. New York.

Sakai, Tadaō 酒井忠夫. 1937. "Taizan sinkō no kenkyū 太山信仰の研究," *Shichō* 史潮 7, 2.

Salzman, M. R. 1987. "'*Superstitio*' in the *Codex Theodosianus* and the Persecution of Pagans," *Vigiliae Christianae* 41: 172-188.

_____. 1990. *On Roman Time: The Codes Calendar of 354 and the Rhythms of Urban Life*. Berkeley.

Sandwell, I. 2005. "Outlawing 'Magic' or Outlawing 'Religion'? Libanius and the Theodosian Code as Evidence for Legislation against 'Pagan' Practices," in W.V. Harris ed., *The Spread of Christianity in the First Four Centuries. Essays in Explanation*, pp. 87-124. Leiden.

Saradi-Mendelovici, Helena. 1990. "Christian Attitudes toward Pagan Monuments in Late Antiquity and Their Legacy in Later Byzantine Centuries," *Dumbarton Oaks Papers* 44: 47-61.

_____. 1997. "The Use of Ancient Spolia in Byzantine Monuments: The Archaeological and Literary Evidence," *International Journal of the Classical Tradition* 3: 395-423.

Schaberg, David. 1999. "Travel, Geography and the Imperial Imagination in Fifth Century Athens and Han China," *CompLit* 51.1: 152-191.

Scheid, J. 1981. "Le délit religieux dans la cité antique," (*Collection de l'École français de Rome* 48), Rome.

Schipper, Kristofer. 1994. "Purity and Strangers Shifting Boundaries in Medieval Taoism," *T'oung Pao* 80.1/3: 61-81.

_____. 2000. "Le pacte de pureté du taoïsme," École pratique des hautes études, Section des sciences religieuses 113.109: 29-53.

Schneider, R.M. 2008. "Image and Empire: The Shaping of Augustan Rome," in F. Mutschler and A. Mittag eds., *Conceiving the Empire China and Rome Compared*, pp. 209-298. Oxford.

Schofield, M. 1986. "Cicero for and against Divination," *Journal of Roman Studies* 76: 47-65.

Schöllgen, G. 1996. "The *Didache* as Church Order," in J. A. Draper ed., *The Didache in Modern Research*, pp. 43-71. Leiden: E.J. Brill.

Scurlock, J. 2005. "Ancient Mesopotamian Medicine," in D.C. Snell ed., *A Companion to the Ancient Near East*, pp. 302-315. Malden MA and Oxford.

Seckel, Dietrich. 1993. "Rise of Portraiture in Chinese Art," *Artibus Asiae* 53.1 & 2: 7-26.

Seidel, Anna. 1969. *La Divinisation de Lao Tseu dans le Taoisme des Han*. Paris.

Seo, J. M. 2009a. "Statius Silvae 4.9 and the Poetics of Saturnalian Exchange," *MD* 61, 2009: 61-74.

_____. 2009b. "Plagiarism and Poetic Identity in Martial and Others," *AJP* 130.4, 2009: 567-593.

Sha, Wutian 沙武田. 2006. "Dunhuang xiezhen miaozhen huagao yanjiu: Jianlun Dunhuang hua zhi xiezhen xiaoxiang yishu 敦煌寫真邈鎮畫稿研究：兼論敦煌畫之寫真肖像藝術," *Dunhuangxue jikan* 1: 20-26.

Shankman, S. and Durrant, S.W. eds. 2002. *Early China/Ancient Greece: Thinking Through Comparisons*. Albany.

Sharf, Robert. 1996. "Scripture in Forty-two Sections," in Donald Lopez, ed., *Religions of China in Practice*. Princeton.

_____. 2002. *Coming to Terms with Chinese Buddhism*. Honolulu.

Shaw, Brent. 2011. *Sacred Violence: African Christians and Sectarian Hatred in the Age of Augustine*. Cambridge.

Sherratt, S. and A. Sherratt. 1993. "The Growth of the Mediterranean Economy in the early first millennium B.C.," *World Archaeology* 24.3 (1993): 361-378.

Sherwin-White, A.N. 1966. *The Letters of Pliny. A Historical and Social Commentary*. Oxford.

Shi, Pingting 施萍婷. 1982. "Jianping gong yu Mogaoku 建平公與莫高窟," *Dunhuang yanjiu wenji* 敦煌研究文集, pp. 144-150. Lanzhou.

Shi, Pingting and He Shizhe 施萍婷、賀世哲. 1981. "Dunhuang bihua zhong de Fahua jing bian 敦煌壁畫中的法華經變," in *Zhongguo shiku: Dunhuang Mogaoku* 中國石窟・敦煌莫高窟, Vol. 3. Beijing.

_____. 1998. *Dunhuang shiku: Mogaoku di si'erba ku* 敦煌石窟・莫高窟第四二八窟. Nanjing.

Shimono, Akiko 下野玲子. 2005. "Tonkōbakkōkutsu dai 420 ku Hokekyō hensōzu ni kansuru shiron 敦煌莫高窟第420窟法華経変相図に関する試論," *Waseda Daigaku Yaichi Aizu Kinen Hakubutsukan kenkyū kiyō* 早稲田大学會津八一記念博物館研究紀要 6: 39-52.

Shinohara, Koichi. 2001. "The 'Iconic' and 'Aniconic' Buddha Visualization in Medieval Chinese Buddhism," in Jan Assmann and Albert I. Baumgarten eds., *Representation in Religion: Studies in Honor of Moshe Barasch*, pp. 133-148. Leiden.

Shuihudi Qinmu jujian zhengli xiaozu 睡虎地秦墓竹簡整理小組. 1990. *Shuihudi Qinmu jujian* 睡虎地秦墓竹簡. Beijing.

Shulman, D. and G. Stroumsa, eds. 1999. *Dream Cultures: Explorations in the Comparative History of Dreaming*. New York.

Sickman, Laurence and Alexander Soper. 1960. *The Art and Architecture of China: The Pelican History of Art*. Baltimore.

Simmons, Richard. 1986. "The *Soushen houji* attributed to Tao Yuanming（365-427），" M.A. thesis, University of Washington.

Siren, Osvald. 1925. *Chinese sculpture, from the fifth to the fourteenth century*. London.

Sivin, Nathan. 1978. "On the Word 'Taoist' as a Source of Perplexity, With Special Reference to the Relations of Science and Religion in Traditional China," *History of Religions*,17, 3/4: 303-330.

＿＿＿. 1995. "Taoism and Science," in *Medicine, Philosophy and Religion in Ancient China. Researches and Reflections*, pp. 1-73. Aldershott UK and Brookfield VT.

Skilling, Peter. 2008. "*Dharma, Dhāraṇī, Abhidharma, Avadāna*: What was Taught in Trayastriṃśa?" *Annual Report of the International Research Institute for Advanced Buddhology at Soka University* 1: 37-60.

Smid, H. R. 1965. *Protoevangelium Jacobi. A Commentary*. Translated by G.E. van Baaren-Pape. Assen.

Smith, Christine. 1992. *Architecture in the Culture of Early Humanism: Ethics, Aesthetics and Eloquence 1400-1470*. New York.

Smith, Jonathan Z. 1978. "Towards Interpreting Demonic Power in Hellenistic and Roman Antiquity," in W. Hasse ed., *Aufstieg und Niedergang der Römischen Welt* II/16.1, pp. 425-439. Berlin & New York.

Soper, Alexander Coburn. 1969. *Literary Evidence for Early Buddhist Art in China*. Ascona.

Soymié, Michel. 1977. "Les dix jours de jeûne du taoïsme," in *Yoshioka Yoshitoyo hakase kanri kinen Dōkyō kenkyū ronshū* 吉岡義豐博士還紀念道教研究論集, pp. 1-21. Tokyo.

Spiro, Audrey. 1990. *Contemplating the Ancients: Aesthetic and Social Issues in Early Chinese Portraiture*. Berkeley.

Staples, A. 1998. *From Good Goddess to Vestal Virgins. Sex and Category in*

Roman Religion. London and New York.

Stark, R. 1993. "Epidemics, Networks, and the Rise of Christianity," in M. White, ed., *Social Networks in the Early Christian Environment: Issues and Methods for Social History,* Semeia 56, pp. 159-175. Alpharetta, Ga.

Starr, C.G. 1961.*The Origins of Greek Civilization.* New York.

Stephens, Greg J., Lauren J. Silbert and Uri Hasson. 2010. "Speaker-Listener Neural Coupling Underlies Successful Communication," *Proceedings of the National Academy of Sciences* 107: 14425-14430.

Stephenson, Paul. 2010. "Staring at Serpents in Tenth-Century Constantinople, or, Some Comments on Judgement in the Life of St. Andrew the Fool," *Bysantinska Sällskapet Bulletin* 28: 59-81.

Stevenson, Daniel B. 1995. "Death-Bed Testimonials of the Pure Land Faithful," in Donald S. Lopez, Jr., *Buddhism in Practice,* pp. 592-602. Princeton.

Stewart, R. 1998. *Public Office in Archaic Rome. Ritual Definitions and Political Practice.* Ann Arbor.

_____. 2013. "Sortitio," in R. Bagnall, K. Brodersen, C. Champion, A. Erskine and S. Huebner eds., *Encyclopedia of Ancient History.* Chichester, West Sussex.

Stewart-Sykes, A. 2014. *The Original Bishops: Office and Order in the First Christian Communities.* Grand Rapids.

Strickman, Michel. 1979. "On the Alchemy of T'ao Hung-ching," in Holmes Welch and Anna Seidel eds., *Facets of Taoism: Essays in Chinese Religion,* pp. 123-192. New Haven.

_____. 1990. "The *Consecration Sutra*: A Buddhist Book of Spells," in R. E. Buswell Jr. ed., *Chinese Buddhist Apocrypha,* pp. 75-118. Honolulu.

Strong, John S. 1983. *The Legend of King Aśoka.* Princeton.

Su, Bai 宿白. 1997. "Donghan weijin nanbeichao fosi buju chutan 東漢魏晉南北朝佛寺佈局初探," in *Qingzhu Deng Guangming jiaoshou jushi huadan lunwenji* 慶祝鄧廣明教授九十華誕論文集. Shijiazhuang.

Sullivan, J. P. 1991. *Martial: the Unexpected Classic: a Literary and Historical*

Study. Cambridge.

Sun, Ji 孫機. 1984. "Guanyu zhongguo zaoqi gaoceng fota zaoxing de yuanyuan wenti 關於中國早期高層佛塔造型的淵源問題," in *Zhongguo li shi bo wu guan guan kan* 中國歷史博物館館刊 6 (1984): 41-47.

Taira, Hidenmichi 平秀道. 1954. "Shin'i shisō to bukkyō kyōten 讖緯思想と佛教經典," *Ryūkoku daigaku ronshū* 龍谷大學論集 347: 123-141.

Tang, Yongtong 湯用彤. 1983. *Han Wei Liang-Jin Nanbeichao fojiao shi* 漢魏兩晉南北朝佛教史. Beijing.

Tanner, Jeremy. 2009. "Ancient Greece, Early China: Sino-Hellenic Studies and Comparative Approaches to the Classical World: A Review Article," *Journal of Hellenic Studies* 129: 89-109.

Teiser, Stephen. 1985. "T'ang Buddhist Encyclopedias: an introduction to Fa-yuan chu-lin and Chu-ching yao-chi," *T'ang Studies* 3: 109-128.

_____. 1994. *The Scripture on the Ten Kings and the Making of Purgatory in Medieval Chinese Buddhism*. Honolulu.

_____. 1998. *The Ghost Festival in Medieval China*. Princeton.

_____.2004. "The Local and the Canonical: Pictures of the Wheel of Rebirth in Gansu and Sichuan," *Asia Major* 3 ser. 17: 73-122.

_____. 2006. *Reinventing the Wheel: Paintings of Rebirth in Medieval Buddhist Temples*. Seattle.

Thomas, R. F. 1982. *Lands and Peoples in Roman Poetry: the Ethnographic Tradition*. Cambridge.

Tokuno, Kyoko. 1990. "The Evaluation of Indigenous Scriptures in Chinese Buddhist Bibliographical Catalogues," in Robert E. Buswell, Jr. ed., *Chinese Buddhist Apocrypha*, pp. 31-74. Honolulu.

Torjesen, K.J. 2004. "Social and historical setting: Christianity as culture critique," in F. Young, L. Ayres, A. Louth eds., *The Cambridge History of Early Christian Literature*, pp. 181-199. Cambridge.

Trebilco, P. 2004. *The Early Christians in Ephesus from Paul to Ignatius*. Grand Rapids, MI. Original publication 2004, Tübingen.

Trigg, J. 1981. "The Charismatic Intellectual: Origen's Understanding of Religious Leadership," *Church History* 50: 5-19.

Tsai, Wanlin 蔡宛霖. 2004, "Yungang shiku di liu ku yanjiu," 雲岡石窟第六窟研究. M.A. thesis. Taipei.

Tsiafakis, D. 2000. "The Allure and Repulsion of Thracians in the Art of Classical Athens," in B. Cohen ed., *Not the Classical Ideal: Athens and the Construction of the Other in Greek Art*, pp. 364-389. Leiden, Boston and Cologne.

Tsuruta, Daigo 鶴田大吾. 2008. "Nangaku Eishi ni okeru zenkan no kōsatsu: zenkan shijō shugi o megutte 南岳慧思における禅観の考察：禅観至上主義をめぐって," *Bukkyōgaku kenkyū* 仏教の研究 64: 91-113.

Van Dam, H.-J., ed. 1984. *P. Papinius Statius, Silvae, Book II, a Commentary*. Leiden.

Van Dam, R. 2007. *The Roman Revolution of Constantine.* Cambridge and New York.

Van de Mieroop, M. 2005. "The Eastern Mediterranean in Early Antiquity," in *Rethinking the Mediterranean*, W.V. Harris, ed., pp. 117-140. Oxford.

Van Fleteren, F. 1999. "Demons," in A. D. Fitzgerald ed., *Augustine Through the Ages,* pp. 266-268. Grand Rapids & Cambridge.

Vernant, Jean-Pierre. 1974. *Divination et rationalité.* Paris.

_____. 1980. "Between the Beasts and the Gods," in *Myth and Society in Ancient Greece*, (trans. Janet Lloyd), pp. 130-167. Hassocks.

Vessey, D. 1986. "Transience Preserved. Style and Theme in Statius' Silvae," in H. Temporini & W. Hasse eds., *Aufstieg und Niedergang der Römischen Welt* II.32.5: 2754-2802.. Berlin & New York.

Vian, F. 1963. *Les Origines de Thèbes: Cadmos et les Spartes.* Paris.

Wakae, Kenzo 若江賢三. 1989. "Chūgoku ni okeru shōzōmatsu sanji no nendaikan: Nangaku Eishi o chūshin to shite 中国における正像末三時の年代観——南岳慧思を中心として," *Tōyō tetsugaku kenkyūjo kiyō* 東洋哲学研究所紀要 5: 1-23.

Walker, Alicia. 2008. "Meaningful Mingling: Classicizing Imagery and Islamicizing Script in a Byzantine Bowl," *Art Bulletin* 90.1: 32-53.

Wallace-Hadrill, A. 1998. "Villa as Cultural Symbol," in Frazer, A. ed., *The Roman Villa: Villa Urbana*, pp. 43-53. Philadelphia.

Wan, Sze-kar. 2008. "Ecstasy and *Exousia:* Religious Experience and the Negotiation of Social Power in Paul's Letter to the Galatians," in M. Foskett & W. Allen eds., *Between Experience and Interpretation: Engaging the Writings of the New Testament,* pp. 67-81. Nashville.

_____. 2009. "Where have all the Ghosts Gone? Evolution of a Concept in Biblical Literature," in M. C. Poo ed., *Rethinking Ghosts in World Religions,* pp. 47-76. Leiden.

Wang, Chengwen 王承文. 2002. *Dunghuang gu Lingbaojing yu Jin-Tang daojiao* 敦煌古靈寶經與晉唐道教. Beijing.

Wang, Guoliang 王國良. 1984. *Wei Jin nanbeichao zhiguai xiaoshuo yanjiu* 魏晉南北朝志怪小說研究. Taipei.

Wardy, Robert. 2000. *Aristotle in China: Language, Categories and Translation.* Cambridge.

Watson, B. 1967. *Basic Writings of Mo Tzu, Hsun Tzu, and Han Fei Tzu.* New York.

Webb, Ruth. 2007. "Accomplishing the Picture: Ekphrasis, Mimesis and Martyrdom in Asterios of Amaseia," in Liz James ed., *Art and Text in Byzantine Culture*, pp. 13-33. Cambridge.

_____. 2009. *Ekphrasis, Imagination and Persuasion in Ancient Rhetorical Theory and Practice.* Burlington, VT.

Weller, Robert P. 1987. *Unities and Diversities in Chinese Religion.* Seattle.

West, M. L.1985. *The Hesiodic Catalogue of Women: Its Nature, Structure, and Origins.* Oxford.

_____. 1997. *The East Face of Helicon: West Asiatic Elements in Early Poetry and Myth.* Oxford.

Wey, Heinrich. 1957. *Die Funktionen der bösen Geister bei den griechischen*

Apologeten des zweiten Jahrhunderts nach Christus. Winterthur.

White, P. 1974. "The Presentation and Dedication of the Silvae and Epigrams," *Journal of Roman Studies* 64: 40-61.

_____. 1975. "The Friends of Martial, Statius, ad Pliny, and the Dispersal of Patronage," *Harvard Studies in Classical Philology* 64: 40-61.

_____. 1978. "Amicitia and the Profession of Poetry in Early Imperial Rome," *Journal of Roman Studies* 68: 74-92.

_____. 1993. Promised Verse: Poets in Early Imperial Rome. Cambridge, MA.

Whitmarsh, T. 2001. "'Greece is the World': Exile and Identity in the Second Sophistic," in S. Goldhill ed., *Being Greek under Rome: Cultural Identity, the Second Sophistic and the Development of Empire*, pp. 269-305. Cambridge.

Wildfang, R.L. 2006. *Rome's Vestal Virgins. A Study of Rome's Vestal Priestesses in the Late Republic and Early Empire.* London and New York.

Williams, M. 2008. *Authorised Lives in Early Christian Biography: Between Eusebius and Augustine.* Cambridge.

Wright, Arthur F. 1990. *Studies in Chinese Buddhism.* Ed. R. M. Somers. New Haven.

Wu, Hung. 1995. *Monumentality in Early Chinese Art and Architecture.* Stanford.

_____. 2010. *The Art of the Yellow Springs: Understanding Chinese Tombs.* Honolulu.

Wu, Kang ed. 1992. 吳康編, *Zhongguo guishen jingguai* 中國鬼神精怪. Changsha.

Xi'an beilin bowuguan 西安碑林博物館, ed.. 2000. *Xi'an beilin bowuguan* 西安碑林博物館. Xi'an.

Xiang, Chu 項楚. Jiang, Boqin 姜伯勤, and Rong, Xinjiang 榮新江 ed. 1994. *Dunhuang miaozhenzan jialu bing yanjiu* 敦煌邈真讚校錄並研究. Taipei.

Xiao Mo 蕭默. 2007. *Tianzhu jianzhu xingji* 天竺建築行紀. Beijing.

Yan, Yaozhong 嚴耀中. 2000. "Wei-Jin-Nanbeichao shiqi de zhanbu chenyan yu fojiao 魏晉南北朝時期的占卜讖言與佛教," *Shilin* 4 (2000): 12-17.

Yan, Kejun 嚴可均. 1982. *Quan Shanggu sandai qinhan liuchaowen* 全上古三代秦漢六朝文 Vol. 6 (*Quansongwen* 全三國文, *juan* 64: 1-3). Taipei.

Yasui, Kōzan 安居香山 and Nakamura Shōhachi 中村璋八. 1996. *Isho no kisoteki kenkyū* 緯書の基礎的研究. Tokyo.

Yen, Chuan-ying 顏娟英. 1998. "Bei Qi shiku de jingtubian yu guanfa: cong Xiaonanhai shiku dao Xiangtangshan shiku 北齊石窟的淨土變與觀法──從小南海石窟到響堂山石窟," *Tōhō gakuhō* 東方學報 70: 375-440.

_____. ed. 2008. *Beichao fojiao shike tapian baipin* 北朝佛教石刻拓片百品. Taipei.

Yeoh, Brenda. 1996. *Contesting Space: Power Relations and the Urban Built Environment in Colonial Singapore*. Kuala Lumpur.

Yu, Jiyuan. 1998. "Virtue: Confucius and Aristotle," *Philosophy East and West* 48.2: 323-347.

_____. 2001. "The Moral Self and the Perfect Self in Aristotle and Mencius," *Journal of Chinese Philosophy* 28.3: 235-256.

_____. 2002. "The Aristotelian Mean and the Confucian Mean," *Journal of Chinese Philosophy* 28.3: 337-354.

_____. 2007. *The Ethics of Confucius and Aristotle: Mirrors of Virtue*. London.

Yü, Ying-Shih. 1987. "'O Soul, Come Back!' A Study in the Changing Conceptions of the Soul and Afterlife in Pre-Buddhist China," *Harvard Journal of Asiatic Studies* 47. 2: 363-395.

Yungang shiku baoguansuo 雲崗石窟文物保管所 ed.. 1989. *Chūgoku sekkutsu: Unkō sekkutsu* 中國石窟・雲岡石窟. Tokyo.

Zeiner, N. K. 2005. *Nothing Ordinary Here: Statius as Creator of Distinction in the Silvae*. New York.

Zetzel, J. 1982. "The Poetics of Patronage in the Late First Century BC," in Gold, B. K. ed. *Literary and Artistic Patronage in Ancient Rome*, pp. 50-66. Austin.

Zhang, Xunliao 張勛燎 and Bai, Bin 白彬. 2006. *Zhongguo daojiao kaogu* 中國道教考古. Beijing.

_____. 2010. "Daoist Stelae of the Northern Dynasties," in John Lagerwey and Lü Pengzhi, eds., *Early Chinese religion: the period of division（220-589 AD）*, pp. 437-543. Leiden.

Zhang, Yan 張燕. 1996. *Beichao fodao zaoxiang bei jingxuan* 北朝佛道造像碑精選. Tianjin.

Zhang, Zexun 張澤珣. 2009. *Beiwei guanzhong daojiao zaoxiangji yanjiu* 北魏關中道教造像記研究. Macau.

Zhang, Shanqing 張善慶. 2006. "Gaoseng xiezhen chuantong gouchen jiqi xiangguan wenti yanjiu 高僧寫真傳統鉤沉及其相關問題研究," *Dunhuangxue jikan* 3: 97-106.

Zheng, Binglin 鄭炳林. 1992. Dunhuang beimingzan jishi 敦煌碑銘讚輯釋. Lanzhou.

_____. 2006. "Dunhuang xieben miaozhenzan suojian zhentang jiqi xiangguan wenti yanjiu 敦煌寫本邈真讚所見真堂及其相關問題," *Dunhuang yanjiu* 敦煌研究 100. 6: 64-73.

Zheng, Yan 鄭岩. 2010. "Muzhu huaxiang yanjiu 墓主畫像研究," in Shandong daxue kaoguxi ed., *Liu Dunyuan xiansheng jinian wenji* 劉敦愿先生紀念文集, pp. 450-468. Jinan.

Zhongguo meishu quanji bianji weiyuanhui 中國美術全集編輯委員會, ed.. 1985. *Zhongguo meishu quanji: diaosu pian* 3 中國美術全集. 雕塑. Beijing.

Zhou, Shujia 周叔迦. 1991. *Zhou Shujia foxue lunzhuji* 周叔迦佛學論著集. Beijing.

Zhou, Yiqun. 2005. "Word and Music: Conviviality, Self-sufficiency and Spontaneity in Classical Athens and Song China," in Eric Ziolkowski ed., *Literature, Religion and East/West Comparison: Essays in Honour of Anthony C. Yu*, pp. 202-222. Cranbury NJ.

_____. 2010. *Festivals, Feasts, and Gender Relations in Ancient China and Greece*. Cambridge.

_____. 2013. "Spatial Metaphors and Women's Religious Activities in Ancient China and Greece," in Shubha Pathak ed., *Figuring Religions: Comparing Ideas, Images, and Activities*, pp. 199-228. Albany.

Zhu, Qingzhi 朱慶之. 1992. *Fodian yu zhonggu hanyu cihui yanjiu* 佛典與中古漢語詞彙研究, Taipei.

_____. 2003. "The Impact of Buddhism on the Development of Chinese Vocabulary（Part I），" *Universal Gate Buddhist Journal* 15（May 2003）: 1-41.

Zürcher, Erik. 1980. "Buddhist Influence on Early Taoism: A Survey of Scriptural Evidence," *T'oung Pao*, 66: 84-147.

_____. 2007. *The Buddhist Conquest of China: The Spread and Adaptation of Buddhism in Early Medieval China*. 3rd edition. Leiden.

_____. 2013. *Buddhism in China: Collected Papers of Erik Zürcher*. Ed. Jonathan A. Silk. Leiden.

Zwiep, A.W. 2004. *Judas and the Choice of Matthias: A Study on Context and Concern of Acts* 1: 15-26. Wissenschaftliche Untersuchungen zum Neuen Testament, 2 ser., 187. Tübingen.

舊社會，新信仰：中國與羅馬的宗教轉化（西元一至六世紀）

2021年4月初版　　　　　　　　　　　　　定價：新臺幣580元
2022年3月初版第二刷
有著作權・翻印必究
Printed in Taiwan.

編　者	蒲　慕　洲	
	Harold A. Drake	
	Lisa Raphals	
叢書主編	沙　淑　芬	
校　對	陳　佩　伶	
封面設計	沈　佳　德	

出　版　者	聯經出版事業股份有限公司	副總編輯	陳　逸　華
地　址	新北市汐止區大同路一段369號1樓	總編輯	涂　豐　恩
叢書主編電話	(02)86925588轉5310	總經理	陳　芝　宇
台北聯經書房	台北市新生南路三段94號	社　長	羅　國　俊
電　話	(02)23620308	發行人	林　載　爵
台中分公司	台中市北區崇德路一段198號		
暨門市電話	(04)22312023		
台中電子信箱	e-mail：linking2@ms42.hinet.net		
郵政劃撥帳戶第	0100559-3號		
郵撥電話	(02)23620308		
印　刷　者	世和印製企業有限公司		
總　經　銷	聯合發行股份有限公司		
發　行　所	新北市新店區寶橋路235巷6弄6號2樓		
電　話	(02)29178022		

行政院新聞局出版事業登記證局版臺業字第0130號

國家圖書館出版品預行編目資料

舊社會，新信仰：中國與羅馬的宗教轉化（西元一至
六世紀）/蒲慕洲、Harold A. Drake、Lisa Raphals著 . 初版 . 新北市 .
聯經 . 2021年4月 . 468面 . 14.8×21公分
ISBN　978-957-08-5704-7（平裝）
[2022年3月初版第二刷]

1.宗教史　2.比較研究　3.中國　4.羅馬帝國

209　　　　　　　　　　　　　　　　　　　　110001357